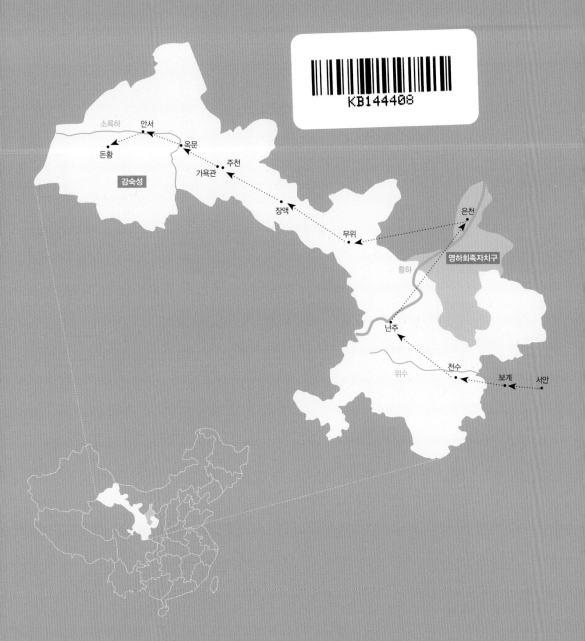

[실크로드 하서주랑 편 이동 경로]

KB144408

소록하　안서
돈황
옥문
주천
가욕관
감숙성
장액
무위
은천
영하회족자치구
황하
난주
천수
위수
보계　서안

동서양 문명의 길

실크로드 기행 | 하서주랑 편 |

Foreign Copyright:
Joonwon Lee
Address: 3F, 127, Yanghwa-ro, Mapo-gu, Seoul, Republic of Korea
      3rd Floor
Telephone: 82-2-3142-4151
E-mail: jwlee@cyber.co.kr

동서양 문명의 길

실크로드 기행 | 하서주랑 편 |

2014. 3. 20. 1판 1쇄 발행
2021. 9. 10. 2판 1쇄 발행

지은이 | 허우범
펴낸이 | 이종춘
펴낸곳 | BM ㈜도서출판 **성안당**
주소 | 04032 서울시 마포구 양화로 127 첨단빌딩 3층(출판기획 R&D 센터)
     | 10881 경기도 파주시 문발로 112 파주 출판 문화도시(제작 및 물류)
전화 | 02) 3142-0036
     | 031) 950-6300
팩스 | 031) 955-0510
등록 | 1973. 2. 1. 제406-2005-000046호
출판사 홈페이지 | **www.cyber.co.kr**
ISBN | 978-89-315-8169-0 (03910)
정가 | **25,000원**

이 책을 만든 사람들
책임 | 최옥현
진행 | 오영미
북디자인 | 김희정
표지디자인 | 오지성
홍보 | 김계향, 유미나, 서세원
국제부 | 이선민, 조혜란, 김혜숙
마케팅 | 구본철, 차정욱, 나진호, 이동후, 강호묵
마케팅 지원 | 장상범, 박지연
제작 | 김유석

■ 도서 A/S 안내

성안당에서 발행하는 모든 도서는 저자와 출판사, 그리고 독자가 함께 만들어 나갑니다.
좋은 책을 펴내기 위해 많은 노력을 기울이고 있습니다. 혹시라도 내용상의 오류나 오탈자 등이
발견되면 "좋은 책은 나라의 보배"로서 우리 모두가 함께 만들어 간다는 마음으로 연락주시기
바랍니다. 수정 보완하여 더 나은 책이 되도록 최선을 다하겠습니다.
성안당은 늘 독자 여러분들의 소중한 의견을 기다리고 있습니다. 좋은 의견을 보내주시는 분께는
성안당 쇼핑몰의 포인트(3,000포인트)를 적립해 드립니다.

잘못 만들어진 책이나 부록 등이 파손된 경우에는 교환해 드립니다.

동서양 문명의 길

실크로드 기행

하서주랑 편

BM 책문

역사와 문명을 만든 위대한 길, '실크로드'

혼자서는 살 수 없는 인간이기에, 새로운 이웃을 찾아 나선 지 수천 년. 그 결과 천지사방에 길이 생겼다. 그 길에는 저마다 사연이 담겨 있으니, 어제의 공격로를 통해 오늘은 사신이 오고가고 긴장감이 흐르던 국경으로는 교역로가 열렸다.

그래서일까? 인간의 희로애락이 길에도 수없이 새겨졌고 때로는 제법 깊은 상처까지 남겼다. 하지만 길은 사라지지 않는다. 나라와 민족이 사라져도 잠시 숨고르기를 할 뿐, 다시 일어선다. 소통과 나눔을 갈구하는 뜨거운 기운이 언제나 길 위에 넘치기 때문이다. 과거와 현재를 통틀어, 그런 기운이 끊임없이 타오르는 곳이 바로 실크로드다. 인류는 실크로드를 통해 역사를 만들고 문명을 창조했으며 소통의 과정을 반복했다.

사람들은 소통을 거치며 경제력을 쌓아갔는데, 경제력의 유무는 자본주의사회 훨씬 이전부터 국가의 흥망을 좌우하는 원동력이었다. 동서 문명의 소통이 이루어진 실크로드도 주된 목적은 교역에 있었으니, 돈에 대한 인간의 욕망은 어쩌면 DNA 깊숙한 곳에 자리 잡고 있는지도 모른다.

　이 실크로드를 통해 사람들은 중국과 로마를 하나로 이었다. 비단과 도자기, 유리와 보석 등 각종 상품과 문화가 이 길을 통해 전파되면서 인류의 삶을 풍요롭게 했다. 실크로드는 경제를 움직이는 길이요 좌표였다. 아울러, 실크로드는 종교와 제도, 학문과 예술이 오고가는 문화의 허브이자, 첨단 유행을 창조하고 소비하는 중심지였다. 그리하여 도시들은 경제와 문화가 흘러넘치는 실크로드를 차지하기 위해 고군분투했다. 뺏고 빼앗기는 자리다툼이 수천 년 동안 치열하게 이어진 것이다. 이처럼 실크로드는 물류物流와 인류人流의 길이었기에, 문명의 흥망성쇠와 인류의 역사가 항상 살아 있는 것이다.

　우리는 흔히 실크로드를 과거의 길로 생각한다. 사막 속의 오아시스, 줄지어 선 낙타의 행렬, 폐허뿐인 도시의 유적들. 때문에 사람들은 실크로드를 그저 낭만적인 동경의 대상으로 여기고, 역사의 뒤안길로 사라진 유적인 양 생각한다. 하지만 실크로드는 지금도 살아있다. 과거의 길이 아니라, 지금도 미래를 향해 역동적으로 움직이고 있다. 그것은 실크로드가 인류의 삶을 이어주는 대동맥이기 때문이다.

　필자의 실크로드 여행은 2004년부터 시작됐다. 첫 발을 디딘 곳은 중국의 서안이 아니라 중앙아시아 한복판이었다. 전혀 상관없다고 여겼던 낯선 문명이 '기다린 듯 반갑게' 다가왔다. 순간, 필자는 실크로드의 낯설음에 깊이 매료되었고, 그것은 강렬한 끌림으로 필자의 가슴

속에 '내단內丹'으로 남았다.

그로부터 10년 동안 실크로드를 찾았다. 중국 서안에서 출발해 중앙아시아와 중동을 거쳐 지중해를 돌아 이탈리아 로마에 이르는 실로 방대한 길이었다. 필자는 이 여행을 통해 '길과 문명'에 대한 생각을 보다 확실하게 정리할 수 있었다. 수많은 민족과 국가가 명멸하며 역사와 문명을 만들어내는 길. 끊임없는 생명력으로 되살아났던 바로 그 길. 자연과 인간의 교감이 가장 자연스레 이뤄지는 길. 다툼과 고립을 넘어 소통과 화합이 화려하게 꽃을 피워내는 '위대한' 길. 이것이 바로 실크로드였다.

필자의 실크로드 여행이 보다 체계적으로 이뤄진 것은 《인천일보》 덕이 크다. 실크로드에 대한 필자의 생각에 적극 공감하고 함께 탐사를 했기 때문이다. 그리고 필자는 《인천일보》를 통해 "실크로드를 가다"라는 제목으로 6년간 연재하며 독자들로부터 많은 사랑을 받았다. 이에 힘입어 필자가 받은 실크로드의 감동을 보다 많은 독자들과 공유하고 싶어졌다.

이 책은 신문 지면의 제한으로 불가피하게 생략할 수밖에 없었던 내용을 모두 펼쳐냈다. 이런 까닭에 분량이 10배 이상 늘어났다. 완전히 새로운 실크로드 이야기인 셈이다. 또한 이 책에서는 중국 실크로드의 첫 부분인 '하서주랑'에 집중했는데, 이것만으로도 한 권의 책을 완성할 수 있었다. 실크로드는 그만큼 광대하고 웅장하며 심원한 길이다.

책이 나오기까지 실로 수많은 분들의 도움을 받았다. 실크로드 여행의 처음과 끝을 함께 한 《인천일보》의 남창섭 부장, 궁금해 하는 장소는 반드시 찾아내 필자를 기쁘게 해준 손문걸 돈황한길투어 사장, 필자가 필요로 할 때면 만사를 제치고 현지로 달려온 최명성 군, 그밖에도 필자의 여행을 진심으로 응원해 준 수많은 벗과 동료들에게 감사한다. 무엇보다 필자의 고질병인 역마살을 선선히 용납하고 믿어준 아내와 두 아이에게도 진심으로 고마움을 전한다. 아울러, 필자의 원고를 책으로 출간하는 데 헌신한 이호준 주간과, 사진과 지도 등 까다로운 작업도 마다하지 않고 훌륭하게 정리해 준 디자이너께도 감사드린다.

필자에게 있어 실크로드는 평생의 화두가 될 것이다. 그와 함께 여행기도 계속 써나갈 것이다. 하지만 몇 권의 분량이 될지는 모른다. 인류문명사의 젖줄인 실크로드가 들려주는 양을 가늠하기 어렵기 때문이다. 오직 성실하게 써나갈 뿐이다. 독자 여러분의 관심이 함께 머문다면 더없이 행복할 것이다.

2014년 1월
설날 아침에, 허우범

*차례

제1부

세계를 만든 문명의 길

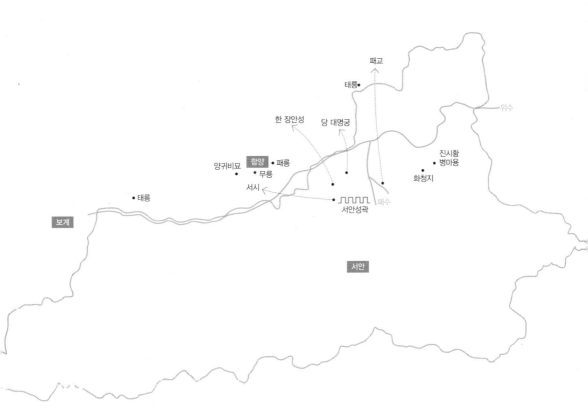

제1장 실크로드의 출발점, 서안에 서다

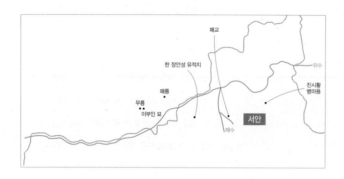

"우와! 어쩐 일로 하늘이 바다같이 푸르냐?"

2013년 6월. 중국 섬서성의 서안西安을 다시 찾았을 때 공항의 하늘을 보고 깜짝 놀랐다. 10여 년 동안 계절을 달리하여 여섯 번을 찾았지만 이렇게 푸른 하늘을 본 것은 처음이기 때문이다. 서안의 하늘은 언제나 잿빛이었다. 그런데 장구한 역사를 간직한 실크로드의 흔적을 살피려고 찾아온 나그네를 하늘이 이토록 반겨주니 상서로운 일이 아닐 수 없다.

서안은 중국 중서부의 관중關中평야에 세워진 도시다. 그리고 그 관중평야를 가로지르는 위수渭水가 시내의 북쪽으로 흐른다. 도심을 벗어나면 넓은 평원이 끝없이 펼쳐지고, 바람이 불면 평원의 황토가 도심을 덮친다. 또 황사 발원지인 내몽골자치구와 접해 있어서 사시사철 뿌옇다. 봄철마다 우리나라를 성가시게 하는 황사를 이곳 사람들은 날마다 접하며 살아가는 것이다. 그러므로 서안에서 푸른 하늘을 본다는 것은 여간 행운이 아니다.

▲ 하늘에서 본 서안

　세관수속을 밟기 위해 공항통로로 걸어 나오는데, 좌우 벽면에 서안의 역사적 명소들을 홍보해 놓았다. 이곳은 중국에서 가장 오래된 도시답게 유적들이 넘쳐나는데, 그중에서도 가장 돋보이는 게 진시황과 그를 지키는 병마용兵馬俑이다. 중국여행을 한 번이라도 계획했거나 중국 역사에 관심이 있는 사람들은, 서안이라는 이름을 '진시황 병마용'과 연관 지어 생각한다. 춘추전국시대의 막을 내리고 중국을 처음으로 통일한 시황제 영정嬴政이 잠들어 있는 신비한 도시가 바로 서안이기 때문이다. 하지만 서안은 진시황 스토리 외에도 엄청난 신화와 역사를 간직한 유서 깊은 곳이다.

　관중평야와 위수渭水가 있는 서안은 지리적 이점으로 인해 북경, 남경, 낙양, 개봉, 항주와 함께 중국의 6대 고도古都 가운데 하나이다. 서안은 그중에서도 기원전 11세기 이후 11개 왕조가 수도로 삼은 중국 최고最古의 도읍지다. 대표적인 것만 봐도 서주西周, 진秦, 전한前漢, 수隋, 당唐 등 고대 중국 역사의 찬란한 금자탑을 세운 국가들이 서안에 둥지를 틀었다.

▲ 고도 서안을 흐르는 위수

하지만 여러 왕조가 거쳐 간 곳인데도, '서안'을 떠올리면 곧바로 '진시황'이 떠오르는 건 무엇 때문일까? 그것은 그가 '중국'이라는 거대국가가 태어날 수 있도록 기초를 세운 황제였으며, '세계 8대 기적'에 속하는 만리장성과 병마용을 만든 주인공이기 때문이다. 시황제가 사분오열된 중국의 영토를 통일하지 않았다면, 그리하여 춘추전국시대가 실제 역사보다 100년 정도 지난 뒤에 통일이 되었다면, '실크로드'는 다른 이름이 되었을지도 모른다. 실크로드는 중국이 자국의 주요 생산품인 비단을 주력으로 삼아 서방과 교역하던 길이었다. 그렇기 때문에 중국의 통일이 늦어졌다면 로마제국이 교역의 주도권을 잡았을 것이고, 그랬다면 교역로의 이름이 '글라스로드glass road'가 되었을지도 모른다.

실크로드는 한나라 때 발전하고 당나라에 와서 전성기를 맞이했지만, 그 출발점은 진시황 때로 보아야 한다. 진시황이 6국을 멸망시켜 백성들을 전쟁의 참화에서 구하고 정치경제 시스템을 확립하지 않았다면, 진나라의 뒤를 이은 한

▲ 서안종루

당漢唐 양 제국도 존재하기 어려웠다. 왜냐하면 진시황이 최초로 중앙집권적 전제국가를 탄생시켰고, 이런 국가형태를 그대로 이어받은 것이 한나라이기 때문이다. 그리고 한나라를 거치면서 전제국가 체제는 보다 견고히게 정착된다. 진한秦漢 대에 형성된 중국의 전제국가 체제는 이후 왕조만 교체되면서 청나라까지 이어지기 때문이다.

대부분의 도시가 그렇듯이 공항은 도시 중심에서 떨어져 있다. 서안 공항은 서안에서 북쪽으로 50킬로미터 떨어진 함양咸陽에 있다. 하지만 도로가 시원하게 뚫려 있어 멀게 느껴지지 않는다. 진시황 때도 이렇게 넓은 도로가 있었다. 진시황은 중국을 통일하자 곧바로 도로정비에 나서 서안을 중심으로 한 사통팔달의 교역로를 만들었다. 황제 전용도로인 치도馳道는 너비가 50보로 오늘날의 고속도로와 같았다. 또한 수도 함양에서 북쪽으로 구원九原까지 1,800리에 이르는 직도直道인 귀곡鬼谷길을 건설했다. 진시황 때 건설된 교통망은 제국의 동맥이자 이민족과 소통하는 창구였다. 이 길을 통해 물품이 교역되고 이 과정에서 진나라도 서방에 알려진다. 오늘날 중국을 '차이나China'라고 부르는 것도 중국을 최초로 통일한 진나라에서 온 것이다. 이렇게 볼 때 서안은 진정한 실크로드의 출발점이 아닐 수 없다. 실크로드의 시작과 발전 그리고 전성기를 이끈 왕조의 수도가 모두 서안이었기 때문이다. 그러므로 서안을 여행하지 않은 채 중국을 여행했다는 말은 실로 우스운 얘기다.

처음 서안을 여행했을 때가 떠오른다. 일반적으로 서안 여행은 이틀이나 사흘 일정인데 필자는 일주일을 머물렀다. 그때 사람들이 도저히 이해할 수 없다는 듯이 바라보던 기억이 난다.

"서안에서 일주일씩이나 볼 게 있나요?"
"중국을 이끈 세 왕조의 수도였는데 얼마나 볼 게 많겠어요. 한 달도 모자랄

▲ 명대에 지어진 서안성곽

정도예요."

그렇다 서안은 볼 게 너무
도 많은 도시다. 우리가 이삼
일 동안 둘러보는 서안은, 서
안의 극히 일부분에 불과하
다. 진시황의 병마용, 당 현종
과 양귀비의 자취가 배어 있
는 화청지, 삼장법사 현장과
관련된 자은사 등 몇몇 인물
들과 관련된 한두 곳뿐이다.
여행문화가 화려한 볼거리 위
주로 편향되어 있기에, 여행객
들은 지금까지 남아있거나 새
롭게 단장된 곳만을 선호한다.
유적지도 빠르게 훑어보고 지
나친다. 그러다 보니 어느 곳
이든 사흘이면 오히려 시간이
남을 정도다. 하지만 서안은
그렇게 덤벼서는 안 되는 곳이
다. 유적지마다 거대 왕조의
역사가 켜켜이 배어 있고, 그것
이 오늘의 중국을 견인하는 에
너지로 이어지고 있기 때문이
다. 그 힘의 출발도 시황제다.

▲ 진시황릉

▲ 진시황 아방궁

시황제가 6국을 차례로 멸망시키자 백성들은 환호했다. 통일이 되면 수백 년 동안 계속된 전란의 소용돌이에서 벗어나 편안한 삶을 살아갈 수 있을 것이라고 믿었기 때문이다. 그리하여 진나라가 통일제국을 열자 뜻있는 선비와 백성들이 구름처럼 몰려들었다. 그들은 시황제가 국가와 백성을 살리는 통치술을 발휘해 줄 거라고 기대했다. 하지만 결과는 반대였다. 중국 최초의 황제는 절대 권력을 다지는 데만 골몰했다. 황제皇帝라는 칭호도, 자신이 '삼황오제三皇五帝'를 능가한다는 의미로 만들어낸 것이다. 그는 하늘이 점지한 통치자에 머물지 않고 자신을 신격화했다. 그 결과 시황제는 자신을 믿고 모여든 천하의 백성들을 모두 노예로 삼았다. 만리장성과 병마용도 백성들의 피와 살을 깎아서 만든 것이니, 오늘날 세계적으로 이름 높은 유적들은 힘없는 백성들의 고혈을 짜낸 결과물임을 잊어서는 안 될 것이다.

진시황은 자신이 건설한 제국이 천추만대에 길이 이어지길 바랐다. 하지만 그의 폭정은 진나라를 '영원'한 제국이 아닌 '찰라'의 제국으로 만들었다. 폭정에 항거하는 백성들의 분노가 들불처럼 산하를 덮었고, "타도, 진시황!"을 외치는 목소리도 제국 전역에 퍼졌다. 그리하여 진시황의 염원과는 반대로 진나라는 15년 만에 멸망하고 말았다. "군주는 배요, 백성은 물이다. 물은 배를 띄울 수 있지만, 전복시킬 수도 있다."라는 순자의 가르침을 망각한 결과다.

▲ 병마용박물관

▲ 병마용 발견자 싸인회

▲ 병마용의 위용

▲ 채색병마용

진시황의 병마용은 아직도 발굴 중이다. 병마용이 발굴될 당시의 사진들을 보면 불에 타거나 마구 부서진 것들이 많이 보인다. 이는 진시황의 폭정에 항거한 백성들이 울분을 표출한 것이다. 특히 항우項羽, 기원전 232~기원전 202년와 유방劉邦, 기원전 247?~기원전 195년이 천하를 차지하기 위해 각축을 벌이던 때에, 서안에 입성한 항우군이 파괴했다고 한다. 유방군이 파괴한 병마용도 적지 않았을 테니, 그것까지 고려하면 진시황의 병마용은 얼마나 많았을까? 아마도 진시황 생전에 그를 지키던 경호군단의 수와 일치하지 않았을까?

한나라를 세운 유방은 진나라의 전철을 밟고 싶지 않았다. 그래서 순자의 가르침을 받아들인 그는, 진나라의 도읍이었던 서안을 수도로 정하는 대신 그 이름을 장안長安으로 고쳤다. '자자손손 이어지고 영원히 평안하다長治久安'라는 뜻으로, 왕실과 나라의 영원한 번영을 꿈꾼 것이다. 진나라가 '편안할 안[安]'을 달고도 실패했기에, 한나라는 여기에 '긴 장[長]'을 덧붙여 장안이라는 이름을 붙였다. 아마도 더 이상 전란의 소용돌이에 빠지고 싶지 않았을 게다.

한나라가 추구한 이런 평화는 비슷한 시기에 유럽을 평정한 로마에도 찾아왔다. 기원전 27년부터 로마의 초대 황제가 된 아우구스투스는 경제적 평화, 법적·정치적 평화, 문화적·인종적 평화를 포괄하는 '로마의 평화PAX ROMANA'를 이뤄낸 것이다. 이중에서도 경제적 풍요가 무엇보다 중요했는데, 이는 국가 간의 교역과 교류를 활성화시키고 나아가 문명발전에 이바지하는 원동력이 되기 때문이다. 평화의 시기에 쌓아올린 이런 막대한 경제력과 수준 높은 문화를 바탕으로, 한나라와 로마제국은 '실크로드'를 따라 주변국에 영향을 미쳤으며 동서 문명교류를 이끌었다.

실크로드는 오아시스길, 초원길, 바닷길로 나뉜다. 흔히 실크로드라고 할 때는 오아시스길을 가리킨다. 유라시아 대륙의 넓은 사막을 가로지르며 이어지는 오아시스길은 다른 두 길에 비해 역사가 오래되었다. 때문에 이 길을 따라 수없

▲ 한나라 장안성 유적지

이 많은 민족과 국가들이 명멸했다.

실크로드는 동서 문화와 상품의 교역로이기 이전에 흥미진진한 전설과 모험이 뛰어 노는 신비의 땅이며, 누구나 찾아가고픈 동경의 대상이다. 그것은 실크로드가 문명이 교차한 통로이자 인간의 역사가 만들어진 고향이기 때문이다. 사막을 가로지르는 대상隊商의 교역로였던 이 길은, 예술·종교·학문·전쟁 등 인류사의 모든 것을 함께 실어 날랐다. 인간이 만든 모든 정신적·물질적 유산들이 이동한 길이 바로 실크로드다. 그리고 그 출발지가 서안이다. 때문에 필자의 실크로드 여행도 서안에서 출발하는 것이다.

실크로드가 시작되는 서안은 고대 동양의 선진 문명과 문물이 집약된 곳이다. 이러한 고대 문명과 문화를 기반으로 '중국만이 유일한 세계이며 나머지는 오랑캐'라는 중화 중심의 화이사상華夷思想이 탄생한다. 천하를 다스릴 수 있는 자는 천자天子인 '황제黃帝'뿐이며, 천하의 중심은 황제가 다스리는 중국뿐이라는 논리다. 이런 중화중심주의 이데올로기를 통해 한족의 우월감은 극대화되며, 이는 문화 및 문물 교역에 여과 없이 반영된다. 즉, 주변 민족과 국가들은 천하를 다스리는 중국의 황제에게 조공朝貢을 바쳐야 하고, 황제는 답례로 그들에게 진귀한 물품을 하사하는 것이 당연하다고 생각했기 때문이다.

천하의 중심이었고 실크로드의 출발지였던 장안은 지금 어떤 모습을 하고 있을까? 실크로드가 번성한 것은 당나라 때이지만, 실크로드가 본격적으로 개척된 시기는 한 무제武帝가 다스리던 전한前漢 때였다. 이 때문에 입국 수속을 마친 필자의 첫 목적지도 당연히 무제가 잠들어 있는 무릉茂陵이다.

공항에서 서안으로 들어오는 길 옆 평원에는 크고 작은 구릉들이 흩어져 있다. 그런데 이것들은 단순한 언덕이 아니라, 고도古都 장안에서 중국을 지배했던 황제들의 무덤이다. 서안에는 72개의 능이 있는데, 그곳에는 모두 73명의 황제가 묻혀 있다. 72개의 능에 73명의 황제라니? 그것은 당나라 고종의 건릉乾陵에 중국 최초의 여황제인 측천무후則天武后가 합장되어 있기 때문이다.

10여 년 전 서안을 처음 방문했을 때, 도로변에 늘어선 능의 행렬을 보며 서안이 황제들을 모신 선산先山 같다는 생각을 했다. "서안에서 성공하려면 곡괭이만 있으면 된다."라는 우스갯소리가 말해주듯, 서안은 그 자체로 역사의 보고寶庫이다. 때문에 마음대로 곡괭이나 삽을 들이댔다가는 혼쭐이 나며, 땅을 1미터 이상 파헤치려면 당국의 허가와 관리감독을 받아야 한다. 서안으로 걸어 들어가는 것은 3,000년 전의 공간에 몸을 싣는 것이며, 유적지를 둘러보는 것은 그 역사의 세부를 들여다보는 것과 같다.

무릉은 서안 공항에서 남서쪽으로 약 10킬로미터, 서안 시내에서 서북쪽으로 40킬로미터 떨어진 흥평시興平市 무릉촌茂陵村에 있다. 2,000여 년의 세파에도 불구하고 평지 위의 무릉은 아직도 산처럼 우뚝하다. 능을 따라 줄지어 늘어선 나무들은 무제를 호위하는 철갑군 같다. 오랜 시간 무너지고 주저앉은 게 이 정도라면, 원래의 모습은 어느 정도였을까? 《관중기關中記》에 보면, 한나라 때 황제의 능은 "높이가 12장丈, 둘레가 120보步"인데, 무릉은 높이가 14장, 둘레가 140보"라고 했다. 한나라 때의 1장은 약 3.33미터이니 높이만 해도 46미터가 넘는다.

무제가 다스리던 시기는 한나라가 중앙집권제를 확립하고 각종 세법을 강화하여 경제력이 최고조에 달했던 때다. 자기 무덤인 무릉을 건설하는 데 한 해 조세의 3분의 1을 사용했다고 하니 그 규모가 얼마나 컸겠는가. 《한서漢書》를 지은 반고班固가 무제를 일컬어 "위대한 경륜을 지닌 웅대한 인물雄才大略"이라 했듯이, 그는 당시 중국의 영토를 최대한으로 넓힌 황제이기에 어느 황제의 능묘보다도 더 크고 더 높이 솟아야 했으리라.

55년이라는 최장수 황제의 자리를 지킨 무제였지만, 권좌에 오르는 게 쉽지만은 않았다. 그가 권좌에 오른 것은 정치적 입지를 강화하려 했던 외척들의

▲ 무릉

▲ 한 무제 초상

이해득실이 개입했기 때문이라고 알려져 있다. 하지만 자기보다 앞서 태어난 여덟 명의 황자皇子들을 뛰어 넘으려는 영특한 소년 유철劉徹, 한 무제의 기회포착 또한 주효하지 않았을까?

"만일 내가 아교阿嬌를 아내로 맞이한다면 반드시 황금으로 된 집을 지어 줄 거예요."

일곱 살의 황태자 유철은 고모인 관도館陶 장공주長公主 앞에서 그녀의 딸인 아교를 황후로 삼겠다고 약속한다. 장공주는 황제이자 오라버니인 경제景帝에게 유철이 14명의 황자 가운데 가장 영명하다고 끊임없이 간언한다. 장공주의 부단한 노력은 경제로 하여금 유철을 새로운 황태자로 옹립하게 하는 데 결정적 역할을 했다. 장공주는 자신의 딸 아교를 황후로 삼겠다는 유철의 약속에 가슴이 벅차올랐다. 아울러 자신의 소망이 이루어졌음에 안도의 한숨을 쉬었다. 황태자 유철은 16세에 황제에 오른다. 아교를 황후로 맞이하여 장공주와의 약속도 지킨다. 그가 바로 한나라의 역사를 다시 쓴 무제武帝이며, 아교는 무제의 첫 번째 황후인 진陳황후이다.

스스로의 힘으로 제위에 오르지 못한 때문일까? 무제도 초기 10년 동안은 힘겹게 보낸다. 부친인 경제景帝의 누이인 관도 장공주의 힘이 너무 강했기 때문이다. 하지만 자신을 황제에 앉혀준 데다 고모이자 장모였기 때문에 함부로 대할 수가 없었다.

그렇다면 관도 장공주는 어떤 사람이었나? 그녀는 진오陳吾라는 제후와 결혼해서 외동딸 아교阿嬌를 낳았다. 정치적 야심이 많았던 그녀는 자기 딸 아교를 경제의 장남이자 황태자였던 유영劉榮에게 시집보내 황후로 만들고 싶었다. 이를 위해 유영의 생모인 첩실 율희栗姬에게 접근했으나 매정하게 거절당했다. 자존심에 상처를 입은 장공주는 그 뒤부터 율희와 유영을 비방하고 유철의 총명함을 부각시켜, 경제로 하여금 결국 황태자를 바꾸게 한다. 율희 모자는 암투가 심한 궁중에서 관도 장공주의 정치적 파워와 술수를 읽지 못해 황제와 황태후 자리를 내놓아야 했으니 얼마나 가슴이 아팠을까.

관도 장공주가 자신의 정치적 야망을 위해 유철의 장점을 부각시키려 애썼지만, 유철은 자신의 총명함을 자연스레 드러냈다. 송나라 때 황제의 칙명으로 만든 《태평어람太平御覽》에 인용된 《한무고사漢武故事》의 내용을 보면, 경제가 소년 유철의 총명함에 탄복하는 일화가 있다.

어느 집안에서 후처가 자신의 남편을 살해하자 전처의 아들이 아버지의 원수라고 하여 계모를 살해한 사건이 일어났다. 아들은 모친을 살해한 죄로 기소되어 계제의 판결을 받게 되었다. 옆에서 이런 내막을 듣고 있던 유철이 말했다.

"아버지에게 충실하지 못한 어머니는 더 이상 아버지의 아내라고 할 수 없습니다. 따라서 아들의 어머니도 아닙니다. 그러므로 자신의 어머니를 죽였다는 죄는 애당초 이치에 맞지 않습니다."

든든한 정치적 후원자에 총명함까지 갖추고 있었기에, 유철은 경제의 마음에 들어 황태자가 되고 마침내 황제의 자리에 오른다. 황제의 자리는 하늘이 정한다고 하지만 결국 사람이 만드는 것이다. 시대를 읽는 총명함에 인화人和의 상서로운 기운들이 모여 천하를 다스리는 힘을 갖게 되는 것이다.

무제는 황제에 오르자 관도 장공주와의 약속을 지켜 사촌동생인 아교를 황후로 맞이한다. 진황후 아교는 자존심이 강하고 질투심이 많은 여자였다. 그도 그럴 것이 어머니 장공주는 선황제와 각별한 사이로 남편을 황제로 만든 주인공이었기에 진황후는 무척 거만했던 것으로 알려져 있다.

구세력의 정치적 보루인 진황후와 개혁으로 국가의 면모를 일신하려는 젊은 황제. 일반적인 부부 사이와는 달리 이 둘 사이에는 미묘한 갈등이 내재되어 있었다. 물론 소년시절 황태자 유철은 아리따운 아교의 모습에 반했을 것이다. 그녀에게 '황금으로 만든 집'을 지어주겠다고 했던 것도 사랑 때문이었으리라. 하지만 진황후를 앞세운 외척들의 견제가 심해지자 무제는 그녀에게서 점점 멀어졌다. 게다가 황후의 성격도 나긋나긋하지 않았으니 부부 사이는 이미 허울뿐이었고 자식이 생길 리 만무했다. 황후보다 더 초초한 사람은 장공주였다. 그녀는 황후를 위해 9,000만 냥이나 들여 온갖 용하다는 처방을 다 써보았지만

▲ 패수와 패교

백약이 무효였다. 부부의 애정을 어찌 약이 대신할 수 있으랴.

황자를 생산하지 못하면 황후라도 권력의 심장부에서 밀려날 수밖에 없었기에 자식을 갖지 못한 진황후는 급기야 히스테리까지 부렸다. 이 때문에 무제의 관심은 더더욱 밖으로 향할 수밖에 없었다. 무제는 자신의 정치역량 부족과 부부관계의 우울함을 달래려고 수렵에 몰두했는데, 그 반경은 수도 장안을 중심으로 점점 넓어졌다. 이렇게 권력에 대한 욕심이 없이 바깥으로 나도는 것처럼 보였지만, 사실 무제는 황제의 권력을 회복하기 위해 절치부심切齒腐心하고 있었다.

어느 봄날, 무제는 장안 동쪽을 흐르는 패수霸水에서 불계祓禊·재앙을 물리치고 복을 기원하는 제사를 거행하고 돌아오는 길에 첫째 누나 평양공주平陽公主의 집을 방문한다. 평양공주는 열여덟 살의 동생 무제가 적적해 하자 비녀婢女들을 알현시킨다. 무제의 마음에 든 여인은 위자부衛子夫라는 가희歌姬였다. 아비가 누군

▲ 무릉 옆에 있는 이부인묘

한 번 웃음 지으면 온 성이 무너지고　　　　　一顧傾人城
두 번 웃음 지으면 온 나라가 기울어지네　　　再顧傾人國
성과 나라가 기우는 것을 어찌 모르랴마는　　　寧不知傾城與傾國
천하의 아름다운 미인은 다시 얻기 어려운 법　佳人難再得

　이 노래를 들은 무제가 "세상에 그런 여인이 있단 말인가!" 하고 한탄하자,
평양공주가 이연년의 누이동생이 노래의 주인공임을 알려준다. 무제는 탄복하
며 그날로 이연년의 누이동생을 애첩으로 삼는다. 하지만 미인박명이라 했던가.
이부인은 젊은 나이로 요절하고 만다. 무제의 사랑은 이제 막 타오르기 시작했
는데, 경국지색을 보내야 하는 그의 마음은 얼마나 미어졌을까. 어여쁜 얼굴이
라도 한 번 더 보고 싶어 찾아왔으나 이부인은 끝내 자신의 모습을 보여 주지
않는다. 영원한 이별을 앞두고 거듭 당부하고 어르지만, 이부인은 꿈쩍도 하지
않는다. 부제는 자신과의 만남을 끝내 거부하는 이부인의 태도에 속상해 하며
떠난다. 자매들이 이런 이부인을 탓하자 그녀는 이렇게 말한다.

"황제께서 알고 계신 얼굴은 예전의 내 모습입니다. 그런데 이제 이렇게 추한 모습을 보이면 황제께서 놀라 우리 식구들을 절대로 보살펴 주시지 않을 것입니다."

이부인의 생각은 적중한다. 그녀가 죽자 무제는 이연년을 악부樂府의 장관인 협률도위協律都尉에 임명하고, 또 한 명의 오빠인 이광리李廣利를 이사장군貳師將軍으로 삼는다. 이부인에 대한 무제의 애틋한 사랑은 여기서 끝나지 않는다. 제齊나라의 방사方士 소옹少翁을 시켜 이부인의 혼령을 불러오게 하고 슬픔에 겨워 노래까지 불렀다.

부인이오, 아니오?	是邪非邪
내 멍하니 서서 그대만을 바라보노니	立而望之
어이 이다지 나풀나풀 더디게만 오는가	偏何姍姍其來遲

뛰어난 글 솜씨를 자랑하던 황제이기에, 이부인의 죽음은 황제를 상사병에 걸린 시인으로 만들기에 충분했다. 《한서》〈이부인전〉에는 총희寵姬에 대한 무제의 애타는 마음이 한 편의 부賦에 절절하게 나타나 있다.

저토록 밝은 세상 두고	去彼昭昭
어둠의 세계로 떠나갔구려	就冥冥兮
신궁으로 내려가면	既下新宮
다시는 옛 터로 돌아오지 못하나니	不復故庭兮
아아, 애달프도다!	嗚呼哀哉
그리운 혼령이 이토록 아련하거늘	想魂靈兮

사랑은 권력보다 강하다. 권력은 처음 잡을 때는 무한한 힘을 가지지만 시간

이 지날수록 가벼워진다. 사랑은 처음에는 밋밋하지만 시간이 지날수록 애틋한 그리움이 요동쳐 보고픈 마음은 한 시도 식을 줄 모른다. 권력은 사랑을 버릴 수 있지만 사랑은 권력마저도 포기하게 만든다. 세상은 사랑 때문에 살고 사랑 때문에 죽는다. 가장 아름다운 것이 사랑이지만, 가장 두려운 것도 사랑이다. 무제는 평생 많은 여인을 거느렸지만 항상 진정한 사랑을 그리워했다. 주변에 많은 여인들이 있었지만, 그가 원하던 사랑을 얻기란 쉽지 않았기 때문이다.

첫 번째 여인 진황후는 정치적 야심이 만든 사랑이었다. 정치로 시작한 사랑은 정치적 목적을 달성하게 되면 허무하게 끝나버린다.

두 번째 여인 위황후는 무제가 정치적 고아 시절에 맺은 사랑이었다. 하지만 외로울 때 맺은 사랑이라도 황제의 권력을 위협하면 그것으로 끝이다. 위황후와의 사랑도 그렇게 막을 내린다.

세 번째 여인 이부인은 권력무상을 느끼던 때의 사랑이었다. 삶의 새로운 의미를 찾을 때의 사랑은 무엇보다도 아름답고 간절하다. 무제가 평생 찾던 사랑은 바로 이부인이었다. 하지만 정들 무렵 이별해야 한다면, 그 사랑은 애끊는 처절함만을 안겨줄 뿐이다. 이렇게 되면 천하의 권력을 다 가졌다 한들 무슨 소용이 있겠는가.

장방형長方形의 이부인묘가 무릉의 서북쪽 광활한 벌판에 홀로 서 있다. 무제는 그녀의 죽음을 슬퍼하여 황후에 준하는 장례를 치르고 그녀의 묘를 '영릉英陵'이라 불렀다. '꽃'처럼 어여쁘고 '옥'처럼 귀한 여인이 잠든 곳이라는 의미다. 무제의 애끊는 사랑으로 이부인은 두 명의 황후를 넘어서는 최고의 예우를 받게 된 것이다. 하지만 이부인묘는 그러한 파격적인 예우에 개의치 않고 다소곳한 자세로 일편단심 철책으로 둘러쳐진 동남쪽의 무릉만을 바라보고 있다. 높이 솟은 무릉도 고적한 동쪽이 싫어 서북쪽 영릉을 향해 앉았다.

오작교 없는 벌판에는 바람만 드세다. 살아서도 죽어서노 손잡고 마주볼 수 없어 애틋한 그리움으로, 절절한 아림으로 오늘도 바라봐야만 하는 사랑. 그 사

▲ 무릉과 이부인묘

이를 오가는 바람만이 흐느낌으로 사랑의 언어를 전할 뿐이다.

　무릉을 떠나 패릉霸陵으로 향한다. 패릉은 한나라 문제文帝의 능이다. 하지만 문제보다 다른 곳에 더 관심이 간다. 패릉 주변에 있었다는 낭관정郎官亭을 찾아보는 것이다. 낭관정은 무제의 첫 번째 황후였던 진황후가 잠들어 있는 곳이기 때문이다.

　진황후는 장문궁에 유폐된 후, 무제의 마음을 돌리기 위해 사마상여로 하여금 〈장문부長門賦〉를 짓게 했는데 그 내용이 사뭇 애절하다. 이 부는 6세기경 양梁나라 소명태자昭明太子가 편찬한 사화집詞華集인 《문선文選》에 실려 있는데, 진황후는 이 부를 무제에게 전해 사랑을 되찾았다고 한다. 하지만 역사서인 《사기》나 《한서》에는 이런 내용이 보이지 않는다. 무제는 진황후를 장문궁에 유폐한 뒤 한 번도 찾지 않았던 것이다. 진황후는 장문궁에서 10여 년을 칩거하다가 쓸쓸히 세상을 떠났다. 그리고 장안성 동남쪽에 위치한 패릉覇陵 낭관정郎官亭 동쪽에 조용히 묻혔다.

당나라의 시인 이백은 진황후의 기구한 운명을 〈첩박명妾薄命〉이라는 시로 노래했다.

한무제가 아교를 총애한 나머지	漢帝寵阿嬌
황금으로 지은 집을 주었네	貯之黃金屋
하늘에서 기침하다 침이 떨어지면	咳唾落九天
바람 쫓아오다 구슬 된다고 하였네	隨風生珠玉
지극하던 사랑도 시들해져 버리고	寵極愛還歇
정이 멀어지자 투기만 깊어졌네	妒深情郤疏
황제가 장문궁 앞을 지나갈 때에	長門一步地
잠깐이라도 수레를 돌리지 않았네	不肯暫回車
빗물은 다시 하늘로 오르지 못하고	雨落不上天
쏟아진 물은 다시 담기 어려워라	水覆難再收
황제의 사랑과 황후의 마음은	君情與妾意
동과 서로 따로 흐르고	各自東西流
어제의 아름다운 연꽃도	昔日芙蓉花
오늘은 뿌리 잘린 풀이 되었네	今成斷根草
미색으로만 사람을 섬기면	以色事他人
좋은 시절 그 얼마이겠는가!	能得幾時好

패릉은 관광지가 아닌 까닭에 찾는 사람도 드물다. 그래서인지 몇 번을 물어서 찾았다. 패릉은 산 전체를 능으로 삼았는데, 풍수가들은 산의 형세가 '봉황의 입'처럼 생겨 명당으로 꼽는다. 황제의 묏자리니 당연 명당이겠지만, 지금도

▲ 패릉   ▲ 패릉의 낭관정터

▲ 패릉묘원. 오늘날에도 묘원으로 사용되고 있다.

공동묘지로 사용되고 있다. 부근에 낭관정이 있을 텐데 찾을 수가 없다. 마침 인근지역을 관리하는 공무원들이 있기에 물어보았다. 하지만 낭관정 자체를 모른다. 낭관정을 볼 수 없다는 허탈감에 젖어들 즈음, 저만치 나이가 들어 보이는 할아버지가 걸어온다. 낭관정에 대해 묻자, 해박한 지식과 함께 위치를 알려준다.

"옛날에는 낭관정 주변에 300여 개의 비석이 있었는데, 문화대혁명 때 다 파괴되고 일부는 사람들이 가져갔다오. 정자도 그때 다 부서졌지. 그러다가 얼마 전에 남은 비석들을 모아서 예전의 위치에 세워놓았는데, 지금은 얼마 없다오."

풀숲을 헤치고 찾아간 낭관정 터에는 7개의 비석만이 따가운 햇살을 피하는 듯 띄엄띄엄 서있다. 나무와 풀 더미뿐 진황후의 묘는 찾을 수도 없다. 미색美色이 아무리 출중한들 심색心色만 하겠는가. 풀들은 더위에 고개를 숙이고 시간보다 빠른 바람만이 풀숲을 지나친다. 순간, 어디선가 애절하게 흐느끼는 그녀의 음성이 들리는 듯하다.

"저를 한 번만이라도 보아 주세요. 제발……."

제2장 한 무제, 서쪽으로 길을 열다

중국 최초로 통일국가를 완성한 진나라는 진시황의 폭정으로 인해 채 2대를 넘기지 못하고 멸망한다. 바람 앞의 들풀처럼 일어난 백성들의 항거는 서초패왕西楚覇王 항우項羽와 한왕漢王 유방劉邦의 격돌로 좁혀지고, 일개 건달 출신인 유방의 승리로 끝난다. 유방은 한중漢中을 기반으로 일어섰기에 국호를 '한漢'이라고 했다. 그렇다면 유방이 천하를 차지할 수 있었던 비결은 무엇이었을까?

"나는 장량張良처럼 1,000리 바깥에서 교묘한 책략을 짜내 승리하는 방법을 모른다. 소하蕭何처럼 나랏일을 안정시키고 군량을 제때 보급할 줄도 모른다. 또 한신韓信처럼 100만 대군을 통솔해 전투에서 반드시 승리하는 데도 서툴다. 하지만 나는 이 걸출한 인재들을 내 사람으로 등용함으로써 천하를 얻을 수 있었다. 항우項羽는 마지막 순간까지 범증范增 한 사람조차 기용하지 못했다. 이것이 항우가 나에게 진 이유다."

한나라를 세운 유방은 7명의 개국공신들을 각각 제후국의 왕으로 봉해 봉지封地를 나누어 주었다. 이때 유방은 증표로 쇳조각에 붉은 글씨가 쓰인 부符를 나누어 주었는데, 반으로 쪼개 황제와 공신이 각각 보관했다. '단서철권丹書鐵券'이라 불린 이곳에는 다음과 같은 글귀가 적혀 있다.

"황하가 띠처럼 가늘어지고 태산이 숫돌처럼 작아질 때까지, 국가에서 자자손손 영구히 보존해 주리라.(使黃河如帶 泰山若礪 國以永寧 愛及苗裔)"

하지만 영원한 맹약이라 여겼던 단서철권은 천하를 손에 쥔 유방의 변심으로 한낱 녹슨 고철이 되고 만다. 한 황실의 무궁한 번영을 위해 한신, 팽월, 영포 등 자신에게 목숨 바쳐 충성한 7명의 제후를 제거한 것이다. 가장 충성심이 강했던 한신은 죽음을 앞두고, "토끼사냥이 끝나니 사냥개를 삶아먹는구나!兎死狗烹"라고 하며 한탄했다. 그들은 왜 유방의 생각을 읽지 못하고 죽음을 맞이했을까? 그들 대부분은 옷감장수, 개백정, 마부, 백수 등 비천한 출신이다. 힘과 담력, 싸움에는 능했지만 세상을 읽고 앞을 내다보는 혜안이 부족했던 것이다.

그러면 군중軍中에서 1,000리 밖을 내다보던 뛰어난 책사인 장량은 어찌되었을까? 한나라를 개국한 일등공신들이 저마다 제후국의 왕으로 봉해질 때, 장량은 아무런 욕심 없이 속세로 돌아가길 원했다. 유방에게서 잊혀진 존재가 되고 싶었던 것이다. 그리고 나서 그는 아무도 찾을 수 없는 곳으로 숨어들었다. 장량의 혜안은 이미 유방의 마음속을 꿰뚫어보고 있었던 것이다. 장량은 그 뒤로 신선술을 익히며 여생을 보냈다고 한다. 그렇다면 장량은 도대체 어디로 숨어든 것일까?

3년 진, 중국의 산동山東지방을 여행하며 남쪽에 위치한 미산호微山湖를 돌아볼 기회가 있었다. 미산호는 남북의 길이가 150킬로미터, 동서는 20여 킬로미터

▲ 산동의 미산호 안에 있는 장량묘

에 이르는 거대한 호수다. 이 호수의 남과 북은 경항대운하의 주요 통로이기도 하다. 배를 타고 미산호를 건널 때도 석탄을 실은 화물선들이 줄지어 운행하는 모습이 보인다. 미산호에는 작은 섬이 있는데, 섬이라는 제한된 공간임에도 유적지가 많다. 이곳에는 비간比干, 기자箕子와 함께 상商나라의 어진 세 사람으로 불리는 미자微子의 묘가 있다. 미자묘를 보려고 찾아갔는데, 그곳에서 멀지 않은 곳에 장량묘張良墓가 있다는 안내판을 보았다.

'아! 장량이 숨은 곳이 이곳이었구나. 장안에서 수천 리 떨어진 곳, 그것도 바다처럼 거대한 호수의 섬에 숨었으니 누가 장량을 찾을 수 있겠는가.'

장량의 혜안에 다시 한 번 감탄하며 부리나케 장량묘를 찾았다. 장량묘는 조그만 사찰을 통과해야만 볼 수 있는데, 사찰은 장량을 모신 사당 역할도 하는 듯하다. 사찰을 지나니 장량의 모습을 형상화한 커다란 동상이 보인다. 장검을 차고 어딘가를 응시하고 있는 모습이 장자방다운 풍모를 띠고 있다. 묘는 그다지 크지 않았지만 단아하고 중후하게 꾸며져 있다. 인간의 욕심은 끝이 없다. 권력에 대한 욕심은 더욱 그러하다. 그런데 장량은 이 모든 것을 버리고 아무도 찾지 못하는 이곳에 은거했다. 스스로 불편하고 힘든 삶을 자초한 것이다. 천하를 주름잡던 그가 왜 그랬을까? 자신의 역할과 위치를 잘 알았기 때문이다. 세상사 나아가고 물러날 때를 엄격하게 했기 때문이다. 무엇보다도 인간의 욕심은 부질없으며, 자연의 영원함에 비해 보잘것없다는 사실을 진작에 알았기 때문이리라. 이런 생각을 하며 장량의 모습을 다시 본다. 그의 달통한 눈빛이 한갓 부질없는 세상사에 목매지 말고, 버리고 비우며 사는 법을 깨우치라고 하는 듯했다.

유방은 충신들에게 나눠 준 7국을 제압하고 자기 아들들을 내세워 아홉 개의 제후국을 세운다. 혈육들은 모반과 반란을 일으키지 않을 거라고 믿은 것이

▲ 유방의 고향인 강소성 서주시 패현의 유방상

▲ 패현 유방기념관의 회랑

다. 이 조치는 장차 유씨들의 동성同姓 제후국이 중심이 된 '오초칠국의 난'의 원인이 되지만, 한편으로는 유방의 사후에 벌어질 고황후高皇后의 친족인 여씨 세력을 제거하는 토대가 된다.

유방이 죽자, 태후 여치呂雉는 유방의 총애를 받던 척부인을 무자비하게 도륙 하고 서자들을 차례로 주살하는 등 무소불위의 권력을 휘두른다. 또 척부인의 비참한 모습에 충격을 받아 아들 혜제惠帝가 죽자, 태황태후에 올라 손자 소 제少帝를 대신해 섭정하며 권력을 독점한다. 여치는 유씨들을 몰아내고 제후국 을 여씨들에게 나눠주지만, 여후가 죽자 유씨들이 조정의 신하들과 연합하여 여씨 일족을 몰살하고 다시 유씨의 천하를 회복한다.

고황후 여치로부터 시작된 여씨 일족의 전횡을 끝내고 유씨 정권을 지켜낸 황제는 문제文帝였다. 하지만 문제는 권력을 장악할 힘이 없었다. 동생 유장이 오만방자하게 굴어도 제압하지 못할 정도였다. 최연소 박사이자 진나라의 멸망 원인을 밝힌 〈과진론過秦論〉을 쓴 가의賈誼는, 황제를 위협하는 제후국들의 상황 을 분석하고 대책을 제시한 〈치안책治安策〉을 올렸다. 동성 제후국왕들의 세력 이 커지기 전에 다른 제후국들을 많이 세워 그들로 하여금 서로 견제하고 세력 을 약화시켜 한황실의 법제를 따르게 해야 한다고 했다. 가의의 건의는 그가 죽은 뒤에야 시행되었다. 하지만 그의 건의는 이후 한나라가 제후들을 다스리 고 대처하는 기본 정책이 되었다.

기원전 195년, 유방은 이성 제후국을 제압하고 그 자리를 황족에게 맡기는 과정에서, 조카 유비劉濞를 3개 군 53개 현을 다스릴 수 있는 오吳왕에 봉한다. 번왕藩王 책봉식이 끝난 뒤 유비의 얼굴을 자세히 살펴본 유방은 깜짝 놀란다. 그가 반역의 상을 하고 있었기 때문이다. 하지만 이미 책봉식이 끝난 마당에 황명皇命을 취소할 수는 없다.

"한나라가 개국한 지 50년 후에 동남쪽에서 반란이 일어난다는데 설마 네가 일으키지는 않겠지? 천하의 유씨 제후들이 모두 한 가족이니 절대 반란을 일으켜서는 안 되느니라."

"제가 어찌 그런 생각을 하겠습니까? 언감생심 조금도 마음에 담아 보지 않았사옵니다."

하지만 유방의 걱정은 현실이 된다. 유비는 경제 3년기원전 154년 오초칠국의 난을 주도한다. 하지만 이 난은 3개월 만에 평정되고 유씨 황족의 제후국들은 치명적인 타격을 입는다. 그 결과 제후국은 예전과 비교할 수 없을 만큼 축소되고 힘도 약화된다.

유방은 시정잡배에 속하는 건달이었다. 그럼에도 한나라를 세운 것은 남들이 갖지 못한 비범한 재주가 있었기 때문이다. 그것은 바로 '사람을 보는 눈'이다. 그는 필요한 인물을 적재적소에 배치해 활용할 줄 아는 탁월한 능력이 있었다. 유방의 이런 능력은 그가 임종을 앞두고 한 말에서도 잘 나타난다. 그는 누구를 승상으로 세워야 할지를 묻는 신하들에게, "소하에게 맡기라. 그 다음은 조참이 좋다."라고 말했다. 태후 여치가 계속해서 묻자, "그 다음은 왕릉이 좋은데 너무 우직하니 진평을 쓰되, 그는 너무 두뇌가 명석하니 모두 맡기지 말라. 사직을 안정시키는 것은 주발이 좋다."라고 유언한다. 유방의 유언은 모두 적중했다. 이처럼 유방은 사람을 볼 줄 알고 부릴 줄 아는 특별한 재능의 소유자였다. 하지만 세상에 그냥 쉽게 얻어지는 것은 아무것도 없다. 남들이 보지 못하는 특장점을 파악한 뒤 그것을 자기 것으로 만들려고 최선을 다했기에 목표를 달성하는 것이다.

무제武帝 때에 와서도 제후국의 세력을 약화시키는 정책은 계속된다. 주부언主父偃이 제안한 '추은推恩정책'이 무제에 의해 채택됐는데, 이 정책은 황제가 하사한 제후들의 혜택을 제후의 자손들에게까지도 보장해 자손들이 열후가 될 수 있도록 한 것이다. 겉으로 보면 제후들과 그 자손의 지위를 보장하는 것이니, 제후들로서는 반길 만한 정책 같아 보이지만 속내를 들여다보면 정반대다. 제후들은 열후인 자손들에게 봉읍封邑을 나눠줄 때 자기 영토에서 떼어주어야 한다. 그리고 열후에게 준 땅은 더 이상 제후국의 소유가 아니라 황제가 다스리는 군의 관할에 들어간다. 그러므로 제후국이 열후를 많이 봉할수록 영토는 줄어들 수밖에 없다.

제후국의 왕들은 모두 처첩이 많고 자손이 넘쳐났으니 추은정책은 제대로 효과를 발휘한다. 그리하여 제후국은 모두 분할되고 중앙정부를 위협할 수 없을 만큼 약화된다. 무제는 중앙정부가 강해지자, 후사가 없거나 죄를 범했다는 이유를 들어 일부 제후국을 폐지해 버린다.

제후국 폐지를 위한 무제의 노력은 여기서 그치지 않았다. 기원전 112년에는 '주금률酎金律'이란 법령을 반포한다. 제후들과 열후들은 해마다 자국의 인구수에 따라 황금을 납부해 종묘제사를 보조한다. 그 기준을 보면 1,000명마다 4량이고, 나머지 인구수가 500명을 넘으면 다시 4량을 추가해야 한다. 그런데 이렇게 납부한 황금의 중량이나 순도가 모자라면, 변왕으로부터는 일부 현을 빼앗고 해당 제후국은 해체하겠다는 것이다.

법령의 시행은 열후의 수를 대폭 줄이는 데 기여한다. 이렇게 되자 중앙정부의 경제력은 더욱 증강된다. 무제는 이렇게 55년간 중앙집권적 권력을 구축하고 경제력을 키워, 한족 정권 사상 최고의 전성기를 열어 나간다.

한나라 건국 초기 통치술의 근간은 '황로사상黃老思想'이었다. 황로사상은 황제의 전설과 노자사상이 결합한 통치사상으로, 오랜 전란으로 피폐해진 민심을 안정시키기 위해 정치를 인위적으로 바로잡으려 해서는 안 된다는 '무위無爲통치술'을 지향한다. 하지만 무제는 무위통치술만으로는 개국 초기부터 산적한 국가적 과제를 해결할 수 없다는 결론에 이른다. 그리고 이를 해결하기 위해 유교이념을 바탕으로 국가의 제도를 근본적으로 개혁하는 작업에 착수한다. 무제의 이러한 '독존유술獨尊儒術'정책은 외척의 전횡에서 벗어나 황제의 권력을 강화하고 중앙집권적 통치방식을 확립하기 위한 방편이었다.

무제는 군현제를 바탕으로 한 강력한 중앙집권제를 추진하고 싶었다. 이를 위해서는 자신의 통치술을 수족처럼 펼칠 수 있는 훌륭한 관료가 필요했다. 그래서 전국에 조서를 내려 인재를 추천하게 한다.

"현량방정賢良方正하고 직언극간直言極諫할 수 있는 선비들을 추천하라."

이런 인재추천령을 통해 모여든 자들 가운데 무제가 직접 치른 인재선발시험에서 발탁된 사람이 바로 동중서董仲舒다. 동중서는 "어떻게 하면 고전에 언급된 이상사회를 재현할 수 있는가?"라는 무제의 질문에 다음과 같이 자신의 견해를 피력했다.

"좋은 세상을 만들려면 학문적 교양을 지닌 자가 관직에 있어야 합니다. 학문이란 공자의 도를 말하며, 교양이란 공자가 인간으로서 힘써야 한다고 주장했던 육예六藝 : 시詩, 서書, 예禮, 악樂, 역易, 춘추春秋를 말합니다. 그리고 이것에 배치되는 사상은 당연히 배척해야 합니다."

무제는 동중서의 진언進言을 받아들여 자신의 개혁을 완성해 나간다. 그리고 이런 동중서의 사상은 무제 이후에도 중국인의 정치이념이자 실천덕목으로 확고하게 자리를 잡는다.

무제는 한나라 초기의 어지러운 정국을 마감하고 유교정책을 내세워 강력한 중앙집권제를 확립한다. 그리고 밖으로 눈을 돌린다. 오랜 숙원인 흉노공략을 시작한 것이다. 그리고 흉노토벌에 성공해 지금의 감숙성 지역을 차지한다.

▲ 한나라가 흉노에게 굴욕적인 평화를 유지한 것을 보여 주는 와당문구인 흉노와
당 '선우화친', '선우천강'

　　중국의 황제이름을 시호諡號라고 하는데, 한나라 때에는 건국이념이 '효孝'인
까닭에 대부분의 시호 앞에는 효孝를 덧붙였다. 우리는 일반적으로 효를 뺀 나
머지 시호만을 부른다. 시호는 황제 사후, 그의 업적을 종합적으로 평가해 결정
하는데, 전쟁에서 승리해 영토를 넓힌 황제에게는 대체로 '무武'자를 쓴다. '무
제'라는 시호도 흉노를 몰아내고 영토를 확장한 황제이기에 채택된 이름이다.
그런데 무제의 무덤인 무릉의 묘비석에 쓰인 글자가 특이하다. 우렁찬 필체로
'한효무제무릉漢孝武帝茂陵'이라고 썼는데, 시호의 첫 글자인 '무'자가 일반적으로
쓰이는 글자가 아닌 것이다. '창과戈' 아래에 '그칠지止'를 썼다. 이렇게 '용맹하
다武'가 들어갈 자리에 '모든 적을 물리치고 전쟁戈을 끝내는止 것'을 담은 한자
가 들어감으로써, 무제는 자신이 그 주인공임을 만대에 알리고 기억하게 하고
싶었던 것 같다. 하긴, 선조들이 대대로 흉노에게 당한 수모를 생각하면 충분히
이해가 되는 일이다.

　　한나라는 건국 초기부터 북방의 흉노에게 시달렸다. 그 시달림의 정도가 무
척 심해 제국의 깃발을 내건 한나라로서는 치욕적인 수준이었다. 유방은 흉노

▲ 무릉의 묘비석, '무武'자를 '창과戈' 밑에 '그칠지止'로 썼다

를 무찌르고 제국의 기반을 든든히 다지고 싶었다. 군대를 소집해 지금의 산서성山西省 대동大同 부근의 평성平城까지 진군했다. 당시 흉노의 지도자는 묵돌선우였다. 묵돌선우는 아버지를 죽이고 권좌에 올랐지만, 광대한 영토를 차지해 흉노의 최전성기를 이끈 지도자다. 이런 두 지도자의 싸움은 유방의 치욕으로 끝난다.

유방의 군대는 평성까지 진군했지만 묵돌선우의 유인책에 걸려 포위당한다. 이 포위는 눈 내리는 한겨울 1주일간이나 이어졌는데, 위급함을 느낀 고조는 묵돌의 부인에게 갖은 보화를 뇌물로 바치고 포위가 느슨한 틈을 타서 가까스로 탈출에 성공한다. 역사는 이를 일러 '평성의 치욕'이라 한다.

유방이 죽고 여태후呂太后가 정사를 돌볼 때에도 흉노로부터 무례한 편지를 받는 등 치욕은 계속되었다. 먼저 묵돌선우가 여태후에게 보낸 편지를 보자.

▲ 《한서》〈흉노전〉에 보이는 묵돌의 편지와 여태후의 답신 내용

"한족의 황후여, 내가 사는 곳은 매우 쓸쓸하고 외로운 곳이오. 해서 내 한 번 그대 나라로 놀러가고 싶소. 듣자하니 그대도 과부라 하니 아주 외롭겠지요. 둘 다 불쌍한 처지인데, 서로 가진 것을 함께 나눌 수 있다면 얼마나 좋겠소이까?"

이에 여태후는 이렇게 답한다.

"저는 기력이 쇠해 이도 머리카락도 모두 빠지고 걸음도 걷기 힘든 늙은이일 뿐입니다. 선우께서는 어디서 그런 소문을 들으셨는지 모르겠으나 신분을 낮추면서까지 저를 찾아오실 필요는 없습니다. 우리나라는 아무 잘못도 없으니 선우께서 관용을 베풀어 주시기 바랍니다. 어가 두 대와 준마 두 필을 바치오니

필요하실 때 사용하시기 바랍니다."

흉노에 대한 회유책은 제4대 황제인 경제 때까지 계속되었다. 명주옷, 비단외투, 허리금속장식, 갖가지 옷감 및 곡물 등을 해마다 흉노에게 바쳤고, 황족의 딸을 흉노에게 시집보냈다. 한나라로서는 굴욕적으로 평화를 유지한 것이다.

경제의 뒤를 이은 무제는 오랫동안 계속된 이런 굴욕을 설욕하는 것이야말로 자신에게 주어진 임무라고 생각했다. 그것은 선조들의 치욕을 되갚아주는 것은 물론이고, 중원을 넘보는 오랑캐들을 굴복시켜 한나라의 위엄을 만방에 떨치는 것이기도 했다.

중앙집권을 강화한 무제는 그로 인해 든든한 경제력을 확보한다. 그리고 오랫동안 준비한 흉노와의 전쟁을 시작한다. 흉노는 농경정착민족이었던 한족을 끊임없이 위협하던 강력한 기마유목민족이었다. 그들은 지금의 몽골고원을 본거지로 삼아 중앙아시아, 만주, 시베리아를 오가며 수렵과 목축을 했다. 승마와 활쏘기에 능했던 흉노는 항상 무용武勇을 자랑하던 전투적인 민족이었기에, 춘추전국시대를 통일한 진시황도 그들의 침략에 대비하기 위해 만리장성을 쌓을 정도였다.

기원전 135년, 무제가 재위에 오른 지 7년이 되던 해에 두태후가 세상을 떠난다. 두씨 일족이 남아있기는 했지만 바야흐로 스물두 살 젊은 황제의 친정親政이 시작된 것이다. 그해에 무제는 남방공략에 나서 지금의 복건성福建省에 있던 민월국閩越國을 점령한다. 이를 통해 그는 자신이 오랫동안 품어온 정복사업에 자신감을 갖게 된다. 또한 건국 초기의 내환內患을 수습하고 막강한 군사력에 걸맞은 경제적 발전을 이뤄냄으로써, 흉노를 공략할 수 있는 이상적인 조건을 갖추었다. 이에 무제는 자신의 숙원이었던 정복사업에 맞는 정치적 명분을 얻기 위해 각 지방에서 천거된 선비들을 모아 놓고 직접 시험을 치렀다.

"어떻게 하면 요순堯舜시대 같은 이상적인 사회를 재현할 수 있겠는가?"

동중서의 유교정책이 통치방식이 된 상황에서 답은 명확했다.

"하늘의 운행이 어긋나지 않고 해와 달이 침식당하지 않으며, 산이 붕괴하거나 계곡이 막히는 일이 없고, 기린과 봉황 같이 상서로운 짐승들이 숲과 들에 가득하고 이런 짐승들에게까지 황제의 덕이 미치고, 그 가르침은 사해四海에 모두 통하여 해외의 모든 나라가 조공하도록 하는 것입니다."

결국 천하를 하나로 만드는 정복사업을 굳건히 하여 그 목적을 달성하고 천하를 호령하는 것만이 필요하다는 것이다. 요순시대의 이상사회는 목적달성을 위한 명분을 쌓는 데 필요한 치장에 불과할 뿐인 것이다.

동중서는 《춘추》, 특히 공양학에 통달한 사람이다. 《춘추》는 공자가 지은 노나라의 역사서다. 일반적인 역사서는 사실의 기록을 중시하지만 공자는 역사적 사실보다는 유교적인 명분을 중시했다. 그래서 역사적 사실에 상관없이 명분이 있는 쪽을 높이고 그렇지 못하면 사실과 상관없이 낮추고 폄훼하였다. 이러한 역사기술방법을 '춘추필법'이라 한다.

공자로부터 시작된 춘추필법은 음양사상과 연계되어 수천 년간 중국의 통치정책에 활용되어 왔다. 그렇다면 이런 통치정책의 핵심은 무엇일까? 송나라 때의 대학자인 주희의 설명에 명확하게 나타난다.

"《춘추》의 대의大義는 난신亂臣을 폄하고 적자賊子를 성토하며, 중화를 가운데 두고 오랑캐를 주변으로 내치며, 군주를 귀하게 여기고 신하를 천하게 여기는 것일 따름이다."

《춘추》의 대의명분은 모든 것을 이분법으로 설명한다. 양과 음, 위와 아래, 정통과 이단, 문과 무 등으로 양분하여 위계질서를 만든다. 그리고 이런 이분법적 위계질서는 바꿀 수 없다. 천하만물은 공평한 것이 아니며, 뒤집을 수도 없는 것이다. 힘과 지혜, 권력과 문명 등이 월등하여도 신하는 군주가 될 수 없으며, 변방의 오랑캐는 중화에게 복종해야만 세상의 도리에 맞는 것이다. 오직 '중화'와 '황제'만을 위한 세상이 중요할 뿐, 나머지는 모두 《춘추》의 대의명분에 어긋나는 것이다.

동중서의 사상은 무제에게 가뭄의 단비나 마찬가지였다. 무제는 동중서의 정책을 바탕으로 본격적으로 흉노와의 전쟁을 시작한다. 하지만 무제의 첫 번째 흉노공략은 실패한다. 지금의 산서성 대동 부근의 마읍馬邑으로 흉노를 유인해 공격하기로 계략을 세웠는데, 이를 간파한 흉노가 군대를 철수시켰기 때문이다. '평성의 치욕'을 씻기 위한 공략이 '마읍의 수치'로 끝나버린 것이다.

무제는 속이 달았다. 수치를 인정하기 싫었다. 모든 것을 흉노공략에 집중하고 반드시 성공하고 싶었다. 이런 무제의 숙원을 풀어준 사람이 바로 위청衛靑과 곽거병霍去病이다. 두 사람은 위황후의 동생이고 조카다. 미천했던 위자부가 일약 한 나라의 어머니인 황후가 되고 그의 일가친척들까지 득세하자 세간에는 이를 노래하는 가요가 유행했다.

"아들을 낳았다고 기뻐하지 말고, 딸을 낳았다고 슬퍼하지 말아라. 위자부가 천하를 제패하는 것을 보지 못했더냐."

위청과 곽거병도 위황후의 후광으로 무제를 알현하지만, 뛰어난 무용武勇에 감탄한 무제는 누구보다도 이들을 신임하게 된다. 이들은 흉노와의 전쟁에서 혁혁한 전과를 세움으로써 무제의 사람 보는 안목을 입증해 준다.

흉노에 대한 본격적인 설욕전은 그로부터 5년 뒤인 원광 6년기원전 129년에 이루어진다. 한나라가 건국한 이후 만리장성을 넘어 북방으로 진격해 이뤄낸 이 최초의 승전에서 일등공신은 위청이었다. 위청은 기원전 129년부터 기원전 119년까지 10여 년간 모두 일곱 번 출병해 흉노를 무찔렀는데, 사서에 의하면 5만여 명을 참수하거나 포로로 잡았다고 한다. 무제는 위청의 혁혁한 전과를 치하해 때마다 식읍을 내렸고, 위청의 어린 자식들도 제후에 봉하려고 했다. 하지만 위청은 그 전공을 모두 부하들에게 돌렸다. 그는 출신이 미천한 까닭에 어려서부터 고생을 많이 했지만 천성이 꾸밈없고 진실했다. 그래서 대장군이란 최고의 관직에 올랐을 때도 주변의 아첨이나 유혹에 흔들리지 않았다. 부하 소건蘇建이 천하의 어진 대부들이 위청을 칭송하지 않고 있으니 옛 명장들처럼 어진 선비를 초빙하면 어떻겠느냐고 의견을 냈을 때도 위청은 단호했다.

"두영과 전분이 빈객들을 후대하니 천자께서 항상 원한을 가지셨다. 사대부들을 가까이하고 어진 이들을 초빙하며 불초한 자들을 물리치는 것은 군주의 권한이다. 신하란 국법을 받들고 직책을 준수하면 그뿐인데 무엇 때문에 어진 선비들을 초빙해야 하는가."

위청의 무용이 식어갈 무렵, 곽거병이라는 또 한 명의 용장勇壯이 나타났다. 곽거병은 위황후의 조카였으니 위청은 그의 숙부가 된다. 위청의 성격이 진실하고 중후한 반면, 곽거병은 과묵하면서도 재기가 넘치고 민첩했다. 곽거병은 숙부인 대장군 위청을 따라 두 차례 종군했는데 위험한 적진을 마다하지 않고 뛰어들어 공을 세웠다. 그의 용맹은 천하를 뒤흔들어 나이 18세에 제후로 봉해질 정도였다.

"용감한 것도 좋지만 병법도 공부해 보는 게 좋지 않겠는가?"
"어떤 전략을 쓸 것인가는 상황에 따라 변하기 마련입니다. 새삼스레 낡은

▲ 신강성 곽성현에 있는 곽거병상

병법을 배우고 싶지는 않습니다."

"그대를 위해 저택을 마련했노라."
"흉노가 아직 멸망하지 않았는데 집을 꾸미고 살 수 없습니다."

무제는 곽거병을 무척 사랑했다. 글도 모르고 우직하기만한 위청보다 재기발랄한 곽거병이 더 마음에 들었던 것이다. 여기에는 한두 가지 이유가 더 있었다. 흉노정벌을 위해 서역으로 보냈던 장건이 상세한 정보를 수집해 돌아오자, 무제는 위청이 정리하지 못한 흉노를 완전히 소탕해 감숙성을 차지함으로써 서역으로 통하는 교통로를 장악하고 싶었다. 그리고 그는 이 일의 적임자로 떠오르는 맹장猛將 곽거병을 선택했다.

무제의 특기인 인재발탁은 또다시 성공을 거둔다. 표기장군票騎將軍에 오른 스무 살의 곽거병은 기병 1만 명을 이끌고 흉노의 거점인 기련산祁連山까지 진격해 흉노군을 격파한다. 이에 곽거병에게 패한 혼야왕渾邪王은 문책이 두려워 수만여 명의 군사와 함께 한나라에 투항한다. 36세의 황제는 감격한 나머지 곽거병에게 총 1만 6,000석의 식읍을 하사하고 대사마大司馬라는 벼슬까지 내린다. 대사마는 대장군보다 높은 관직이다. 이제 대장군 위청의 시대가 가고, 대사마 곽거병의 시대가 열린 것이다. 곽거병의 흉노정벌로 감숙성의 하서지역은 한나라 영토로 편입되었고, 흉노는 막북漠北, 즉 고비사막의 북쪽으로 달아나 더 이상 한나라를 넘보지 못하게 된다. 중요한 요충지이자 삶의 터전을 빼앗긴 흉노는 애끓는 마음을 노래로 표현했다.

"내 기련산을 빼앗겼으니 내 가축들이 쉴 곳이 없겠구나."
"내 언지산을 잃었으니 우리 아녀자들은 염료도 쓸 수 없겠구나."

하지만 하늘의 섭리는 아무도 예측하지 못한다고 했던가. 흉노정벌을 완성하고 서역으로 통하는 교통로인 감숙성을 장악한 최고 공로자 곽거병은 24세의 나이로 요절하고 만다. 곽거병의 요절은 무제에게 엄청난 충격을 주었다. 역사상 가장 막강한 한족의 시대를 연 한나라가 주변 이민족들을 아우르고 통치기반을 확실히 다지는 데 꼭 필요한 인재를 잃었기 때문이다.

아끼던 신하 곽거병을 잃은 무제는 엄숙하고 성대하게 장사를 지내도록 명했다. 철갑군을 동원해 장안에서 자신의 능으로 소성하던 부릉茂陵까지 나아가도록 했다. 이처럼 무제는 죽어서까지 곽거병과 함께 있고 싶어 했다. 무제는 곽거

▲ 무릉의 배장묘인 위청묘와 곽거병묘

병에게 경환후景桓侯라는 시호를 내렸는데, 이는 "무용武勇을 드높여 영토를 확
장했다."라는 뜻이다. 분묘도 곽거병이 흉노와의 전장에서 승리를 거둔 기련산
의 모양을 본뜨게 했다.

곽거병의 죽음은 무제의 전성기가 끝났음을 의미한다. 그의 뒤를 이을 뛰어
난 장수가 없었기에, 영토 확장에 대한 무제의 야망도 멈출 수밖에 없었다. 야
망과 혈기가 넘치던 40세의 황제는 곽거병이 죽은 뒤 30년 동안이나 제2의 위
청과 곽거병을 기다리며 노심초사했지만, 무제의 욕심을 채워줄 장수는 더 이
상 나타나지 않았다.

곽거병과 위청의 묘는 무릉에서 동쪽으로 1킬로미터 정도 떨어져 있다. 무제
가 사랑한 최고의 장수인 두 사람의 묘는 무릉의 배장묘陪葬墓 역할을 하고 있
는데, 곽거병의 묘는 사당도 기념관도 없이 황량한 벌판에 우뚝한 무릉보다 보
존과 정비가 더 잘 되어 있다. 중국의 문화사학자 위치우위余秋雨는 중국인들의

▲ 곽거병묘가 있는 무릉박물관 전경

▲ 무릉박물관 입구

▲ 곽거병묘

▲ 마답흉노상

이런 사고방식을 '문학적 인상'에서 찾았다. 즉 중국인들이 삼국시대의 영웅인 조조보다도 유비, 제갈량, 관우를 사랑하는 것은 《삼국지연의》라는 소설이 만들어낸 문학적 기억이나 인상이 그들에게 강렬하게 각인되어, 마치 영웅적 기개를 지닌 그들에게 직접 은혜를 입은 것처럼 절절한 심사를 갖게 되는 것이라고 한다. 게다가 역대 유명한 시인들이 그들을 찬양하는 시를 짓는 바람에, 후대 사람들이 더욱 '문학적 인상'에 빠져 버린다는 것이다. 사람의 발길이 뜸한 무릉과는 달리 자동차가 즐비한 이곳을 보니, 군이 위치우위의 말을 빌리지 않더라도 중국인들은 황제인 무제보다 황제의 명을 받아 흉노를 물리친 장군을 더욱 흠모하는 듯하다.

입장권을 끊고 입구에 들어서자 정면에 우거진 숲 사이로 기련산 모양을 한 곽거병의 묘가 가장 먼저 눈에 들어온다. 통로 좌우에는 이곳에서 발굴된 4,100여 점의 유물들을 전시하는 무릉박물관이 있다. 곽거병의 묘 앞에는 거대한 동물 석상들이 많은데, 그중에서 특히 눈에 띄는 것은 흉노를 밟고 있는 말을 새긴 '마답흉노馬踏匈奴'상이다. 흉노를 물리치는 데 혁혁한 전과를 세운 공적을 알리려는 뜻이겠지만, 한편으로는 진시황 이후 한고조 유방의 치욕을 설욕하려 했던 무제가 흉노에게 원한을 갚았음을 두고두고 알려주려고 표현한 것이리라.

무제의 이런 행동의 이면에는 "땅에는 사방의 경계가 없고, 백성에게는 다른 나라가 없다."라는 역대 한족 정권의 패권주의 논리가 숨어 있다. 즉 중원 땅은 물론 오랑캐의 영토까지도 황제의 지배하에 두려는 야심을 드러낸 것이다. 총명한 무제가 유교를 국교로 정한 까닭도 군주의 절대적 권한과 신하의 지극한 충성만이 용납되는 유교적 명분과 가치를 확인했기 때문이리라.

위청의 묘는 곽거병의 묘 왼쪽에 있는데 입구에서는 보이지 않고 곽거병의 묘 정상에 올라야만 어렴풋이 보인다. 이곳을 찾아오는 관람객들에게 곽거병을 더 사랑한 무제의 마음을 알려주려고 관람객의 동선動線을 이렇게 만들어 놓은 걸까? 하지만 보인다고는 해도 명확하게 눈에 들어올 정도는 아니다. 곽거병의 묘가 있는 무릉박물관을 나와 옆길로 들어서야만 자세하게 살펴볼 수 있다.

숲과 하나가 된 듯한 곽거병의 묘에 비하면 위청의 묘는 그야말로 황량하다. 위청도 흉노정벌에 혁혁한 공을 세운 까닭에, 그의 묘도 흉노의 본거지에 있는

▲ 무릉박물관 전경. 중앙의 정자가 있는 곳은 곽거병묘이다.

노산盧山 모양으로 조성되었다고 한다. 그런데 실제 노산도 위청의 묘처럼 이토록 황량했을까? 그래서 그대로 표현한 것일까?

　대장군 위청은 항상 진중한 자세로 자신의 위치에서 최선을 다했다. 곽거병이 쉽게 대승을 거둘 수 있었던 것도, 따지고 보면 숙부인 위청의 용맹이 흉노에게 너무도 강하게 각인되어 있었기 때문이리라. 그런 그의 묘가 조카의 묘에 비해 초라해 보인다. 하지만 무덤의 크고 작음이 무슨 대단한 일이던가. 후세 사람들에게 기억된다면 그것으로 족하지 않겠는가. "호랑이는 죽어서 가죽을 남기고 사람은 죽어서 이름을 남긴다."라고 했는데, 역사의 한 장에 이름을 크게 날리고 이를 알아주는 사람들이 있으니 그것으로 흡족하지 않을까? 대장군 위청의 진중하고 과묵한 얼굴이 햇살에 미소를 짓는다. 그 미소 한 가닥이 청량한 바람을 타고 구름 너머로 흘러간다.

제3장 비단길, 세계의 길이 되다

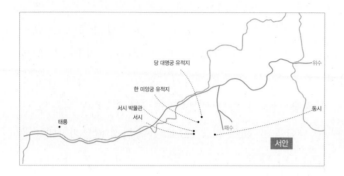

서안은 시내를 벗어나면 온통 황토고원이다. 북쪽에 넓게 자리한 관중평원의 황토가 바람에 날려 오면 서안의 하늘은 온통 잿빛이 된다. 게다가 경제개발에 따른 매연도 한몫을 한다. 시내를 벗어나면 볼 수 있는 화력발전소의 연기가 황토보다 더 뿌옇게 하늘을 가린다.

서안은 수隋나라의 수도이기도 했다. 진한시대 이후 오랫동안 분열된 대륙을 다시 통일하고 수나라를 건국한 사람은 문제文帝 양견楊堅이다. 그의 묘인 태릉泰陵을 보기 위해 서쪽으로 향한다. 황토가 겹겹이 쌓인 평원으로 차를 몰고 또 몰아보지만, 지평선은 여전히 아득하다. 자동차는 잿빛 하늘과 잿빛 길이 맞닿은 무채색의 공간으로 빨려들 듯이 달려간다. 하늘과 땅조차 분간하기 힘든 몽롱함이 꿈속을 달리고 있는 것만 같다. 그렇게 얼마나 달렸을까. 벌써 두 시간이 다 되어간다. 계기판을 살펴보니 75킬로미터를 달려왔다.

드넓은 황토고원에 외롭게 서 있는 표지석 하나. 태릉임을 알리는 그 표지석마저 포도밭의 철조망을 헤치고 들어가야 볼 수 있으니, 위진남북조시대 400년간의 난세를 종식시키고 천하를 통일한 황제치고는 너무도 소외되어 있다.

▲ 서안시내 공해의 대표적인 주범인 화력발전소

봉분은 늘 그렇듯이 동네 아이들의 놀이터가 되어 여기저기 패여 있다. 진시황릉은 병마용의 발견 덕분에 북새통을 이루고 있지만, 수 문제의 능은 황량하기 그지없다. 물어물어 찾아오는 나그네 외에는 기억하는 사람 또한 없으리라.

역사는 일치일란—治—亂한다. 한번 수습하면 다음은 반드시 혼란으로 치닫는다는 얘기다. 통일과 분열의 반복이 곧 역사이니, 이렇게 순환하는 역사의 현장에서 수많은 영웅들이 활보했다. 영웅은 난세를 더없이 반기지만, 백성들은 지옥의 강림이나 마찬가지다. 난세는 언제, 어떻게 오는가? 번영의 절정기에 싹이 트고 아부와 자만, 무비판 속에서 든든히 뿌리를 내리며, 통치자 측근의 권한이 강화됨과 동시에 창성한다. 빛이 찬란하면 그늘 또한 짙은 법이다.

춘추전국의 혼란과 진나라의 폭정을 잠재우고 탄생한 한나라는 무제 때에 거대한 중앙집권국가를 완성하고 전성기를 열었다. 태양처럼 빛나는 황제의 식민정치는 짙은 그늘을 드리우기 마련이고, 천자의 독재는 자만과 아집, 아부의 성에 쌓여 점차 몰락의 길을 걷는다. 연속되는 황제들의 요절, 외척과 환관의 발호가 정치를 좌지우지했다. 선비들이 환관의 발호를 비판하자 환관들이 나서

▲ 포도밭으로 둘러싸인 수문제의 능묘인 태릉

서 선비들을 처단하고 비판세력은 관리가 될 수 없도록 한다. 이른바 '당고黨錮의 화禍'이다. 암흑 그늘이 궁궐을 덮치고 제국 전체로 스며들자 자연도 매년 재해를 안긴다. 영원한 제국을 갈망하던 '한나라의 평화Pax Sinica'는 이렇게 무너지고 만다.

난세는 또다시 시작되고, 백성은 지옥 같은 질곡에서 벗어나길 원한다. 영웅의 출현이 시작되고 수많은 영웅들 가운데 조조, 유비, 손권이 나라를 세우니 우리가 어린 시절부터 자주 접한《삼국지연의》의 삼국시대가 바로 이때다. 이들은 분명 영웅이다. 하지만 백성이 원하는 영웅이었을까? 힘없는 백성들은 언제 끊어질지 모르는 삶을 이어가려고 참화를 피해 이리저리 쫓겨 다녔다. 백성이 소망하는 영웅은 오로지 평안한 삶을 살게 해주는 사람이다. 백성은 권력, 영토 등에 관심이 없기 때문이다. 억조창생이 태평하게 사는 나라. 그것은 곧 천하통일로 난세를 끝내야 얻을 수 있으며, 이를 완성하는 자야말로 백성이 원하는 진정한 영웅이다. 위魏나라 왕찬王粲의 〈칠애시七哀詩〉를 보자.

성문을 나서니 보이는 것 없고	出門無所見
백골들만 평원을 뒤덮고 있네	白骨蔽平原
길가에 굶주린 부인이 있어	路有饑婦人
안고 있던 아이를 풀밭에 버리네	抱子棄草間
울부짖는 아이 소리 돌아 들으며	顧聞號泣聲
눈물만 쏟은 채 차마 돌아서지 못하네	揮涕獨不還
나도 어디서 죽을지 모르는데	未知身死處
어떻게 둘 다 살 수 있으리오	何能兩相完
말을 몰아 그들을 버려두고 떠나가느니	驅馬棄之去
차마 그 말조차 들을 수 없네	不忍聽此言

위나라의 통일로 삼국시대는 끝나지만 권력은 사마씨의 진晉나라로 이어진다. 재주는 위나라의 조씨가 부리고 열매는 진나라의 사마씨가 차지한 것이다. 하지만 사마씨의 진나라도 40년을 버티지 못하고, '5호흉노, 선비, 저, 갈, 강 16국 시대'를 거쳐 동진東晉·남조과 북위北魏·북조의 남북조시대에 이른다. 이 시기를 통틀어 위진남북조시대라 부르는데 3세기부터 6세기까지 약 400년의 기간이다. 위진남북조시대 역시 춘추전국시대에 버금가는 혼란기였다.

백성은 난세를 바라지 않는다. 난세를 살아가는 것은 죽음이나 다름없기 때문이다. 위정자들의 다툼이 불러들인 난세는 힘없는 백성들의 목숨만 앗아간다. 그리하여 삶이 곧 죽음이라 여길 때 백성들은 죽창을 들고 일어선다. 영웅은 이때 출현한다. 민란을 이용하거나 진압해 천하를 평정하는 것이다. "백성을 위해 나라를 바로잡겠다."라고 하거나 "반역의 무리를 토벌하겠다."라는 명분을 내걸고 자신의 야욕을 성취한다. 백성 스스로가 제물이 되어 영웅을 탄생시키니 이 얼마나 아이러니한가.

그래서 역사는 지금도 외친다. "서둘지 말라. 나를 통해서, 나를 밟고 더 밝은 미래로 나아가라."라고. 이 시대의 영웅은 역사의 소리를 듣는 자다. 역사의 소리를 듣기 위해 고군분투하는 자다. 이런 생각들이 우후죽순처럼 솟아날 때 새로운 역사가 쓰이고 모두가 영웅인 시대가 된다.

400년 분열의 종지부를 찍고 수나라를 건국한 양견은 북주北周 마지막 황제인 정제靜帝의 외조부다. 건국 초기, 문제는 역사에 남길 만한 개혁조치를 단행한다. '과거제科擧制'의 시행이 그것이다. 위진남북조시대까지 관리임용 방법은 주로 '구품중정제九品中正制'였다. 이 제도는 지방의 군郡마다 중정관中正官이 있어서 지방 관리들을 가문과 문벌이 아닌 재능과 덕망에 따라 품격을 구분하고 이를 근거로 조정의 관리로 임명하는 제도다. 위나라 문제인 조비 때부터 시행되었다. 하지만 이 제도는 좋은 취지에도 불구하고 많은 폐단을 남긴다. 중정관에 임명된 자는 모두 지방의 귀족들인데, 이들이 같은 귀족계급으로부터 청탁을 받고 그들의 자제들에게 높은 품격을 매기는 까닭에 일반인은 관직에 오르기가 어려웠다. 때문에 이 제도는 지방 호족의 권력 독점과 세습으로 귀족사회를 보다 견고하게 하는 데 결정적으로 기여한다. 악습을 대물림하는 제도로 타락한 것이다.

587년, 수 문제는 이런 폐단을 막기 위해 구품중정제를 폐지하고 과거제를 시행한다. 황제가 시험을 통해 직접 인재를 뽑는 것인데, 이는 문벌귀족들의 권력을 약화시키고 왕권의 강화를 꾀한 것이기도 하다. 과거제도는 이런 장점으로 인해 수나라 멸망 후에도 계승되고 발전되어 청나라 때까지 이어진다.

수 문제는 통일국가를 반석 위에 올려놓기 위해 사치생활을 금지한다. 또한 나라의 법을 엄격하게 집행해, 황족이라 하더라도 법을 어겼으면 용서하지 않았고 황제를 모독한 자도 법규 이상으로 처벌하지 않았다. 특히 582년에 만든 개황률開皇律은 중앙관제를 3성 6부제로 정비했는데, 이 제도는 수나라 이후에 탄생한 중국 왕조뿐만 아니라 우리나라에도 많은 영향을 주었다. 부역도 경감시켜 경제력을 높였다. 법률을 정비하고 정치를 개혁하며, 황제가 근검절약을 실천하자 제국의 인구는 늘고 경제도 발전했다.

수 문제는 내치를 어느 정도 마무리하자 외부로 눈을 돌린다. 돌궐과 고구려 복속에 초점을 맞춘다. 일단 동서로 분열한 돌궐을 이간질시켜 정벌에 성공한다. 오랑캐는 오랑캐로 제압한다는 '이이제이以夷制夷' 전략을 적용한 것이다. 돌궐을 정벌하자, 수 문제는 고구려마저 제압해 정벌 사업을 마무리하려 했다. 하지만 고구려는 호락호락하지 않았다. 고구려와 국경을 이루는 요수는 장강보다 넓지 않다거나, 고구려가 진나라보다 인구가 많은 줄 아느냐며 고구려를 위협한다. 진나라를 멸망시키고 탄생한 수나라의 위엄을 은근히 자랑하며 고구려를 압박한 것이다. 하지만 고구려는 이런 협박에 아랑곳하지 않고 오히려 요서지역

▲ 수문제의 태릉에는 문헌황후 독고씨가 합장되어 있다.

을 선제공격한다. 수 문제는 이를 빌미로 30만 대군을 동원해 고구려를 공격하지만 오히려 치명적인 패배를 당하고 만다.

황토평원의 포도밭은 계절이 지난 탓에 바싹 말라있다. 포도나무에 듬성듬성 남은 이파리들은 불어오는 바람에 기운 없이 휘둘린다. 낙엽과 그루터기를 헤치고 태릉의 표지석을 살펴보니 문헌황후文獻皇后 독고獨孤씨와 합장을 했다. 수 문제는 황후를 무척 사랑했나?

그는 항상 황후와 함께 정치를 의논하고 황후의 의견을 존중했다. 황후는 수 문제의 정치적 조언자였던 셈이다. 그의 정치개혁도 황후의 의견이 많이 반영되었을 것이다. 이 일을 두고 후대의 성리학자들은 수 문제를 비하했지만, 유능한 황후의 의견을 국정에 반영한 것은 오늘날에도 선진적인 생각임에 틀림없다. 하지만 부부관계는 그다지 행복하지 않았던 것 같다. 황제에 대한 황후의 독점욕으로, 수 문제는 단 한 명의 후궁도 맞이할 수 없었다. 때문에 수 문제의 아들 다섯 명은 모두 황후의 자식들이다. 한번은 수 문제가 황후 몰래 여인을 궁으로 들이자, 황후는 황제가 없는 틈을 타서 그녀를 죽여 버렸다. 화가 난 수 문제가 말을 타고 산으로 달려가자 신하들이 뒤쫓아 갔다. 문제는 울부짖듯 한탄한다.

"나는 천하를 다 가졌지만 자유를 가지지 못했노라."

신하들에 이끌려 궁전으로 돌아온 황제에게 황후가 사과를 하자, 황제는 없던 일로 한다. 정사의 기록이 이러하지만, 어째 조금 이상하다. 천하의 권력을 잡은 황제가 말을 타고 산으로 달려가서 한탄을 하다니. 그리고 황제의 위엄에 상처를 입었는데도, 황후의 사과 한 마디에 없던 일로 하다니. 황후가 그리도 대하기 어려운 존재였던가. 미루어 짐작하건대, 수 문제는 공처가였던 게 아닐까? 그래서 일이 터지자 황후에게 휘둘릴 게 두려워 잠시 피신한 게 아닐까?

천하를 움직이는 권력자라고 해도 마음대로 자유를 누리지 못한다면 천하를 가졌다고 할 수 없다. 오히려 천하의 수렁에 빠져 허우적거리는 꼴에 불과하다. 독고황후는 수 문제의 정치적 조언자가 아니라 사실상 최고 권력자였으리라. 이는 수 문제의 후계자 선택에서 명확하게 드러난다. 그녀는 맏아들인 태자 양용楊勇보다 둘째인 진왕晉王 양광楊廣을 더 사랑했다. 태자는 황후가 가장 싫어하는 축첩을 좋아했기 때문이다. 양광도 태자 못지않게 축첩을 일삼았다. 하지만 황후 앞에서는 언제나 온순하고 검소한 척 연기를 했다. 양광의 농간에 눈이 먼 황후는, 수 문제로 하여금 태자를 양광으로 바꾸게 한다. 이가 곧 문제의 뒤를 이어 황제에 오른 양제煬帝다.

수 문제는 황후가 죽자 그동안 못했던 축첩과 향락을 일삼는다. 극단적인 성격에 의심까지 많았던 그는 형벌도 사사롭고 어지럽게 집행한다. 태자 양광은 한 술 더 떴다. 부친의 여인인 선화부인마저 욕보인다. 이것이 탄로가 나서 태자자리가 위태롭게 되자, 아예 군사를 동원해 황궁을 점령하고 부친과 형, 신하들을 무참히 학살한 뒤 황제에 오른다. 이 정도면 부전자전父傳子傳을 넘어서 인면수심人面獸心에 극악무도極惡無道하다고 할 정도다.

태릉을 벗어나려는데 황토바람이 능을 향해 거세게 휘몰아친다. 스스로의 못난 통치력으로 비극적인 죽음을 맞고, 총애하던 여인마저 빼앗긴 양견. 역사는 매정하여 단명으로 끝난 제국을 잊었기에 태릉을 찾는 발길은 속절없고, 이따금 찾아오는 바람조차도 저리 거세게 수 문제를 질타하는 것인가. 양광이 자식이라 해도 원수와 다름없고 그 충격 또한 컸을 터, 세상을 벗어나 이렇듯 허허벌판에 쓸쓸히 있는 것인가. 그나마 황후와 같이 있는 것을 끔찍한 다행으로 여기고 있을까.

양광이 수나라 2대 황제에 오르자 백성들의 삶은 더욱 피폐해진다. 아버지를 훨씬 능가하는 폭정에 뼛골이 녹아났기 때문이다. 양제는 자신이 아비를 죽이고 제위를 찬탈한 패륜아가 아니라 제위를 차지할 만한 실력자라는 것을 증명하고 싶었다. 때문에 그는 항주에서 북경에 이르는 총 1,750킬로미터의 대운하 건설과 부친이 실패한 고구려 침략을 계속한다. 내부의 불만을 외부로 돌리려는 얄팍한 술수였던 셈이다.

6년 동안 550만 명이나 동원한 대운하 건설. 수많은 백성들의 피로 뚫어낸 대운하는 국가경제에 이바지한 게 아니라 수양제 개인의 위락시설로 전락한다. 200리에 이르는 호화 선단의 행렬이 지나갈 때면, 백성들은 음식을 마련하느라 또다시 초죽음이 되었다. 이러다 보니 통일국가에서 안락한 삶을 갈망했던 백성들은 배신감에 치를 떨었으리라. 이렇게 황제가 정통성을 입증하려고 전쟁과 토목사업에 골몰하다 보니, 백성들은 죽음의 공포와 학정의 고통에서 벗어날 수가 없었다.

백성들이 좋아하지 않는 국가는 금세 무너지고 만다. 진秦나라가 그랬듯이 수隋나라도 2대 만에 멸망한다. 통치 집단이 백성들을 가혹하게 다스렸기 때문이다. 단명한 국가의 통치자들은 우둔하다. 천하통일의 위세를 누리기 위해 하늘 높은 줄 모른다. 자신의 위세를 높이는 데만 몰두하기 때문에, 국가의 근본인 백성들을 어루만지고 보듬는 것은 생각지 않는다. 그들은 백성들이 하늘임을 '책'에서만 배웠을 뿐 실천하지 않기 때문이다.

▲ 수 양제가 건설한 경항대운하. 오늘날에도 석탄과 목재 등을 실어 나른다.

버들가지 푸릇푸릇 땅까지 드리우고	楊柳靑靑著地垂
버들개지 한들한들 온 하늘에 가득하네	楊花漫漫攪天飛
버들가지 다 꺾이고 버들개지 다 날아갔느니	柳條折盡花飛盡
물어보자 나그네여, 살았는지 죽었는지를	借問行人歸不歸

양제는 고구려를 두 번째로 쳐들어갔다가 이기지도 못한 채 내란을 맞이한다. 그는 도읍인 낙양으로 회군할 수 없자 자신이 만든 운하도시 양주에 머물며 향락에 빠진다. 급기야 양제의 죄상을 폭로하는 격문이 떴다.

"남산의 대나무를 모두 잘라 붓을 만들어도 양제의 죄악을 다 열거할 수 없으며, 동해의 물을 다 써도 양제의 죄악을 씻어낼 수 없다."

격문은 마른장작에 불씨가 되었다. 폭정에 찌든 백성들이 각지에서 바람처럼 일어선다. 양제는 결국 자신을 지켜주던 근위병들에게 피살된다. 황제로서 신체를 헤히지 않고 짐주鴆酒 독이 있는 새인 짐새의 독을 섞은 술를 마시고 죽을 자격마저도 박탈당한다. 양제는 피살되기 전까지도 자신의 죄를 몰랐다. 오히려 자신을 죽이려는 측근들에게 반문한다.

"너희들도 이제껏 나와 같이 부귀영화를 누리지 않았더냐? 그런데 왜?"

양제의 묘는 강소성 양주揚州에 있다. 그가 대운하를 건설하고 향락에 빠져 생활하다 죽은 곳이 양주이기 때문이다. 그런데 서안에도 그의 묘가 있으니 어찌된 일일까? 중국은 같은 사람의 묘가 여러 곳에 있는 경우가 많다. 이런 경향은 위인일수록 더한데, 이를 통해 묘 주인에 대한 중국인의 마음을 엿볼 수 있다. 묘를 보면, 의관을 넣고 봉분을 만든 의관묘衣冠墓가 많다. 양제릉은 수 문제 양견의 묘인 태릉에서 동쪽으로 멀지 않은 낙양촌落陽村이라는 곳에 있다. 이 또한 황토고원의 보리밭 사이에 있는데, 이리저리 묻고 확인한 뒤에야 겨우 찾을 수 있었다.

양광이 이곳에 묻힌 내력은 무척 흥미롭다. 전하는 말에 따르면, 중신들이 논의해 양주에서 죽은 그를 아버지 문제가 묻힌 태릉 옆에 안장하기로 했다고 한다. 그런데 양주에서 서안으로 이동하는 중에 엄청난 폭우가 쏟아져 길이 끊기고 관마저 부서져 양광의 시신이 땅바닥에 떨어지자, 하늘의 뜻으로 여기고 이곳에 매장했다고 한다. 마을 이름도 처음에는 낙양촌落暘村이라 했는데 세월이 흐르면서 한자도 바뀐 것이다.

양제릉은 너무도 처량하다. 황제에 걸맞은 능은커녕 일반인들의 묘와 별반 다를 게 없다. 아니 일반인들의 묘보다도 작다. 황폐하고 초라하며 금방이라도 부서질 것 같은 모습이다. 주변 사람들에게 확인하니 냉담한 반응이 돌아온다.

"양제는 무슨 양제냐, 그냥 양광묘라고 부른다."

아버지를 죽이고 황제가 되어 어머니뻘인 선화부인마저 차지한 천하의 패륜아. 하늘도 황음무도荒淫無道한 양제를 부모 곁에 있지 못하게 했고, 역사는 이런 그를 헌신짝 버리듯이 가혹하게 단죄했다. 역사는 언제나 지도자의 자질에 관심을 집중한다. 자질은 곧 통치력이고, 이는 국가의 성쇠를 좌우하기 때문이다. 통일제국 수나라가 단명한 것은 두 황제가 모두 자질미달이었기 때문이다. 이는 오늘도 마찬가지고 내일도 불변한다. 우리는 역사의 준엄한 심판에 소홀하다. 자신과는 상관없다고 여긴다. 역사의 채찍으로 스스로를 바로 세울 수 있어야 한다. 지도자는 물론 우리 모두의 마음가짐도 같아야 한다.

양제의 폭정으로 나라가 분열되고 혼란해지자 태원유수太原留守 이연李淵이 군대를 일으켜 할거세력과 농민군을 진압하고 다시 전국을 통일한다. 중국사에서 위대한 제국이라 불리는 당나라가 역사의 전면에 등장한 것이다. 이연은 군대를 일으킨 지 1년 만에 장안까지 진군한다. 농민봉기군과 통치 집단 내부의 분열과 허점을 간파하고 이를 잘 이용했기 때문이다. 그리고 수왕조의 정통성을 잇는다는 의미로 적과의 대립을 최소화한다. 여기에다 관중과 농우지역을 중심으로 하는 관롱關隴 집단의 명문가 출신이라는 점도 그가 천하를 차지하는 데 한몫을 한다. 이연의 아내는 수나라 귀족 신무공神武公 두의竇毅의 딸이며, 이연의 이모는 수나라를 건국한 문제 양견의 부인인 독고황후였다.

중국인이 흠모해 마지않는 세계적인 문명대국인 대당제국. 그리하여 중국은 오늘도 대당제국의 호시절을 재현하고 싶어 한다. 중국이 개혁개방 정책으로 국가 경제력을 키우고 이를 발판으로 서북 대개발에 매진하는 이유도 바로 이 때문이다. 인류문명사의 획기적인 전기가 된 실크로드의 전성기를 주도적으로 이끌어 나간 때가 당나라였고, 현대 중국은 이를 21세기 중화제국 건설로 이어받아 '팍스차이나'를 구현하기 위해 오늘도 갈 길이 바쁘다. 중국이 티베트와 신강 위구르 문제, 고구려의 중국사 편입 등에 열을 올리는 것도 바로 중화제국 건설에 걸림돌이 되는 문제들을 사전에 제거하기 위한 것이다. 하지만 21세기는 억지나 우격다짐이 통하지 않는 시대다. 열린 사고와 소통을 통한 개방과 공유가 새로운 시대의 키워드다. 그러므로 21세기 대국을 자처하려면 시대의 흐름과 대세를 따라야 한다. 그렇지 못하면 대국은커녕 국가로 존립하기도 어렵다.

위진남북조의 천하대란시대에 각 민족은 중원에 널리 퍼져 민족 간의 동화와 융합이 촉진된다. 그 결과 한족이 아니라 오호五胡의 혈통을 이어받은 자들이 북주北周와 수나라에 이어 당나라를 세운다. 호한 혈통이 섞여 있었기에, 당나라 황제는 어떤 민족도 차별하지 않았고 문물이나 습속에 대해서도 개방적이었다. '정관의 치'가 한창이던 633년, 천가한天可汗으로 불린 당 태종이 미앙궁未央宮에서 주변의 유목국 통치자들과 주연을 열었다. 돌궐족의 힐리가한頡利可汗이 춤을 추고, 남만의 통치자인 풍지대馮智戴는 시를 읊으며 화평을 도모했다.

주연을 베푼 당 태종은 "예로부터 중화만 귀하게 여기고 이적夷狄은 천하게 생각했다. 하지만 이적 역시 사람이다. 중화와 다르지 않다. 임금은 무릇 자신의 덕이 그들에게 전해지지 않으면 어떡하는가를 염려해야지 다른 민족이라고 미워해서는 안 된다. 지금까지 오늘처럼 호胡와 월越이 한 집안이 된 적이 없다." 라고 하며 감격했다. 대국의 진정한 의미를 상징적으로 표현한 것인데, 한족 중심의 제국을 꿈꾸는 자들은 상상조차 못할 일이다.

동서고금을 막론하고 번영의 기초는 경제력이다. 그러므로 문명도 탄탄한 경제력을 바탕으로 탄생한다. 당나라 초반까지 균전제와 조용조租庸調제도를 통한 공정 과세는 농민들의 부담을 줄여 주었다. 반면, 기술의 보급은 농업생산성의 향상을 가져왔다. 또한 대대적인 수리사업을 통해 관개면적을 넓히고 수해

▲ 한나라의 미앙궁 유적지

를 방지했다. 이러한 정책들은 농업의 비약적인 발전을 가져오고 수공업, 제조업 등의 발전을 촉진시켜 활발한 상업무역으로 이어졌다. 상인들의 왕래는 방어기능에 충실한 수동적인 도성都城을 상업기능이 강한 능동적인 도시都市로 바꿔놓았다.

당나라는 초기에 정치적 안정과 경제발전을 꾀하며 제국의 발판을 마련한다. 태종 정관貞觀 때부터 현종의 개원開元 때까지가 그 절정기다. 당 현종 시기인 749년 경에는 가구마다 몇 년씩 먹을 곡식이 있었고, 정부의 식량창고에는 1억 석의 곡식이 비축되어 쌀값이 그야말로 헐값이었다. 예나 지금이나 세계적인 국가와 도시가 되는 데는 경제력이 절대적이었는데, 당나라도 막강한 경제력을 기반으로 세계적인 국가로 성장한다.

"정직한 군주가 간사한 신하를 임용하면 태평성대를 이룰 수 없소. 충직한 신하가 사악한 군주를 모셔도 치세를 이룩할 수 없소. 오로지 정직한 군주가 충직한 신하를 만나야 물고기가 물을 만난 듯이 천하가 안정될 수 있는 법이오. 나는 비록 총명하지 않지만 잘못을 잡아 주고 보좌해 주는 그대들이 옆에 있소. 나에게 많은 직언을 해서 천하를 태평하게 만들어 주시오."

'현무문의 변'으로 형제들을 척살刺殺하고 황제에 오른 태종 이세민은 즉위하자마자 선정善政을 베푼다. 이 시기는 그의 연호를 따서 '정관貞觀의 치治'라고 부른다. 그는 신하들의 직언에 귀 기울이고 재능 있는 인재를 중용한다. 방현령房玄齡, 장손무기長孫無忌, 위징魏徵, 위지경덕尉遲敬德, 우세남虞世南, 구양순歐陽詢 등이 이때 등용된다. 또한 법률을 통일하고 형량을 줄인다. 무엇보다 전란과 기근에 시달리는 백성들을 위해 세금과 부역을 경감한다. 이런 조치들을 통해 태종은 국가를 안정시키고 경제를 발전시켜 태평성세의 기반을 마련한다.

태종은 '군주와 신하는 배이고 백성들은 물'이란 것을 아는 군주였다. 물은 배를 띄워 앞으로 나아가게 할 수도 있고, 성난 파도가 되어 배를 침몰시킬 수도 있기 때문이다. 봉건시대의 백성들에게 황제쟁탈전은 그다지 의미가 없다. 그것은 한낱 권력을 노리는 자들의 아귀다툼에 지나지 않을 뿐, 백성들에게는 태평성대를 누리는 것만이 중요할 뿐이다. 정변으로 황권을 차지한 태종은 솔선수범하여 선정을 베풀고 이와 함께 의식주가 풍족해지자, 백성들은 그를 태평성대로 이끈 황제로 추앙한다. 당나라가 실크로드를 주름잡으며 세계 제국으로 도약한 것도 태종 때부터다.

역사는 항상 가르친다. '초심'을 잃지 말라고. 우리도 이를 알고 있다. 하지만 알고만 있을 뿐 실천하지 않는다. 아니 오만과 탐욕이 아예 이를 잊게 만든다. 당 태종 또한 시간이 지나자 오만해지고 탐욕스러워진다. 나라를 다스리는 자가 애민愛民정신을 놓는 순간 정치는 추락한다. 수 양제의 악행을 반면교사로 삼아 선정을 펼치던 그가 어느새 그를 따라가는 꼴이 되었다. 도처에 궁전을 지으며 백성들의 어깨를 무겁게 하고, 바른 말을 하는 충직한 신하들을 처형한다. 수나라 때의 악몽은 잊었던가. 대외적으로는 고구려 정벌을 시도하고 결국은 또다시 실패한다. 죽기 전 태종은 이를 깨닫고 후회했다고 한다. 임종을 앞두고 초심을 끝까지 지키지 못한 자신을 떠올렸던 것일까. 하지만 말년의 실정에도 불구하고 태종은 당나라 초기에 국가의 기틀을 세운 성군으로 추앙받고 있다. 선정이 실정보다 많기 때문이기도 하겠지만, 당나라는 태종 이후에도 수백 년 동안 건재했기 때문이다. 성세기의 군주는 아름다운 역사로 남지만, 망국기의 군주는 여타 군주들의 악행까지도 뒤집어쓴 채 추악한 역사로 기록되기 때문이다.

당 제국은 태종 때의 발전을 기반으로 현종 때 제국의 절정기를 맞이한다. 총명한 현종은 자신을 항상 조조에 비유했다. 최초의 여황제 무측천의 집권 이후, 불안정한 정국을 바로 잡고 황제에 오른 현종은 인재등용을 중시하고, 토지와 호구조사를 통해 권문세족들이 강탈한 국유지를 몰수해 백성의 세금을 경감시키며 국정을 바로세우는 일에 전념한다. 절약을 강조하고 농업을 장려해 사회와 경제는 전례 없는 번영을 맞이한다. 시성詩聖 두보杜甫는 현종 때의 태평성세를 다음과 같이 노래했다.

예전의 개원성세를 기억해 보면   憶惜開元全盛日
작은 읍에도 수만 가구가 살았네.   小邑猶藏萬家室
쌀은 하얗고 윤기는 잘잘 흐르니   稻米流脂粟米白
창고마다 곡식이 가득가득했네.   公私倉廩俱豊實
제국의 도로에는 도적이 없어   九州道路無豺虎
먼 길을 떠나도 날 잡을 필요가 없네. 遠行不勞吉日出
길을 잇는 수레마다 비단이 가득하고 齊紈魯縞車班班
농사짓고 누에치는 남녀가 아름다웠네. 男耕女桑不相失

세계 제국인 당나라 장안성은 철저한 계획에 따라 세워진 도시였다. 가장 혁신적인 것은 궁전과 백성의 주거공간을 엄격히 구분한 것이다. 한나라 때까지의 도성은 궁전과 백성들의 주거공간이 혼재되어 있었다. 하지만 당나라 때의 장안성은 제왕과 관료들의 공간과 서민들의 공간이 길을 기준으로 엄격히 구분되어 있었다. 도성의 공공성을 높이고 유사시에 방어력을 최대한 끌어올리기 위해서였다. 장안성은 당시 세계 최대의 장방형 도성으로 동서로 9,721미터, 남북으로 8,651미터의 규모에 면적이 84제곱킬로미터에 이른다. 이는 한나라 장안성의 2.4배에 이르고 서안에 남아있는 명대 성곽의 10배 크기다.

당나라 장안성은 중앙에 남북을 관통하는 주작대가朱雀大街를 기준으로 동서에 53방坊과 55방, 총 108방을 두고 각각 하나의 시장을 두었다. 주작대가를 따라 모두 13개의 방을 두었는데 이는 1년 12달과 윤달을 의미한다. 방 또한 정방형으로 이루어졌는데 성벽에 버금갈 정도로 높은 울타리를 쌓았다. 방마다

총 8개의 문을 만들어 통행하게 했는데 방과 방 사이의 이동은 통제를 받았다. 북쪽에 위치한 거대한 황실궁전을 중심으로 거대한 벽들이 미로처럼 방을 둘러싸고 있는 장안성을 하늘에서 내려다본다면 그 안에서 살고 있는 백성들은 울타리에 갇힌 짐승 꼴이었으니, 계획도시 장안성은 황제와 권력자들이 백성의 생활을 장악하기 위해 만든 감옥과도 같은 도시였다. 당나라 고종高宗이 대명궁大明宮의 함원전含元殿에 올라 성안을 내려다보며 "우리檻 속에 있는 것 같다." 라고 한 것은 이를 잘 표현한 것이다. 황실과 주거공간의 구분 또한 유사시 효율적인 방어를 위한 것이라지만, 이 역시도 백성을 방패막이로 삼겠다는 것이 아니고 무엇이겠는가.

서안박물관에는 역사만큼이나 많은 유물이 시기별로 전시되어 있어 관람하는 내내 행복하다. 그런데 영상지도로 대당제국의 장안성을 보여 주기에, 당나라 때의 장안성의 모습을 자세히 보고 싶어 발길을 멈췄다. 지도는 현재의 서안 시내와 당나라 때의 장안성 108개 방을 겹쳐서 보여 주니 이해하기가 한결 쉽다. 108개의 방이 주작대로를 중심으로 좌우로 대칭을 이루며 빼곡한 것이 그야말로 미로 같다. 장안성이 아무리 넓다 해도, 사람들은 결국 미로 속의 울타리에 갇혀 산 게 확실한 듯하다. 맨 위인 북쪽의 대명궁을 시작으로 좌우에 서시와 동시가 있고, 맨 밑의 오른쪽에는 곡강지가 있다. 대명궁에서 곡강지까지 황제전용도로를 만들었다고 했는데, 지도를 보며 상상해 보니 그야말로 일직선의 고속도로다. 그 길에 먼지가 자욱하면, 황제가 곡강지로 행차하는 것을 멀리서도 알았으리라.

의식주가 풍족하고 경제력이 날로 번성하니, 도읍인 장안성에는 사람들이 구름처럼 모여들었다. 사통팔달한 도로를 따라 장을 보러온 사람들이 동시東市와 서시西市에 가득했다. 섬포마다 온갖 물품이 넘쳐나고 페르시아나 아랍 등지에서 온 상인들도 수만 명이 넘었다. 성안의 대명궁大明宮 인덕전麟德殿은 외국

손님들만을 전문적으로 접대하는 장소이기도 했다. 모든 물건은 장안으로 들어오고 장안에서 나갔다. 바야흐로 장안은 세계의 중심도시가 되었고, 외국상인들은 장안을 실크로드의 출발지로 인식하게 되었다.

장안성에는 모두 5개의 시장이 있었다. 그중에서 주작대가를 중심으로 대칭을 이룬 동시東市와 서시西市가 유명하다. 이들 시장은 모두 정井자형으로 구역을 나누고 교차로를 만들어 편리한 교통망을 갖추었다. 그 길을 사이에 두고 수많은 점포가 즐비했다. 당시에 시장은 도성의 중요한 장소에 자리 잡았다. 이는 시장이 교역의 중심지였기 때문이다. 하지만 시장이 중요한 곳에 위치하는 또다른 이유가 있다. 사형집행 또한 시장의 기능이기 때문이다. 춘추시대부터 민국시대 초까지 이어온 장터에서의 사형집행. 이것은 백성들이 많이 오가는 곳에서 죄인을 처벌함으로써, 백성을 다스리고 치안을 유지하는 '일벌백계一罰百戒'의 효과를 노릴 수 있기 때문이다.

상고시대부터 시장은 도성 안의 중요한 부분이었다. 《주례周禮》에 "왕국을 중심으로 앞에는 조정, 뒤에는 시장, 왼쪽에는 종묘, 오른쪽에는 사직단을 둔다面朝後市 左祖右社"라는 표현이 있는데, 이를 보아도 시장은 궁전, 종묘, 사직과 함께 오래전부터 중요한 성소聖所였다. 즉 시장은 강신降神, 제례祭禮 및 집회의 장소인 동시에 재화의 집적과 재분배가 이뤄지는 곳이다. 또한 정부의 상업정책, 각종 정보의 교환, 종교의례, 곡예와 오락 등이 이뤄지는 등 인간군상의 삶이 총체적으로 드러나는 곳이다.

그렇다면 시장은 어떻게 생겨났을까? 일단 같은 업종의 상점들이 모이면 동업상점가인 '행行'이 된다. 행 가운데는 비단물품을 판매하는 견행絹行, 철재기구를 판매하는 철행鐵行, 정육점이 즐비한 육행肉行 등이 있는데, 이런 행들이 모여 시장이 된다. 서시보다 작은 동시에도 220행이 있었다고 하니 그 규모가 대단했음을 알 수 있다.

▲ 당나라의 대명궁 유적지

당나라 장안성 서남쪽에 세워진 서시西市는 당대 최대의 국제무역 중심지였다. 소그디아나, 페르시아, 아라비아 등 서역에서 온 상인들의 카라반 행렬이 쉴 새 없이 오가는 최대의 시장이었다. 중국 내의 물건은 물론 이국의 흥미로운 물건들로 넘쳐나는 상점, 상인들과 이곳을 찾은 수많은 이들이 숙박하는 여관과 식당, 술집 등도 즐비했다. 서시가 세워진 것은 수나라 문제 때인 582년으로 거슬러 올라간다. 처음 개설 당시에는 이인시利人市라 불렀고 나중에는 금시金市라고도 했다. 당나라 때의 서시는 2개의 방을 차지할 정도로 컸는데, 그 면적은 1,000제곱미터가 넘었다. 물건을 사고파는 사람들 외에도 유흥을 즐기려는 사람들로 인해 서시는 날마다 장사진을 이루었다. 이국적인 아름다움을 갖춘 서역의 무희들을 보려고 몰려든 것이었는데, 이백의 시 〈소년행少年行〉을 보면 장안의 내로라하는 집안의 젊은이들이 밤만 되면 앞 다투어 유곽으로 향한 것을 알 수 있다.

오릉의 젊은이들 금시의 동쪽으로 나아가는데　五陵年少金市東
은 안장에 흰 말 타고 봄바람을 헤치고 가네.　銀鞍白馬度春風
지는 꽃 다 밟으며 어디 가서 노나 했더니만　落花踏盡遊何處
미소로 유혹하는 호희의 술집으로 들어가네.　笑人胡姬酒肆中

서역상인胡商들은 주로 금융, 보석, 향신료와 요식업 등의 분야에서 활동했는데, 이들의 치열한 경쟁으로 서시는 장안에서 가장 활기가 넘치는 공간이 되었다. 장안이 국제적인 도시로 성장하는 데 이들이 결정적인 역할을 한 것이다. 서시에는 호상은 물론 고구려, 백제, 신라, 일본 등 동북아시아의 상인들도 모여들었다. 때문에 서시에 가면 그 어떤 물건이라도 구할 수 있다는 말이 나돌 정도였다.

서역상인들은 상당수가 보석상이었다. 그중에서도 페르시아인들이 뛰어났는데, 이들은 보석 감정에 능해서 매매 과정에서 폭리를 취했다. 특히 중국인들이 좋아하는 옥의 대부분이 이들의 손을 거쳐 공급되었다. 서역상인들 가운데 대부분은 소그드인들이었는데, 이들은 "이익이 있는 곳이라면 가지 않는 곳이 없다."라는 말처럼 이재理財에 밝은 민족이었다. 소그드 상인들은 서시에 몰려 장사를 했는데, 당나라에서는 이들을 관리하기 위해 살보薩寶를 설치했다. 이곳에서는 조공 사절에 대한 접대와 귀화한 외국인들을 관리하는 업무를 담당했다.

당나라가 중앙아시아로 진출하며 실크로드의 전성기를 맞이한 것은 흉노를 물리치고 서역으로 향하는 지역을 차지했기 때문이기도 하지만, 무엇보다도 소그드 상인들의 활발한 무역교류가 있었기 때문이다. 중앙아시아 출신의 소그드 상인들은 5호16국시대인 4~5세기부터 장안을 비롯한 중국의 여러 도시에서 보석상과 금융업에 종사하며 활동했다. '소무구성昭武九姓'이라 불리는 이들은 적게는 2,000여 명이 서시를 중심으로 언어와 음악 등 자국의 독자적인 문화를 유지하면서 살았는데, 주변의 서민에게까지도 생활용품을 전당잡고 소액을 빌려주며 이득을 취했다. 그리하여 당시 장안의 귀족, 군인, 서민들은 이들의 고리高利에 힘들어 했는데, 이런 까닭에 당나라 조정은 항상 소그드인을 경계하여 여타 민족에 비해 더 철저하게 관리했다. 이들은 또한 술집도 운영했는데, 호희胡戱들이 있는 술집은 매일 밤 술꾼들로 북새통을 이뤘다.

은색 안장 하얀 코의 공골말을 타고	銀鞍白鼻騧
녹색 바탕 말다래에 비단 드리우고	綠地障泥錦
이슬비 봄바람에 꽃 떨어질 때	細雨春風花落時
채찍 휘둘러 곧장 호희에게 달려가 술 마시네	揮鞭直就胡姬飮

- 이백李白, 〈백비왜白鼻騧〉

곱슬머리 푸른 눈의 호희	鬈髮胡兒眼睛綠
조용한 밤 술집에서 풍악을 울리네	高樓夜靜吹橫竹

소리는 마치 하늘에서 내려오는 듯한데　　　　　　一聲似向天上來

밝은 달 아래 고향 바라보며 한없이 울고 있네　　月下美人望鄉哭

　　　　　　　　　　　　　　　　　　　　- 이하李賀, 〈용야음龍夜吟〉

　　서역인들의 문화와 습속은 당대에 많은 인기를 누렸다. 모자를 포함한 복식
은 물론 빵, 술 등 음식에 이르기까지 모든 것이 유행했는데, 이런 호풍胡風은 현
종 때가 절정기였다. 한족 여인과의 결혼도 잦아져 바야흐로 호한문화胡漢文
化가 광범위하게 형성되니, "호인은 한인의 모자를 쓰고 한인은 호인의 모자를
쓴다."라는 말이 장안성에 나돌 정도였다. 당나라를 세계 제국으로 만든 원동
력도 다름 아닌 호한문화에서 비롯된 것이다.

　　서시는 300년간 동서무역의 번성을 이끌어오다가 당나라가 멸망하기 바로
몇 년 전인 904년경에 쇠퇴한다. 그로부터 1,100여 년이 지난 2006년, 중국사
회과학원 고고연구소에서는 당나라 때의 서시西市터를 발굴하고 그 위에 '대당
서시박물관'을 지었다.

　　당대 실크로드의 핵심과도 같은 서시현장을 찾아간다. 당나라 때의 서시는
현재 노동남로 부근이다. 이에 반해 동시는 현재 서안교통대학 일대였다. 동시
가 주로 관료와 귀족들을 위한 시장이라면, 서시는 일반인이 사용하는 대중적
인 시장이었다. 특히 외국인들은 모두 이곳 서시에서 거래했으니 서시야말로 국
제시장이었던 셈이다. 서시에는 4만여 개의 상점이 있었고, 중국이 자랑하는
비단과 도자기 등이 하서주랑을 통해 서역으로 나갔다. 서역에서는 유리와 보
석, 향신료 등이 서시로 들어왔다.

　　광장으로 들어서니 '대당서시광장大唐西市廣場'이라고 쓴 글씨가 가장 먼저 눈
에 들어온다. 그와 함께 날개를 펼친 듯, 좌우 대칭의 하늘다리로 연결한 건물

▲ 옛날 동시가 있던 자리인 서안교통대학 정문 앞 거리

이 웅장하게 서 있다. 광장 좌우로는 실크로드 교역을 상징하는 동물인 낙타상이 있다. 낙타를 타고 온 서역 상인들의 모습이 있는가 하면 춤추는 무희와 악단을 실은 낙타상도 있다. 상업과 문화의 대표적인 모습을 사실적으로 표현해놓은 것이 마치 당나라 때의 서시에 온 듯한 느낌이다. 이 일대는 서안시 정부가 황성복원계획의 일환으로 복합문화공간을 조성한 것이다. 총 30만 평의 면적에 서시광장과 박물관, 실크로드 풍경거리, 전통호텔 등을 만들어 역사적인 도시인 서시를 복원하면서 실크로드 문화에 대한 이해와 체험을 할 수 있도록 했다.

　광장을 지나 박물관으로 향한다. 대당서시박물관은 서시의 유적 가운데 배수로와 십자교차로 터를 직접 살펴볼 수 있도록 해놓았다. 전시물도 다양하다. 당나라 사람과 서역인의 다양한 모습을 빚은 당삼채唐三彩가 눈에 띄는네, 특히 서역상인들의 모습을 빚은 토용土俑이 인상적이다. 서시박물관의 대표적인 전시물은 동서양 교류의 상징인 동전과 비단이다. 당 현종 시기에 만들어진 '개원통보'라는 금화와 지금의 이란 지역인 파샤의 금·은화가 함께 전시되어 있어, 이를 보는 나그네의 마음은 1,500여 년 전의 실크로드 도시 장안에 있는 듯했다. 또한 서역의 비단을 볼 때에는 부리부리한 눈에 덥수룩한 수염을 한 서역인과 한바탕 흥정이라도 벌여야 할 것처럼 느껴진다. 관람객이 없어 여유롭게 박물관을 둘러보고 다시 광장으로 나오는데, 인적 없는 광장의 웅장함이 미묘하게 다가온다. 이제 대당서시광장은 상인들로 붐비고 상품이 대량으로 판매되는 그런 장소는 아니다. 잘 꾸며진 관광지의 면모를 찾아볼 수 있을 뿐이다. 그럼에도 불구하고 중국이 당나라 때의 웅장한 모습을 재현해 놓은 것은 무슨 까닭일까? 누군가가 자신의 치적을 과시하려고 막대한 예산을 쏟아 부었는가? 현실적인 중국인이 그럴 리 만무하다. 그렇다면 무엇 때문일까?

여기에는 과거의 영광을 되살리려는 중국인들의 노력이 숨어있다. 광장의 웅장함이 지금은 왠지 형식적이고 속 빈 강정처럼 보이지만, 저들은 이런 허세를 문화적 자긍심이라는 골재로 보강해 당나라 때보다 더 튼실하게 만들어 놓을 것이라는 긴장감마저 든다.

개혁개방에 따른 경제발전도 하나의 이유가 될 수 있지만, 세계 속에 중국의 영광을 드높이려는 중국인들의 열망이 그만큼 강렬하기 때문이다. 지금은 어색하고 부끄러울지라도, 그럴수록 더 노력해 목표달성을 앞당기자는 생각이 강렬한 것이다. 중국의 위정자들이 유구한 역사 속에서 축적된 제국 운영의 경험을 적극 활용해 나라의 비전과 방향을 수립한다면, 그리고 이를 바탕으로 13억이 넘는 국민을 단결시켜 비전 달성을 향해 전진한다면 어느 누가 막을 수 있겠는가. 사람 없는 대당서시광장에 홀로 서서 이런 생각에 이르자 왠지 모를 서늘함이 온몸을 감싼다.

중국과는 지정학적으로 뗄 수 없는 이웃인 우리나라. 우리는 중국의 이런 행보에 과연 얼마나 준비하고 있는가? 느끼기 전에 준비하고 느낌이 올 때는 이미

▲ 대당서시광장

▲ 대당서시광장의 조형물

단계적인 대응책을 시행해야 하는데, 우리는 얼마나 준비되어 있는가? 중국 못지않은 유구한 역사를 지닌 우리나라는 중국의 이런 변화에 상응하는 국가비전과 방향을 얼마나 구체적이고 철저하게 마련했는가? 정치란 부정한 것을 바로잡고 국민을 잘 다스려 행복하게 하는 것인데, 바른 것이 무엇인지 고려하지 않고 국민의 생각 또한 알려고 하지 않으니 이 어찌 국가적 재난이 아니겠는가.

중국 최초의 통일제국 진나라나 400년 분열시기를 재통일한 수나라가 모두 단명한 역사를 어찌 허투루 흘려버릴 수 있는가. 특히 국가의 지도자를 선출하는 막강한 힘을 지닌 민주주의 사회에서는, 정부뿐만 아니라 국민 각자도 국가 발전의 주춧돌을 쌓는다는 역사적 사명감을 잊지 말아야 한다. 21세기에 수 문제나 양제 같은 인물이 독재와 횡포로 일관하도록 방치한다면, 이는 곧 나라의 주인인 '국민'의 책임을 방기한 것이다.

이런저런 편린들이 필자의 발걸음을 광장에 다시 세운다. 스산하던 광장이 뜨겁게 느껴진다. 사람들이 왁자지껄 떠드는 소리가 광장과 건물에 가득하다. 상점골목마다 호객행위 사이로 돈을 세며 미소 짓는 중국인들이 보인다. 전 세계에서 모인 사람들이 고량주를 마시며 중국의 서커스 공연에 혼이 빠져 모두 기립박수를 치며 열광하고 있다. '대당서시광장'이라고 쓰인 글씨는 간 곳 없고 그 자리에 '중화중심만세'라는 붉은 글씨가 하늘 높이 치솟는다. 순간, 필자는 두통을 느끼며 광장을 빠져나온다. 하지만 두통은 좀처럼 사라지지 않는다. 대당서시광장 뒤편에 웅크린 채 잠자고 있던 붉은 기운이 서서히 기지개를 펴고 있는 게 눈에 들어왔기 때문이다.

▲ 대당서시박물관

제4장 당 현종, 실크로드를 지배하다

서안은 유구한 역사만큼이나 유적지가 많은 곳이다. 특히 당나라 때의 유적인 자은사慈恩寺, 화청지華淸池, 흥경궁공원興慶宮公園 등은 서안을 찾는 사람이면 누구나 찾아보는 명소다. 하지만 정작 당대 문화의 꽃이던 곡강지曲江池는 찾는 사람이 그다지 많지 않다. 널따란 호수가 있는 공원쯤으로 생각해서일까? 하지만 곡강지는 대당제국의 최전성기인 현종 시기의 문화를 살펴보는 데 있어서 빼놓을 수 없는 중요한 곳이다.

곡강지 유적은 시내의 동남쪽 자은사에서 5킬로미터 정도 떨어진 곳에 있는 커다란 연못이다. 곡강은 물이 굽이쳐 흐르기 때문에 붙여진 이름인데, 황실의 원림園林인 부용원芙蓉園과 누구나 자유롭게 드나들 수 있는 곡강지로 구별된다. 동쪽에는 부용원, 서쪽에는 곡강지가 있다. 곡강은 진한시대에 황제가 휴식을 취하는 이궁離宮이나 황실의 원림으로 사용되었다. 진나라 때는 의춘궁宜春宮을 지었고, 한나라 때는 낙유원樂遊原을 만들었다. 장안에서 가장 높고 사방이 평탄한 곳이다. 수나라 때는 지대가 높고 불편하다는 이유로 사람들을 살지 못하게 하고 성밖의 물을 끌어들여 부용지芙蓉池와 부용원을 만들었다.

오늘날과 같은 곡강지가 태동한 것은 수나라 때이지만, 번성한 것은 당나라 현종 때이다. 현종은 개원연간713~741년에 땅을 뚫어 막힌 물을 통하게 하고 자운루紫雲樓, 부용원을 만들어 명승지로 만들었다. 연못가에는 꽃과 초목이 만발하고, 연못에는 물안개가 자욱해 많은 선남선녀가 찾아와 노닐며 사랑을 속삭였다. 곡강지는 성곽으로 둘러싸인 장안성 안에서 가장 자유로움이 넘치는 낭만적인 명승지였다. 그래서 많은 사람들의 사랑을 받았다. 하지만 곡강지에서 최고의 구경거리는 뭐니 뭐니 해도 과거급제자들과의 곡강연회曲江宴會였다.

오늘의 곡강지는 어떻게 변했을까? 먼저 황실의 원림이었던 부용원부터 보자. 지금의 부용원은 곡강지와 함께 서안시가 시민들의 휴식처로 개발해 모두에게 개방하고 있는 곳이다. 입구에 도착하니 웅장한 누각에 큼지막하게 '대당부용원大唐芙蓉園'이라고 쓴 편액이 눈에 들어온다. 입장권을 내고 들어가니 탁 트인 공간에 자리 잡은 넓은 호수에, 각종 누각과 아치형 다리가 연꽃과 버드나무 사이로 아름다운 자태를 뽐내고 있다. 인공폭포가 요란하게 포말을 만들어 주변은 물안개로 가득하다. 넓은 공간임에도 사람들이 분주하고 외국인들도 상당수 눈에 띈다.

부용원은 황실의 원림답게 모든 것이 조화롭고 아름답다. 호수에 비치는 누각, 연꽃과 버들가지의 조화, 호수 위를 미끄러지는 조각배 등 그야말로 한 폭의 격조 있는 그림이다. 그뿐이 아니다. 길목 곳곳마다 여러 조각상들을 설치했는데, 당대 시인들이 쓴 시를 새겨놓은 시랑詩廊, 서유기의 주인공인 삼장법사와 손오공 일행 등이 관람객의 발길을 멈추게 한다. 하지만 나그네의 눈에는 이러한 조각상들이 오히려 부용원의 이미지를 깎아내리는 듯하다. 황실의 원림에는 원래 이런 조각상이 없었을 테니 말이다.

▲ 대당부용원

당 제국이 번영한 원동력은 경제력뿐 아니라 적절한 인재 등용이었다. 태종 때부터 시행된 인재등용은 현종 시기에도 이어진다. 과거시험은 해마다 봄이 되어 홰나무 꽃이 노랗게 필 때 시행되는데, 전국의 수험생들은 가을부터 장안으로 모여든다. 과거시험 날이 되면 수험생은 물, 숯, 초, 식기 등을 준비하고 순서대로 고사장에 입장한다. 시험시간은 하루 종일이며, 저녁이 되어서도 답안을 제출하지 않으면 3개의 초를 켜서 제한시간을 알린다. "3개의 초가 타면 수험생의 마음도 다 타버린다."라는 말은 당시 과거응시생의 심정을 나타내는 실감나는 유행어였다.

과거에 합격하면 급제及第라 하고, 낙방하면 국자감에서 재수할 수 있었다. 당나라는 여러 분야 중에서도 진사과를 중시했는데, 이 때문에 진사과는 과거시험의 대명사가 된다. 진사과 응시자는 많을 때는 2,000명까지 몰렸고 적을 때에도 1,000명이 넘었지만, 급제한 사람은 고작 3-40명에 불과했다. 10명 미만일 경우도 있었으니 급제는 곧 최고의 영예였다. 진사과 응시자들은 '백의경상白衣卿相' 혹은 '일품백삼一品白衫'이라고 불렸는데, 이는 그들이 흰색 삼베 두루마기를 입고 시험을 치렀기 때문이다. 하지만 진사과에 급제했다 해도 끝이 아니었다. 급제한 진사들은 자색의 관복을 입고 이부吏部에서 주관하는 시험인 석갈시釋褐試에 합격해야 비로소 관직을 받을 수 있었다. 이때 1등한 사람을 장원壯元이라 했으며, 진사들은 서로를 동년同年이라 불렀다. 과거시험관은 지공거知貢擧라고 하는데, 과거급제자들은 이들을 좌주座主라고 부르고 좌주는 급제자를 문생門生이라고 불렀다. 좌주와 문생은 부자관계처럼 평생 지속되는데, 학벌의 형성과 출세의 배경이 되었다.

진사 급제는 개인의 영광은 물론 가문의 영광이기도 했다. 조상의 덕을 빛내고 가문을 일으키며 '의관호衣冠戶'라 하여 세금과 부역을 면제받는 경제적 혜택까지도 누리기 때문이다. 진사 급제자들은 자신의 이름이 적힌 '꽃 달린 황색 종이'를 받는데, 이를 '편방첩片旁帖' 혹은 '금화첩자金花帖子'라고 한다. 진사가 탄생하면 본가는 물론이고 그 이웃과 친척들까지 풍악을 울리며 함께 기뻐하며 축하했는데, 이를 '희신喜信'이라고 한다.

곡강은 경치가 가장 빼어난 곳	曲江元勝地
봄 날씨마저 쾌청하구나.	春日更淸眞
진사들 몰려와 제명회를 여니	來作題名會
황제의 은혜에 보답할 자들이로다.	俱爲報主身
영화로운 자리는 푸르른 풀밭과 이어지고	華筵連碧草
신선의 음악에 물속 고기도 인사하도다.	仙樂出潛鱗
서로 삼가며 모름지기 진중하면	相戒須珍重
모든 이들 다퉈가며 본받을 만하다.	人爭望後塵

급제한 진사들을 위한 행사에서 가장 중요한 것은 곡강연회였다. 이는 급제한 진사들이 좌주와 문생의 예를 갖춘 뒤 여러 가지 연회를 베푸는 것이다. 황제가 직접 자운루에 와서 참관할 때도 있었고, 공경公卿·중국 최고의 벼슬인 삼공과 그 다음으로 높은 아홉 개의 자리를 뜻들은 사윗감을 고르는 절호의 기회로 삼았다.

새 진사들은 '행화연杏花宴'이라 하여 장안을 돌면서 가는 곳마다 성대한 잔치를 열었다. 연회석상에는 주연主宴, 주주主酒, 주악主樂, 탐화探花, 주차主茶 등의 좌석이 있는데, 탐화를 맡은 사람은 반드시 다른 사람보다 먼저 그곳의 꽃을 꺾어야 하고 이를 못하면 벌을 받았다. 훗날 전시殿試·과거에서 2차 시험인 복시覆試까지 합격한 사람들이 임금 앞에서 치르던 시험에서 3등한 급제자를 '탐화'라 부른 것도 여기에서 비롯된 것이다. 또한 그해 합격한 진사는 자은사 대안탑에서 잔치를 베풀고 탑에 이름을 썼는데 이를 '제명석題名席' 또는 '제명회題名會'라 했다.

급제자들이 가장 좋아하고 기다리는 행사는 '평강지악平康之樂'이다. 이는 당시 기생집이 많은 평강리에서 주악酒樂을 즐기는 것을 말한다. 정식 관리가 되면 기생집 출입이 불편하기 때문에 자유로운 신분일 때 한바탕 노는 것이라고 하는데, 정작 이를 지킨 관리가 얼마나 되었을까.

부용원을 나와서 조금 떨어진 곡강지로 향한다. '곡강지유지공원'이란 푯말을 지나니 커다란 바위에 안진경체로 '곡강지'라고 쓴 붉은 글씨가 나타난다. 곡강지는 커다란 호수를 중심으로 숲이 어우러져 있는데, 여느 공원이나 다를 바 없다. 하긴, 사라진 곡강지를 시정부가 다시 조성한 것이라 그다지 볼 만한 게 없다. 하지만 평일임에도 곡강지는 남녀노소로 넘쳐난다. 흐르는 물에 발을 담그고 즐거워하는 아이들, 사랑스런 모습을 카메라에 담기 바쁜 연인들, 의자에 앉아 풍경을 감상하는 중년들, 열심히 운동하는 노년층……. 저마다 한가롭고 여유로워 보인다. 그들과 함께 걸으며 당시 곡강지의 풍정을 그려본다. 책 한 권들고 세월을 낚으러 온 선비도 있고, 버들가지 사이로 사랑의 밀어를 나누는 선남선녀도 등장한다. 반면, 술 한 병 둘러차고 이별의 슬픔을 잊으려는 젊은이도 슬쩍 고개를 내민다. 그들 모두 곡강의 연못에 자신의 모습을 비추며 새로운 내일을 기약했으리라. 이런 생각으로 곡강지를 둘러보는데, 필자의 생각을 읽었는지 길옆 수풀에 띄엄띄엄 조성한 풍정상이 딱 그 모습이다. 순간, 저절로 웃음이 나온다.

곡강지는 상류층만의 전유물이 아니라 서민들까지 누구나 찾아와서 즐길 수 있는 공간이었다. 황제인 현종도 이를 적극적으로 권장했다. 무슨 까닭이 있었던 것일까?

집권 초기에 현종은 무척 검약했다. "덕은 옛 사람을 따를 수 없지만 검약함은 옛 철인도 부럽지 않노라."라고 하며 사치와 낭비를 없앴다. 그가 이렇게 선언한 것은 정쟁의 대상이었던 태평공주를 제거하고 정권을 장악하는 데 필요했기 때문이다.

개원 18년인 730년, 정치적 입시가 안정되고 물질적 풍요로움이 넘치자 현종은 더 많은 욕심이 생겼다. 태평성대를 이룬 황제로서 백성들에게 은덕을 베

▲ 곡강지 입구

풀고 자신 또한 천하에 부러울 것 없는 삶을 누리고 싶었다. 이를 위해 현종은 곡강을 명승지로 개발해 관료들은 물론이고 일반 백성들에게까지 자신의 치적을 알리기로 작정한다.

그동안 공식적인 연회는 궁궐이라는 폐쇄적인 공간에서 개최되었다. 연회를 향유한 계층도 제한적이다. 하지만 현종은 자신이 이룬 태평성대의 모습을 몇몇 관료들하고만 누리기가 싫었다. 자신이 태평성대를 이룩한 성군이라는 사실을 일반백성들에게도 널리 알려 요순시대와 같은 태평성대를 즐기게 하고 싶었던 것이다. 개원 28년인 740년의 물가를 보면 쌀 열 말 값이 200전도 안 되고 명주 값도 마찬가지였다. 모두가 부유하고 평안해 나그네는 1만 리 길을 가면서도 무기를 가지고 다닐 필요가 없었다. 백성들은 진정 수백 년 만에 태평성대를 누리고 있었던 것이다.

또한, 현종은 과거에 합격한 진사들을 모아 곡강연회를 개최함으로써 태평성대를 이룬 황제의 능력을 보여 줌과 동시에, 신진관료들을 격려하고 그들에게 자부심과 책임감을 부여해 충성스런 군신관계를 맺으려 했다. 여기에는 유능한 인재들을 거느린 자신의 모습을 천하에 보여 주려는 의도도 있었다. 이런 의도가 내재된 연회였기에, 화려하고 사치스러운 것은 전혀 걱정될 게 없었다. 정치적 안정과 경제적 풍요로움으로 모두가 사치와 향락을 누렸기에, 백성들 가운데 어느 누구도 그것을 문제 삼지 않았다.

이 때문이었을까? 오히려 이런 사치와 향락을 누리지 못하는 것이 부끄러운

▲ 곡강지 풍경

것이라는 분위기가 확산되고 곡강지는 차츰 향락과 사치문화의 대명사로 발전한다. 위로는 황제로부터 아래로는 일반백성에 이르기까지 꽃 피는 계절뿐 아니라 엄동설한에도 사람들로 부주해, 오늘날의 장터문화와 별반 다를 바 없는 행락 문화가 형성된다. 백성들은 국가에서 치르는 공식 연회와 상관없이 음력 이월초하룻날의 중화절中和節, 음력 삼월삼짇날의 상사절上巳節, 음력 구월구일날의 중양절重陽節에 곡강지를 즐겨 찾았다.

그런데 당시 백성들은 왜 이토록 곡강지를 사랑했을까? 장안성은 수나라 때부터 당나라 초기까지 해질 무렵부터 통행이 금지되었다. 성안에 만들어진 108개의 방은 각각 3미터 높이의 방벽坊壁으로 구분되어 있는데 백성들은 그 안에서 북소리와 종소리에 따라 일상생활을 했다. 황제의 궁전은 성의 맨 뒤에 있어 궁전의 뒤쪽에는 드넓은 숲을 만든 뒤 아무도 접근할 수 없게 했다. 그곳에는 황제를 지키는 황실 근위병이 머물렀다. 백성들은 바둑판처럼 잘 짜인 감시의 틀 속에서 황제의 명령에 따라 살아갈 뿐이다. 만약 이러한 규칙을 거부하면 죽음만이 있을 뿐이다. 이런 점에서 실크로드의 출발지이자 세계적인 도시 장안도 따지고 보면 황제의 의도 아래 만들어진 감옥 같은 도시였다.

이렇게 되고 보니, 곡강지는 장안 백성들이 속박에서 벗어나 자유를 누릴 수 있는 유일한 탈출구였다. 성안에 있으면서도 일상을 벗어나 여흥을 즐길 수 있는 자유로운 공간이 곡강지였던 것이다. 특히 선남선녀들에게 있어서 곡강지는 필수적인 해방구였다.

날씨도 상쾌한 삼월 삼짇날	三月三日天氣新
곡강지 물가에 미인들이 모였네.	長安水邊多麗人
농염한 자태 뽐내며 정숙하고 순진한 것이	態濃意遠淑且眞
보드라운 살결에 균형 잡힌 몸매로다.	肌理細膩骨肉勻

봄과 꽃, 시와 음주가무, 선남선녀의 사랑 등이 어우러진 곡강지. 하지만 이 또한 황제가 만들어낸 축제에 지나지 않았다. 그러함에도 곡강지는 과거급제자와 낙방자, 청춘남녀, 관료나 귀족, 기생, 상인, 일반백성 등에 이르기까지 모든 사람들이 어우러진 개방형 문화 향유의 장소였다. 이처럼 복합적인 성격을 띤 곡강지는 당대 장안문화를 더욱 풍성하게 만드는 역할을 했다.

당대의 곡강 문화가 화려했으니 황제 이전에 낭만 가객이자 시인이기도 한 현종으로서는 인간으로서 누릴 수 있는 최고의 로맨스를 꿈꿨으리라. 우리가 익히 알고 있는 천하절색 양귀비와의 만남이 바로 그것. 나라를 망하게 할 만큼 아름다운 여인을 일러 경국지색傾國之色이라고 하는데, 양귀비가 바로 그런 여인이었다.

양귀비는 현종 개원 6년인 718년 경에 태어났다. 본명은 양옥환楊玉環이다. 태어날 때 왼팔에 옥고리 문양이 있고, 고리에는 '태진'이라는 글씨가 있어서 '옥환'이라고 지었다고 하니 출생부터 심하게 미화美化되어 있다. 미모에 눈과 마음이 빠지면 무엇인들 주지 못하겠는가. 이름의 연원을 만드는 것쯤이야 일도 아닌 것이다. 이 정도에서 끝나도 될 일을 청대로 내려오면 한 술 더 뜬다.

"귀비는 어머니 태내에 13개월 동안 있었는데, 태어날 때에는 방에 향기가 감돌았고 탯줄은 연꽃과 같았다. 사흘 동안 눈을 뜨지 않았는데 어머니가 신인神人이 손으로 아이의 눈을 쓰다듬는 꿈을 꾸고 나서야 눈을 떴다. 피부는 옥과 같고 이 세상사람 같지 않은 용모였다."

영웅호걸이 애지중지했을 천하절색 양귀비이니 탄생부터 신비롭지 않으면 어찌 황제가 관심을 갖겠는가. 따시고 보면 양귀비의 집안이나 태생에 대해 밝힐 만한 것이 없으니 이런 이야기를 만들어낸 것 같다. 그렇다면 사실에 가까운

▲ 화청지에 있는 양귀비상

양귀비는 어떤 여인이었을까?

《구당서》〈양귀비 열전〉에 보면, 그녀의 부친은 지금의 사천성인 촉주蜀州의 사호참군司戶參軍을 지낸 양현염楊玄琰이다. 어려서 부친이 돌아가시자, 양귀비는 숙부인 양현요楊玄邀의 슬하에서 자랐다고 한다. 현종 때의 일을 정리한 책인 《개원천보유사開元天寶遺事》에도 양현염이 아버지라고 되어 있다. 하지만 현종의 18번째 아들인 수왕壽王 이모李瑁의 비妃로 정할 때 내려진 비문인 '책수왕양비문冊壽王楊妃文'에는 하남부 사조참군河南府 士曹參軍 양현요의 장녀로 되어 있다. 둘 다 역사적 사료인데 왜 다른 것일까? 어떤 자료가 보다 사실에 가까울까? 비문이 1차적 사료이니 가장 중요하다. 그것도 황제가 내린 것이니 더욱 그렇다. 하지만 황제의 비문과는 달리 역사서에서는 모두 양현염을 부친이라고 적고 있다. 그렇다면 어떻게 된 일일까? 수왕의 비가 될 때의 양귀비는 숙부에게서 양녀로 키워졌으니 양현요의 장녀로 표기했는데, 현종이 빼어난 미모에 반해 아들로부터 빼앗으려니 세간의 이목이 걸렸던 것이다. 그래서 비문에는 원래의 친아버지인 양현염을 부친이라 하고 양부養父의 이름은 없앤 것이다. 마치 양귀비가 수왕의 비와는 다른 사람처럼 보이도록 꾸민 것이다. 현종이 아들로부터 양귀비를 빼앗을 때도 잠시 도교의 여도사가 되게 했던 점을 생각하면 충분히 가능한 일이다. 더욱이 필요하다면 족보나 가계를 위조하는 게 비일비재하던 시대에, 며느리를 차지하고자 혈안이 된 황제의 명령을 누가 감히 막을 수 있겠는가.

오늘날의 미인은 늘씬한 몸매에 서구적인 얼굴을 한 여성이지만, 당나라 때의 미인상은 풍만한 육체에 농염한 얼굴을 한 여성이었다. 양귀비가 바로 이런 여인이었는데, 그녀는 가무와 음률에도 뛰어난 소질을 갖추고 있었다. 음악과 문학 등 예술방면에 조예가 깊었던 현종이 이러한 양귀비에 어찌 매료되지 않겠는가. 하지만 현종도 염치는 있었던 것 같다. 뛸 듯이 기쁜 마음과는 다르게 세간의 눈이 신경 쓰였던 것이다. 도교의 열렬한 신봉자였던 현종은 양귀비를 도사로 삼는 방책을 만들어 세간의 관심이 멀어지기를 기다린다. 황녀皇女들이 출가해 여도사가 되는 일은 있었지만 황자의 부인이 남편을 버리고 여도사가 되는 것은 있을 수도, 허용되지도 않는 일이다. 그럼에도 불구하고 《대당조령집》에는 수왕비가 직접 원했기에 마지못해 허락한 것으로 버젓이 기록되어 있다.

"태후의 기일을 맞이해 수왕비는 태후를 추모하고자 출가를 원했다. 그 뜻을 꺾기 어려워 도道를 돈독하게 하고 충심에서 우러난 소망을 이루도록 여도사로 출가하는 것을 허락하노라."

현종은 양귀비를 5년간 도사로 삼았다가 궁궐로 데려온다. 수왕은 1개월 전에 위소훈韋昭訓의 딸과 혼인한다. 날개 꺾인 새가 무슨 힘이 있겠는가. 각본대로 움직이는 배우가 될 수밖에 없는 자신의 처지에 서럽고 또 서러웠으리라.

여인 하나를 두고 벌어진 부자간의 가정사는 국가의 일로 번져 '안사의 난'을 초래하는 등 국가의 명운을 시들게 하는 근원이 되었으니, '수신제가'야말로 '치국평천하'의 근본임을 현종은 알지 못했던 것일까. 아니면 천자인 자신을 위하는 것이 곧 '수신제가'요 '치국평천하'라고 여겼을까.

시아버지와 며느리의 부도덕한 사랑놀이는 화청궁華淸宮에서 이뤄진다. 장안 동쪽 여산驪山에 있는 화청궁은 예로부터 유명한 온천지역인데, 특히 수도인 장안과 가까워 황제의 요양지로 애용된 곳이다. 전설에 따르면 진시황이 여신과 사귀다가 장난을 치자 화가 난 여신이 진시황에게 침을 뱉어 종기가 생겼다. 진시황이 사죄를 하자 여신은 이곳에 온천을 만들어 진시황의 종기를 낫게 했다고 한다. 여산의 온천이 진시황 때부터 개발된 것임을 알 수 있다. 그 후 수 문제가 수목과 건물을 더하고, 당나라 때에도 보수가 이루어지다가 현종이 양귀비를 만나면서부터 규모가 크게 확대된다.

신년 조회까지도 화청궁에서 할 정도가 되었으니, 정무를 보는 관청뿐 아니라 귀족의 저택이 화청궁에 즐비하게 들어선 것도 당연한 일이다. 온천탕은 또 얼마나 요란했을까. 양귀비가 목욕하던 부용탕芙蓉湯, 현종의 욕실이 있던 구룡전九龍殿은 물론이고 옥녀탕玉女湯, 소양탕少陽湯, 연화탕蓮花湯, 의춘탕宜春湯, 태자탕太子湯에 이르기까지 화려한 옥으로 장식된 화청궁은 그야말로 환락의 궁전이었다.

화청지는 서안시내에서 동쪽으로 약 30킬로미터 떨어진 여산의 산기슭에 위치한 곳이다. 입구에서 왼쪽으로 들어가자 수많은 미인들이 있는 연회장면을 묘사한 벽화가 눈에 들어온다. 양귀비는 현종의 왼쪽에 자리 잡고 있는데, 풍만한 몸매를 특별히 부각시켜 놓았다. 연둣빛을 내뿜는 연못은 늘어진 버들가지와 어울려 운치를 더하고 있다. 연못 안에는 막 온천을 마치고 나오는 순백의 양귀비상이 요염한 자태를 하고 있다. 호수를 돌아가면 석류나무 한 그루가 고목인 채로 길게 가지를 늘어뜨리고 있는데, 모두들 이 나무 앞에서 무언가 차례를 기다리고 있다. 불로목不老木이라고도 불리는 이 나무는 양귀비가 얼굴을 기댄 나무로 알려져 있다. 이 때문일까? 오늘도 미인이 되고 싶어 하는 사람들이 반질반질한 나무등치에 얼굴을 비비려고 서있다. 뜬금없는 소문이 전설이 되고 역사가 되는 게 바로 이와 같으리라.

양귀비가 현종의 총애를 한 몸에 받자 그녀의 집안사람들도 덩달아 득세한다.

▲ 화청지의 모습.
　당대의 화청지를 연상시킬
　정도로 상세히 복원했다.

▲ 화청지의 온천탕.
  양귀비가 목욕한 부용탕(위)
  당 현종이 목욕한 구룡탕(중간)
  온천시원지(아래)

세상을 떠난 부친은 태위제국공太尉齊國公, 모친은 양국부인涼國夫人, 숙부는 광록경光祿卿, 오빠 양섬은 홍려경鴻臚卿, 사촌오빠 양기는 전중시어사, 세 언니는 한국부인韓國夫人, 괵국부인虢國夫人, 진국부인秦國夫人에 봉해진다. 이들은 장안에 대서백을 하사받음은 물론 궁중출입도 자유롭게 허용된다. 그중 양귀비의 6촌 오빠 양국충楊國忠은 양씨 집안을 대표한다. 젊은 시절 주색잡기에 빠져 천대 받으며 살던 그는 장부를 다루는 능력이 뛰어났다. 이런 능력으로 괵국부인과 깊은 관계를 맺기도 하지만, 최고의 권세를 누리게 된 것은 양귀비의 후광 때문이다. 그리하여 직책이 재상 하나도 모자라서 40여 가지의 직무를 겸임할 정도였으니, 그 앞에서는 날아가던 새도 내려앉지 않으면 안 될 권세를 누렸다.

양씨 집안의 번영은 그야말로 하늘 높은 줄 몰랐다. 최고 권세가인 양국충의 이름을 딴 '양국충 놀이'도 있었는데, 이춘함移春檻이라는 수레 위에 화단花壇을 꾸미고 경치가 좋은 곳으로 이동하면서 심어 놓은 좋은 꽃과 특이한 나무를 어디서든 감상하는 것을 빗댄 것이다. 뿐만 아니라 양씨 집안이 행차할 때면 각 집안별로 똑같은 비단옷을 입고 양국충을 필두로 깃발을 세운 채 대오까지 맞춰나갔다. 사람들은 이를 '오가 합대五家合隊'라고 불렀는데, 이들의 행동은 예법도 무시할 정도로 방약무인했다. 그중에서 특히 괵국부인이 심했는데, 이름난 신하의 집에 쳐들어가 집을 부수고 쫓아낸 뒤 그곳에 자신의 집을 지을 정도였다. 이들의 무도한 행동은 장안 사람들에게 항상 새로운 안주거리를 제공해 주었다.

세상이 시끌벅적해도 현종은 양귀비만 있으면 평안했다. 세상이 태평하다고 여겼으니 더 이상 무엇이 필요하겠는가. 현종의 일상은, 웃고 박수치며 좋아하는 양귀비를 보며 즐거워하는 게 전부였다. 양귀비가 장안에서 수천 리 떨어진 남방에서만 나는 과일인 여지荔枝가 먹고 싶다고 하자, 현종은 여지전용도로를 개통한다. 여지는 삼사 일이 지나면 맛과 색이 변하는 과일이다. 신선한 여지를 장안으로 가져오기 위해 역참을 설치했는데, 여지를 나르는 파발마가 지나가면 누구든 비켜서서 뽀얀 먼지를 뒤집어써야 했으리라.

당대 유명한 시인인 백거이白居易는 자신의 유명한 작품 〈장한가長恨歌〉에서
현종과 양귀비의 관계를 다음과 같이 읊었다.

넋 빠진 연회에 한가할 틈이 없어	承歡侍宴無閑暇
봄이면 봄놀이요 밤이면 잠자리라	春從春游夜專夜
후궁에 미인이 삼천이나 있지만	后宮佳麗三千人
삼천 명의 총애를 한 몸에 다 받았네	三千寵愛在一身

천상천하 유아독존인 황제. 그는 나라의 모든 것을 동원하더라도 아무런 흠
이 없으니 양귀비와 즐기는 것도 그 연장선상에 있었다. 장안이 온통 모란축제
로 들썩이는 봄날, 현종은 양귀비와 함께 흥경궁 침향정沈香亭에서 주연을 열다
가 궁정시인인 이백을 불러 시를 짓게 한다. 술 취한 이백은 양귀비의 치마폭에
쌓인 현종이 미웠던 것일까? 현종의 최측근인 환관 고력사高力士에게 신발을 벗
기게 한다. 당시 신발을 벗기는 것은 가장 큰 모욕이었다. 고력사가 황제의 눈치
를 보며 이백의 신발을 벗기자 이백은 일필휘지로 〈청평조사清平調詞〉를 짓는다.

요염한 꽃가지에 향기 머금은 이슬	一枝濃艶露凝香
무산의 사랑도 부질없이 애만 끊나니	雲雨巫山枉斷腸
묻노라, 누가 한나라 황후와 비교하는가	借問漢宮誰得似
가련한 비연은 화장으로 다듬은 미인인 것을	可憐飛燕倚新粧

아름다운 꽃과 양귀비가 서로 반기니	名花傾國兩相歡
임금은 언제까지나 미소를 머금고 바라보는데	常得君王帶笑看
봄바람의 끝없는 시샘을 녹이려는 듯	解釋春風無限恨
침향정 북쪽 난간에 기대어 서 있네	沈香亭北倚闌干

치욕을 당한 고력사가 어찌 참을 수 있겠는가. 그는 이백의 시를 곱씹는다. 그리고 이백이 양귀비를 조비연에 비유한 것을 들어 이백을 헐뜯는다. 조비연은 한나라 성제成帝의 황후였지만 미천한 신분으로 인해 대접을 받지 못했다. 고력사의 이간질에 속이 상한 양귀비는 결국 현종을 움직여 이백을 몰아낸다. 고력사는 이백으로부터 받은 치욕을 그가 지은 시구를 트집 잡아 앙갚음한 것이다. 정계에 뜻을 두었던 이백은 술버릇으로 인해 꿈을 포기해야 했으니, 예나 지금이나 술은 몸을 상하게 하고 술버릇은 마음을 상하게 하는 듯하다.

▲ 흥경궁공원 안의 침향정. 술 취한 이백이 〈청평조사〉를 지은 곳이다.

흥경궁공원은 시내의 동쪽, 서안교통대학 앞에 있다. 서안교통대학 정문 앞에는 커다란 도로가 있는데 오른쪽이 당대 서시와 함께 동시로 이름을 날린 곳이다. 흥경궁 역시 현종이 양귀비와 즐거운 시간을 보낸 곳으로 유명하다. 그 당시의 흔적이 남았을 리는 없지만, 체취라도 느껴볼 요량으로 흥경궁으로 향한다. 지금은 공원이 되어 일반인들에게 개방되었지만 현종 시기에는 그야말로 현종과 양귀비만을 위한 궁전이었으리라.

커다란 인공호수를 지나 침향정에 이른다. 침향정은 모란을 좋아한 양귀비가 모란꽃을 감상하기 위해 지은 것이라고 한다. 정자 주위는 수백 종류의 모란꽃으로 장관이었다고 하는데, 지금도 주변에는 모란이 심어져 있다. 정자 앞에는 얼큰하게 술에 취한 이백이 머리를 괴고 있는 모습을 조각한 '이백취와상'이 있다. 그는 현종과 양귀비 앞에서도 이처럼 당당하게 취한 모습을 보였을까? 이백의 호탕한 성격으로 미루어볼 때 충분히 그랬으리라.

화청궁과 흥경궁을 오가던 현종은 점점 정사를 멀리한다. 그러자 재상 이임보와 양국충, 고력사 등이 서로 이익을 다투며 정사를 주무른다. 그리하여 모든 이권과 자리는 그들의 사람으로 채워진다. 실력보다는 아부와 굴종이 출세의 지름길이었던 셈이다. 중앙아시아 우즈베키스탄 부하라 출신의 번장番將 안녹산도 상황판단능력이 뛰어난 자였다. 그는 우둔한 척하며 감언이설로 교활함을 감추고 당나라 전체 병력의 3분의 1을 거느리는 최고의 절도사로 성장한다. 목적을 이루기 위해 수단과 방법을 가리지 않았던 그였으니, 양귀비의 양자가 된 것도 황제의 취향과 시대 상황을 적절하게 이용한 것이다.

천보 14재인 755년, 현종을 향한 일편단심만을 내세우던 안녹산이 반란을 일으킨다. 명분은 양국충의 죄상을 밝히고 처단하는 것이었다. 오랜 기간 철저히 준비해 온 안녹산이었기에 진격은 질풍노도와도 같았다. 순식간에 낙양성이 함락된다. 살육과 강간, 약탈이 벌어지는 것은 자명한 일이다. 낙양이 함락되던 날에는 많은 눈이 내렸는데, 그 위로 백성들의 붉은 선혈이 더욱 선명했으리라. 안녹산이 낙양을 점령하기 전에 참요가 유행했다.

제비들燕燕은 하늘까지 오르고
천녀天女는 하얀 양탄자白氈를 펼치고
양탄자 위에는 동전 1관貫이 있네

▲ 흥경궁공원의 겨울

▲ 침향정과 이백취와상. 이백이 얼큰하게 취해 있다.

　안사의 난을 일으킨 주인공인 안녹산과 사사명은 뒤에 모두 국호를 '연燕'이 라 하고 황제가 되었다. 낙양이 함락되던 날 눈이 내린 것을 비유하고, 동전 1 관은 1,000전이니 안녹산의 난이 1,000일 천하로 끝날 것임을 예언한 것이다.

　당나라가 안녹산군의 진격에 속수무책으로 당하고 있을 즈음, 두 명의 열사 가 나타난다. 서예가로 명망이 높은 평원平原태수 안진경顔眞卿과 사촌형인 상 산常山태수 안고경顔杲卿이다. 이들의 활약으로 안녹산군은 궁지에 몰리기도 한 다. 또한 두 사람이 1년 동안 고군분투한 결과, 당 조정은 반격작전을 펼칠 수 있었다. 하지만 중과부적은 어쩔 수 없었다. 안녹산군은 천혜의 요충지 동관을 점령하고 장안성마저 함락한다.

　756년 6월 13일 부슬비 내리는 새벽. 현종 일행은 백성들의 눈을 속이고 극비리에 장안을 벗어나 촉 땅으로 몽진蒙塵한다. 장안을 떠나기 전날, 현종은 자신이 직접 나서서 안녹산군을 정벌하겠다는 조칙을 발표한다. 이런 현종의 발표는 피신하기 위한 속임수였다. 민심은 천심이다. 하늘의 아들인 황제는 천심을 위임받아 통치한다. 천심을 거역하거나 배반하는 황제는 이미 황제가 아니다. 현종은 천심과도 같은 민심을 배반하면서 목숨을 구걸하기에 급급했던 것이다.

수도 장안에서 50킬로미터 떨어진 마외馬嵬에 도착하자 이탈자가 속출한다. 아울러 지친 병사들 사이에서는 불만과 분노가 극에 달한다.

"천하가 도탄에 빠져 백성들은 도산하고 황제마저 수도를 버린 상황에서 도망칠 수는 없다. 사태가 이 지경에 이르게 된 원흉인 양국충을 죽여 천하에 사죄하지 않으면 안 된다."

일촉즉발. 병사들의 험악한 분위기를 누그러뜨리기 위해서는 양국충을 죽이는 방법밖에 없었다. 양국충은 그 동안의 폭정을 참아온 병사들에게 처참하게 살해된다. 피 맛을 본 병사들은 현종을 에워싸고 양귀비도 죽이라고 청한다. 현종은 어쩔 수 없이 눈물을 흘리며 돌아서고 고력사가 비단수건으로 양귀비의 목을 졸랐다. 경국지색으로 황제와 나라를 휘저으며 살았던 양귀비의 비극적인 종말은 이렇게 처참하고 허무했다. 38세로 생을 마감한 양귀비의 죽음은 그 후, 많은 전설을 만들어내며 각종 문학의 소재가 된다.

양귀비의 시신은 길옆에 매장되어 버려지다시피 했다. 모두의 기억에서 사라진 양귀비의 묘는 청나라 강희제 때 알려진다. 흥평현興平縣으로 부임하던 왕산초汪山樵가 마외역에서 숙박을 하게 되었는데, 꿈에 미모의 여인이 나타나 자신의 묘가 농민들에게 파헤쳐지고 있으니 이를 복원해 달라고 애원한 것이다. 기이한 꿈이어서 조사해 보니 '대당귀비양씨지묘大唐貴妃楊氏之墓'라고 쓰인 석비가 발견되었다. 이에 왕산초는 다시 봉분을 쌓고 봄과 가을에 제사를 지내도록 했다. 양귀비의 묘가 세상에 알려지면서 그녀의 봉분은 또다시 파헤쳐진다. 그것은 양귀비묘의 흙을 가져다 바르면 양귀비처럼 미인이 된다는 속설이 퍼졌기 때문이다. 그래서 지금은 그녀의 분묘를 벽돌로 만들고 그 틈새도 모두 메워놓았다.

▲ 봉분이 벽돌과 시멘트로 만들어진 양귀비묘

서안 시내를 벗어나면 어느새 시골이다. 농부들만 간간이 눈에 띌 뿐 도로도 한적하다. 한국인들은 양귀비묘를 잘 찾지 않는다고 한다. 일본인도 역사에 관심이 있는 사람만 온단다. 여러 해 동안 서안지역을 안내한 기사도 한국인은 처음 안내한다니 의아한 일이다. 모두가 익히 알고 이야기하는 양귀비이건만 정작 서안에 오면 찾아보지 않는다니 어쩐 일일까? 서안이 볼 것이 많은 도시이기 때문일까? 아니면 풍광이 멋진 곳만 보기 때문일까? 양귀비묘는 한무제의 능인 무릉에서도 서쪽으로 12.5킬로미터를 더 가야 하니, 서안 시내에서 50여 킬로미터 넘게 떨어져 있다. 아마도 양귀비묘를 보기 위해 한나절이나 투자하기 싫어서 다들 이 묘를 찾지 않는 듯하다.

마외파馬嵬坡에 있는 그녀의 묘는 자그마하다. 봉분은 우리나라에서 흔히 볼 수 있는 정도의 크기다. 황제의 사랑을 독차지한 여인의 묘치고는 애처롭기 그지없다. 경국지색도 한줌 흙이 되어 이처럼 초라한 무덤으로 남았으니, 인생사

부귀영화가 무슨 소용이란 말인가. 공수래공수거인 세상인데 다툰들 무엇하고 빼앗은들 어찌할 것인가. 모두가 속 좁은 인간의 허황된 욕심인 것을. 이곳을 찾은 시인묵객들도 애잔한 마음을 가눌 길 없었던지 그들이 남긴 시가 석비에 아롱져 있다. 나그네도 애잔한 마음 한 조각 시비에 올리고 발길을 돌린다.

총애하던 양귀비를 잃은 현종은 상심이 컸다. 게다가 양국충마저 죽었으니 혼란은 더욱 극심했다. 그 와중에도 모두의 시선이 자신에게 쏠려 있었으니, 황제라는 최고의 자리에 오른 현종이었지만 그때만큼은 어디론가 도망치고 싶었는지도 모른다. 그리하여 현종은 45년간의 황위를 마감하고 46세의 아들 이형에게 황권을 넘겨준다. 숙종시대가 열린 것이다. 현종은 당나라가 전성기를 구가할 때는 환락을 마음껏 즐기다가, 나라가 통제하기 힘든 상황에 빠지고 나서야 아들에게 황제의 자리를 내 준 못난 아버지였다.

승승장구하던 안녹산도 시력이 나빠지고 종기가 생기면서 비극에 휘말린다. 연나라를 세우고 제위에 오른 지 꼭 1년이 되는 날, 55세의 나이로 자식의 손에 허망하게 죽는다. 대역무도의 죄를 범한 그가 자식의 반란으로 목숨을 잃었으니, 사필귀정이란 이를 두고 하는 말일까?

숙종은 친구이자 '포의재상布衣宰相'이라 불리는 이필李泌의 제의를 받아 반란군에게 역공을 한다. 그리하여 지덕 2년인 758년 말, 장안과 낙양을 수복하고 장안으로 돌아온다. 현종도 장안으로 돌아오기 위해 양귀비가 죽은 마외역을 지난다. 그곳에서 현종은 또 얼마나 많은 상념에 잠겼을까? 이는 백거이의 〈장한가〉에 잘 나타난다.

천하의 정세가 변해 황제 돌아오는 길에   天旋日轉廻龍馭
마외에 오니 발길을 뗄 수가 없구나.   到此躊躇不能去
마외 언덕 아래 진흙 속에 묻혔을   馬嵬坡下泥土中

고운 얼굴은 없고 죽은 자리만 남았네.	不見玉顏空死處
황제와 신하 모두 눈물만 옷깃을 적시우고	君臣相顧盡沾衣
동쪽 성문을 향해선 말 스스로 길을 열고 가네.	東望都門信馬歸

태평성대를 구가하던 당나라는 안사의 난으로 몰락한다. 경제는 무참히 파괴되고 민생도 파탄을 맞는다. 안사의 난 이전에 당나라는 890여 만 호에 5,290여 만 명의 인구를 가진 제국이었다. 그런데 안사의 난이 끝난 후에는 190여 만 호에 인구는 700만 명도 되지 않았다. 장기간의 전란으로 건물은 모두 불에 타고 사람들도 죽어나갔다. 살아남은 자는 전란을 피해 객지를 떠도니 가시덤불만 가득한 인가에는 짐승들만 울부짖었다. 시성詩聖 두보는 〈무가별無家別〉이란 시에 당시의 참상을 낱낱이 적었다.

난리 뒤에 적막하니	寂寞天寶後
마을은 쑥대밭이 되었네.	園廬但蒿藜
백여 호가 되던 마을은	我里百餘家
난세에 각지로 흩어져	世亂各東西
산 자는 소식이 끊기고	存者無消息
죽은 자는 흙먼지가 되었네.	死者爲塵泥
천한 나는 전쟁에 패하여	賤者因陣敗
옛날의 오솔길로 돌아오는데	歸來尋舊蹊
오랜만에 걷는 황량한 길목,	久行見空巷
햇빛은 파리하여 처량함뿐인데	日瘦氣慘悽
여우와 살쾡이만이	但對狐與狸
나를 보고 털 세우며 으르렁대네.	揷毛怒我啼
친한 이웃은 다 어디로 가고	四隣何所有
늙은 과부만 한두 명 남아있던가.	一二老寡妻

안사의 난이 끝나자 물가가 치솟았다. 쌀 한 말의 가격이 적게는 1,000전, 많게는 7,000전이 되었다. 현종이 태평성대임을 표방했던 개원 시기와 비교해 보면 300배가 폭등한 것이다. 부강했던 나라는 통치자의 부도덕과 교만으로 순식간에 나락으로 떨어졌고, 수많은 백성들은 환란에서 허우적거리게 되었다.

엄동설한에 다시 부용원과 곡강지를 찾았다. 온통 뿌연 하늘은 진눈깨비를 흩뿌리고 있다. 연못은 꽁꽁 얼어붙었고 시멘트로 장식한 도로와 벤치에는 질척한 눈만 쌓인다. 그 옛날의 영화는 잿빛 연기 속에 사라지고 곡강지는 질곡의 역사를 모두 잊은 듯 말이 없다. 권력도 사랑도 유한하고 덧없음을 무언無言으로 알려주는 듯하다.

화려한 곡강 문화는 안사의 난으로 크게 위축된다. 곡강지를 에워쌌던 수많은 정자는 불타고, 남은 정자들도 각종 건축물의 재목으로 조달되었다. 훼손된 곡강지를 본 두보는 〈애강두哀江頭〉를 지어 자신의 감회를 읊었다.

소릉 밖 늙은이 소리 없이 흐느끼며	少陵野老吞聲哭
봄날 남몰래 곡강가로 나아가니	春日潛行曲江曲
강어귀 궁전은 모든 문이 폐쇄되었는데	江頭宮殿鎖千門
버들가지 새로운 창포는 누굴 위해 푸르른가	細柳新蒲爲誰綠

두보는 부용원터를 거닐며 보았던 것이다. 얼마 전까지 환락의 축제로 들썩이던 자리가 이제는 폐허로 변한 것을. 쓸쓸한 바람에 휘날리는 버들만 있는 것에 진정 가슴이 아파 흐느낀 것이다.

오늘 곡강지와 부용원을 찾은 나그네는 두보와는 또 다른 감회에 젖는다. 이제는 도시의 풍경을 아름답게 해주는 명물로 재탄생함과 동시에 외국인들을 위한 관광명소로 탈바꿈했으니 역사를 재현하고, 나아가 경제발전에도 이바지하는 일석삼조의 곡강지가 된 것이다. 송나라 이후 폐허가 되었던 곡강지가 오

▲ 겨울 곡강과 부용원

늘날 이처럼 부활한 것은 우연이 아닌 것이니, 이 모두가 그 옛날의 화려한 곡강 문화를 되찾고 싶은 중국인들의 의지에서 비롯된 것이다. 겨울임에도 부용원 입구에는 외국인들이 어수선하다. 그 입구 너머로 힘차게 운무를 내뿜던 인공폭포가 봄이 오기만을 애달프게 기다리고 있다. 힘차게 피어오르는 운무에 황룡을 태우고 싶어 안달이 난 것처럼 말이다. 부용원을 나서는데 뜨거운 기운이 느껴진다. 겨울이지만, 새로운 곡강 문화를 보여 주고 싶은 중국인들의 맥박이 숨 가쁘게 몰아치고 있었기 때문이다.

제5장 현장법사, 실크로드를 타고 불교를 만나다

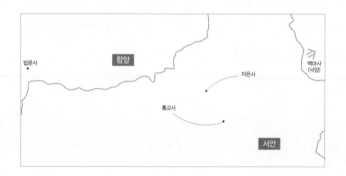

멀리 황토고원의 열기를 머금은 먼지바람이 소용돌이를 일으키며 하늘로 솟아올랐다. 현장은 장안성을 떠나 처음 마주친 낯선 광경에 온몸을 움츠린다. 하늘을 가린 먼지바람은 일행을 집어삼킬 것처럼 거칠게 다가오다가 방향을 바꿔 저만치 사라졌다. 잔뜩 긴장한 채 식은땀을 흘리며 바람을 주시하던 현장은 그제야 한숨을 돌렸다. 그리고 나지막이 불경을 암송하며 되뇌었다.

'가야 한다. 무슨 일이 있어도 천축天竺에 가야만 한다.'

삶은 선택의 연속이다. 선택은 항상 갈림길을 만든다. 하지만 언제나 옳은 길로 안내하지는 않는다. 생활이 힘들고 괴로울 때면 선택을 후회하고, 과거로 돌아가 갈림길의 언저리를 배회한다. 배회가 오래될수록 정체의 늪은 깊어지고 헤어나질 못한다. 이렇게 삶이 괴롭고 힘들 때면 고통을 잊거나 벗어나기 위해 의지할 만한 것을 찾는다. 이때 종교가 보인다.

고통의 순간 깨달음을 통해 안식을 주는 종교처럼, 여행 또한 삶에 평안을 준다. 여행은 자신을 돌아보는 시간이다. 자신이 만들어 놓은 울타리를 벗어나

남을 바라보며 자신을 이해하는 것이다. 작고 사소한 것들에서 출발해 인간과 자연의 고귀함에 이르기까지 천하 만물과 오감으로 소통하는 것이다. 그러므로 여행은 그 자체로 의미가 있다.

약 1,400년 전 20대 청년 현장玄藏은 대당제국의 수도 장안성을 몰래 벗어난다. 죽음도 마다하지 않을 각오로 단단히 벼른 것이다. 지방의 명문가 출신인 그는 어릴 때부터 총명해 13세에 승려가 되었고, 21세에는 승려로서 습득해야 할 체계적인 계율인 구족계具足戒를 받으며 두각을 나타낸다. 그러자 그의 스승들은 현장을 '부처의 지혜를 빛낼 천리마'로 인정한다. 하지만 현장의 갈증은 여전했다. 경전을 읽고 이해할수록 또 다른 의문이 생겨났기 때문이다. 그 이유는 경전의 일부만이 번역되었기 때문이기도 했지만, 불교 용어들 가운데는 도교의 용어와 개념을 빌려와 번역된 것들이 많았기 때문이다. 혼란이 더해지자 현장은 스스로 천축에 가서 경전을 구해오기로 마음먹고 각종 언어를 공부하는 등 만반의 준비를 갖춘다. 하지만 당태종은 허락하지 않았다. 당시 승려는 공무가 아니면 외국으로 나갈 수 없었기 때문이다. 상황이 이러했지만 현장은 포기하지 않았다. 갈증을 덮고 안주하는 것은 죽음과도 같았기 때문이다. 현장은 천축에 가서 제대로 된 불경을 공부하고 이를 가져오겠다는 생각밖에 없었다. 갈증과 호기심은 난관을 극복하는 힘이자 목적을 이루는 원천이다. 불심佛心으로 무장한 현장은 드디어 목숨을 건 머나먼 여행을 시작한다.

하남성 낙양에는 현장이 어린 시절 승려인 형과 함께 불경을 공부한 정토사淨土寺가 있다. 어느 날, 국가에서 승려가 지켜야 할 계율인 구족계具足戒를 내리게 된다. 어린 현장은 계를 주재하러 온 관리와 만나게 되는데, 현장의 총명함을 알아본 관리가 현장에게 승려가 되고 싶은 이유를 묻는다.

"마음은 멀리로는 여래如來를 따르고, 가까이로는 유법遺法을 빛내고자 합니다."

"참으로 영특한 소년이구나. 내 너를 수계를 받을 수 있는 사미沙彌로 뽑아 주마."

현장은 이날부터 본격적으로 승려가 되기 위한 수행을 시작한다.

정토사는 낙양 시내에서 남쪽으로 20킬로미터 떨어진 이천伊川현에 있다. 수당시대부터 황실이 중시한 사찰이라서 으리으리할 줄 알았는데, 고작 5칸짜리 대전大殿만 덩그렇다. 찾는 사람도 없어 한적하기만 하다. 마치 아주 오래된 옛날이야기의 현장에 온 듯한 느낌이다. 현장은 이곳 어디에서 관리와 극적인 만남을 가졌을까? 대전으로 향하는 계단을 오르며 생각하지만 알 수가 없다. 어린 현장을 사미로 선발하자 함께 있던 사람들이 선발한 이유를 물었다.

"학문은 쉽게 이룰 수 있지만, 인물은 쉽게 얻기 어려운 법이오. 저 아이는 예사롭지 않으니 반드시 훌륭한 승려가 될 것이오."

관리의 예언처럼 현장은 중국을 대표하는 승려가 된다. 현장을 사미승으로 선발한 관리의 안목 또한 탁월했으니, 국가적인 재목材木을 알아보고 이를 발탁하는 것은 옛날이나 지금이나 중요한 일이 아닐 수 없다.

중국에 불교가 전래된 것은 1세기경으로, 한漢 명제明帝 시기 이전이다. 범엽范曄의 《후한서》에 보면, 명제가 꿈에 '금빛 몸을 한 1장 6척의 신인神人'을 만났다고 한다. 명제는 신하로부터 꿈속의 신인이 '서쪽의 성인인 부처'라는 얘기를 듣는다. 이렇게 부처의 존재가 한나라에 이미 알려져 있었으니, 불교는 적어도 명제 이전에 전래되었던 것으로 보인다.

불교를 중시했던 명제는 불법佛法을 구하기 위해 12명의 승려를 서역으로 파견하기도 했다. 그로부터 3년 뒤인 67년. 파견했던 승려가 2명의 인도승과 함께 흰 말에 경서와 불상을 싣고 낙양으로 돌아오자, 명제는 이를 기념해 중국 최

▲ 백마사 산문. 백마사는 중국 최초로 건립된 사원이다.

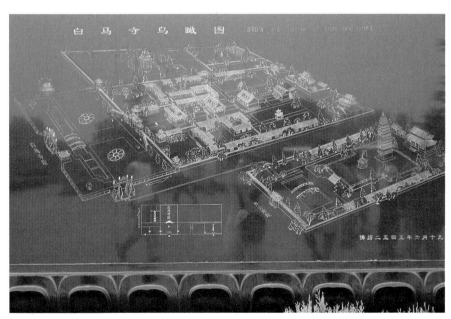

▲ 백마사 조감도

초의 사찰인 백마사白馬寺를 세웠다. 백마사에는 석류와 포도가 많았는데 다른 곳보다 크고 맛도 좋아서 낙양 제일이었다. 명제는 열매가 익을 때면 이곳에 와서 석류와 포도를 먹고 궁인들에게도 나누어 주었다 얼마나 맛있고 귀한 것이었던지 "백마사의 달콤한 석류 열매 한 송이, 소 한 마리 값이라도 아깝지 않네."라는 말이 돌 정도였다.

중국 최초로 건립된 백마사는 낙양洛陽의 낙룡구洛龍區에서 동쪽으로 12킬로미터 떨어진 곳에 있다. 동한東漢시대인 68년에 세워졌지만, 왕조를 거치면서 중수重修가 이루어져 현재는 총 4만여 제곱미터에 이르는 거대한 사찰이 되었다. 붉은색의 벽돌로 쌓은 백마사의 산문山門은 중국의 전통건축인 패방牌坊을 본떠서 만들었다. 산문에 도착하니 양쪽으로 백마사 탄생과 연관된 백마상白馬像이 우뚝하다. 송나라 때 만든 것이라는데, 짐을 싣고 다니는 말이어서 그런지 일반적인 말의 느낌과는 다르게 순해 보였다. 최초의 사찰답게 현재도 중수가 이루어져 내부는 웅장하다. 외국인은 물론 중국인도 그 어떤 사찰보다 많이 보인다. '최초'를 중시하는 것은 모두 같은가 보다. 산문은 다시 지었지만 '백마사'라고 쓰인 현판은 동한 때의 것이니, 현판이야말로 백마사에서 가장 오래된 유물인 셈이다. 원나라 때 만든 십팔나한상이 있는 대웅전을 지나 동쪽으로 나아가니 석가사리탑釋迦舍利塔이라고 쓰인 제운탑齊云塔이 보인다. 높이가 35미터의 13층 전탑塼塔으로 백마사 6경의 하나인데, 백마사를 찾은 중국인들은 너나없이 이곳에서 향을 사르며 소원을 빈다. 제운탑은 원래 목탑木塔이었는데 당나라 때 전란으로 다 타버렸다고 한다. 그 후 금나라 때 와서 화재를 방지하기 위해 벽돌로 쌓은 것이 오늘까지 전해오고 있다.

백마사는 중국 최초의 사찰답게 중요한 불경을 번역한 곳이기도 하다. 섭마등攝摩騰, 축법란竺法蘭같은 서역의 고승이 부처님의 말씀인 《사십이장경四十二章經》을 처음 번역한 곳도 이곳이다. 백마사로 들어가면 좌우끝 쪽으로 두 고승의

▲ 백마사 안에서 입구쪽을 바라본 풍경

▲ 백마사의 제운탑

▲ 백마사 대웅전 앞의 향로

▲ 백마사 적인걸묘. 당나라 무측천 시대의 재상으로 명성이 높았다.

묘가 있다. 청나라 때의 사상가인 양계초梁啓超는 《사십이장경》의 구성 체제와 문체 등으로 미루어볼 때, 두 고승의 역경이 아니라고 반박했다. 하지만 유명한 불교학자인 탕용동湯用彤은 후한 환제桓帝 때의 상소문에 경전 구절이 인용되어 있음을 확인하고, 두 고승이 번역한 게 현존하지 않을 뿐이라고 했다. 두 고승의 잔잔한 미소가 석비에 어린다.

"당신은 어떻게 생각하시는가?"

백마사 경내를 둘러보는데 조금 어울리지 않는 묘가 있다. 당나라 무측천 시절의 명재상으로 이름 높았던 적인걸狄仁杰의 묘다. 원래 적인걸의 묘는 백마사 주변에 있었는데, 백마사를 확장하면서 지금처럼 자리 잡은 것인가 보다. 무측천은 적인걸을 매우 신임했다. 그녀가 태자의 자리를 놓고 아들인 이씨 자손으로 할지, 조카인 무씨자손으로 할지 고민하자, 대부분의 대신들은 무씨 자손을 태자로 삼아야 한다고 주장했다. 하지만 적인걸은 달랐다.

"고모와 조카가 가까운지, 어머니와 아들이 더 가까운지 생각해 보시기 바랍니다. 폐하께서 아들을 태자로 삼으시면 후손들은 폐하를 태묘太廟에 모시고 길이 제사를 지낼 것입니다."

무측천은 적인걸의 말을 듣고 조카를 태자로 삼으려던 생각을 버리고 아들을 태자로 삼는다. 충신은 나라의 번영을 이끄는 기둥이다. 충신이 많은 나라일수록 강하고 태평하다. 하지만 충신만으로는 미흡하다. 충신의 쓴소리에 귀 기울이고 이를 달게 받아들이는 지도자가 있어야 한다. 이 둘의 관계가 수어지교처럼 탄탄할 때, 국가와 백성은 태평성대를 누릴 수 있다. 백성이 원하는 것도 바로 이것이다.

백마사를 둘러보고 다시 차에 오른다. 이제 낙양을 벗어나야 한다. 천년고도千年古都를 벗어나는 아쉬움은 항상 미련을 남긴다. 그리고 그 미련은 언제나 뿌연 차창 뒤로 재회의 손을 흔든다. 당나라 때의 시인인 왕창령王昌齡도 친구들의 전송을 받으며 백마사에 들렀다. 친구들은 남쪽 1,000리 먼 길을 떠나는 시인과 석별의 정을 달래기 위해 백마사에서 함께 밤을 지새웠다. 헤어지면 언제다시 만날지 모르는 상황에서 왕창령은 아쉬움을 담아 시 한 수를 지었다.

달빛 너무도 밝아 옛 절이 다 보이나니	月明見古寺
우거진 수풀 밖 높은 누각에 오르네.	林外登高樓
남풍 반가워 기다란 행랑을 열어젖히나	南風開長廊
여름밤이 가을처럼 서늘하기만 하구나.	夏夜如凉秋

중국에 불경을 전한 승려들은 대부분 서역과 인도 승려들이었다. 외국인이

불경을 중국어로 번역하면 오역은 피할 수 없다. 게다가 대승불교와 소승불교가 다르고, 분파도 제각각이어서 번역가들 사이에서도 불경에 대한 해석이 조금씩 달랐다. 그러므로 불경의 내용이 혼란스러웠고 심지어 충돌하는 경우도 있었다. 중국 승려들의 입장에서 보면 당혹스럽고 난해하기까지 했으니 불경을 제대로 이해하기란 참으로 어려운 일이었다. 하지만 불심이 삶의 지표가 되고 힘이 되면서, 그들은 스스로 불도佛道를 밝혀 중생을 구제하고자 나선다. 이른바 '서천취경西天取經', 즉 서쪽의 천축으로 가서 불경을 가져오는 일에 헌신한 것이다.

중국인 최초로 서역에 발을 디딘 승려는 주사행朱士行이다. 주사행은 삼국시대의 영웅 조조가 세운 조위曹魏시대의 승려다. 서기 260년, 장안을 출발해 타클라마칸 사막을 지나 우전국于闐國에 도착한 그는 산스크리트어로 총 60만 자에 이르는 불경을 얻어 제자를 통해 낙양으로 보낸다. 주사행은 우전국에 남아 80세의 나이로 입적했는데, 서천취경한 여정이나 지역에 대한 글은 남기지 않았다. 하지만 그의 원대하고 확고한 의지는 후대의 승려들에게 깊은 감명을 주게 된다.

위진남북조시대에 정치·사회가 혼란해지자, 불교가 두각을 나타내면서 불경을 구하려는 승려의 수도 폭발적으로 늘어난다. 그중 두각을 나타낸 승려는 법현法顯이다. 399년, 65세가 넘는 고령임에도 불구하고 서역으로 향한 법현은 온갖 어려움을 뚫고 천축에서 불경을 가지고 돌아옴으로써, 불모지였던 중국 원본 불경 번역계를 개척했다.

"서역을 향해 사막을 지날 때 머리 위로 새 한 마리, 땅에 짐승 한 마리도 얼씬하지 않았다. 사방으로 아득히 펼쳐진 사막에서 도대체 어디쯤 사람 사는 곳이 있는지 예측할 수 없었다. 그저 태양을 방위 삼고 해골을 이정표로 삼을 뿐이었다. 사막의 열풍과 악귀들이 여러 차례 출현하면서 우리 앞에는 죽음만이

기다리고 있었다."

노승 법현으로 하여금 죽음을 넘어 천축에 이르게 한 것은 자신의 내면에서 용솟음치는 간절함이었다. 그는 직접 불경을 얻어 확인하고픈 열망과 소망을 이루고자 하는 간절함이 컸기에, 고난이나 죽음에 대한 두려움도 뛰어넘을 수 있었다. 그리고 자신이 구한 불경과 함께 다시 태어났다.

법현은 15년 동안 애타게 갈구하던 바로 그 불경을 가지고 바닷길을 통해 귀국한다. 그리고 《불국기佛國記》를 지어 당시 자신이 지나온 국가와 지역의 상황을 기록으로 남긴다. 이 책은 40여 국가와 도시의 개황부터 사회, 경제, 지리, 교통은 물론 기후, 풍속, 특산물, 종교에 이르기까지 많은 부분을 다루고 있는데, 4세기 중국과 중앙아시아, 인도와 동남아시아 등의 상황을 속속들이 보여 준다. 특히 중앙아시아를 거쳐 인도에 이르는 육로와 해로를 개척함으로써, 향후 한족의 서역진출에 엄청난 기여를 한다.

이러한 법현의 성과를 이어받은 이가 현장이다. 명나라 오승은吳承恩은 《서유기西遊記》를 통해, 손오공과 사오정 그리고 저팔계가 삼장법사를 모시고 81가지 고난을 이겨낸 뒤 인도에 이르는 여정을 다루었다. 이 소설의 주인공인 삼장법사의 모델은 현장이다. 삼장법사三藏法師란 경經, 율律, 론論 삼장을 통달한 승려를 말하는데, 현장은 이 모두를 통달했기에 삼장법사로 불린다. 패기 넘치는 삼장법사 현장이 인도에서 불경을 가져왔다는 소식은, 지식층뿐만 아니라 저잣거리의 화제가 되었다. 그런데 시간이 지남에 따라 현장의 행적은 점점 신비화된다. 불경을 가지고 돌아온 것은 물론이고 한족이 감히 넘보지 못했던 서역행로까지 개척했기에, 현장은 어느 순간 초인적인 힘을 지닌 인물로 탈바꿈한다. 그 뒤 송대와 원대를 지나 명대에 이르러 오승은이 그동안 세간에 떠돌던 현장 관련 전승에다 풍자와 해학을 가미해 신비로운 이야기를 지었는데, 이게 바로 그 유명한 《서유기》다.

중국인들은 초기 중국 불교를 이끈 사람들 가운데 법현을 일컬어 불모지를 개척한 사람으로, 현장을 일컬어 올바른 길을 연 사람으로 꼽는다. 법현도 중요하지만 현장이 더 중요하다는 말이다. 개척자 법현보다 현장이 더 중요한 것은 무엇 때문일까? 그것은 현장이 서역에 다녀와서 쓴《대당서역기大唐西域記》때문이다. 당태종 정관 19년인 645년, 현장은 18년 만에 서역여행을 마치고 장안으로 돌아온다. 장안을 출발할 때는 정식 출국허가 없이 떠났지만 돌아올 때는 태종이 버선발로 맞이할 정도였다. 태종의 시급한 현안과제는 서북 변경지역을 위협하던 돌궐을 물리치는 것이었다. 그래서 돌궐을 이간시켜 동서로 나뉘게 하고, 몽골지역의 동돌궐을 제압한 뒤 중앙아시아의 서돌궐 경략에 치중하고 있던 차였다. 이런 때에 이 지역을 손바닥처럼 알고 있는 현장이 귀국하니 태종으로서는 천군만마를 얻은 것이나 다름없었다. 현장도 제국을 확장하려는 태종의 야심을 알고 있었기에 충언을 아끼지 않았다.

"폐하는 천자가 되실 상서로운 기운을 타고나시어 사해四海를 다스리면서 성덕聖德과 인仁이 모든 곳에 미치고, 순풍淳風은 남쪽의 열대에까지 불고 천자의 위엄은 파미르고원 밖에까지 떨쳤나이다."

현장의 찬사에 태종은 넌지시 자신의 의중을 드러낸다.

"부처님의 나라는 너무 멀리 있어서 지금까지도 신령한 사적史跡과 교의教義에 대해 상세하게 기록한 책이 없소. 법사는 최근에 이 모두를 보았으니 새로운 정보를 담은 책을 쓰도록 하시오."

현장은 불경 번역을 제쳐 두고《대당서역기》를 집필한다. 태종은 현장을 구법승이라기보다는 자신의 정치적 야심을 충족시켜 줄 일급정보원으로 간주했다. 현장 또한 황제의 제국 건설에 찬사를 보내며 서역 정벌에 필요한 자료를 충실하게 정리했으니, 일차적인 목표가 불경 획득이었다 해도 결국 황제의 눈귀와 손발역할을 톡톡히 해낸 셈이다.

이렇게 볼 때 현장의 행동은, "멀리로는 여래如來를 따르고, 가까이로는 유법遺法을 빛내는 승려가 되겠다."라고 했던 자신의 말과 배치되는 것이다. 결과적으로 세속 세세의 우두머리라 할 수 있는 황제의 살승을 채워주는 일에 우선적으로 매달렸으니 말이다.

가는 길은 달라도 이미 둘 사이에는 수어지교의 믿음이 통했던가. 불도를 따르는 승려 현장도 조국의 땅덩이를 넓히는 충실한 신민이 되는 길을 선택하고 말았다. 그도 그럴 것이 승려가 되기 전에 현장은 유교적 소양을 중시하는 가문에서 자라났으니, 유교의 중요한 덕목인 효孝와 덕德, 그리고 이를 바탕으로 한 충忠과 입신양명立身揚名의 정신이 현장의 무의식에 깊숙이 각인되어 있었으리라. 그러므로 황제가 나라의 번영과 영토 확장의 필요성을 역설하자, 즉시 서역 국가들의 상세한 정보를 정리해 바친 것이다. 현장의 본심이 어땠을지는 모르지만, 귀국한 뒤의 그는 적극적인 현실주의자이면서 철저한 이해타산주의자가 되어 있었다.

태종의 요청을 받아들인 현장은 1년 반 만에 12권의 방대한 저작인 《대당서역기》를 완성한다. 집필 기간만 봐도, 그가 이 작업에 얼마나 집중했는지 알 수 있다. 현장은 이 책을 통해 중국에서 인도에 이르는 동안 직접 보거나 들은 138개국의 정치경제, 사회문화, 국토와 인문지리 등 그야말로 소소한 내용까지 상세하게 다루었다. 인도의 역사학자 알리Ali도 "현장의 책이 없다면 인도사印度史를 중건하는 것은 불가능하다."라고 했으니, 현장은 '서천취경西天取經'을 이뤄낸 것과는 별개로 시대를 초월하는 업적을 이뤄낸 셈이다.

서안 시내에 있는 자은사에는 7층으로 된 전탑인 대안탑大雁塔이 있다. 현장이 천축에서 가져온 불경과 불상 등을 보관하고 정리하기 위해 건설한 것이다. 현장은 이곳에서 《대당서역기》를 비롯해 많은 불경을 번역한다. 그런데 탑의 이

▲ 자은사에 있는 안탑배경설명 문구

름이 독특하다. '큰 기러기 탑'이라니 말이다. 이는 불교의 설화에서 온 것이다. 부처가 열반에 들고 1세기 정도 지나면서, 불교는 대승불교와 소승불교로 나뉜다. 대승불교는 육식을 하지 않지만, 소승불교는 공양 받은 대로 먹어야 하는 까닭에 육식도 할 수밖에 없었다. 어느 날, 소승불도들이 고기를 달라고 기원하자 때마침 하늘을 날아가던 기러기 떼의 우두머리 새가 날개가 부러져 떨어진다. 이에 깜짝 놀란 불교도들이 기러기를 먹지 않고 잘 묻고 그 위에 탑을 세웠다고 한다. 태종은 이런 전설을 듣고 탑의 이름을 '안탑雁塔'이라고 했다. 50여 년이 지난 후 의정義淨도 천축에서 불경을 가져와 이를 보관하는 탑을 또 건립하게 되자, 이때부터 대안탑과 소안탑으로 불렀다.

불교가 중국에 전래되던 후한後漢과 위진남북조시대에는 위정자들이 나서서 불교를 받아들였다. 이는 피로 물들인 정권쟁탈을 감추기 위한 방편으로도 활용되었는데, 백성을 감화하고 선을 쌓아 스스로는 물론 천하가 태평하도록 하는 데 불교가 유용했기 때문이다. 남북조시대의 송 문제는 "사해四海 안의 모든 백성늘이 불교의 교화를 받아들여 돈독해지면 짐은 앉아서도 천하태평을 이룰 수 있으니."라고 말할 정도였다. 이렇게 불교를 긍정적으로 생각한 제왕들은 스스로 독실한 불교신자가 되어 대규모 사찰을 조성했을 뿐만 아니라, 사원의 노비를 자청해 노역까지 했다. 불교의 식단이 채식 위주로 규정된 시기도 바로 이때다. 북위시대 말기에는 사찰이 3만여 곳, 승려는 200만 명에 이르렀다고 한다. 낙양에만 1,300여 개의 사찰이 있었으니 높은 곳에서 보면 종탑만 있는 건물이 즐비했으리라.

하지만 과유불급過猶不及이라 했던가. 백성을 교화시키고 천하를 태평하게 한다는 불교도 사찰과 승려가 넘쳐날 정도로 흥성하게 되면서 탄압의 빌미를 제공하게 된다. 무엇보다 불교단체가 난립해 조정의 명령을 따르지 않은 것이다. 게다가 생산에 종사하지 않는 승려의 양산은 사회적·경제적으로 심각한 문제를 일으켰다. 또한 승려들이 전통적인 가족과 친족 그리고 혼인관계를 통한 혈통계승을 무시하면서 중국 문화는 뿌리째 뒤흔들릴 정도로 심각한 위기를 맞는다.

상황이 이렇게 되자 불교에 대한 탄압이 시작된다. 첫 번째 탄압을 시도한 사람은 도교를 신봉했던 북위의 태무제太武帝다. 그로부터 130년 뒤에는 북주北周의 무제武帝가 불교를 탄압한다. 백성들의 재산을 탕진한다는 이유를 내세웠지만, 사실은 '오랑캐의 법술法術'로 인해 정치와 교화가 잘 이루어지지 않고 예의가 심각하게 파괴된다고 보았기 때문이었다. 그 뒤 270년이 지난 당唐의 무종武宗은 중국의 전통윤리와 도덕에 위배된다는 이유로 불교 말살정책을 시행했는데, 그 결과가 너무 참담해 당시의 연호를 따서 '회창會昌 법난法亂'이라고 부른다.

중국 역대 왕들 가운데 불교를 탄압한 이들의 시호에는 공교롭게도 모두

'무武'자가 있다. 시호에 '무武'자를 품은 제왕들은 대부분 전쟁戰爭이나 내란을 통해 정권을 차지했다. 한마디로 피를 보고 정권을 잡은 셈인데, 이들은 명분이 타당하지 않더라도 개의치 않았다. 오로지 권력에 대한 욕망으로 칼을 휘둘렀다. 그리고 자신의 치부를 가리기 위해 온갖 비열한 짓도 서슴지 않았다. 불교 폐단 척결을 내세워 자신의 치부를 가리고 욕망을 채우려 했던 무종처럼, 꼼수로 위기를 돌파하려는 시도는 어제 오늘의 일이 아니다.

당나라 때의 문인이자 사상가인 한유韓愈가 형부시랑刑部侍郎을 맡고 있던 헌종憲宗 때의 일이다. 법문사法門寺에 있는 호국진신탑護國眞身塔 안에 석가모니의 손가락뼈가 소장되어 있다는 상주가 올라오자, 독실한 불교 신자였던 헌종은 곧바로 법문사로 가서 부처의 손가락뼈를 봉영奉迎하도록 지시한다. 그런데 그 대열이 대단했다. 음악소리 요란하게 금위군과 의장대가 앞장서고 그 뒤를 꽃수레가 따랐으며 각종 보석과 비단으로 장식한 불탑, 깃발들이 300리 길을 밤낮없이 가득 채웠다. 불골佛骨이 도착하는 곳마다 사람들로 가득하고 음악과 축포 소리로 귀가 아플 지경이었다. 불골이 장안성으로 들어오자 귀족과 선비는 물론 모든 백성이 앞 다퉈 몰려들어 그야말로 아수라장이 되었다. 한유는 이러한 광경을 목도하고 불교가 급속도로 팽창하는 것을 걱정하며 불교를 배척할 것을 상소한다.

"무릇 석가란 오랑캐 인으로서 우리나라와는 말도 통하지 않고 의복도 다릅니다. 말로는 선왕의 가르침을 말하지 않고 몸에는 예법에 맞지 않는 옷을 입고 선왕의 가르침을 행하지 않으며, 군신간의 의리도 모르고 부자간의 정도 알지 못합니다. 하물며 그 몸이 죽어 이미 오래되어 마르고 썩은 뼈가 흉측하고 더러운데 어찌 궁에 들어오는 것을 금하지 않으십니까?"

하지만 한유의 충정어린 상소는 오히려 헌종의 미움을 사게 되어, 한유는 남쪽으로 좌천된다. 정치 생명이 끝난 그의 마음은 어떠했을까?

아침에 임금에게 상소를 올렸더니	一封朝奏九重天
저녁에 팔천 리 먼 조주로 귀양이라.	夕貶潮州路八千
영명한 임금 믿고 폐단 없애려는 것이	欲爲聖明除弊事
쇠약한 남은 생만 기다리게 되었구나.	肯將衰朽惜殘年
구름은 진령을 비켜섰는데 내 집은 그 어디인가	雲橫秦嶺家何在
눈이 남관을 막으니 말도 더 이상 못가는 것을.	雪擁藍關馬不前
멀리서 네가 온 뜻이 있음이니	知汝遠來應有意
남방 강변에서 내 주검 잘 거두어다오.	好收吾骨瘴江邊

한유의 예상대로 불교는 급속도로 퍼져나가고 황실의 정치력은 떨어졌다. 한유가 죽은 지 18년 후, 무종武宗은 불교를 소멸하라는 명령을 내린다.

부처님의 진신사리가 보관된 법문사로 향한다. 법문사는 서안 시내에서 서쪽으로 120킬로미터 정도 떨어져 있다. 법문사에 도착하기도 전에 거대한 현대식 건물이 눈앞에 들어온다. 그 크기가 가히 사찰의 그것이라고는 생각되지 않을 정도다. 사찰의 넓이 또한 엄청나다. 입구로 들어서니 당대의 본전이나 불탑은 보이지 않고 현대식으로 만든 거대한 금불상만 드넓은 공간을 차지하고 있다. 걸어서 돌아보기엔 너무나 넓기에 이동기차를 탔다.

새롭게 건축된 진신보탑이 거대한 모습을 자랑한다. 1981년에 지진으로 파괴되고 1986년에는 무너져 내리기까지 하자, 시 당국은 탑을 재건했는데 이 과정에서 부처님의 진신사리를 포함해 3,000여 점의 유물을 발굴했다. 전시실에는 부처님의 손가락뼈를 보관한 8중 사리함이 금빛 찬연하게 전시되어 있다. 그런데 사리함이 /개뿐이다. 알고 보니 겉 사리함은 나무로 만들었기에 썩어 없어진 것이다.

▲ 법문사 진신보탑 밑의 지궁. 부처님의 진신사리가 발견된 곳이다

▲ 부처님의 진신사리가 보관된 사리함

법문사는 부처님의 진신사리 덕분에 오늘도 날로 번창하고 있다. 하지만 소문난 사찰을 보기 위해 이곳을 찾은 외국인의 눈에는 사세寺勢 확장에만 열을 올리는 모습이 선명하게 들어온다. 부처님이 자신의 진신사리로 빚어진 이 모습을 보신다면 과연 흡족해 하셨을까? 법문사는 더 이상 옛날의 법문사가 아니다. 거대하기로는 으뜸일 터이지만 1,800년의 역사를 간직한 고색창연한 사찰을 보는 것은 포기해야 한다. 때문일까? 법문사를 돌아 나오는 마음도 편안하지 않다. 사찰에 가는 이유가 속세에 찌든 때를 벗고 마음을 정화하기 위함인데, 오히려 고약한 먼지를 뒤집어쓴 기분이다. "소문난 잔치에 먹을 게 없다."라는 속담이 있지만, 이곳 법문사는 소문난 사찰을 보러온 이들에게 혐오감만 안겨주고 있다.

현장이 《대당서역기》를 완성해 태종에게 바쳤을 때 태종의 기쁨은 이루 말할 수 없었으리라. 제국 확장을 위한 결정적 자료를 손에 쥐었으니 말이다. 책을 받아 든 태종은 환한 미소를 지으며 현장의 사업을 적극적이고 대대적으로 후원하라고 지시한다. 현장은 태종이 원하는 것을 줌으로써 이후 19년에 걸쳐 1,347권에 이르는 방대한 분량의 경전 번역을 완수할 수 있었다. 그리하여 648년 말, 현장의 불경 번역을 위한 대자은사大慈恩寺가 완성된다. 현장으로 인해, 불교에 대한 당 황실의 미온적인 태도가 전폭적인 지원으로 바뀐 것이다.

당나라를 건국한 이씨 황실은 원래 도교를 신봉했기에 태종 또한 불교를 숭상하지 않았다. 도교의 창시자인 노자老子의 성씨가 이씨인 까닭에 당 황실에서는 그를 조상으로 섬겼다. 또한 도교는 민간신앙으로 굳어져 민중들의 삶 속에 깊숙이 뿌리내리고 있었기 때문에, 황실의 도교 우대 정책은 건국 초기에 더욱 필요한 것이었다.

황실의 친 도교정책은 도사들을 승려보다 우선시했다. 당 황실은 자기 뿌리가 도교에 있다고 천명하고 도교와 함께 영원한 제국을 꿈꿨기에 불교의 융성을

▲ 법문사 진신보탑

▲ 법문사박물관. 진신보탑 밑의 지궁에서 나온 유물을 전시하고 있다.

달갑게 여기지 않았을 것이다. 중국사에서 수많은 밀사와 종교조직이 국가를 전복한 경우가 허다하기 때문이다. 하지만 불교는 탄압 속에서도 사회 곳곳에 굳건히 뿌리를 내리고 있었다. 이렇게 되고 보니 당 황실로서도 불교와 타협하지 않을 수 없었으리라. 그리하여 황제들은 개인적으로 새로운 사찰을 건립하는 데 거금을 기부했다. 과거 도교를 숭상하던 선황들과는 달리, 후대의 황제들은 경전을 읽고 이에 대한 강의를 들으며 불교신자가 되었다.

현장은 대자은사에서 밤낮으로 불경 번역에 매진한다. 삼경에 눈을 붙이고 오경에 일어났다고 하니 토끼잠을 잔 것이다. 그래도 현장은 지칠 줄 몰랐다. 자신이 그토록 하고 싶었던 일이고 하면 할수록 성취감이 흘러넘치니 어찌 즐겁지 않겠는가.

현장은 불경 번역을 돕는 승려들과 함께 1년에 평균 70권을 번역한다. 이렇게 바쁜 상황에서도 그는 황실과의 관계를 더욱 공고히 다져가면서 황실이 불교계에 더 큰 관심을 갖고 많은 후원을 해줄 것을 바랐다. 이런 현장의 바람은 《유가사지론瑜伽師地論》을 태종에게 아뢰는 대목에 잘 나타난다.

"저 현장은 홍복사에 존상尊像이 처음 조성되었을 때 폐하께서 친히 가마에서 내리셔서 그 푸른 연꽃과 같은 눈을 개안開眼하셨던 것을 보았나이다. 지금 번역된 경론은 이 위대한 왕조의 새로운 글이옵니다. 감히 바라옵건대, 전에 홍복사에서 하셨던 인연처럼 폐하께서 높으신 글씨로 서문을 써 주시옵소서."

이런 현장의 요청에 태종은 흔쾌히 〈대당삼장성교서大唐三藏聖教序〉를 썼으리라. 현장은 또한 고종에게도 "폐하의 글씨가 아니면 해와 달처럼 빛나는 이 글을 나타낼 수 없나이다."라는 표문을 올렸다. 부친 태종이 그랬던 것처럼 고종도 글을 내려 주었으니 이것이 곧 〈대당삼장성교서기大唐三藏聖教序記〉다. 경전 번역본의 발간을 앞두고 최고 권력자인 황제의 추천사를 받고자 애쓰는 삼장법사 현장의 모습이 어쩐지 씁쓸하게 느껴진다.

지은사慈恩寺는 서안 시내에 있다. 자은사에 도착하니 입구 앞 광장에 세워진 현장의 동상이 기다렸다는 듯 반갑게 맞이한다. 자은사는 당 고조 때 폐허가 된 수나라 무루사無漏寺의 옛터에 고종이 자기 어머니 문덕文德황후를 위해 648년에 세운 절이다. 현장은 이곳에서 11년 동안 경전 번역에 힘쓴다. 이 절은 누각식으로 지은 대안탑大雁塔으로 유명하다. 중국은 예로부터 벽돌건축이 발달해 불탑도 벽돌로 쌓은 전탑塼塔이 많다. 슬쩍 보기만 해도 우리나라 석탑과는 다른 웅장한 모습에 압도되는데 탑에 오를 수 있는 것이 특징이다. 대안탑은 처음에는 5층으로 지어졌다. 현장이 죽은 뒤 701년부터 704년 사이에 개조되어 10층으로 확장되었으나, 전란과 지진 등으로 파괴되어 현재의 7층탑이 되었다. 나선형의 계단을 돌아 64미터 높이의 정상에 오르면 서안 시내 전체를 둘러볼 수 있다.

북두칠성은 북쪽 문에 있고	七星在北戶
은하수는 소리 내며 서쪽으로 흐른다.	河漢聲西流
희화는 밝은 해를 채찍질하고	羲和鞭白日
소호는 맑은 가을을 운행한다.	少昊行清秋
진산은 갑자기 조각조각 부서지고	秦山忽破碎
경수와 위수는 찾을 수가 없구나.	涇渭不可求
굽어보니 단지 하나의 기운,	俯視但一氣
어찌 천자의 도읍을 가려낼 수 있겠는가.	焉能辯皇州

대안탑에 올라 두보의 시구를 읊조리자니, 서안 시내는 보이지 않고 운무에 가려진 잿빛 하늘만 안개비를 뿌리고 있다.

탑 내부의 남쪽 감실龕室에는 당 태종이 쓴 〈대당삼장성교서大唐三藏聖教序〉와

▲ 자은사 입구의 현장상과 자은사의 상징인 대안탑

당 고종이 쓴 〈대당삼장성교서기大唐三藏聖教書記〉가 기록된 석비가 있다. 이 비는 초당시기 4대 서예가 중 하나인 저수량褚遂良이 쓴 것으로 필체가 매우 수려해 글씨에 저절로 빨려드는 듯하다. 대안탑에서 빼놓을 수 없는 것이 또 하나 있는데, 당대의 화가인 오도자吳道子가 그린 보현상普賢像이 그것이다. 오도자는 가난했지만 천재적인 그림솜씨로 '오대당풍吳帶當風'이라는 독특한 화법을 창시해 화성畵聖으로 칭송받았다. 그의 화법은 운필이 빠르면서도 대담한 기세와 포용력을 함께 갖춘 점이 특징인데, 특히 인물화에 있어서 의대衣帶가 바람에 나부껴 올라가도록 표현함으로써 선 자체가 살아 숨 쉬면서 화면에 생동감과 기운을 불어넣어 주는 독특한 화법이다. 이는 당시 서역에서 유행하던 옷매무새가 물속에서 방금 나와서 몸의 선이 보이는 '조의출수曹衣出水'에서 탈피한 것이다.

오도자의 보현상이 판각된 벽화는 사진을 찍기 어렵게 철조망으로 가려 놓았다. 결국 오도자의 작품을 제대로 감상하려면 탁본을 구입해야 하니 중국인의 상업전략은 혀를 내두를 정도다.

현장은 불경을 번역하는 동안 원측圓測을 만난다. 원측은 신라 사람으로 진평왕眞平王 때 활동한 모량부牟梁部 왕족 출신의 승려다. 3세에 출가해 15세 때인 627년에 당나라에 유학했는데, 현장과 함께 법상法常, 승변僧辯을 스승으로 모시고 동문수학했다. 스승들로부터 구유식舊唯識·마음에 내재하는 사물의 모습은 허구라는 관점의 토대를 확고히 한 원측은 645년, 인도에서 돌아온 현장을 만나 신유식新唯識·마음에 비친 객관의 모습은 고유한 본성을 지니고 있다는 관점을 접하고 사상적으로 새로운 전환을 맞는다. 원측은 현장의 불경 번역 사업에 참여하지는 않았지만, 이미 현장에 버금가는 지식을 갖춘 상태였다. 원측이 신라로 돌아갔을 때, 부처에 버금갈 정도로 원측을 떠받들었던 측천무후則天武后가 원측에게 환국을 간청할 정도였다. 하지만 원측은 이를 거절했다.

현장은 제자 규기窺基와 함께 자신이 추구하던 유식론의 입장에서 불경을 번역한다. 하지만 원측은 신유식과 구유식을 아우르는 입장을 취한다. 이때부터

▲ 자은사의 여러 모습들. 반야당, 오도자의 그림, 석비회랑, 현장부급도(시계 반대 방향)

현장-규기-혜소慧沼로 이어지는 자은학파는 원측을 비방하기 시작한다. 그 뒤 현장이 규기에게 강의하는 것을 원측이 몰래 엿듣고 미리 발표했다는 도청설을 유포하기까지 한다. 하지만 이는 모두 날조된 것이다 원측은 규기보다 스무 살 이상 많다. 원측은 자신이나 자신이 속한 당파의 이름을 드높이려는 의도도 없었고, 학식도 규기보다 월등이 높았다. 측천무후가 원측을 극도로 예우한 데서 알 수 있듯이, 당나라에서 원측의 명성과 위상은 매우 높았던 듯하다. 또한 태종으로부터도 서명사西明寺의 고승으로 지명 받아 많은 책을 집필하는데, 원측이 서명사에 기거하며 강의·찬술한 것에서 그의 제자들을 서명학파라고 할 정도로 그의 영향력은 컸다.

당시 중국 불교계의 논쟁은 '공空'과 '유有'를 어떻게 이해할 것인가 하는 문제였다. 유식론을 중시하는 쪽은 '유'를 중시했는데, 현장은 기존 유식을 넘어서는 새로운 유식을 전파했다. 원측은 현장의 신유식을 비판적으로 수용하면서 공과 유를 대립적으로 보지 않고 조화시키려고 했다. 이에 반해 현장의 적통임을 자부하는 자은학파는 신유식의 우월성을 강조하는 종파적 입장을 견지했는데, 이 때문에 공과 유의 조화를 모색하는 원측의 입장을 적극적으로 반박했다.

또한 원측은 현장과 규기가 강조한 오성 가운데 '깨닫지 못하는 종성種性'이 있다는 '오성각별론五性各別論'을 비판하면서, 모든 중생이 부처가 될 수 있다는 '실유불성론悉有佛性論'을 주장한다. 그리고 이것이 보다 불교의 참뜻에 가깝다고 생각했다.

원측이 주석한 경론은 신라와 일본, 그리고 티베트까지 전해진다. 원측에서 비롯된 서명학파의 유식이론이 당시 동아시아 불교계에 커다란 영향을 미친 것이다. 그런데 신라 출신의 이국 승려가 자신들보다 뛰어난 사상을 편다면 중국 불교의 위상은 어찌되겠는가? 자은학파가 원측을 비방·날조한 것은 한족의 정통성과 자부심을 잃지 않으려는 몸부림이었다. 이러한 편협함 때문에 현장이 창시한 법상종法相宗은 대중에게 뿌리내리지 못하고 황실의 손길이 미치지 않게 되자 소리 없이 스러지고 만 것이다. 한편, 원측은 중국 불교의 번영에 엄청난 기여를 하는데, 이는 그의 사후 〈사리탑명병서舍利塔銘幷序〉에 적힌 글을 보면 알 수 있다.

"서명사의 대덕으로 부름을 받고서 《성유식론소》10권, 《해심밀경소》10권, 《인왕경소》3권, 《금강반야관소연론》, 《반야심경》, 《무량의경》 등의 소를 찬술했으며, 현장법사의 신비로운 전적을 도와 당시 사람들의 눈과 귀가 되었다. 현장을 도와서 불법을 동쪽으로 흐르게 하고 무궁한 교법을 크게 일으키신 분이다."

원측은 중국 불교계에 커다란 업적을 남긴 승려이기도 하지만, 그의 저서인 《해심밀경소解深密經疏》는 혜초慧超의 《왕오천축국전往五天竺國傳》, 원효元曉의 《대승기신론소大乘起信論疏》와 함께 신라 고승의 3대 저작물로 세계 불교계에서도 주목받고 있다.

현장과 원측, 규기의 사리탑이 있는 흥교사興教寺를 찾았다. 한때 두보가 머물렀다는 소릉원少陵原을 지나 흥교사에 이르니 간간이 빗방울이 떨어진다. 서안의 주산인 종남산終南山 기슭에 있는 흥교사는 669년에 창건된 고찰로 당대에는 번천의 8대 사찰 가운데 으뜸이었다. 1862년 청나라 때 섬서성 지

▲ 강유위가 직접 쓴 흥교사 편액

역 회족들의 봉기로 탑을 제외한 모든 것이 불타버린 것을 1939년까지 약 20년에 걸쳐 복원한 것이다.

현장은 태종에 이어 고종 대에 이르러서도 불경 번역 사업에 헌신하다가

664년에 입적한다. 그러자 고종은 "국보를 잃었다"라고 하며 애통해 했다. 당시 장안 동시東市의 비단장수들은 3,000필의 비단을 바쳐 상여를 장엄하게 꾸미고자 했지만, 현장의 상여는 그의 유언에 따라 검소한 대자리 거적으로 만들어졌다. 그 뒤 669년, 이곳 흥교사에 현장의 사리탑이 세워진다.

흥교사 내 자은탑원慈恩塔院으로 들어선다. 입구는 중국의 정원에서 흔히 볼 수 있는 둥근 원 모양의 문양으로 담쟁이 넝쿨이 고색창연함을 더해 준다. 오래된 측백나무와 대나무 사이로 세 탑이 병립해 있다. 가운데 5층 전탑塼塔으로 세워진 것이 현장의 사리탑이고 원측과 규기의 사리탑이 3층으로 대칭을 이루고 있다. 세 탑의 북쪽에는 세 칸의 사찰이 있는데 안에는 현장이 짐을 지고 있는 모습의 〈부급도負笈圖〉, 〈현장행정도玄藏行程圖〉, 그리고 현장의 전기와 그를 기리는 물품 등이 있다. 특히 현장의 〈부급도〉는 마치 살아 있는 현장의 모습을 보는 듯한데, 그 먼 길을 오고가는 동안 온갖 역경을 이겨내며 불경이 가득 담긴 행장을 지고 오는 문화교류자로서의 현장의 모습에 경건한 마음마저 든다. 이 그림은 송나라 때 전해진 그림을 본떠서 만든 것으로, 원본은 일본의 동경박물관에 소장되어 있다.

원측의 사리탑을 돌아본다. 그는 신라 6부의 하나인 모량부의 박씨 왕족 출신이다. 모량부는 중고시대까지 왕후를 배출한 집안이다. 하지만 선덕여왕과 진덕여왕을 거치면서 모량부는 왕후를 배출하지 못하고 쇠락한다. 신문왕 때에 이르러 구세력을 척결하는 대규모 숙청이 있었고, 그 연장선상에서 효소왕은 모량부 익선아간益宣阿干의 뇌물사건을 빌미로 모량부를 탄압한다. 그리하여 모량부 출신은 벼슬은 물론 승직僧職도 제수 받지 못하게 된다. 중국에서 '해동海東의 고덕高德'으로 칭송받은 원측이지만, 자국인 신라에서는 연좌제로 인해 승려조차 될 수 없었다.

15세 소년 원측의 유학은 왕비족을 배출한 가문의 존엄을 되살려야 한다는

▲ 흥교사 현장법사탑

▲ 흥교사 규기탑

▲ 흥교사 원측탑

비장함보다는, 모량부의 정치적 탄압을 피해 불도에 더 깊이 정진하려 했던 구법유학의 성격이 강했을 것이다. 그리고 동아시아의 중심이었던 장안에서 원측은 깨달았다. 눈앞에 펼쳐진 드넓은 인간세상과 광대한 정신세계에서 승려인 자신이 가야 할 길을 말이다. 이때부터 원측은 오로지 학문연마에만 몰두했고, 그 결과 당대의 고승들 가운데서도 맨 윗자리인 상좌上座에 오른다.

홍교사 입구에는 지은 지 얼마 되지 않은 종루가 있다. 그 안에는 한국의 어느 사찰에서 기증한 종이 있다고 하는데, 한국의 종소리를 듣고 싶어 요청하지만 시간이 이른 까닭에 안 된다고 한다. 아쉬운 마음으로 돌아서는데 대웅보전 위의 '홍교사' 편액의 서체가 특이하다. 다가가서 살펴보니 중국 근대사에 있어서 빼놓을 수 없는 사람인 강유위康有爲가 쓴 것이다. 군살이라고는 하나도 없이 꼬장꼬장하고 강직한 것이 강유위의 품성을 그대로 보여 주는 것만 같다. 명필을 대하면 절로 흥겨움에 들뜬다고 하지 않았던가. 마치 추사가 선운사에서 초의선사 글씨를 다시 보고 감탄했던 것처럼.

중국에서 불교의 영향력은 대단하다. 민간신앙인 도교를 넘어선 듯하다. 그렇다면 중국의 종교는 이것뿐인가?

세계 제일의 도시 장안답게 당나라 때 이미 세계적인 종교들이 들어왔다. 이제 그 종교들의 현장을 찾아봐야겠다.

제6장 당나라 장안, 외래종교를 품다

"도대체 교통신호는 왜 안 바뀌는 거야. 정말 엉터리 신호등이야."

서안시내의 남북을 가르는 주작대로를 지난다. 극심한 정체는 풀릴 줄 모른다. 운전기사마저 짜증을 낸다. 차에서 내려 걷고 싶지만 그럴 수도 없다. 서안을 여행하려면 인내심과 함께 시간적인 여유가 필요하다. 인내심이 한계에 이를 즈음, 앞에 고루가 보인다. 이슬람 사원인 청진사清眞寺가 있는 화각거리다. 이곳은 언제나 사람들로 북적인다. 그도 그럴 것이 시장과 식당이 함께 있기 때문이다. 이런 구성은 실크로드 전성기나 지금이나 별반 차이가 없다. 왜냐하면 사원을 비롯해 시장과 식당, 숙박업소 같은 것들은 함께 모여 있어야 동선이 짧고 편하기 때문이다. 청진사로 향하는 골목에는 식당과 가게가 즐비하다. 식당 앞은 갖가지 요리냄새가 코를 자극하고, 가게 앞은 각종 과일과 먹거리, 볼거리가 눈과 입을 자극한다. 실크로드 전성기인 당나라 때에도 지금처럼 오감을 자극하며 북새통을 이루었으리라.

당대의 장안은 열린 도시였다. 모든 문화가 다양하게 꽃피었는데 종교도 마찬가지였다. 당 황실이 '도선불후道先佛後·도교가 먼저이고 불교는 나중이라는 뜻'를 주장하며 잠시 불교를 탄압했지만, 불교는 현장의 위엄이 기폭제가 되어 그 세력을 회복하고 중국 불교사에서 최전성기를 맞이한다. 당시 장안은 인구 100만이 넘는 세계적인 도시였다. 장안과 비슷한 도시로는 로마와 콘스탄티노플현 이스탄불, 바그다드가 있었지만 규모나 인구 등 모든 면에서 장안에 미치지 못했다.

당시 장안에서 가장 활력이 넘치던 곳은 서시西市였다. 서시는 외국 상인들의 점포가 밀집한 곳으로 서역과의 무역이 활발했던 곳이다. 세계 각지에서 몰려든 온갖 상인들과 그들이 가지고 온 숱한 물품들이 교역되던 서시는 당시 세계 무역의 중심지였다. 수많은 사람들의 이야기가 객사와 주점에서 넘쳐흘렀고, 중앙아시아나 서아시아에서 온 아리따운 아가씨가 따라주는 술 한 잔에 날 밝는 줄 몰랐다.

그런데 서시는 교역만 하는 곳은 아니었다. 로마의 예술, 그리스의 신화, 비잔틴의 건축, 인도의 마술 등 여러 문명이 각기 독특한 풍취를 내뿜으며 공존하는 공간이었다. 629년에 시행된 호구조사를 보면 사이四夷의 백성이 수십만 명에 이르렀다고 한다. 대당 제국의 중화中華로서의 긍지와 자신감이 이국의 문화에 대한 관용과 호의로 나타나고 있음을 여실히 보여 준다. 또한 능력 있는 사람은 국적을 불문하고 등용했고, 모든 민족의 자유로운 생업을 보장했으며, 그들의 언어, 문화, 종교까지 인정함으로써, 당나라의 수도 장안은 세계 최고의 도시가 될 수 있었다. 이는 당나라를 건국한 세력이 북방유목민족의 혈통을 이어받아 호방하고 진취적이며 개방적인 사고를 가졌기에 가능했다.

장안을 찾는 서역인들이 늘어나자 그들의 종교도 전해진다. 경교景敎와 마니교摩尼敎, 조로아스터교Zoroastrianism가 그것인데, 중국인들은 이를 삼이교三夷敎라 불렀다.

삼이교 가운데 가장 먼저 중국에 전래된 것은 조로아스터교다. 중국에서는 이를 '천교祆敎'라고 불렀는데 631년 숭화방崇化坊에 천교의 사원인 천사祆祠가 건립된다. 당시의 상황을 기록한 지리지들을 살펴보면 사원은 서너 군데 더 있었다. 이로 미루어 보면, 천교의 교세가 다른 삼이교에 비해 상대석으로 강했음을 알 수 있다.

조로아스터Zoroaster가 창시한 이 종교는 기원전 6세기경, 지금의 이란 땅에서 시작되어 3세기 사산조 페르시아에 이르러 국교가 되면서 전성기를 맞이한다. 어둠을 몰아내고 더러운 것을 태워 정화시키는 불을 숭배했기에 배화교拜火敎라고도 불린다. 그렇기 때문에 조로아스터교에서 불은 빛이자 생명이다. 조로아스터교 신자들은 불이란 내면의 깨달음이고 신이 인간에게 준 지혜와 용기라고 믿었다. 이처럼 불의 상징적 의미를 중시하고 유일신 아후라 마즈다Ahura Mazda를 숭배한 조로아스터교는 유대교·기독교·이슬람교에 많은 영향을 끼친다.

조로아스터교의 교세가 삼이교 가운데 가장 컸던 이유는 동서교역을 담당하던 서역인들이 가장 중시한 종교였기 때문이다. 당 황실도 이를 알고 있었기에, 서역인들을 효율적으로 관리하기 위해 세운 살보부薩寶府라는 관청을 이들의 사원인 천사祆祠 안에 두었다.

당나라 때의 재상인 두우杜佑가 펴낸 《통전》에는 조로아스터교의 장례풍습에 대한 기록이 있다.

"조로아스터교 신자들은 천신天神을 독실하게 믿는다. 성 밖에 별도로 200여 가구가 사는데, 장례만을 전문적으로 맡기는 별도의 원院을 두며, 그 원에서는 개를 키운다. 시신이 원으로 옮겨오면 개로 하여금 죽은 이의 살을 뜯어 먹게 한 뒤, 뼈를 거두어 매장하되 별도의 관은 쓰지 않는다."

서안박물관에는 조로아스터교가 중국에 전래된 흔적을 보여 주는 유물이

▲ 조로아스터교는 개를 중시한다. 죽은자의 영혼을 내세로 안내한다고 여기기 때문이다.

◀ 조로아스터교의 흔적을 볼 수 있는 안가묘 입구의 석판 그림

있다. 안가묘安伽墓에서 출토된 석관상石棺床이 바로 그것인데, 주인공 생전의 모습이 여러 가지 그림으로 화려하게 표현되어 있다. 특히 묘실 문 입구의 반원형 석파에는 조로아스터교를 상징하는 그림을 그려놓았다. 세 마리의 낙타 위에 불의 제단을 그리고 제단 양 옆에는 마스크를 쓴 인면조신人面鳥身상이 있다. 이는 사람이 죽으면 그 시신을 새가 뜯어 먹게 한 후 매장하는 종교적인 장례를 표현한 것이다. 새가 없으면 개에게 시신을 먹게 하고 매장하기도 한다. 조로아스터교에서는 개가 중시된다. 죽은 자의 영혼이 내세로 가는 다리인 친바트Chinvat를 건너는 데 꼭 필요한 동물이기 때문이다. 친바트 다리를 지키고 있는 것도 바로 개다.

한족은 전통적으로 현실적이고 실리적이다. 모든 대의명분은 실리를 얻기 위한 수단일 뿐인데 이런 성향은 대외정책에서도 잘 나타난다.

당나라는 타림분지의 오아시스 국가들을 복속하고 이 지역으로 세력을 확장하던 토번과 서돌궐을 축출하려고 했다. 또한 사산조 페르시아를 멸망시킨 아랍세력을 견제하기 위해, 장안에 거주하던 사산조 페르시아 유민들을 회유하여 완충세력을 만들어야만 했다. 때문에 당나라는 중앙아시아의 토하라아프가니스탄 발흐 지역으로 피신한 페르시아 왕족들에게 중국 내 사산조 페르시아 유민들을 보내 줌으로써 그들로 하여금 아랍세력에 대항하게 했다. 그야말로 중국이 자랑하는 이이제이以夷制夷전략이었던 셈이다.

조로아스터교와 함께 삼이교에 포함된 마니교도 창시자의 이름을 딴 종교다. 이 종교도 페르시아에서 들어왔는데, 당시 소개된 많은 종교들의 교리가 혼합되어 만들어졌다. 이런 특징 때문일까? 세계 종교를 지향한 마니교는 가장 큰 세력을 확보하고 있던 조로아스터교와의 충돌을 피할 수 없게 된다. 277년, 마니는 이단으로 처형되고 마니교도들은 페르시아에서 추방된다. 그러나 마니교도 추방 사건은 오히려 마니교 확산의 계기가 된다. 4세기경에 마니교는 북아프리카는 물론이고, 유럽의 서쪽 끝인 이베리아 반도에서 중앙아시아에 이르기까지 널리 전파되어 조로아스터교에 버금가는 종교로 발전한다. 그리고 694년 측천무후 집권기에 중국으로 전래되는데, 마니교의 경전을 검토한 현종은 '불교의 교리를 함부로 사용한 사교邪教'라고 규정한 뒤, 서역인의 신앙으로만 허용하고 중국인에게는 엄격히 금지한다.

중국에 전래된 삼이교는 정도의 차이는 있지만 한족에게 보다 가깝게 접근하기 위해 도교나 불교의 개념을 차용해 설명한다. 외래종교가 정착하는 초기 단계에는 거의 대부분 이런 작업이 이루어진다. 그럼에도 불구하고 마니교에 대한 현종의 태도는 다른 외래종교에 비해 상당히 적대적이었다.

한족과는 달리 위구르는 마니교를 적극적으로 받아들여 생활습속마저 바꾼다. 위구르는 국가경영에 있어서 마니교를 믿는 소그드인들의 도움이 절실했기 때문에 마니교 우대정책을 폈고 이를 대외관계에 적극 활용한 것이다. 그리고 마침내 마니교를 국교화한 위구르는 당나라에도 적극 추천하기에 이르렀고, 안사의 난을 진압할 때 위구르의 도움을 받았던 당나라는 마니교의 포교를 허락한다. 그리하여 대종代宗 때인 768년, 장안에 마니교 사원인 '대운광명사大云光明寺'가 건립되고 낙양洛陽과 진강鎭江 등에도 사찰이 세워진다.

안사의 난을 진압하고 낙양을 탈환한 위구르의 왕은 뵈귀 카간이다. 그는 낙양에서 활동하던 소그드인의 마니교를 접하고 관심을 갖게 된다. 763년, 뵈귀 카간은 이들 중 4명을 본국으로 데려온다. 그리고 불과 몇 개월 만에 마니교를 국교로 선포한다. 마니교는 국가적 차원의 보호를 받으며 크게 번성한다. 위구르가 이토록 빨리 마니교를 국교로 선포한 것은 무엇 때문일까? 그것은 중국 내의 마니교 사원인 대운광명사를 상업적인 조직망으로 삼아 경제적 이익을 얻으려 했기 때문이다. 마니교는 자신들의 교세를 확장하기 위해 카간의 정책을 충실히 따른다. 당나라는 위구르와 마니교의 이런 친밀한 결탁을 곱지 않은 시선으로 바라보았는데,《신당서》〈회홀〉편에 그런 내용이 보인다.

"마니교의 교리는 해가 지면 식사를 하는데, 채식을 하며 유제품은 먹지 않는다. 카간이 항상 그들과 나라의 일을 도모한다. 마니교도가 장안에 오면 해마다 서시를 왕래하는데 상인들이 그들과 결탁해 간사한 짓만 한다."

이런 마니교도의 행동과 위구르의 고압적 자세는 당을 자극하게 되고 결국 군사 충돌로 이어진다. 두 국가의 냉랭한 관계는 820년 토번의 침략을 받은 당나라가 위구르에게 재차 군사원조를 요청하면서 다시 회복된다. 위구르는 당의 잦은 전란을 이용해 견마무역絹馬貿易에 주력하며 막대한 부를 축적함으로써 강력한 유목왕조를 건설하기에 이른다.

19세기 말, 핀란드의 조사대가 과거 위구르 제국의 수도였던 카라발가순에서 조각난 비석조각들을 발견한다. 이 비석은 80년의 위구르 역사를 간략하게 기술하고 있다. 또한 마니교의 수용과정도 담겨 있어 매우 소중한 비석이다. 고대 투르크어, 소그드어, 한자 등 세 개의 문자로 쓰여 있다. 이 비석은 발견된 지명을 따서《카라발가순 비문》혹은 한자명을 줄여《구성회골가한비九姓回鶻可汗碑》라고 한다. 이 비는 몽골의 카라코룸에 있다. 몽골에서는 이 비를《빌게카간비》라고 부른다. 2010년 여름, 필자는 몽골초원을 돌아볼 기회가 있었다. 소나기와 햇살이 동시에 보이는 드넓은 초원을 누비자니 하늘이 바로 머리 위에 있는 것처럼 가깝게 느껴졌다. 울란바토르에서 한 나절을 달려 카라코룸에 도착하고, 드디어 그토록 보고 싶었던《빌게카간비》를 보았다. 직접 읽을 수는 없었지만 비문을 대하는 것만으로도 1,200년 전 위구르 제국의 기운이 느껴지는 듯했다. 동행한 일행 모두 한동안 말을 잊고 그 기운을 느꼈다. 한자로 된 비문을 읽고 있자니 마니교에 대한 글이 보인다.

마땅히 마귀의 형상을 새기고 그린 것들이 있다면 모두 불태우라고 명하라.

[應有刻畵魔形 悉令焚蓺]

▲ 몽골의 카라코룸에 있는 빌게카간비

신께 기원하고 귀신에게 절하는 모든 것을 없애라. 그런 다음에 명교를 받아 들여라.[祈神拜鬼 幷擯斥而受明教]

마니교의 번성은 70여 년 지속되다가 무종의 회창법란 시기에 쇠퇴한다. 특히 위구르가 840년 키르키즈의 공격을 받고 괴멸되자 중국의 마니교도들도 치명적인 타격을 받는다. 이후 마니교는 중국의 유불선교의 형태를 흡수하며 지하로 잠입했고, 명교明教로 불리게 된다. 이후 명교는 비밀결사체로 활동하다가 원나라 말기 반란을 주도하는 세력으로 급부상한다. 당시 반란을 주도한 백련교는 명교의 또 다른 이름이기 때문이다. 주원장은 이런 반란주도세력을 이용해 정적들을 물리치고 권력을 장악한다. 그리고 나라이름을 '명明'이라고 했는데 이는 주원장이 천하를 도모하는 데 많은 도움을 준 '명교'에서 따온 것이다.

경교는 기독교의 사제인 네스토리우스의 교설教說을 따르는 일파를 말한다. 네스토리우스는 428년, 콘스탄티노플의 주교가 되었다가 교리 논쟁에 휘말린다. 즉 예수는 신성神性과 인성人性의 양성을 가지고 있으나, 마리아는 예수를 낳은 그릇에 불과하므로 마리아를 신격화해서는 안 된다고 주장한다. 그의 주장은 431년 터키의 에베소에서 있었던 공의회公議會에서 이단으로 몰리고, 그는 추방되어 이집트에서 사망한다. 그러자 그의 추종자들이 박해를 피해 페르시아에 정착하고 스스로를 '동방교회'라고 불렀다. 그리고 서아시아와 중앙아시아 지역에 네스토리우스의 사상을 전파하기에 이른다.

중앙아시아에 폭넓게 전파된 경교가 중원에 전래된 것은 635년이다. 이때 중원은 당 태종이 통치하던 시기로, 서역 경영에 주력해 실크로드를 번성시키던 때다. 태종은 아라본阿羅本이 이끄는 경교 선교단을 맞이해 장안 시내 의령방義寧坊에 대진사大秦寺를 세워주고 승려의 신분을 부여해 선교활동에 종사하도록 허락한다. 당대에 로마제국을 '대진국大秦國'이라고 불렀기 때문이다.

일반적으로 타 종교가 정착하기까지는 수난이 따르기 마련인데, 경교가 당나라에 전래되는 과정은 사뭇 달랐다. 그 이유는 무엇일까? 당시 경교는 사산조 페르시아의 크테시폰Ctesiphon에 근거지를 둔 총대주교總大主敎가 대표단을 공식적으로 파견했다. 이는 경교가 전래되기 이전에 양측이 서로의 존재를 알고 사전에 비공식적으로 접촉했기 때문이다.

당시 사산조 페르시아는 비잔틴과 서돌궐에게 영토를 지속적으로 잠식당하고 있었다. 또한 빠른 속도로 성장하는 아랍 세력도 페르시아에게는 위험한 존재였다. 기독교 국가인 비잔틴과 이슬람교를 믿는 아랍의 위협은 경교로 하여금 새로운 지역으로 교세를 확장하도록 이끌었다.

640년, 당나라는 타림분지의 동쪽으로 빠지는 교통로의 요지에 위치한 고창국高昌國을 점령하고 안서도호부安西都護府를 설치해 서쪽으로 진출하려고 준비하고 있었다. 하지만 서돌궐이 차지하고 있던 중앙아시아의 정세를 파악하기가 쉽지 않았다. 이때 서돌궐이 장악하고 있던 중앙아시아로 교세를 급속히 확장

▲ 경교인상. 서안박물관 소장.

하고 있던 경교가 새롭게 부상했다. 중앙아시아와 서돌궐의 정세에 목말라하던 당나라로서는 그곳 정보에 정통한 경교 사제가 꼭 필요했던 것이다.

명나라 때인 1625년, 경교의 중국 전래 과정을 세세히 적어 놓은 '대진경교유행중국비大秦景敎流行中國碑'가 발견되었다. 밭을 갈던 농부가 우연히 발견한 이 비석은, 경교의 교리가 전래되는 과정과 이를 수용한 당 황실의 공덕을 찬양하고 경교를 선양한 사제의 공적을 기리는 내용으로 되어 있다. 하지만 비문을 찬찬히 들여다보면 당 황실과 경교의 이해관계를 살펴볼 수 있다.

당 태종의 서역 경영은 고종 때로 이어진다. 당나라는 660년 연간에 서돌궐의 도발을 봉쇄하고 그 지배 아래 있던 중앙아시아 각국에 책봉사절을 파견한다. 이때 경교의 대표적 인물인 '아브라함阿羅憾'이 대사의 직분으로 이 지역을 위무한다. 당 정부의 경교 우대정책에 경교 교단은 당의 중앙아시아 기미지배羈縻支配 정책에 커다란 역할을 한다.

기미지배란 중국이 이민족을 다스리는 방식을 말한다. '기羈'는 말의 굴레를 의미하고 '미縻'는 소의 고삐를 뜻하는데, 속박하고 얽어매어 견제하는 방식이다. 이 정책은 당나라가 독립국으로 인정하지 않은 주변 민족들을 대상으로 취한 정책으로, 복종하면 그대로 두지만 반항하면 굴레와 고삐를 틀어쥐어 목을 조르는 것이다. 한족의 이런 기미정책은 당나라 때 수립되었는데, 한족 정권이 바뀔 때마다 여러 민족을 지배하는 기본 틀이 되었다.

숙소에서 아침식사를 마치고 곧장 비림碑林으로 향했다. 다름 아닌 '대진경 교유행중국비'를 보기 위해서다. 남문의 삼학가三學街에 위치한 비림은 수천 년을 이어온 중국의 대표적인 명필들의 기록문화가 집결되어 있는 곳이다. 이런 명필들을 접한다는 생각에 비림을 찾아가는 내내 마음이 들떴다. 대학시절 묵향에 빠져 이들의 글씨를 법첩法帖으로만 보았던 까닭이다.

비림은 1090년 북송北宋 철종哲宗 시기에 당대의 석경石經을 보존할 목적으로 지어졌다. 1991년부터 서안비림박물관에 자리 잡고 있는 이 비각들은 원래 장안성의 내성과 외성 사이에 있었다. 그런데 외성이 허물어지고 비각이 소실될 위기에 처하자, 비각에 애정을 갖고 있던 누군가가 전쟁 시 적의 무기가 될 수 있다는 논리로 장군을 설득해 이곳으로 옮겨왔다고 한다.

비림에 도착하니 옛 관청 같은 출입문이 웅장하다. 입구에 들어서니 청나라의 애국지사 임칙서林則徐가 썼다는 편액이 보인다. 그런데 비碑자의 한 획인 삐침／이 없다. 임칙서는 아편전쟁이 끝난 뒤 모함을 받아 신강新疆으로 귀양을 가게 된다. 이때 서안의 비림을 지나던 그가 이 편액의 글씨를 썼다고 하는데, 글씨의 획이 하나 부족한 것은 귀양지에서 자신의 삶을 마감하지 않겠다는 강한 의지가 반영된 것이리라.

하지만 임칙서는 신강에서 죽는다. 후대 사람들은 비림을 '비통한 마음'이라는 의미로 되새기곤 했는데, 비림을 거꾸로 읽으면 '임칙서의 비林碑'라는 의미와 통하기 때문이다. 어디 그뿐이랴. 서안도 거꾸로 읽으면 안서安西가 되니 임칙서는 글씨를 쓰며 자신의 의지와는 상관없이 장안의 서쪽변방인 신강에서 생을 마감하리라는 것을 직감했을지도 모르겠다.

임칙서가 쓴 편액이 걸려 있는 비정碑亭에는 당 현종이 썼다는 '석태효경石台孝經' 석각이 6미터 높이로 우뚝하게 서 있는데, 최고의 국보인양 사방을 유리로 보호해 놓았다. 당나라는 역대 황제들이 도교 우대 정책을 폈지만, 한나라 때부터 융성한 유교의 근본정신인 효를 중시하지 않을 수 없었다. 그리하여 "효

▲ 중국의 대표적인 명필들이 쓴 석각이 전시되어 있는 비림

▲ 비림 입구에 있는 석태효경

로 천하를 다스린다."라는 유교의 통치전략은 언제나 유효했다. 비림에는 약 8,000개의 문물이 있는데 국보급만 해도 134건이나 된다. 모두 6개의 전시실로 구성된 비림에 들어서니 그야말로 보배로 가득하다. 《주역》, 《상서》, 《시경》을 포함한 13경은 물론 왕희지王羲之, 구양순歐陽詢, 저수량褚遂良, 우세남虞世南, 안진경顔眞卿 등 명필들의 글씨가 묵향 속에 빼곡하다.

드디어 그토록 보고 싶었던 '대진경교유행중국비' 앞에 섰다. 만주어와 한자가 혼용된 이 비는 비림에서 가장 지명도가 높은 국제적인 비석이다. 경교의 '경景'은 광명, 다시 말해 아름다움을 뜻한다. 비석의 머리에는 기독교의 표식인 십자가가 새겨져 있다. 이 비는 고대 중원과 유럽, 중앙아시아 연구에 귀중한 자료를 제공한다. 그런 까닭에 1867년 영국 정부의 지시를 받은 외국인이 은 3,000냥으로 이 비를 복제품과 바꿔치기 하려다가 여론의 반대에 부딪혀 복제품만 가져갔다고 한다. 영국뿐만 아니라 몇 개국에 복제품이 더 있다는데 이것만 보아도 이 비석의 중요성을 실감할 수 있다.

"고종께서는 조종祖宗의 황통을 계승하여 경교를 윤택하게 하셨고, 모든 주에 각각 경교사景教寺를 두도록 하고 아라본阿羅本을 진국대법주鎭國大法主로 모시도록 하셨다. 이에 경교는 널리 퍼지고 나라는 부유해지고 편안해졌으며, 사원은 수많은 성읍城邑에 충만하여 집집마다 큰 복이 넘쳤다."

경교는 당대 중앙아시아 기미정책에 일조한 까닭에 고종으로부터 후대를 받는다. 하지만 측천무후가 집권하면서 불교를 후원하고 마니교를 우대하자 위기를 맞는다. 이런 위기를 타개하기 위해 아브라함은 무후의 조카인 무삼사武三思가 무주혁명武周革命을 기념하기 위해 시도한 '대주만국송덕천추大周萬國頌德天樞' 건립에 앞장선다. 이를 통해 위기를 넘긴 경교는 현종 시기에 이르러 다시 위상이 높아졌고, 경교를 활용한 당나라는 현종 때에 세계 제국으로 번성한다.

하지만 745년, 경교 교단의 본산인 사산조 페르시아가 아랍세력에 멸망하자 현종은 페르시아 사찰이란 뜻의 '파사사波斯寺'의 이름을 대신사大秦寺로 바꾼다. 이는 현실적인 관계를 항상 우선시하는 당 정부가 페르시아를 대체한 아랍세력을 공식적으로 인정한 것이다.

790년, 토번은 안사의 난 이후 당나라의 내부가 혼란한 틈을 타서 안서 4진을 점령한다. 이로 인해 당나라와 서역의 교역은 끊어진다. 그 결과 대외관계도 국수적인 경향으로 돌아섰고, 경교를 비롯한 삼이교에 대한 호의도 사라진다. 삼이교가 결정적으로 영향력을 상실한 것은 842년에 시행된 무종武宗의 '폐불 정책' 때다. 그 중에서도 마니교에 대한 탄압은 엄청났는데, 이는 마니교를 국교로 한 위구르의 세력이 중국인을 대상으로 포교에 힘썼기 때문이다. 그러다가 위구르 세력이 위축되면서 마니교는 다른 종교보다도 더욱 노골적인 탄압의 대상이 되었다. 즉 장안과 낙양에 기주하는 위구르인들은 각 지방으로 유배

▲ 대진경교유행중국비(서안박물관)

되었고, 위구르인과 마니교 사원이 소유하고 있던 건물과 재산은 몰수되었으며, 마니교 사제들은 전부 체포되었다. 이때 반항하는 사람들은 가차 없이 처형되었다고 한다. 위구르에 대한 당나라의 반감이 그대로 표출된 것이다. 이 시기에는 당나라 초기의 개방적 성향은 완전히 사라지고 폐쇄적이고 국수주의적인 성향이 극도로 높아짐으로써 제국의 몰락이 얼마 남지 않았음을 보여 주었다. 마니교만큼은 아니지만 경교와 조로아스터교도 금지되고 사제들은 모두 환속 조치되었다. 안사의 난을 겪으며 외국인과 외래 문물에 대한 반감이 사회 전반에 팽배해진 때문이다.

경교와 조로아스터교는 근근이 명맥을 이어가다가 당나라의 쇠락과 함께 사라지는데, 삼이교의 숨통을 끊은 결정적 사건은 875년에 발생한 '황소의 난'이다. 중원 전체를 휩쓴 이 난으로 12만 명에 이르는 외국인이 대학살을 당했기 때문이다. 황소의 난이 수습된 885년, 당나라는 이미 서역에서의 통제력을 상실한다. 그와 함께 동서 교류의 중추인 실크로드는 단절되고 대당 제국도 역사의 뒤안길로 사라지고 만다.

진눈깨비를 뚫고 대진사를 찾아간다. 대진사는 서안 시내에서 남서쪽으로 60킬로미터 정도 떨어진 주지현周至縣에 있다. 도로에 '대진사 풍경구'라는 안내판도 지났는데 대진사의 상징인 경교탑은 보이질 않는다. 진눈깨비는 어느덧 함박눈으로 변한다. 하늘은 온통 잿빛이어서 100미터 앞도 가늠할 수가 없다. 드디어 마을 입구에 도착해 좌우를 살핀다. 마을 어른들이 있기에 대진사의 위치를 물었지만 아는 사람이 없다. 유명 관광지가 아닌 곳을 찾아가다 보면 그곳에 살고 있는 사람들조차도 모르는 경우가 허다하다. 주민들이 부르는 이름과 필자가 알고 있는 이름이 다르기 때문이다. 이럴 경우에는 금방 알아볼 수 있는 상징물로 설명해야 한다.

"옛날에 만든 높다란 탑이 있는 곳인데요?"

▲ 마을입구에서 바라본 대진사(위), 대진사 내에 세워진 염불당(아래)

"탑? 불당 짓는 곳에 오래된 탑이 하나 있기는 해. 이쪽으로는 갈 수 없고, 마을을 나가서 큰 길로 빙 돌아서 산을 올라 가시우."

할머니가 가르쳐준 길은 자동차 한 대가 겨우 지나갈 수 있는 길이다. 그런데 포장이 되지 않은 진흙밭이다. 꼬불꼬불하고 미끄러운 길이어서 달릴 수도 없고 천천히 가자니 타이어는 온통 진흙투성이다. 하지만 대진사를 오를 수 있는 가장 넓은 길이니 이대로 가야 한다. 돌아나갈 일도 걱정이다. 조금 넓은 길에서 차를 돌리라고 하고 걸어서 올라간다. 비탈길을 두세 번 돌아가니 경교탑이 희미한 윤곽선을 드러낸다. 옛날, 그 어느 날인가도 지금처럼 눈비가 오는 날이 있었으리라. 돈독한 신심信心으로 추위를 이겨내며 오직 하나님의 말씀을 전하기 위해 이역 머나먼 땅에서 이곳을 찾아온 서양인이 있었으리라. 모진 고난을 이겨내고 이곳을 찾아온 그는, 저렇듯 희미하게 보이는 경교탑을 보며 그동안의 고난을 잊고 마음의 평화와 힘을 얻었으리라.

대진사에 이르니 7층의 경교탑만 우뚝하다. 그 옆에는 경교의 중국 전래를 설명한 '대진경교유행중국비'가 있다. 물론 이곳의 비는 비림박물관에 있는 진품을 모방해 만든 것이다. 유물보관소라고 쓰인 자그마한 건물은 문이 잠긴 채로 겨울을 나고 있다. 인기척을 해보지만 아무도 없다. 허름한 앞마당은 공사를 하는지 깊게 파여 있고 함박눈만 그 위에 차곡차곡 쌓인다. 경교탑을 둘러본다. 다행히도 문이 열려 있다. 향이 타고 있는 것으로 보아 누군가가 조금 전에 다녀간 듯하다. 그런데 기도를 올린 곳에는 경교의 조각상은 없고 불상들만 둥그렇게 앉아 있다. 대진사를 사찰로 착각해 이처럼 꾸며놓은 것인가. 그 답은 경교탑 옆에 있었다. 3층 높이의 커다란 건물이 들어서 있는데, 건물 한가운데에 '염불당念佛堂'이라고 쓰여 있다. 이곳이 당나라 때부터 내려온 유명한 곳이기에, 어느 불승이 이곳에 불당을 짓고 영험한 곳이라는 소문을 낸 듯하다. 돈을 벌어보려는 냄새가 홍건하다. 이런 생각을 하고 있는데 인기척이 난다. 아저씨

▲ 대진사에 있는 대진경교유행중국비.
　비림에 있는 것을 모방해 만든 것이다.

▲ 대진사 경교탑

가 한 분 올라오신다. 아저씨도 나를 보고 놀라는 눈치다. 엄동설한에 무슨 볼 것이 있다고 이런 곳에 왔느냐는 표정이다. 그를 붙들고 필자가 추측한 게 맞는 지 물어보았다

"맞아 맞아. 어떤 스님이 이곳을 다 사서 불당을 짓고 손님을 받으려고 했어. 그래서 큰 공사를 벌였는데 막상 땅을 파보니 옛날 유물이 나오잖아. 공안국에서 나와서 조사하다 보니 스님이 허가받지 않고 한 게 들통 났어. 그래서 지금은 다 쫓겨나고 발굴하는 중이야."

당나라 때부터 내려온 대진사의 영험함이 발현된 것일까? 아니면 흙 속에 묻힌 채 영영 잊힐 뻔했던 대진사의 유물을 어느 욕심 많은 스님 덕분에 발굴하게 되었으니 오히려 감사를 드려야 할까. 모든 종교는 결국 하나로 모아진다. 욕심을 버리고 선을 추구하라는 것으로 말이다. 이런 차원에서 모든 종교는 서로 인정하고 소통할 수 있어야 한다.

이슬람교는 기독교, 불교와 더불어 세계 3대 종교로 꼽히는데, 알라신의 가르침이 가브리엘 천사를 통해 무함마드에게 계시되었다고 주장한다. 이슬람교는 "알라 외에 다른 신은 없다"라고 주장하는 유일신 종교인데, 중국에는 당나라 고종 때인 651년에 전래되었다. 아라비아의 3대 칼리파인 오스만이 사신을 파견해 당나라와 우호관계를 맺으면서 알려지게 되었는데, 13세기에는 중앙아시아와 중국 서북의 신강 지역에까지 교세를 확장한다.

중국에서의 이슬람교는 순탄하게 발전했다. 송나라 때는 해상무역의 발달로 무슬림의 숫자가 대폭 늘어났다. 그들은 중국문화도 적극적으로 배우고 익혀 과거에 급제해 관직에도 나아갈 정도였다. 그런데 이들에 대한 호칭은 시대마다 달랐다. 당나라 때는 '번상호고蕃商胡賈', 오대 때는 '만예상고蠻裔商賈', 송나라 때는 '토생번객土生蕃客'이나 '오세번객五世蕃客', 원나라 때에는 '색목인色目人'이라고

▲ 대진사 경교탑 내부. 불당인 것처럼 불상들이 모셔져 있다.

했고, 명나라 때부터 회족回族이라고 불렀다.

이슬람교가 중국에 들어올 무렵에는 유불선이 이미 제각기 상황에 맞게 자리를 잡은 상태였기 때문에, 중국의 주류문화로 편입하기는 힘든 상황이었다. 그래서 이슬람교는 중앙아시아로부터 유입된 회족과 기타 소수민족에게 전파된다. 이처럼 녹록치 않은 여건에서도 이슬람교가 번성하게 된 것은 유교에 대한 태도와 수용 때문이다. 이슬람교는 불상이나 그 어떤 형상도 숭배하지 않고 제사도 지내지 않지만, 공자는 매우 존경한다. 그들은 공자의 윤리도덕을 인간이 갖추어야 할 최고의 덕목으로 여겼다. 나아가 유가의 경전을 배우고 과거에도 응시해 급제한 사람도 많다. 그런데 무슬림은 어떤 이유로 공자를 존경하게 되었을까?

이슬람교는 응집력이 강한 정교합일政教合一제를 따른다. 특히 신도인 무슬림은 '애국애교愛國愛教'정신이 강하다. 국가에 충성하고 알라에게 충성하는 이슬람교의 사상은 공자로 대변되는 중국의 유가적 윤리사상과 잘 어울린다. 중국의 제도와 풍습을 일정 부분 수용한 근본적인 이유가 중국에서의 교세 확장 때문이었지만, 이슬람교는 '충의忠義'를 중시하는 유가사상이 이슬람 교리와 일맥상통한다는 사실을 잘 알고 있었다.

이슬람 사원은 모스크mosque다. 그런데 중국에서는 청진사淸眞寺라고 부른다. 이때의 '청淸'은 '맑고 깨끗함'을, '진眞'은 '진실되고 유일함'을 뜻한다. 청진사에서는 종교 교육이나 후계자 양성을 위한 교육을 실시한다. 명나라 때부터 실시된 경당經堂 교육은 언어와 문법, 수사학 등도 포함된 종합교육으로서, 이를 통해 무슬림사회에 필요한 인재를 양성했다. 이슬람교는 불교나 도교를 적극적으로 반대하지 않는다. 이런 까닭에 그들은 경전인 《꾸란》을 해석함에 있어서도 유교적인 입장에서 해석하는 방식을 택했다. 이러한 방식은 이슬람교가 중국문화에 안착하는 데 중요한 역할을 했다.

▲ 서안 청진사 회방의 회족거리와 회족음식점

▲ 서안 청진사 입구

고루를 지나 서쪽으로 발길을 돌리니 화각化覺골목이 나타난다. 초록색 바탕에 흰색으로 '회방回坊'이라고 쓴 입구 아래에는 "애국애교의 위대한 기치를 높이 받들자"라는 붉은색 구호가 선명하다. 식당과 가게가 즐비한 골목을 지나 청진사에 노착하니 눈노 ㅗ지고 사람노 없는 것이 ㅗ야발보 고요한 사원의 모습이다. 서안 청진사는 중국에서도 가장 오래되고 규모도 큰 이슬람 사원이다. 중국의 전통양식과 조화를 이루어 지은 것으로 현재까지도 보존이 잘 되어 있다. 이 사원은 당 현종이 천보 원년인 742년에 편액을 하사해 건축한 이후 그 규모가 점점 확장되어, 지금은 중국 4대 이슬람 사원의 하나로 자리 잡았다.

사원 안으로 들어서니 중국식 정원에 온 듯하다. 나무로 만든 패루牌樓 가운데에 '도법삼천지道法參天地'라는 글씨가 보인다. '도법'은 이슬람교를 뜻한다고 하니, "이슬람이 온 천지에 가득하다"라는 의미다. 다른 종교도 마찬가지지만, 청진사에 들어서니 모든 사람이 무슬림이길 바라는 염원부터 접하게 된다. 패루를 지나가니 그다지 크지 않은 돌 패방牌坊이 입구를 막는다. 명나라 때 만든 것인데, "신께 기도하고 사랑을 나누라"라는 글귀가 보인다. 패방 뒤에는 좌우 남북방향으로 두 개의 석비가 있다. 왼쪽에는 청 강희 33년인 1768년에 황제가 청진사를 보수하라는 조서를 기록한 '칙수청진사비勅修清眞寺碑'가 있다. 비 뒷면에는 명나라 때의 서예가인 예부시랑禮部侍郎 동기창董其昌이 쓴 '칙사예배사勅賜禮拜寺'가 새겨져 있다. 오른쪽의 석비도 궁금하다. 이 석비는 조금 오래된 것으로, 명 만력 34년인 1606년에 황제가 청진사의 낡고 헌 곳을 다시 고치라는 조서를 기록한 '칙사중수청진사비勅賜重修清眞寺碑'다. 이 비의 뒷면에도 글씨가 새겨져 있는데, 북송 때의 서예가인 미불米芾이 쓴 '도법삼천지'가 새겨져 있다.

'아! 입구의 패루에 있던 글귀가 바로 여기서 비롯된 것이구나.'

미불은 송나라 4대 서예가로 꼽히는 사람이다. 그래서일까? 한 획 한 획에 힘이

▲ 서안 청진사의 패방과 미불이 쓴 '도법삼천지' 석비

▲ 청진사 일진정 정자와 예배당

넘친다. 그런데 그가 어째서 이런 글귀를 썼는지 궁금하다. 성씨도 낯설다. '미米'씨는 소무구성昭武九姓 가운데 하나다. '소무구성'은 중국에 이주한 소그드인의 성씨로, 출신지에 따라 9개로 구분한 것이다. '미'씨는 지금의 타지키스탄 팬지켄트 지역에 살았던 소그드인에게 붙여준 성씨다. 미불은 이슬람교를 믿는 서역인으로서 송나라 때 귀화한 사람인 것이다. 그래서 자신의 신심信心을 호탕한 필체로 나타낸 것이다.

▲ 청진사의 구룡정

넓은 경내에는 볼 것이 많다. 예배당으로 가는 길목에는 날마다 자신을 되돌아보고 반성하라는 '성심루省心樓', 이슬람만이 참되다는 '일진정一眞亭' 등이 막아서며 그 의미를 다시금 되새기게 한다. 예배당 안을 살펴보니 족히 수백 명이 동시에 예배를 드릴 수 있을 정도다. 청진사를 둘러보고 나오는데 웬 돌우물이 보인다. 명나라 때 황제가 해서海瑞의 집안에 하사한 것이다. 해서는 회족이다. 그는 명나라 가정제嘉靖帝 때 관리가 되었는데, 강직한 성품에 청렴결백했다. 미리 자신의 관을 짜두고 가정제의 실정을 직간할 정도였다. 해서의 이러한 성품은 후대에 빛을 보게 되어, 황제로부터 9마리의 용이 새겨진 '구룡정九龍井'을 하사받은 것이다.

우리나라에 이슬람이 전해진 것은 신라 때다. 신라는 당나라와의 교류를 강화하고 그 문화를 적극적으로 받아들였다. 혜초나 원측을 비롯한 많은 승려들이 장안에서 공부했고, 서시에는 신라방을 개설해 무역에도 힘을 쏟았다. 신라

▲ 경주의 원성왕릉 앞 무인상

와 당나라의 활발한 교역은 상호 인적교류를 증진시켜 장안에 들어와 있던 많은 외국인들이 신라로도 건너오게 된다.

신라의 수도였던 경주의 원성왕릉 앞에는 문인과 무인의 석인상이 각각 2구씩 있다. 그런데 무인상의 모습이 특이하다. 부리부리하고 커다란 눈, 높다란 코, 얼굴을 온통 가리다시피한 수염. 게다가 한 손은 주먹을 불끈 쥐고 싸울 기세로 서 있다. 마치 무서운 맹수처럼 용맹한 모습이다. 이는 회회回回인이라고 부르는 아라비아 무슬림을 표현한 것이다. 신라의 역사문헌에는 기록이 없지만, 같은 시기의 무슬림 학자들이 기록한 문헌을 보면 회회인들이 이미 신라에 들어와서 활동하고 있었음을 알 수 있다. 즉 9세기에 이븐 쿠르다지바의 기록을 보면, "중국의 맨 끝 광주의 맞은편에 산이 많고 왕이 있는 나라가 있는데, 바로 신라국이다. 이 나라에는 금이 많아서 무슬림이 들어가면 그곳에서 나오지 않고 산다."라고 했다.

《고려사》와 《고려사절요》의 기록을 보면 이는 더욱 확실해진다. 고려 초기 현종 15년인 1024년과 이듬해 두 차례에 걸쳐 대식국에서 100여 명의 사절단이 토산물을 가지고 내방한다. 대식국은 아라비아의 중국식 표기다. 이 지역에서 대형사절단이 내방한 것은 양국의 교류 확대 차원에서 이루어진 것인데, 이는 대식국 사람들이 이미 오래 전에 우리나라에 살고 있어야만 가능한 일이다. 고려시대에 와서는, 대식국의 문화가 일반인들에게도 많이 알려지게 되었고 문학작품으로도 표현되기에 이른다.

쌍화점雙花店에 쌍화 사러 갔더니
회회回回아비가 내 손목을 꼭 쥐네.
이 말이 가게 밖으로 새나가면
조그만 새끼광대 네가 그런 것으로 알리라.
그곳에 나도 자러 가고 싶구나.
(자고나 보니) 잔 곳 같이 지저분한 곳이 없더라.

《악장가사》에 소개된 고려가요 〈쌍화점〉을 보면, 아라비아인이 쌍화 가게를 하며 고려여인을 희롱하는 모습을 엿볼 수 있다. '쌍화雙花'는 흔히 만두로 알려져 있지만, 원래는 '상화霜花'를 의미한다. 밀가루를 얇게 반죽하여 그 속에 여러 가지 소를 넣어 국물에 익히는 게 만두라면, 상화는 가루반죽을 발효시켜 거피팥소를 넣고 쪄내는 음식이다. 상화는 고려 때 전래된 음식인데, 조선시대에는 중국에서 사신이 오면 예빈시禮賓寺에서 직접 상화를 만들어 대접했을 정도로 귀한 음식이었다. '상화霜花'의 우리말 고어 표기는 '숑화'다. 그런데 한자로 음차를 하다 보니 '쌍화雙花'가 된 듯하다. 쌍화를 위구르 말로는 '만투mantu'라고 부르는데, 여기서 생겨난 한자어 '만두饅頭'로 인해 '쌍화'가 '만두'와 동일하다는 생각이 굳어진 것이다.

청진사에서 느긋한 시간을 보내선지 출출하다. 간단히 요기를 할 요량으로 화각골목의 위구르 식당에 들렀다. 회색의 회회모回回帽를 쓴 주인이 반갑게 맞이한다. 상화는 찾을 수 없지만 위구르인들이 좋아하는 양고기꼬치와 낭 빵이 많이 보인다. 꼬치와 낭을 시켰다. '낭'은 2,000여 년의 역사를 가진 빵으로 실크로드의 민족들에게는 주식과도 같은 것이다. 밀가루를 반죽해 피자 판처럼 둥그렇게 만든 뒤 화덕에 구워 먹으면 된다. 낭 빵의 한가운데에는 독특한 문양

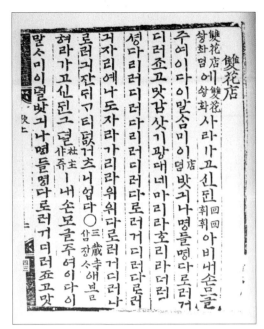

▲ 《악장가사》에 소개된 〈쌍화점〉

을 찍는데, 만드는 곳마다 고유한 문양을 찍기 때문에 맛과 역사를 나타내는 자부심의 상징이기도 하다.

꼬치와 빵을 맛있게 먹는데 건너편 좌판에 '노파병老婆餠'이라고 쓴 과자가 보인다.

'할머니 과자라고? 할머니들만 먹으라는 과자는 아닌 것 같은데 왜 이름이 노파병이지?'

알고 보니 이 과자는 이른바 "마누라 과자"로 총각이 매일 이것을 먹으면 조만간에 좋은 배필을 만난다고 한다. 참으로 어처구니없는 상술이 아닐 수 없다. 단지 밀가루에 호박을 으깨어 넣고 깨를 뿌려 만든 것인데, 그럼에도 불구하고 인기가 좋다니 중국은 참으로 속이기 쉬운 나라다. 중국에서는 배고파도 음식에 신경을 써야 한다. 가짜 고기도 만들고 가짜 계란도 만들어내는 나라이기 때문이다. 상황이 이 정도니, 음식재료는 진짜를 쓰고 요리 이름만 가짜로 다는 것은 애교로 봐줘야 할 정도가 되어버렸다. 이런 생각을 하며 꼬치와 낭 빵을 배부르게 먹는다. 아직도 봐야 할 곳은 많고 가야 할 길은 멀다.

▲ 황하

제7장 머나먼 서역길, 하서주랑에 서다

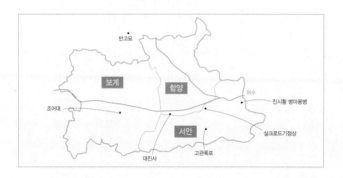

서안의 서쪽 끝에는 실크로드를 오가던 서역상인들과 낙타상을 조각해 놓은 작은 공원이 있다. 당나라 때 개통문開通門이 있던 곳으로 실크로드로 향하는 출발지인 셈이다. 수십 미터에 이르는 커다란 석상石像에는 부리부리한 눈과 오뚝한 코, 꼬불꼬불한 수염을 한 서역상인들이 낙타 등에 타거나 고삐를 잡고 걷는 모습이 잘 표현되어 있다. 장안을 떠나 실크로드로 향하는 상인들이 꿈에 부풀었던 것처럼, 필자도 약간은 들떠 있다. 로마까지 7,000킬로미터에 이르는 대장정을 향한 출발이기에 더욱 그렇다. 이 때문일까? 필자는 겁 없이 실크로드 대상隊商의 맨 앞에 선다. 눈앞에 펼쳐질 사막의 바다를 향해 이제 실크로드로 출발한다.

장안에서 교역을 마친 서역상인들은 수십 마리의 낙타 등에 비단과 도자기 등 새로운 상품을 싣고 하서주랑河西走廊을 통해 타클라마칸 사막을 건넜다. 하서주랑만 넘으면 가격이 10배가 되고 사막을 건너면 100배가 뛰니 어찌 이 일을 마다하겠는가. 죽음을 넘나드는 고난의 길을 통과했기에 이들이 지닌 물건

▲ 서안시 서쪽 외곽에 있는 실크로드기점상

들은 부르는 게 값이 되었고, 서역상인들은 시장의 수요에 따라 공급을 조절하며 더욱 폭리를 취한다. 생산자는 헐값에 넘기고 소비자는 비싼 값에 사야 했으니, 폭리를 취하는 중개인의 행태는 예나 지금이나 매일반이다.

장안을 벗어나 대상이 오고간 서북쪽으로 길을 잡는다. 보계寶鷄와 천수天水를 지나 하서주랑으로 접어드는 길이다. 장안을 벗어나자 곧 황토평원이 펼쳐지고 황하의 지류인 위수渭水가 관중평야를 적시며 유유히 흐른다. 위수는 황하의 지류이긴 하지만 결코 작은 개천이 아니다. 위수 자체만 해도 860킬로미터에 이르는 거대한 강이다. 장안에서 보계 일대를 '관중關中평야'라고 하는데, 태고 때부터 위수의 범람과 퇴적이 반복되면서 비옥한 토지가 형성되었다. 또한 관중평야를 둘러싸고 있는 산들이 천혜의 요새를 만들어 주어, 천하를 도모하려 했던 역내 중국의 영웅늘은 이곳을 먼저 차지하려고 했다. 그리하여 "관중평야를 차지하는 사람이 천하를 호령한다."라는 말까지 생겨났다. 한나라를 세운 유방이

▲ 앙소문화의 상징인 채색토기(서안박물관)

나 촉한을 세운 유비는 이를 충실하게 따른 자들이다.

중국의 문명을 일컬어 황하문명이라고 하지만, 그중에서도 위수는 고대 중국의 태동과 발전을 이룩한 문명의 발상지이다. 이곳에서는 5,000년 전의 신석기 문화인 앙소문화仰韶文化 유적이 발굴되었는데, 이는 곧 관중평야가 황하문명의 발상지라는 것을 입증하는 것이다. 특히 반파半破지역에서 발굴된 유적은 놀라운 것들이 많아 발굴지 전체를 박물관으로 조성해 보호하고 있다.

유려하게 휘어진 위수가 햇빛에 반짝이며 말없이 관중평야를 적신다. 드넓게 펼쳐진 평원은 역사가 직선이 아니고 구불구불 휘돌며 고된 삶을 적시는 곡선임을 알려준다. 세상에 대해 왈가왈부 떠드는 것이 아니라 조용히 사색하고 깨달아 그 앎을 베풀라고도 말한다. 강 같은 마음에 강 같은 평화라고 했던가. 어머니의 품과도 같은 강. 그래서 강물을 보고 있노라면 마음이 평안해진다. 고요한 강이 우리네 굽이진 삶을 정화시키기 때문이리라.

당대의 시인 잠삼岑參은 전쟁의 참혹한 모습과 그 속에서 고통 받는 백성들을 노래했다. 변경의 전쟁터 풍경을 묘사한 이들을 변새시파邊塞詩派라고 부르는데, 잠삼은 이 분야에서 고적高適과 더불어 대표적인 시인이다. 잠삼은 가문의 몰락으로 뒤늦게 과거시험에 합격했으나 중앙관직에 오르지 못하고 변경에서 막료로 활동하다 죽었다. 그러하기에 그에게 있어 향수병은 변방의 고난보다도 더 심한 고통이었다.

위수는 동쪽으로 저리 흘러가건만	渭水東流去
어느 날에나 고향 땅에 돌아갈 것인가	何時到雍州
가슴속 두 줄기 폭포수 저 강물에 보태어	憑添兩行淚
내 고향으로 실어나 수었으면	寄向故園流

잠삼의 고향은 장안 부근의 옹주다. 고향 근처에 고관高冠이라는 지명이 있는데 높지 않은 산이지만 계곡이 깊다. 잠삼은 종종 이곳에 들러 친구도 만나고 풍류도 즐겼다. 지금은 '고관폭포高冠瀑布'라는 휴양지로 바뀌었다.

고관폭포에 도착하니 여느 관광지와 마찬가지로 '풍경구'라는 안내와 함께 입장료를 받는다. 추운 날씨 때문인지 주차장은 한산하다. 입구에 들어서자마자 계곡의 물소리가 들린다. 그런데 폭포라고 하기에는 미안할 정도다. 그냥 가느다란 물줄기가 커다란 바위를 빠르게 미끄러지는 수준이다. 겨울이어서 수량이 줄어들었기 때문이겠지만, 웅장한 폭포를 만날 거라고 생각했기에 실망이 컸다. 잠삼이 이곳을 자주 찾은 이유는, 계곡과 물이 있는 산 속에 묻혀 마음껏 사색을 즐기기 위함이었다. 폭포 건너편에는 생각에 잠긴 잠삼의 동상이 앉아 있고, 그 밑에는 사색의 샘에서 막 건져 올린 시구가 반짝인다.

절벽마다 줄줄이 폭포수 흐르고	崖口懸瀑流
흰 포말은 날아올라 하늘을 감아 도네	半空白皚皚
폭포는 사계절 비만 내리니	噴壁四時雨
옆 마을엔 온종일 천둥뿐이네	傍村終日雷

잠삼은 고관계곡에서 사색의 깊이를 더하며 관직에 진출할 꿈을 키운다. 그리고 그 꿈이 이루어지자 고관에서 보낸 한가롭던 생활을 그리워했다. 잠삼에게 고관계곡은 꿈과 평안을 준 곳이기 때문이리라. 오늘날의 고관은 누구에게

▲ 고관폭포 입구와 폭포 건너편에 설치된 잠삼상

▲ 고관폭포의 겨울 모습과 잠삼의 시비

꿈과 평안을 줄까? 아마도 '고관폭포 풍경구'라는 그럴듯한 치장과 잠삼에 관한 스토리텔링으로 수입을 올리는 자들일 것이다.

관중평야는 황하가 굽이치는 동쪽을 제외한 모든 방위가 험산준령이다. 감숙성과 접한 서북쪽은 2,000~2,500미터에 이르는 진령산맥이 이어진다. 감숙성을 '롱隴'이라고 부르는데 이는 '험하다'라는 뜻으로 이곳의 지형을 잘 표현한 것이다. 위수는 이 험준한 산맥을 돌아 흐르며 함양과 장안에 왕도王都를 낳았다. 강은 굽이져 흐르지만 길은 곧아야 한다. 그래서 사람들은 험준한 산맥의 좁은 협곡과 위수를 가로질러 철로를 놓고 길을 뚫었다.

섬서성 보계와 사천성 성도成都를 잇는 보성寶成철도가 이곳을 통과하고, 좁은 협곡도로가 이젠 넓고 시원한 고속도로로 변했다. 몇 년 전만 해도 서안에서 보계를 거쳐 천수에 닿으려면 하루 종일 가야 했는데 이젠 그야말로 산맥이 획획 내달린다. 그토록 오래 걸리던 곳을 순식간에 내달리니 답답하지 않아 좋기는 하지만, 한 명의 병사로 1만 명을 상대하던 천혜의 요새가 그 위력을 잃어버린 것 같아 왠지 아쉽다. 문명의 발전이 시공을 앞당겨 우리 삶을 풍요롭게 해준 대신, 굽이진 강처럼 느림이 주는 사고력과 삶의 진중함은 빼앗아 가 버린 것 같다.

그리움은 다독이는 것이 아니다
강 건너 붉은 산 애간장에 발 굴러도
고요히 숨 고르며 속살 품어내는 것이다
허위허위 무너지는 장성, 밤마다 다시 쌓아
하이얀 새벽, 홀로 깨어
구비진 길 열어 보내는 푸른 뜨거움
강은 그렇게 그리워하는 것이다

▲ 협곡과 산맥을 뚫고 만든 고속도로

강은 예나 지금이나 변함없이 자신의 역사와 뚝심으로 흐르고 있건만, 인간은 강의 겉모습에만 취해 있을 뿐이다. 우리가 강을 보고 배워야 할 것은 어머니의 가슴처럼 포근한 이미지가 아니다. 만신창이 가슴이 되어도 다시 일어서 앞으로 나아가게 하는 흔들림 없는 강의 중심이다.

보계시 남쪽, 자동차로 한 시간 거리에 반계곡磻鷄谷이 있는데 이곳에는 서주西周 창건의 일등공신인 태공망太公望 강상姜尙이 낚시를 하면서 때를 기다리던 조어대釣魚臺가 있다. 이제는 유원지로 변모하여 더위를 식히는 사람들로 북적인다. 마치 강태공인양 도롱이에 삿갓을 쓴 채 허연 수염을 길게 늘인 할아버지가 관광객을 상대로 시진을 찍어주고 돈을 낚는다. 중국인들은 돈이 되는 곳이면 어느 곳에서나 호객행위를 하는데, 이 또한 오래 전에 서역의 소그드 상인들에게서 배운 것인지도 모른다.

강태공은 매우 가난했다. 하지만 가족은 돌보지 않고 날마다 위수 가에서 낚시질로 소일하자, 이를 탐탁지 않게 여기던 아내가 집을 나갔다. 얼마 후 인재를 찾아 유람하던 주 문왕文王 서백西伯이 강태공을 만나 범상치 않은 인물임을 알아보고 재상으로 등용한다. 주 문왕의 초빙을 받은 강태공은 무왕武王을 도와 상商나라 주왕紂王을 토벌하고 천하를 평정한다. 그는 그 공으로 제齊나라 제후에 봉해져 시조가 되었다. 강태공에 대한 이야기는 대부분 전설이지만, 전국시대에는 병서兵書《육도六韜》를 지은 병법가로서 회자되기도 했다. 이런 까닭에 강태공에 관한 고사가 많다. 강태공의 아내가 재상이 된 강태공을 찾아와 용서를 빌자 강태공이 물 한 동이리를 쏟은 뒤 다시 채울 수 없음을 알려준 복수불반분覆水不返盆, 가난하지만 신념을 지키며 때를 기다렸다가 장차 큰 인물이 된 사람을 일컫는 위빈지기渭濱之器도 강태공의 행적에서 나온 고사성어다.

강태공을 역사적으로 처음 소개한 이는 사마천이다. 강태공에 대한 기록은 《사기》〈제태공세가齊太公世家〉에 실려 있는데 설화나 전설적인 부분도 있다. 이 기록이 강태공 사후 900년 뒤에 작성되었기 때문이다.

강태공은 기원전 1121년경에 태어났다. 상商나라 마지막 왕인 주紂가 요부妖婦이자 독부毒婦인 달기妲己를 애첩으로 맞아 주지육림酒池肉林을 벌이며 학정을 일삼던 때다. 강태공은 본의 아니게 다양한 이름을 갖고 있다. 그의 원래 이름은 유목민족인 강족姜族의 후손임을 드러내는 강상姜尙이다. 옛 선조들이 지금의 하남성 남양南陽인 여呂땅을 봉지로 받았기에, 그는 여상呂尙이라고도 불린다. 태공망太公望이란 이름은 문왕의 부친인 태공이 오랫동안 바라던 인물을 얻었다는 뜻에서 붙인 것이다. 이에 원래의 성을 붙여 오늘날 우리가 흔히 부르는 "강태공"이 된 것이다. 이외에도 성에 자字를 붙여 강자아姜子牙라고 부르기도 한다.

▲ 조어대의 강태공상

▲ 강태공 분장을 한 할아버지

▲ 조어대 입구의 강태공출세상

▲ 반계곡에 세워진 강태공의 조어대 석비

강태공과 낚시는 매우 친근하다. 하지만 사마천은 강태공을 낚시꾼으로 기록하지 않았다. 강태공 역시 처음에는 상나라의 주왕을 섬겼다. 강태공은 주왕이 포악무도해지면서 자신의 정치적 의견을 받아들이지 않자, 그를 떠나 문왕에게 의지했다는 얘기가 있다. 또 바닷가에 은거하며 지내다가 구금된 문왕 서백을 구해낸 뒤 그의 스승이 되었다는 설도 있다. 낚시하며 뜻을 펼칠 때를 마냥 기다린 게 아니라는 얘기다. 굴원의 문집인《초사楚辭》〈천문天問〉에도 강태공의 낚시이야기는 보이지 않는다. 오히려 그는 푸줏간에서 고기를 다루던 백정으로 소개된다.

강태공이 저자에 있을 때	師望在肆
문왕은 어떻게 태공을 알았는가.	昌何識
칼을 두드리며 소리를 내자	鼓刀揚聲
문왕은 어찌 기뻐하였는가.	后何喜

문왕이 강태공에게 다가가 칼을 두드리는 이유를 물었다. 그러자 기다렸다는 듯 강태공의 대답이 돌아온다.

"어리석은 백정下屠은 소를 잡고, 뛰어난 백정上屠은 나라를 잡는 법입니다."

이 말을 들은 문왕은 천군만마를 얻은 듯 기뻐하며 그를 수레에 태워 궁으로 초빙한다.

강태공이 낚시를 하며 때를 기다리다가 문왕을 만났다는 기록은 《육도六韜》 에만 있다. 하지만 이 책도 강태공이 지은 것이 아니라 전국시대에 병법에 밝은 자가 그의 이름을 빌려 만든 위작이라고 한다.

강태공의 선조들은 봉지를 받을 정도로 부유했지만 그의 시절에는 가세가 기울어 매우 가난했다. 그럼에도 그는 가족을 돌보지 않고 날마다 책만 읽었다. 70세까지 책만 읽으며 살았을 뿐 무위도식한 셈이나 다름없다. 오죽하면 그의 아내가 집을 나갔을까. 그의 행적도 70세 이후에나 알 수 있고 그 전의 행적은 정확히 알 수가 없다. 여러 문헌에 기록된 그의 직업은 낚시꾼, 장사꾼, 백정, 밥 장수 등 그야말로 천대받던 것들이었다. 이런 그가 자신과 가문의 영광을 되살 리는 길은 오직 가슴속 포부를 펼칠 수 있는 군주를 만나는 것이었다.

사마천과 굴원의 이야기를 종합해볼 때, 강태공은 낚시를 하며 때를 기다린 것이 아니다. 오히려 문왕의 눈에 들기 위해 적극적으로 노력한 것이다. 그리고 병법가이자 정치가로서, 그는 무왕을 도와 천하통일의 뜻을 펼 수 있었던 것 이다.

산동성 임치臨淄에 사는 사람들은 강태공에 대한 존경심이 어느 도시보다 강하다. 이곳에 강태공 사당과 의관총이 있기 때문이다. 그런데 중국의 역대 왕 조가 정치적으로 유교이데올로기를 강화하며 공자를 띄우고 강태공을 폄하했 기 때문에, 이웃한 곡부曲阜사람들과 사이가 좋지 않다고 했다. 어느 정도로 심 할까? 곡부사람이 임치에 오면 물건을 안 팔거나 바가지를 씌우고 더 심하면 숙박도 거절하기 일쑤라고 한다. 임치사람이 곡부에 가도 사정은 마찬가지다. 참으로 고약하기 짝이 없다.

무왕은 강태공의 도움으로 상나라 주왕을 처단하고 천하를 거머쥔다. 그때까지 천자의 나라로 받들던 상을 멸망시키고 역성혁명易姓革命을 이룬 것이다. 이 과정에서 공을 세운 강태공은 제齊땅을, 무왕의 동생인 주공周公은 노魯땅을 봉지로 받는다. 두 사람이 각각 제나라와 노나라의 시조가 된 것이다. 똑같이 제후국의 시조가 되었지만 두 나라 사이에서는 노나라가 우위였다. 강태공이 자신의 딸을 무왕에게 시집보내 천자의 장인이 되었지만, 주공은 동생이었기에 적통이나 다름없었다. 적통을 이어받은 주공의 노나라는 예禮와 명분을 중시하는 정치를 펼쳤고, 병법과 실용에 중점을 둔 강태공의 제나라는 국력배양을 중시하는 정치를 펼친다. 그 결과 오랜 세월이 흐른 뒤에 노나라는 제나라의 정치적·군사적 간섭에서 자유로울 수 없었다. 제나라의 국력이 노나라를 압도하고도 남았기 때문이다. 이런 때에 노나라 출신의 공자가 나타나 유가사상을 전파하고 '주나라'를 본받겠다며 나섰으니, 주공을 시조로 모신 노나라 출신의 공자로서는 너무도 당연한 선택이었다.

기록을 보면 공자는 항상 '주공'을 흠모했다.

"내가 기운이 많이 쇠하였구나. 오랫동안 꿈속에서 주공을 다시 볼 수 없으니 말이다."

그렇다면 공자는 주공과 동시대의 인물인 강태공은 거론하지 않고 왜 주공만 흠모한 것일까? 주 무왕의 천하통일에 강태공이 절대적으로 기여한 걸 모를 리 없을 텐데 말이다. "강태공이 예악禮樂을 중시하지 않았기 때문"이라는 주장만으로는 뭔가가 부족하다. 왜냐하면 공자도 한때는 정치가로서 자신의 의지를 펼치기 위해 무던히도 냉정한 모습을 보였기 때문이다. 자신의 정치적 야심이 실패로 돌아가고 유랑생활을 하며 인의仁義와 예악禮樂의 정치가 절실히 필요하다고 느꼈기 때문일까? 이 모든 것을 다 인정한다고 해도 공자의 생각 중심에는 "노나라가 천자국의 적통"이라는 요지부동의 결론은 지울 수 없었던 것이다. 때문에 공자는 주나라야말로 이전의 두 나라_{夏·商}의 문물을 이어받아 꽃피운 나라이고, 주공은《주례_{周禮}》를 편찬함으로써 주나라의 예를 제도적으로 완성한 인물로 칭송했다. 이런 일련의 역사적·정치적 맥락이 공자의 사상을 지배했기에 강태공을 자연스레 멀리할 수밖에 없었던 것이다. 만약 공자가 제나라 사람이었더라도 주나라와 주공을 흠모했을까? 그랬더라면 강태공을 흠모하는 병법가나 실용주의 노선을 추구했으리라.

흔히 세상을 등지고 산림에 묻혀 지내는 현자_{賢者}를 일컬어 은거처사_{隱居處士}라고 한다. 이들 은사_{隱士}는 대부분 정치에서 발을 뺐거나 뜻이 없는 자들이었다. 그런데 강태공의 은거생활은 이와 달랐다. 그의 은거생활은 주왕으로부터의 도피였지 세상으로부터의 도피가 아니었다. 낚시는 보통 호수나 물의 흐름이 잔잔한 개울가에서 하는 것이 좋다. 산속의 계곡에서 낚시를 하는 것은 어울리지도 않을뿐더러 누군가를 기다리기에도 적당하지 않다. 강태공이 낚시를 했다는 반계곡의 조어대가 바로 이런 곳이다. 너럭바위가 많고 물길은 얕아 낚싯줄을 담그기가 쉽지 않다. 게다가 물살이 세고 빨라 낚시하기에도 부적당하다.

강태공의 낚시가 출세_{出世}를 준비하는 것이었다면, 후한_{後漢} 때의 엄자릉_{嚴子陵}은 철저하게 은거_{隱居}하기 위해 낚시를 한 사람이다. 엄자릉은 후한을 건국한 광무제의 죽마고우였다. 황제에 오른 광무제는 엄자릉에게 관직을 주고 가까이 하려 했지만, 그는 오히려 광무제를 멀리했다. 그래도 광무제가 포기하지 않자 아예 부춘산_{富春山}으로 숨은 뒤 그곳에서 낚시와 농사로 일생을 마쳤다. 자신의 정치적 목적을 낚기 위해 낚싯줄을 드리운 강태공과는 차원이 달랐던 것이다.

우리나라도 세상으로부터 은거하며 일생을 지낸 이들이 많다. 이들 대부분은 미리를 꺾고 산으로 들어가거나 삿갓을 쓰고 방랑하거나 산속에 묻혀 살았다. 산속에 묻혀 낚시를 벗 삼아 지낸 선비들의 꼬장꼬장한 정신은 오늘날까지도 올곧게 남아 있다. 김시습과 함께 생육신의 한 사람인 성삼수도 그러했다.

낚싯대 드리우고 하루 종일 강가를 거닐다가	杷竿終日趁江邊
시원한 물에 발 담그고 사르르 풋잠에 빠져드니	垂足滄浪困一眠
꿈속 갈매기와 만 리를 훨훨 날아간 듯하여	夢與白鷗飛萬里
퍼뜩 깨어보니 어느새 석양까지 와있네그려	覺來身在夕陽天

보계시는 섬서성 서쪽에 위치한 도시로 서남으로 가는 입구다. 또한 섬서, 감숙, 사천이라는 세 성의 물자가 모이는 곳이기도 하다. 위수가 흐르는 보계는 무엇보다 고대 서주 왕조와 춘추전국시대 유적들이 흩어져 있는 유서 깊은 도시다. 새로 단장한 보계박물관에는 수만 점의 청동유물이 진열되어 있는데 이는 모두 보계지역의 장엄한 역사를 보여 주는 증표다.

위수는 중국의 정체성이 탄생한 곳이다. 강태공의 일화에서 보듯이 중국인의 기원이 되는 화하족華夏族이 기원전 1300~기원전 1000년경에 이곳에서 상商나라를 멸망시키고 서주를 세웠기 때문이다. 이들은 넓은 영토를 지배하기 위해 제후국에게 영토를 분봉하는 정책을 폈는데, 제후국들이 분열하자 기원전 771년에 북방 초원지대에 살던 융적戎狄에게 멸망한다. 이후 춘추시대에 제후국들이 융적을 공동으로 방어하기 위해 스스로를 '화하華夏'라고 칭하고 그들만의 정체성을 확립한 것이다. 이때부터 자신들과는 다른 이민족들을 오랑캐라 하여 구별했다. 그리고 몇 백 년의 진한통일제국시기를 거치면서 변경을 확장하고 이민족들을 한화漢化시켰다.

화하족이 변경을 확장한 주요한 이유는 자원경쟁 때문이다. 기후가 한랭건조하게 바뀌면서 생태계가 변화해 원시농업에 엄청난 타격을 입혔기 때문이다. 이 때문에 북쪽 지방의 부족들은 유목민이 되어 이리저리 옮겨 다니면서 사람과 식생이 비슷한 돼지 대신, 양이나 말처럼 풀만 먹으면서도 고기와 젖을 제공하는 동물들을 기르기 시작한다. 이 과정에서 화하족과 주변 유목민들의 운명은 엇갈린다. 진한 통일시기를 거치며 한족을 형성한 화하족은 문자를 통일해 서주 시기부터 위수와 관련된 전설을 만든 뒤, 이를 '역사'라고 기록함으로써 단일민족의 정체성을 확립한다. 문자가 없던 주변 유목민들은 한족과 자원을 공유하기 위해 한족의 역사를 빌려오고, 이 과정에서 정체성을 상실한 채 한족으로 동화되고 만다.

한족으로 동화되는 현상은 진한시기에 절정을 이루는데, 이는 수백 년에 걸쳐 통일된 제국이 유지되었기 때문이다. 그리하여 자연적인 경계를 넘어 정치적인 지리가 형성된다. 사마천의 《사기》와 같은 정사의 기록이 이 시기에 쏟아져 나왔고, 한족은 이러한 역사적 기억을 대대로 계승 발전시키며 스스로의 이미지를 확대·전승했다. 문자의 발명과 한 발 앞선 역사 기록이 얼마나 가공할 만한 힘을 발휘하는지 잘 드러나는 장면이다. 우리 문자 한글을 발명한 세종대왕의 위대한 고투苦鬪에 절로 고개가 숙여진다.

이민족을 배척하는 한족의 태도는 중국이 근대적 국민국가를 세우게 되면서 서서히 바뀐다. 국민국가 건립에 가장 큰 문제는 계급문제와 민족문제였다. 국민당 정부는 민족문제를 해결하기 위해 주변의 이민족들을 소수민족으로 개편한 뒤, 다수를 차지하는 한족과 함께 '중화中華민족'으로 재구성했다. 현재 중국의 소수민족 자치구에서는 사회경제적·민족적 갈등이 심하며 소수민족들은 심각한 정체성 위기를 겪고 있다. 지금도 긴장감을 늦출 수 없는 신강성의 위구르족 문제와 분리 독립을 요구하는 티베트족 문제 등은 향후 중국의 발목을 잡는 화두가 될 것이다. 중국은 이를 위해 국가적으로 4대 공정사업을 추진했는데, 이는 역사왜곡을 통해 민족문제를 해결하려는 전략이다. 하지만 이런 식으로 그들이 원하는 중화제국을 만들 수 있을까? 역사를 중시하는 그들이지만, 정작 역사의 준엄한 가르침은 배우려 하지 않는다. 오늘날 세계를 대표하는 나라가 되려면 보름시기 세계가 공감하는 문화를 생산해야 한다. 치부를 가리기 위해 은밀히 폭력을 행사하다가는 결국 부메랑이 되어 돌아오고 만다. 중국 리더들은 한족과 소수민족들이 함께 조화로운 삶을 추구하면서 주변 국가들과 상생을 도모해야만 중국의 진정한 발전을 이뤄낼 수 있다는 사실을 잊어서는 안 된다. '군자君子는 대로행大路行'이라 말하면서 대국다운 면모를 보이지 않으면 손가락질의 대상으로 전락할 수밖에 없는 것이다.

보계를 떠나기 전에 한 곳을 더 봐야 한다. 바로 《한서漢書》를 지은 반고班固의 묘를 찾아보는 것이다. 《한서》는 《사기》와 더불어 중국을 대표하는 역사서다. 특히 《한서》는 《사기》에 기록된 무제 이후의 역사를 정리한 것으로 큰 의미를 지닌다. 사마천은 부친인 사마담司馬談의 유지를 받들어 《사기》를 완성했는데, 반고도 부친인 반표班彪의 유지를 받들어 《한서》를 완성했다.

반고묘는 보계시 부풍扶風현 태백太白향에 있다. 근방에 이르자 좁은 길이 나타난다. 좌우를 살피며 찾지만 묘다운 묘는 보이지 않는다.

"분명 이 근방이 맞는데……."

"그러게요. 아까 아저씨가 가르쳐 준 곳도 이쪽인데요."

"그런데 왜 안 보이지? 다시 한 번 천천히 찾아보자."

자동차 속도를 늦추고 다시 눈을 부릅뜬다. 마을 밭둑 언저리에는 현대식 묘비만 보일 뿐 고색창연한 묘비는 보이지 않는다. 마을을 벗어날 즈음, 흰색의 작고 허름한 묘비를 지나친다.

"잠깐! 방금 지나친 무덤이 반고묘 같은데?"

"정말이에요? 쓰레기장 아닌가요?"

"아니, 분명 맞는 것 같아."

쓰레기장이라고 여길 정도로 초라한 곳. 반고묘는 그야말로 초라함의 절정을 보여 주었다. 봉문은 무덤이랄 수도 없이 무너져 내렸고 풀만 무성하다. 묘 옆엔 쓰레기를 모아 태운 흔적이 요란하다. 마을의 누구도 반고에 대한 존경심이 없음을 한눈에 알 수 있다. 오직 허름한 묘비만이 반고묘임을 증명할 뿐이다. 거창하지는 않아도 웬만큼 갖춰진 봉분이 있을 줄 알았는데 반고묘는 필자의 생각을 보기 좋게 벗어났다. 유명한 학자의 무덤이 어찌 촌로의 그것보다 못할까. 이 마을 사람들은 《한서》를 지은 반고를 정녕 모르는 것일까? 아니면 살아가는 일이

▲ 반고묘

힘들어 반고의 묘를 돌볼 시간도 없는 것일까? 마을 사람들은 그렇다손 치더라도 정부조차도 반고를 중시하지 않는 걸까? 그것도 아니라면 무엇일까? 이 묘가 정녕 반고묘가 맞기는 한 걸까? 갖가지 상념이 스쳐 지나간다. 하지만 무엇인들 어떠하랴. 죽은 자는 말이 없고, 죽은 역사도 말할 자격이 없는 법이거늘.

천수로 향하는 차창 밖으로 멀리 위수의 끝자락이 보인다. 당나라 때의 시인 허혼許渾은 위수를 바라보며 권력의 허망함을 노래했다. 지도자의 허황된 욕심은 국가를 망하게 한다는 가르침은 언제 끝날 것인가.

이 땅을 밟으니 끝없는 회포가 솟아나고	經過此地無窮事
바라보니 왕조의 흥망사에 가슴이 미어진다	一望凄然感廢興
위수 터는 진나라의 중심지였고	渭水故都秦二世
함양 언덕 가을 풀밭엔 한나라 왕들 묻혀있네	咸陽秋草漢諸陵
텅 빈 하늘엔 어디선가 기러기소리만 들리고	天空絶塞聞邊雁
흩날리는 낙엽 너머 외딴집 등불만 반짝이누나	葉盡孤村見夜燈
검푸른 하늘 아래 새겨진 한은 그 얼마인가	風景蒼蒼多少限
언 산에 걸려있는 흰 구름만 처량하도나	寒山牛出白雲層

제8장 황제신화, '중화제국'으로 비상하다

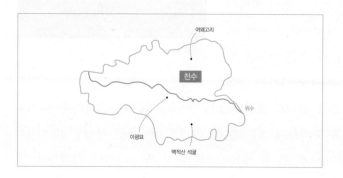

　"하늘의 강이 물을 따른다."라는 전설에서 유래한 천수天水는 감숙성의 소강남으로 불린다. 천수로 향하려니 몇 년 전의 악몽이 떠오른다. 《삼국지 기행》관련 막바지 여행으로 기산의 무후사와 가정전투 현장을 둘러볼 때였다. 보계에서 천수까지 자동차로 2시간이 채 안 되는 거리인데, 좁은 비포장도로를 메운 트럭들로 인해 온종일 길에서 시간을 허비한 적이 있다. 그래서 이곳을 다시 찾게 되면 반드시 기차를 타겠다고 결심했다. 지금은 넓은 도로가 개통되어 문제가 없다고 하지만, 그래도 그때의 아픈 기억 때문에 기차를 탔다. 특쾌열차特快列車는 좁은 협곡을 질주하듯 내달린다. 하나의 터널을 벗어났나 하면 어느덧 또 다른 터널 속에 있다. 몇 개의 터널을 지났을까. 터널만 계속 내달리던 열차는 어느새 천수역에 멈춘다. 역에 내리니 가장 먼저 맞이하는 글귀가 마음을 흡족하게 한다.

　"복희 황제의 고향에 오신 손님 여러분을 진심으로 환영합니다.[羲皇故里人 誠信迎宾客]"

▲ 천수역에 세워진 복희상

천수는 중국의 역사가 시작된 복희伏羲 황제의 고향이다. 위수가 이곳에서 커다란 강이 되어 본격적인 황하黃河의 위용을 갖추는 곳이기에 복희 전설의 고향으로 안성맞춤이리라.

상고시대의 인류는 초자연적 존재에 대해 성스러운 상상을 했다. 그리고 이 때문에 실재하지 않는 환상적인 내용의 신화가 탄생한다. 신화의 주인공은 대부분 남신들이지만 그 이면을 들여다보면 여성숭배사상이 내재되어 있다. 이런 사실은 태초의 신이 항상 여신인 것만 봐도 알 수 있다. 중국의 서왕모西王母, 한국의 삼신할머니, 일본의 천조대신天照大神이 모두 최고의 여신이다. 여신은 생명의 탄생과 양육을 관장하는 인간 존재의 근원이다. 이러한 여신은 원시모계사회를 배경으로 천지창조의 주인공으로 자리 잡았다. 중국신화에서 창조신은 여왜女媧다. 천지가 생겨나고 사람이 없었을 때, 여왜가 흙으로 인간을 빚었기 때문이다. 게다가 오색돌을 다듬어 구멍 난 하늘을 메우고 거북의 다리를 잘라서 네 기둥을 세우고, 갈대를 태운 재로 홍수를 그치게 했다. 여왜는 우주질서를 바로잡고 인간을 고통으로부터 구원한 위대한 여신이었다.

노자는 우주의 에너지를 도道라고 했다. 이 도는 무질서한 것 같지만 근원적인 힘이 있으며, 한 군데에 머무르지 않고 끊임없이 변화한다. 세상을 낳고 만물을 적셔주는 물의 이미지와도 같다. 노자가 말하는 도는 신화시대의 혼돈과

▲《산해경 권1》

도 같으며, 이는 또한 여성의 이미지 그 자체라는 걸 알았던 것이다.

　그러나 한대漢代로 오면서 천지를 창조하고 만물을 기르던 여신이 추락한다. 천지창조의 자리는 복희伏羲라는 남신의 차지가 되고 여신은 그에게 종속된 존재로 전락한다.

　여왜는 복희의 여동생이다.[女媧, 伏羲妹]
　여왜는 본래 복희의 아내다.[女媧, 本是伏羲婦]

　인류의 창조신이었던 여왜는 또 다른 남신인 복희와 남매가 되거나 부부가

▲ 복희와 여왜 화상석. 정주박물관
소장.

된다. 중국 최고最古의 지리서인 《산해경山海經》에 묘사된 서왕모는, 인간이 접근하기 어려운 곤륜산 꼭대기에 사는 반인반수의 무서운 형상을 하고 인간의 생사와 형벌을 주관했다. 이런 서왕모였지만 중국 최초의 역사소설 《목천자전穆天子傳》에서는 그 이미지가 180도 달라진다. 주목왕周穆王과 사랑에 빠져 상사병에 걸린 여신이자, 사람들의 소원을 들어주는 대중적인 여신으로 전락한 것이다.

그렇다면 원시모계사회 때부터 위대한 신의 위치를 고수하던 여신들이 모두 추락한 이유는 무엇일까? 인류의 역사가 남성 위주의 가부장 중심 사회로 바뀌었기 때문이다. 요순 시기는 씨족장이나 부족장이 다스리던 모계사회였다. 이 시기에는 생산력의 발달에 따라 125배에 이르는 비약적인 인구증가가 이루어진다. 경제의 발달과 안정은 사망률을 감소시키고 인구의 증가는 교류를 증대시켰다. 하지만 원만한 교류만 이루어질 수는 없는 법. 씨족이나 부락 사이의 마찰과 충돌이 빚어지고 이는 갈수록 격렬해졌다. 자연재해까지 겹쳐 생활터전을 버리고 이동할 수밖에 없는 상황이 벌어진 것이다. 이에 중원에 살던 토착민들과의 전쟁은 필연적일 수밖에 없었다. 황제와 염제, 황제와 치우의 각축은 바로 이 시기에 벌어진 전쟁이었다.

위기상황이 일어나지 않을 때는 경험 많은 여성이 권위를 지킬 수 있지만, 자연재해나 전쟁이 빈번하게 일어나는 상황에서는 씨족의 안전을 위해 육체적으로 힘이 센 남성이 결정권을 쥐게 된다. 이런 과정을 거치면서 가부장家父長제도가 출현하고, 여타 씨족들은 그들 가운데 가장 힘이 센 자를 우두머리로 뽑아 권한을 위임하게 된다.

하남성 정주박물관에는 한나라 때의 화상석畵像石이 전시되어 있다. 화상석은 묘릉 자리에서 많이 볼 수 있는 것으로, 중국의 신화나 역사는 물론 당대의 각종 생활상에 이르기까지 매우 다양한 모습을 조각해 놓았다. 수많은 화상석 중에는 여신의 변천을 볼 수 있는 것이 있는데, 서왕모와 복희·여왜상이 그것이다. 서왕모상은 창조의 여신으로 늠름하게 맨 위 중앙에 정좌하고 다른 신들을 내려다보고 있다. 하지만 복희여왜상에서는 그런 여신의 모습은 보이지 않는다. 뱀의 형상으로 남신인 복희와 일체가 되어 있을 뿐이다. 일명 '복희와 여왜의 교미도'인 셈인데, 이는 여왜가 창조신의 성격을 잃어버리고 복희의 배우자로서 생산에만 치중하게 된 것을 의미한다. 즉 가부장제도의 출현으로 남신에게 리더 자리를 내어준 때문이다.

중국의 역사는 상商나라부터 시작되는데, 이 시기는 국가체계를 갖춘 청동기 시대다. 당시에는 부계제가 정착되긴 했지만, 오랫동안 이어져 온 모계제의 힘이 여전히 살아있었다. 모계사회에서 부계사회로 넘어가는 과정에서 가장 큰 갈등은 바로 상주商周 교체기였다. 주나라는 모계제의 풍습을 이어오던 상나라를 타도하고 진정한 부계사회를 만든다. 부계제를 제도화한 종법제를 완성하고 이를 기반으로 주례周禮를 완성함으로써, 가부장 중심의 사회가 체계화되었으며 이후 대대로 이어지게 된다.

가부장 중심의 사회는 유가철학에 의해 사상적으로 완성되는데, 유가철학은 서주西周 초기에 주공周公에 의해 기초가 세워지고 춘추春秋시대 공자에 의해 완성된다. 그 후 맹자, 순자 등 탁월한 후학들이 이를 보다 발전시키고 체계화한다. 이런 가부장제 이데올로기는, 춘추전국시대를 거쳐 한 무제가 유학을 국교로 삼으면서 나라를 다스리는 이념으로 확고히 자리 잡는다. 이때부터 중국 사회를 사상적으로 지배하게 된 유학은, 우리나라를 비롯해 동아시아 주변국 전체에 엄청난 영향을 미쳤다.

유가사상이 통일 제국의 통치이념이 되면서 여성들의 지위는 더욱 하락한다. 반고의 《한서》〈외척전〉에 이르면, 여성은 '경국지색'이라 하여 '나라를 망치는 위험한 존재'가 되어 정치에서 배제된다.

여성에 대한 존중이 사라지는 결정적 계기가 된 것은 유향劉向의 《열녀전》이다. 여기서 여성은 죽은 배필을 위해 희생해야 하고, 어머니의 숨은 사랑은 자식의 출세를 위한 밑거름이 되어야 하는 것으로 그려진다. 여성은 이제 도덕의 울타리에 갇혀 대의명분의 희생물이 되어야만 하는 처지가 된다. 흙을 빚어 인간을 만들던 창조신에서 팔괘八卦를 만들고 불을 발견한 남신인 복희의 배우자로 변화된다. 그리고 자손을 낳고 지극한 효행으로 집안을 번성시켜야 하는 존재로 뒤바뀐다. 가부장 중심의 사회가 되면서 복희가 창조신이었던 여왜의 자리를 차지하고, 여왜는 복희의 아내와 아이들의 어머니 역할에 충실하게 된 것이다. 한나라 때의 수많은 화상석畵像石에 보이는 '복희와 여왜의 교미도'는 이제 더 이상 여왜가 여신이 아님을 천하에 드러낸 것이다. 이와 함께 여왜의 강했던 힘은 철저히 박탈당하고 지아비에게 순종하는 아내, 아이들에게 자애롭고 희생적인 어머니의 삶을 강요당하게 된 것이다.

천수 일대는 여왜신화의 발원지이다. 그래서인지 진안현秦安縣 롱성진朧城鎭은 여왜의 고향이 되어 버렸다. 롱성진 마을에 이르자 장날인지 사람들로 북적인다. 북적이는 도로 위에는 여왜의 고향女媧古里이라는 팻말이 커다랗게 쓰여 있다. 이곳은 또한 제갈량과 사마의의 대결인 '가정전투'가 있었던 곳이다. 제갈량의 심복 마속은 제갈량의 조언을 잊고 수비하기 좋은 고지대로 이동한다. 하지만 물을 구할 수 없어 천혜의 요충지 가정을 포기하고 후퇴한다. 마속의 실수는 제갈량의 정치력에 결정타를 먹이는 꼴이 되어 결국 마속은 처형을 당한다. '읍참마속'의 현장에서 여왜의 사당을 보노라니 슬픈 감정이 솟구친다. 최고의 신에서 가부장제의 희생물로 추락한 여왜는 몇 번을 죽어야만 했던가. 마속은 한 번 죽었지만 여왜는 수천 번을 눈물 속에 숙어야만 했으니 가정은 '읍참여왜泣斬女媧'의 현장이 아니고 무엇이겠는가.

신화 속에 등장하는 여신은 하늘과 땅, 생명의 창조와 양육을 관장하는 인간의 근원이었다. 하지만 황하유역을 차지하기 위한 전쟁, 홍수와 가뭄 등 자연재해의 반복은 남성적인 힘의 결집을 필요로 하게 되고 마침내 거대한 군사력과 노동력을 동원하는 전제군주체제를 탄생시킨다. 남성이 천하를 차지하는 시대가 된 것이다.

백성들이 반복되는 전쟁과 재해의 참화에서 벗어나는 길은 하늘과 감응해 하나가 되는 길뿐인데, 이걸 이뤄내려면 하늘의 뜻을 받드는 절대적인 군주가 나타나야 한다. 이 과정에서 화하족의 공동조상이자 지고의 신으로 숭배되는 황제黃帝가 탄생한다. 백성을 위한다는 명분으로 시작한 천하통일과 치수사업은 결국 가혹한 노동력 착취로 이어졌고, 황제는 천명을 받드는 신성한 존재를 자처하며 절대적 통치자로 군림하게 된 것이다.

중국 최고의 역사가 사마천은 자신의 저서 《사기》〈오제본기〉에서 역사 이전의 시기를 다뤘다. 이 책에서 그는 중국신화에 나타나는 남성신을 다루면서 황제를 맨 먼저 언급한다. 그의 작업을 통해 당시 중원에 흩어져 살던 다양한 종족들은 '화하공동체'로 편입되었고 모두가 황제의 후손이라는 정체성을 갖게 된다. 사마천에 의해 황제, 전욱顓頊, 제곡帝嚳, 요·순堯·舜 등 신화 속의 남성신들이 덕망을 지닌 위대한 제왕이 되어 화하족의 정신을 지배하는 이데올로기로 형상화된 것이다.

사마천은 신화 속의 오제五帝가 실존했던 인물들이기를 바랐다. 괴이하고 모순적인 요소들을 제거하여 역사적 사실에 가깝게 서술함으로써, 그는 모든 사람들이 오제를 역사적 인물로 받아들이길 바랐다. 사마천이 취사선택한 역사는 신화에서 비롯된 전통과 이를 뒷받침하는 하늘의 감응이 상호 조화를 이루는 것에서 시작된다. 황제는 이런 신화적인 전통과 하늘의 덕을 받아 인간세계의 질서를 유지하는 상징인 것이다. 그러므로 사마천은 황제로부터 역사를 풀어가고자 한 것이다. 그는 자신의 저서에서 이런 의도를 분명하게 강조했다.

▲ 가정 룽성진 여왜고리

古列女傳目錄序
劉向所敘列女傳凡八篇事具漢書向列傳而隋書及
崇文總目皆稱向列女傳十五篇曹大家注
之蓋大家所注離其七篇為十四與頌義凡十五篇而
益以陳嬰母及東漢以來凡十六事非向書本然也蓋
向舊書之亡久矣嘉祐中集賢校理蘇頌始以頌義篇
次復定其書為八篇與十五篇不合今驗頌義篇以
頌義為劉歆作也而自向之
自叙又藝文志有向列女傳頌圖明非歆作也自唐之
亂古書之在者少矣而唐志錄列女傳凡十六家至大
家注十五篇者亦無錄然其書今在則古或有錄而亡

新編古列女傳目錄
漢護左都水使者光祿大夫劉 向 編撰
晉大司馬參軍顧愷之 圖畫
第一卷
母儀傳
母儀傳一敘列故轉五章云
大師一篇小序七瞳
惟若母儀賢聖有智行爲儀表言則中義
胎養子孫以漸教化既成以德致其功業
姑母察此不可不法
右係頌義小序頌見逐傳篇末

▲ 《열녀전》 서문　　　　　　▲ 《열녀전》 제1권

▲ 《열녀전》의 삽화

維昔黃帝法天則地四聖遵序 集解徐廣曰顓
度唐堯遜位虞舜不台　頊帝嚳堯舜
也或音路非也
載之作五帝本紀第一　索隱應劭曰有年則表有名則傳
維禹之功九州攸同光唐虞際德流苗裔夏桀淫驕乃
放鳴條作夏本紀第二
維契作商爰及成湯太甲居桐德盛阿衡武丁
　　　辟也　作商
得說乃稱高宗帝辛湛湎諸侯不享作殷本紀第三
維弃作稷德盛西伯武王牧野實撫天下幽厲昏亂既

▲ 《사기열전》〈태사공자서〉

"옛날 황제가 하늘과 땅을 본받자 4명의 성군이 차례로 그 뒤를 이어서 각각의 법도를 이루었다. 당요가 왕위를 물려주었지만 우순은 기뻐하지 않았다. 훌륭한 제왕의 공덕이 만세로 전해져야 할 것이기에 〈오제본기〉제1을 지었다."

사마천에서 비롯된 오제의 역사화는 이후 중국인들에게 필요할 때마다 새로운 교훈을 전달하는 메시아 역할을 하였으니, 이것이야말로 사마천이 바라던 것이다. 그리고 그때부터 황제는 화하민족의 시조가 되어 중국 역사학자들과 위정자들의 품에서 통치 이데올로기로 활용되었고, 중화민국 초기에는 혁명의 상징으로까지 부각된다.

서쪽에서 온 황제가 치우를 이겼거늘	西來黃帝勝蚩尤
숲을 향해 자유를 묻지 마라	莫向森林問自由
성스러운 땅 오랫동안 이민족에게 점령되었으니	聖地百年淪異族
석양에 홀로 서 이 땅을 슬퍼하네	夕陽獨白弔神州
노예 노릇하는 것이 어찌 조상들의 뜻이랴	爲奴豈是先民志
역사 기록 오래 남아 후대에 치욕되리라	紀事終遺後史羞
영웅들은 파도 따라 가버리고	太息英雄浪淘盡
강물은 오열하며 동쪽으로 흐르네	大江鳴咽水東流

- 청나라 말기, 마군무馬君武, 〈자유自由〉

청清은 만주족이 세운 나라였기에, 청나라 말기의 한족 지식인들은 이민족의 통치를 끝장내기로 뜻을 모은다. 그리하여 반청혁명은 불타오르고 지식인들은 화하족의 시조인 황제가 치우를 물리쳤듯이 이민족을 물리치고 한족의 영광을 되찾자고 주장한다. 근대의 대표적인 지식인인 노신魯迅도 〈자제소상自題小象〉이란 시에서 황제 헌원에 자신의 피를 바치겠다고 맹세한다.

마음은 피할 길 없이 신의 화살을 맞고	靈臺無計逃神矢
비바람 몰아치는 바위처럼 조국은 어둡기만 하네	風雨如磐暗故園
찬 별에 뜻 전해도 향초는 이 마음 모르나니	寄意寒星荃不察
나, 나의 뜨거운 피를 헌원 황제께 바치리라	我以我血薦軒轅

황제 헌원에게 바치는 헌사를 통해 노신은 한족의 단결을 촉구한 것이다.

중국인에게 있어서 황제 헌원은 정신적 고향이다. 중화 중심의 천하, 그 세계의 보편적 질서를 이끌어 온 힘의 원천이다. 그런데 이토록 우월한 문화를 창조한 중국이 '근대'로 접어들면서 서구의 정치·경제·군사적 침략으로 굴욕을 당한다. 중화 중심의 천하질서 운영이란 당위성이 깨진 것은 물론이고, 자칫 식민지로 전락할 수도 있는 절대적 위기에 처한 것이다.

성대하도다! 우리 종족이여!	芸芸哉! 吾種族.
황제의 자손들, 신명을 다하라	黃帝之冑盡神明,
성대하게 일어나 대륙에 번성하라	寢昌寢熾遍大陸,
종횡만리 모두가 형제이니	縱橫萬里皆兄弟
한 핏줄 동포들은 예로부터 서로 하나였네	一脈同胞古相屬
보라, 세상 어느 나라 사람이 가장 많던가	君不見, 地球萬國戶口誰最多

- 양계초, 〈애국가〉 중에서

중화 제국의 전통을 이어가기 위한 끈질긴 노력은 강한 중국의 부활로 이어진다. 그리고 이는 다시 황제 헌원으로부터 시작된다. 하지만 부활한 헌원은 신화로만 머물지 않고 진시황, 한무제, 당태종 등으로 이어지는 역사의 중심이 되었다. 나아가 한족은 물론이고 소수민족까지 아우르는 중국인의 공동조상으로 낙점되었다. 허구적 조작으로 만들어진 혈연관계는 현재 중국 땅에서 살고 있는 모든 소수민족까지 동일한 울타리에 몰아 넣고 중화 중심의 강력한 제국 건

▲ 노신

설에 박차를 가하고 있다. 황제신화는 뿌리가 다른 소수민족들을 하나의 제국에 편입하는 데 더없이 좋은 도구인 셈이다. 이 목적을 달성하기 위해 한족 리더들은 '중화문명 5,000년'이란 황제기년黃帝紀年을 설정한 뒤, 민족대단결과 중화 자긍심 고취를 위한 또 하나의 야심찬 역사 기획을 마련한다. '하상주단대공정夏商周斷代工程'이 그것이다.

　　두 번 다시 이민족에게 나라를 뺏기는 수모를 당하고 싶지 않았던 한족 리더들은, 사마천에게서 비롯된 중화문명의 자긍심을 영원히 변치 않는 역사적 사실로 확정짓고 싶었다. 그 일환으로 중국은 '과학적 고고'라는 미명하에 하상주단대공정을 시작해 하夏나라의 역사 연대와 상商과 주周나라의 건국 시점을 확정한다. 놀라운 것은, 그들이 사마천도 확정하지 못한 연표를 무려 1,229년이나 앞당겨 기원전 2070년으로 확정한 것이다. 신화의 세계에 있던 하나라를 역사책에 올려놓음으로써, 한족 리더들은 '중화문명 5,000년'이라는 명제를 역사적 사실로 확정하기에 이른다.

　　하지만 이 프로젝트를 역사적 사실로 인정할 수 있을까? 하나라의 존재를 입증하는 명문이나 출토문자가 있는가? 전혀 없다. 그래서 프로젝트에 참여한 학자들조차도 "같은 시대의 문자로 입증되어야 한다는 논리에 따른다면 여전히 의문이다."라고 하였다. 과학적 연대측정이라고 하지만 그것 역시 "소망하는 것일 뿐 가능한 일이 아니다."라고 비판한다. 그럼에도 불구하고 한족 리더들이 역사기년을 앞당긴 이유는 무엇일까?

하상주단대공정의 이론적 바탕을 제공한 이학근李學勤은 "연표年表를 만드는 정도가 아니라, 중국문명을 1,000년 정도 더 위로 밀어 올리는 것"이 목표라고 설파하고 있다. 중국의 역사화 작업은 여기서 멈추지 않는다. 하상주단대공정이 일단락되자 이제는 황제시대의 역사화 작업인 '중화문명탐원공정中華文明探源工程'이 거침없이 그리고 대대적으로 시작된다. 1단계 5개년 연구가 끝난 때인 2005년에는 요순堯舜시기가 역사에 포함된다. 확정연도는 기원전 2500년이다. 신화전설의 역사화 작업은 더욱 박차를 가하고, 그 결과 2010년에는 황제가 역사시대의 인물로 편입된다. 확정연도는 기원전 4000년. 중국의 역사 끌어올리기 프로젝트는 이제 반고盤古와 삼황三皇의 시대만 남겨놓고 있다. 중화 제국의 부활에 필요한 것이라면, 역사를 만들어내는 한이 있더라도 주저하지 않겠다는 그들의 의지가 철철 흘러넘치고 있는 것이다. 프로젝트에 참여한 학자들조차 "진실한 고대사에 의문을 던지고 거짓 고대사를 믿어야 하는懷疑眞古 相信假古 진흙탕에 빠졌다."라고 비판하지만, 중국의 역사프로젝트는 국가사업이라는 폭주기관차를 타고 브레이크 없이 내달리고 있다.

중국인에게 있어서 역사학은 치국의 수단, 즉 경세학經世學이다. 국난의 시기에는 이를 이겨내기 위한 것으로, 부흥의 시기에는 더 크고 높은 성세盛世를 구가하기 위한 장치로 활용된다. 그리고 이는 시대적 이데올로기에 편승하여 중화중심주의를 더욱 확장시키는 도구로 활용된다. 마치 '중원의 화하華夏문화가 꽃의 중심이고 동이東夷, 삼묘三苗, 융강戎羌, 북적北狄문화 등은 주변을 둘러싼 꽃잎'이라는 것이다. 다시 이러한 주위를 백월百越, 야랑夜郎 등이 두 겹 세 겹으로 둘러싸고 있다는 것이다. 이는 각각의 민족들이 피워낸 아름다운 문화들이 결국은 화하문화를 위한 꽃잎이라는 논리다. 동이의 꽃잎이 화하의 꽃잎보다 먼저 피어났는데, 어찌 나중에 핀 화하문화의 들러리가 될 수 있겠는가. 이는 결국 한족 중심의 '다민족일체론'을 확립하기 위한 이론적 도구에 지나지 않는다. 정치이데올로기의 시녀를 자청하는 중국의 학문적 전통은, 모계제에서 부계제로, 부계제가 다시 모계제 사회로 변해도 바뀌지 않는 유령인 것이다.

중국의 역사 프로젝트는 '대국굴기'를 향한 것이다. 7세기 실크로드로 획득한 낭나라 때의 번영을 뇌찾을 뿐 아니라 이를 넘어서기 위한 국가석 비전인 것이다. 하지만 영원한 제국을 이뤄내는 과정에서 소수민족을 변방으로 간주하거나 중화와 전혀 무관한 대상으로 확정하게 되면, 원래 한족과 관련이 없던 땅의 소수민족들은 부담으로 작용할 수밖에 없다. 때문에 한족 리더들은 소수민족들을 '중화의 테두리 안으로' 포섭하려 한다. 다민족일체론은 중국이 초강대국으로 자리 잡기 위해 최우선적으로 이념화해야 할 필수과제인 것이다. 중국정부가 천문학적인 예산을 쏟아 부으며 지원과 격려를 아끼지 않는 까닭도 바로 이 때문이다.

다민족일체론에 입각한 통일국가 건설의 바탕은 사회주의와 애국주의다. 국가의 이익에 부합하는 것이라면, 한족 정부는 어떤 희생도 감수하려 들 것이다.

하신何新은 중국이 벌이고 있는 대대적인 역사프로젝트의 숨은 이론가다. 그는 1989년 민주화를 요구하며 시위를 벌였던 천안문 사태의 주축이 된 베이징 대학교를 방문하여 야유와 질시를 받으며 연단에 섰다.

"강자만이 살아남는 세상에서 스스로 강해져야 한다. 중국인이 국제경쟁에서 이기려면 사회주의와 애국주의 깃발 아래 단결해야 한다."

그가 이렇게 연설하자, 모든 학생들이 기립박수를 쳤다. 이에 힘입은 하신은 자신의 이론을 정리한《논정치국가주의論政治國家主義》에서, 국가는 일종의 신념으로 그것의 정의로움은 어떤 논리적 증명도 필요 없으며 모두를 만족시켜야 할 이유도 없다는 식으로 자유주의자를 신랄하게 비판한다. 그리고 모든 중국인은 신성불가침한 국가에 충성할 것을 설파한다.

하신의 최종목표는 강한 중국 건설을 위한 '국가주의로의 일치딘결'이다. 하지만 개인에게 국가란 무엇인가? 개인은 스스로가 자유롭게 사고하고 행동하며 그 속에서 아름다운 질서를 구축하는 데 방해받고 싶어 하지 않는다. 이를 가로막는 것이 국가라면 이 역시 배척의 대상이다. '백성이 하늘'인데 하늘의 뜻을 방해하는 국가주권이란 역성혁명의 대상임을 역사가 스스로 보여 주지 않았던가?

더욱 우스운 것은 신성불가침한 국가주권을 역설한 대목이다. 국가주권이란 것도 따지고 보면 통치자가 개인에게 집행하는 권력이니, 하신이 주장하는 신성불가침한 국가주권이란, 일치단결을 빌미로 국민 위에 군림하려는 통치자들의 절대 권력 그 자체다. '중화 제국 건설'이란 절박함 때문에, 5,000년 동안 지하로 흘러왔던 중화 중심의 봉건정신이 시대착오적으로 터져 나온 것이다. 그리하여 민족생존과 국가발전에 '유리한' 역사인식 찾기에 골몰하고, 급기야 그 해답이 '신화의 역사화'에 있다고 믿게 된 것이다.

중국은 21세기 대국굴기를 이뤄내기 위해, 역사와 정치에 이어 문화 대국으로까지 자리매김하려고 안간힘을 쓰고 있다. 이를 위해 한족 리더들은 문화대혁명 이후 쓰레기통에 처박혀 있던 '공자'를 전면에 내세운다. 중세봉건시대 아시아에 절대적인 영향을 주었던 공자의 유교사상이 중국이 추진하는 '중화중심주의'에 절대적으로 부합하기 때문이다. 그리하여 전 세계에 400여 개의 '공자학원'을 설립하고 우리 돈으로 약 240억을 투자해 중화인본주의의 역사와 우수성을 알리는 데 열중하고 있다.

또한 황하문명의 탄생지인 앙소문화 유적보다 500여 년이나 앞선 요하문명인 홍산문화 유적이 지금의 요녕성 하가점夏家店촌 일대에서 발굴되자, 이것은 황하문명이 동쪽으로 퍼져나간 결과라고 억지를 부리고 있다. 중국문명의 기원을 1,000년 더 높여 잡으려는 것도 여기에서 비롯된 것이다. 하지만 요하문명은 우리의 고조선과 관련이 깊은 동이족의 문명이다. 특히 하가점 일대의 유물 중에는 고조선을 대표하는 유물인 비파형동검이 나왔다. 5,000년가량 된 여신상도 발견되었는데, 곰 모양으로 다듬은 형상들이 함께 있었다. 단군왕검시대의 곰 토템신앙이 역사적으로 확인된 것이다.

▲ 요하문명의 산실인 홍산문화유적지

▲ 하가점에서 출토된 비파형동검. 적봉박물관 소장.

▲ 하가점유적분포도. 적봉박물관 소장.

내몽골자치구 적봉赤峰시에 있는 적봉박물관에는 홍산문화 유적이 전시되어
있다. 인근 하가점촌 일대에서 발굴된 각종 유물을 전시하고 있는데, 옥기玉
器와 비파형동검이 많다. 문외한이 보아도 한눈에 동이족 유물임을 알 수 있다.
옥기류의 무늬도 새가 많다. 새봉황는 태양신을 믿었던 농이족의 대표석인 숭배
대상이다. 황제와 용을 숭배하는 한족이 느닷없이 새까지 숭배했다니! 자신들
의 문화가 절대로 될 수 없는데도, 저들은 왜 세 살 먹은 아이처럼 억지를 부리
는 걸까?

보고 싶었던 여신상과 곰 발바닥 형상은 보이지 않는다. 이것마저 보여 주며
억지를 부릴 수는 없었던가 보다. 답답한 마음으로 박물관을 나오며 스스로에
게 반문한다. 우리는 우리 고대사를 어떻게 생각하고 있는가? 우리에게도 문제
가 많다. 이런 발굴 사례가 속속들이 나타나고 있는데, 우리 학계에선 아직도
묵묵부답이다. 자신들이 그동안 쌓아온 아성이 무너질 것만 두려워하는 눈치
다. 확실한 증거를 지닌 새로운 지식과 정보가 나오면, 절대적인 진리라고 믿었
던 것들은 언제든 바뀔 수 있다. 역사는 더욱 그렇다. 중국은 학계까지 동원해
정치적으로 억지를 부리는 판에, 우리는 반도사관에 안주하고 있으니 답답하
기만 하다.

치국을 위한, 치국에 의한, 치국에 올인하기 위해 역사를 마음대로 주무르는
중국. 자국에 불리한 역사는 빼고, 유리한 것은 대대로 확대하며, 타국의 역사
는 편리하게 예단하는 것이 중국 역사의 기록방법이다. 중국 역사학의 시작이
이곳에 있음을 우리는 항상 잊지 말아야 한다.

만들어진 역사는 소망일 뿐이다. 소망이 커질수록 역사 조작은 계속되고, 이
는 결국 부메랑이 되어 스스로를 패망시킨다. 그리고 조작에 의한 군림과 지배
는 뼈저린 대가를 치르며 추락하기 마련이다. 역사는 조작으로 거머쥐는 게 아
니라 수렴하고 깨우쳐서 발전시키는 것이다. 역사로부터 배워야 하는 준엄한 가
르침은 망각한 채 오히려 역사를 뜯어 맞추고 있으니 결과는 정해진 것이나 마

찬가지다. 우리는 개혁개방을 병행하는 사회주의국가에서 국가주의가 제1가치로 올라서고 민족주의까지 결합할 경우 어떤 일이 벌어질지 항상 생각하고 대비해야 한다. 중국이 미국과 더불어 전 세계에 막강한 영향력을 발휘하는 지금, 중국과 국경을 맞대고 있는 우리로서는 중국의 역사관과 입장 변화에 초점을 맞추지 않을 수 없으니 말이다. 중국의 역사 프로젝트를 주시하면서 적절히 대응해야 하는 이유도 바로 여기에 있다.

역사의 주인공은 언제나 영웅이고, 주제는 항상 영토 확장이다. 인류 문명의 기록 또한 역사이건만, 역사에 드러난 것은 승리자에 대한 찬양이 대부분이다. 그 이면을 채우는 수많은 평민들에 대한 이야기는 사막의 이슬방울처럼 찾기 어렵다. 하지만 역사에 단 한 줄도 기록되지 못한 수많은 평민들의 나비효과가 인류 문명과 역사를 이루어내지 않았던가?

늦은 시각, 숙박지인 천수 시내로 돌아오기 위해 길을 달린다. 도로 주변을 스치는 무수한 사람들의 모습이 더욱 처연하게 보인다. 들녘의 곡식과 산야의 열매는 모든 사람에게 골고루 혜택을 베푸는데, 국가에 책임과 의무를 다하는 개인은 권력을 쥔 통치자들의 먹잇감으로 전락하고 마는 이 불편한 진실을 어찌해야 할까?

잠자리를 마련하고 스산한 마음도 식힐 겸, 저녁을 먹기 위해 호텔을 나서니 시간은 어느덧 밤중이고 하늘엔 차가운 반달이 떴다. 순간 난리 통에 이곳으로 피한 두보가 동생들을 생각하며 지은 〈월야억사제月夜憶舍弟〉가 떠오른다.

진격의 북소리에 행인의 발걸음 끊어지고　　　戌鼓斷人行

변경의 가을하늘엔 외로운 기러기 소리뿐이다　　邊秋一雁聲

백로인 이 밤부터 서리가 내리겠건만　　　露從今夜白

고향 하늘엔 빈 달만 비치겠구나.　　　月是故鄉明

형제들은 난리 통에 뿔뿔이 흩어지고　　　有弟皆分散
생사의 안부조차 물을 곳이 없어　　　　　無家問死生
보내는 편지마다 소식조차 없건만　　　　寄書長不達
전쟁은 아직도 그칠 줄 모르누나.　　　　況乃未休兵

　중국이 자랑하는 사서四書의 하나인《대학大學》에 '수신제가치국평천하修身齊家治國平天下'를 이야기하는 구절이 있다. 스스로를 수련함에 게으르지 않고 가족의 화평을 이루어야만 나라와 천하 또한 다스릴 수 있다는 뜻으로 새긴다. 하지만 이 명구는 그런 뜻이 아니다. 평생 동안 몸과 마음을 갈고 닦는 '수신修身'에 전념해야 한다는 가르침이다. 개개인이 모두 수신에 힘쓰면 가족도 수신하게 되고, 모든 가족이 수신하면 국가가 수신하는 것이니, 모든 국가가 수신하면 저절로 천하가 태평해지기 때문이다. 하지만 세상은 '수신제가'도 없이 '치국평천하'의 야욕에 사로잡힌 자들이 무성하다.

　다음날, 늦은 점심을 먹고 맥적산석굴麥積山石窟을 보기 위해 호텔을 나선다. 섣달의 날씨답게 쌀쌀하지만 하늘은 맑다. 여름 산이 초록과 계곡의 물로 더위를 식혀 준다면, 겨울 산은 은빛세상과 청명한 차가움으로 정신을 맑게 해준다. 오늘 같은 날씨가 바로 겨울 산의 묘미를 느낄 수 있는 날이다.

　맥적산석굴은 천수시에서 동남쪽으로 45킬로미터 떨어진 곳에 있다. 1952년에 발견된 이 석굴은, 142미터에 이르는 석회암 단애斷崖가 마치 보리 가마를 쌓아놓은 듯한 형태를 하고 있어서 '맥적산'이라는 이름이 붙었다. 이 석굴은 북위北魏, 서위西魏, 북주北周 시기부터 명·청 대에 이르기까지 총 12왕조에 걸쳐 만들어졌다. 석불과 소상塑像, 부조가 194개의 동굴에 7,800여 개나 들어서 있고, 벽화도 1,300제곱미터에 이른다. 중국의 4대 석굴 가운데 돈황의 막고굴이 벽화로 유명하고, 운강과 용문석굴이 석각으로 유명하다면, 맥적산석굴은 세련되고 아름다운 소상으로 유명하다.

● 중국 4대 석굴의 하나인 맥적산석굴의 위용

당 현종 때인 735년, 천수 일대에 대지진이 일어나 단애에 균열이 생겼다. 그럼에도 불구하고 역대 왕조들은 이곳 맥적산석굴을 중수했고, 그때마다 나라와 개인의 안위를 기원하는 많은 불교미술품을 만들었다. 돈황의 막고굴 외에는 찾아보기 어려운 북위시대의 벽화가 있는 것도 이 석굴의 특징이다.

맥적산석굴 입구에 도착했는데 관리자가 보이질 않는다. 조금 늦은 오후이기도 했지만 비수기에 날씨까지 추워 일찍 퇴근한 모양이다. 천천히 걸어 올라가자 붉은 단애가 마애불을 앞세우고 나타난다. 수나라 때의 것으로 추정되는 마애대불이 15미터 높이로 우뚝 서서 내려다본다. 마치 필자가 찾아온 목적을 아는 듯한 표정이다.

천수는 서역으로 나가는 첫 번째 장소이자 장안으로 들어오는 마지막 요충지로 흔히 목구멍에 비유된다. 그런 까닭에 예로부터 무역뿐 아니라 중서中西문화의 교류지로도 유명했다. 장건의 서역출사도 이곳에서 시작되었고, 현장도 이곳을 거쳐 인도로 갔다. 북송 시기부터는 차마茶馬를 교환하는 시장이 번창했는데, 변방의 말들을 수집해 국방력을 강화할 필요가 있었기 때문이다. 또한 왕조 건설에 필요한 목재를 채벌하는 지역으로도 유명해서, "금은보석과도 바꿀 수 없는 천수金銀不換的是天水"라는 말이 생겨났다. 맥적산석굴이 오랜 기간 여러 왕조를 거치며 다양한 미술품들을 엮어낸 것도 이곳 천수 지역이 실크로드의 요충지이자 문화 교류지임을 잘 보여 준다.

실크로드는 교역로였지만 교역만을 위한 길은 아니었다. 종교와 전쟁, 문화와 예술 등 인류문명이 전반적으로 소통한 길이다. 그러므로 실크로드를 단편적으로 이해하려는 것은 어리석은 짓이다. 인류의 교류사가 수많은 복층의 역사이듯이 실크로드 역시 수많은 층으로 이루어진 길이다. 장건이나 현장은 대범하고 자신 있게 길을 나섰지만, 필자는 그들과 같을 수 없음을 느낀다. 하지만 시작과 함께 뒤돌아설 수는 없는 일이다. 로마까지 가는 길이 아무리 험난

할지라도 가야 한다. 어떤 사건들이 길을 막고 생각이 어떻게 바뀔지 알 수 없지만, 필자의 화두인 이상 나아가야만 한다. 맥적산석굴의 마애대불은 앞으로의 여정을 떠올리며 고뇌하던 필자를 푸른 그림자로 시원하게 식혀 준다.

당 현종 시기의 이야기인 《개원천보유사開元天寶遺事》를 엮은 왕인유王仁裕도 어느 날 이곳에 들러 〈제맥적산천당題麥積山天堂〉이란 시를 지었는데, 먼 길을 가려는 필자에게 자못 새로운 의미로 다가온다. 그가 필자의 대장정에 부어주는 '용기'를 한 잔 들이키고 다음 목적지를 향해 발걸음을 옮긴다.

깎아지른 절벽 계단으로 정상에 올라서니	躡盡懸空萬仞梯
내 몸 흰 구름과 같아진 듯하구나	等閑身共白雲齊
굽어보니 발치 아래 산들뿐이고	簷前下視群山小
내다보니 지평선에 해 지고 있구나	堂上平分落日低
석굴로 난 길 위태로워 오르는 이 적고	絶頂路危人少到
오래된 바위 위 소나무에는 학 둥지만 있는데	古巖松健鶴頻棲
내 하늘 가까이에 이름 남기려고	天邊爲要留名姓
석벽의 먼지 털고 시를 쓰노라	拂石殷勤身自題

제9장

중화문명의 시원, 황하를 가다

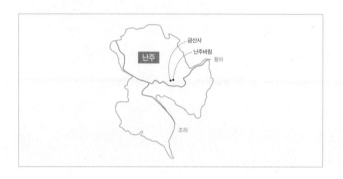

　천수는 한나라 때 비장군飛將軍이라고 불렸던 이광李廣의 고향이다. 시내의
남쪽 석마평石馬坪에는 그의 넋을 기리는 의관총衣冠塚이 있다. 쌀쌀한 날씨 때
문인지 찾는 사람이 없다. 입구로 들어서니 "비장군이 사는 곳飛將住城"이라는
뜻의 편액이 푸른 기운을 뿜어내고 있다. 입구에서부터 비장군의 기운을 느끼
며 계단을 올라가니 사당 뒤로 넓게 트인 곳에 그의 묘가 있다. 주변의 자갈을
이용해 만든 봉분은 그렇게 크지는 않지만 비장군의 기상을 표현한 듯 단아하
고 힘이 넘친다. 특히 봉분 앞의 묘비는 높다란 탑 모양이다. 비장군의 용맹한
담력과 동서로 번쩍이던 그의 무공을 표현한 듯하다.

　이광은 문제와 경제, 무제 때의 장군이다. 이광은 무인 가문의 기상을 받고
태어나서 어릴 때부터 무예에 출중했다. 문제 때인 기원전 166년, 흉노가 침입
해오자 이광은 군인이 되어 공을 세우고 왕을 호위하는 무기상시武騎常侍가 된
다. 맹수를 사냥할 때도 두려움 없이 잡는 이광을 본 문제는, 고황제 시절에 태
어났으면 만호후萬戶侯가 되었을 것이라며 애석하게 여겼다. 경제 때에는 효기도

위에 임명되어 오초칠국의 난을 진압하는 공을 세우기도 했다. 상군태수 시절에는 기병 100여 명으로 흉노와 전쟁을 벌였는데, 흉노의 수천 기병이 포위하자, 위급함에도 불구하고 복병을 숨겨놓은 것처럼 느긋하게 후퇴해 흉노군이 추격을 포기하게 했다. 이광은 두려움 속에서도 난국을 헤쳐 나가는 초인적인 담력의 소유자였다. 특히 이광의 번개처럼 빠른 몸놀림은 흉노에게 두려움의 대상이었고, 이로 인해 비장군飛將軍이라는 별칭을 얻었다.

이광은 명궁이었다. 사냥터에서 바위를 호랑이로 알고 화살을 쏘았는데 바위에 박힐 정도였다. 이광의 장손은 이릉이다. 이릉은 흉노와의 전투에서 고전하다가 흉노의 포로가 된 장수다. 적진에서 포로가 되어서도 꿋꿋하게 버텼지만 한 무제가 가족을 몰살시키자 더 이상 조국에 뜻을 두지 않았다. 대대로 무인 집안으로서의 청렴한 가풍을 이어오던 이광 가문은 그 아들들이 모두 죽임을 당함으로써 역사의 뒤안길로 사라졌고, 이광의 의관총만이 그들 가문의 흔적을 알려주고 있다. 이릉의 절친한 친구였던 사마천은 이릉을 변호하다가 궁형까지 당하게 된다. 사마천은 치욕을 당하면서도 《사기》를 지어 친구의 억울한 누명을 벗겨주려 했다. 사마천의 목숨을 담보한 우정 때문에, 이릉은 부끄럽지 않게 역사의 한 상을 차지하고 있는 것이리라.

천수를 벗어나 난주蘭州로 향한다. 천수에서 난주까지의 거리는 대략 300킬로미터다. 자동차는 속도를 내지 못한다. 대형 화물차들로 인해 도로정체가 심하기 때문이다. 중국의 어느 도로를 가더라도 원래의 중량보다 서너 배 많은 물건을 싣고 달리는 대형화물차들을 많이 볼 수 있다. 개혁개방정책으로 경제 여건이 좋아짐에 따라 중국의 물류산업도 급속히 발달했다. 특히 이동거리가 만만치 않은 대국인지라 물류비용도 상당하다. 비용을 줄이는 방법은 한 번에 보다 많은 양을 실어 나르는 것이니, 차량을 개조하는 것은 정해진 수순이다. 10톤 차량을 40~50톤으로 개조하기 십상이니, 자동차를 만드는 공장보다 이를

▲ 이광묘

개조하는 공장이 더 짭짤한 부수입을 올릴 것 같다.

속도를 낼 즈음, 해발 2,000미터의 황토고원이 나타난다. 오랜 세월 비바람에 깎인 황토지형이 거칠게 늘어서 있고, 도로를 내느라 잘려나간 절개지에는 붉은 속살이 휑하다. 하지만 이처럼 삭막한 황토고원에도 인간의 손길이 빼곡하다. 한 뼘의 땅이라도 더 넓히려는 듯 곳곳이 밭으로 개간되어 있다. 그렇지 않은 곳은 염소와 양을 키우는 목동들의 차지다. 인간의 의지가 참으로 대단하다.

난주가 가까워지자 여기저기 공장의 굴뚝들이 많이 보인다. 난주에 필요한 자원을 공급하는 배후기지 역할을 하는 정서定西시의 모습이다. 5시간쯤 달리자 황토고원도 사라지고 빌딩이 늘어선 도시가 눈에 들어온다. 황톳물이 흐르는 거대한 황하가 시내를 가로지르는 곳. 서역으로 향하는 고대 실크로드의 도시인 난주다.

황하는 동쪽 어둠속으로 흘러가고	黃河走東溟
태양은 서쪽바다로 떨어지누나.	白日落西海
흘러가는 강물과 떨어지는 햇빛	逝川又流光
표표히 가버릴 뿐 기다리지 않도다.	飄忽不相待

울울탕탕鬱鬱蕩蕩 흐르는 황하는 어디에서 오는 것일까? 당대 시인 유우석은 "1만 리 사막 길을 아홉 번 굽이돌아 출렁이는 바람타고 하늘 끝에서 온다."라고 했다. 천산의 만년설이 녹은 청정한 물이 사막과 황토고원을 적시며 대지를 깎고 산봉우리를 돌아, 그 흘러온 시간만큼 진한 황토빛깔의 황하가 되는 것이다. 인간의 역사 이전부터 흘러온 황하 주변에 인간들이 정착하게 되었으니 중국의 역사는 바로 황하의 역사이며, 황하문명도 그 속에서 탄생한 것이다.

황하는 중국에서 두 번째로 긴 강으로, 그 길이가 5,464킬로미터이고 유역면적은 75만 2,400여 제곱킬로미터에 이른다. 규모로 따지면 한강의 28배가 넘는다. 황하는 그 크기만큼 무서운 강이다. 황토평원을 이리저리 깎아 물길을 바꾸기 때문이다. 긴 강이 물길을 바꾸면 인간사회는 엄청난 피해를 입는다.

중국인들은 용龍을 숭배한다. 그래서 중국인들은 황하를 곧잘 용이라 여겼다. 황하가 물길을 바꾸면 용이 화가 났다고 생각한 그들은, 황하를 잘 다스리는 것이야말로 용은 물론 자신들의 삶도 평안하게 한다고 보았다. 이렇게 중국의 고대사는 황하를 다스리는 것과 잇닿아 있었고, 황하를 잘 다스린 자들이 중국사의 주인공이 되었다. 오늘날 중국사의 첫머리를 장식하는 삼황오제三皇五帝의 신화와 전설도 황하를 다스려야만 살아갈 수 있는 그들의 숙명적인 삶에서 비롯된 것이다.

수십억 년에 달하는 지구의 역사 중에서 빙하기 말기에 대홍수가 일어났다. 이 대홍수는 원시 인간사회에 커다란 재앙이었다. 그래서 사람들은 저마다 대홍수에 대한 다양한 신화와 전설을 창조해냈다. 인류 최초의 문명을 이룬 수메르 인들의 '대홍수 신화', 《성경》〈창세기〉에 나오는 '노아의 방주' 이야기, 그리고 중국신화에 나타난 '대우大禹의 치수' 이야기는 모두 상고시대 대홍수를 다스린 이야기들이다.

중국은 황제의 신화시대 이후 요堯임금의 전설시대로 접어들면서, 황하 유역에 빈번히 발생하는 대홍수를 다스려야 하는 문제에 봉착한다. 그 시대의 홍수는 어느 정도였을까? 《상서》〈요전堯典〉에서는 "산과 언덕을 덮고, 넘실넘실 하늘까지 닿았다."라고 했고, 《맹자》〈등문공滕文公 하下〉에서도 비슷한 언급이 나온다.

"요임금 시대에 천하가 안정되지 않아 홍수가 나서 사방이 범람했다. 초목은 멋대로 무성하고, 금수는 떼를 지어 번식했으며, 오곡은 아무런 수확이 없었다. 새와 짐승이 사람을 해치니 도처에 그들의 발자국만 있었다. (중략) 천하에 물이 역류해 나라에 홍수가 났다. 뱀과 용이 같이 살고 백성들이 살 곳이 없게 되어 낮은 곳에서는 나무 위에 둥지를 지어 살고, 높은 곳에서는 동굴을 파고 살았다."

오늘날처럼 토목장비도 없던 시절, 인력으로 막아내기 어려운 실로 엄청난 홍수였던 것이다. 이런 홍수는 백성을 도탄에 빠트리고 급기야는 국가도 혼란에 빠져 통치력마저 잃을 수 있다. 그러므로 군주가 홍수를 다스리는 것은 백성들의 풍요로운 생활을 보장하고 통치력을 더욱 공고히 할 수 있는 핵심 사업이다.

중국은 사마천 이전까지 자기네 역사를 상나라 때부터 시작하는 것으로 기록했다. 《서경》〈반경盤庚〉의 기록에 따르면, 상나라는 모두 5번 천도했는데, 그 이유가 모두 황하의 대홍수 때문이다. 인류의 역사는 자연과의 끝없는 대결 속에서 발전했지만 홍수는 가장 골치 아픈 문제였다. 이런 까닭에 홍수를 다스리고자 하는 염원과 갈망은 선민의식이 강한 지도자로서는 우선적인 일이었고, 이것이 치수신화治水神話로 농축되어 나타난 것이다.

중국의 대표적인 신화집인 《산해경山海經》의 〈해내경海內經〉편을 보면 '곤우치수鯀禹治水' 신화가 있다. 곤이 홍수를 막기 위해 상제上帝만이 가지고 있는 식양息壤·저절로 불어나는 흙을 훔쳐 1,000리에 달하는 제방을 쌓았지만, 이것이 탄로가 나고 제방도 무너져 죽임을 당한다. 그의 아들 우는 아버지 곤의 실패를 거울삼아 13년간의 노력 끝에 치수에 성공한다는 내용이다.

곤은 군세고 정직했다. 홍수를 막기 위해 9년간 전심전력으로 제방을 쌓고 물을 막았다. 하지만 그것만으로는 엄청난 홍수를 다스릴 수 없었다. 곤의 아들 우는 부친의 경험을 토대로 보다 발전된 방법을 연구한다. 홍수를 막을 수 없다면 길을 내어 잘 흐르게 해야 한다는 사실을 알아낸다. 그래서 제방으로 막는 한편 필요한 곳에는 물길을 내어 바다로 흘러가게 했다. 우는 이 공적으로 대우大禹로 칭송받게 된다.

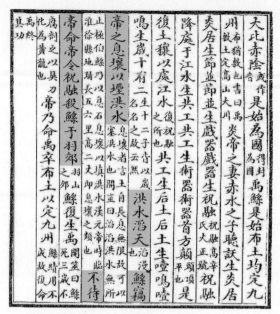

▲ 《산해경》의 〈해내경〉에 보이는 곤우치수 이야기

　　사마천은 곤우치수 신화의 주인공인 우를 역사적 인물로 변모시킨다.《사기》
〈하본기夏本紀〉에서 우는 하나라를 건국한 시조로 거듭난다. 그는 "여러 자료들
을 검토한 뒤 비합리적인 요소를 제거해 가장 그럴 듯한 것만을 골라 본기를
저술"했다고 주장함으로써, 신화의 역사화를 시도했다. 그런데 사마천이 역사의
시작을 상나라 때부터로 본 기존의 역사책들을 무시하고 우의 이야기를 역사
화한 것은 무슨 이유일까? 그것은 최고의 신화로 전승되는 황제 헌원軒轅을 중
국역사의 시작점으로 기록하려고 했기 때문이다. 그런데 황제 헌원에 관한 내
용은 비합리적이어서 당시 학식 있는 사람들은 이를 전수하지 않았다. 이런 상
황에서 사마천이 찾은 해답은 무엇이었을까? 바로 현지조사였다. 이를 통해, 사
마천은 중국의 동서남북을 두루 여행하며 만난 각 지역의 노인들에게서 들은
황제와 요순시대에 관한 내용이 고문의 기록에 가깝다는 것을 확인한다. 사마
천은 자신에게 이야기를 들려준 노인들이 고문을 읽거나 들었다고 보고, 이들

▲ 《사기》〈오제본기〉에 보이는 사마천의 생각

의 이야기를 들은 뒤 이를 해답으로 여겨 〈오제본기五帝本紀〉를 지었다는 것이다.

　사마천은 공부함에 있어 "깊이 고찰하지 않으면 안 된다."라고 했다. 그런데 위대한 역사가로 칭송받는 사마천이 궁형의 치욕을 참아가며 평생을 자세히 살펴 연구한 역사의 첫 출발이 이처럼 시작되고 있으니, 그의 말대로 깊이 있게 고찰하면 얼마나 더 허황되고 비합리적인 내용으로 가득할지 의문이다. 생각이 이쯤에 이르니 그동안 《사기》를 무작정 맹신하는 '사기'를 당하지는 않았는지 정신이 번쩍 든다. 사마천은 후대에 자신의 이런 짜깁기 생각에 이의를 제기할 사람들에 대한 답변도 미리 적어놓았다.

　"배우는 것을 좋아하고 생각하는 바가 깊어서 스스로 뜻을 깨우치지 못한다면, 잘 알지도 못하는 사람에게 이런 말을 하는 것은 참으로 어려운 일이다."

실로 사마천다운 치밀함이 돋보인다. 하지만 목표가 정해지고 그것을 위한 취사선택만이 필요하다면, 아무리 훌륭하고 뛰어나게 꾸밀지라도 그것은 사상누각에 불과한 것이다. 오늘날 중국의 역사끌어올리기가 오래전 사마천 때부터 비롯된 것이니 혀를 찰 노릇이다. 또한 이런 역사사랑 숭늉숭에 설린 국가를 이웃에 두고도 역사를 배우려 하지 않고 관심조차 없는 우리의 현실을 보면 졸도할 지경이다. 역사는 과거의 이야기가 아니고 현재와 미래의 원동력이다. 역사를 모르는 민족은 자멸함을 모르던가. 이제라도 냉철한 시각으로 역사를 읽어야 한다. 역사에서 현재와 미래의 대안을 찾겠다는 각오로 말이다.

중국인은 기록을 좋아한다. 문헌에 기록된 가장 오래된 신화가 곤우치수 신화인데, 그 시점은 주나라 초기다. 우주를 창조했다는 반고, 인류를 창조한 여왜, 문명을 창조한 복희 신화는 후대에 기록된 것이다. 어째서 중국신화는 시간이 흐를수록 점점 더 발전하고 있을까? 이는 중국의 위정자들이 자신들의 지배를 확고히 하기 위해 고대의 신화로부터 정통성을 부여받으려고 했기 때문이다. 그리하여 중국인들은 '더 오래된' 신화를 만들고 이를 끌어내 역사화함으로써, 그동안 용인되어 왔던 정통성을 부정하고 '자신들이 원하는' 정통성을 다시 만들어냈다. 이처럼 곤우신화도 새로운 정통성을 세우기 위한 도구였다.

홍수를 다스려 천하를 안정시킨 우는 순舜으로부터 왕권을 선양받아 하나라를 세운다. 그리고 우는 아들인 계啓에게 왕권을 넘겨준다. 요, 순, 우로 이어진 선양제를 세습제로 바꾼 것이다. 이런 전환은 제정일치 씨족사회를 벗어나 왕권이 우위를 점하게 된 것을 보여 주며, 왕조 형태의 부족국가가 탄생한 것을 암시한다. 인간의 권력욕은 동서양을 막론하고 변함이 없다. 역사 이전의 신화가 이를 잘 증명한다. 신들의 다툼에는 인간의 권력욕이 내재되어 있는데, 이것만 봐도 인간의 탐욕이 얼마나 오랫동안 이어져 왔는지를 알 수 있다.

▲ 폐허뿐인 금산사의 모습

 황하가 흐르는 도시 난주에 들어오니 벌써부터 황하의 물소리가 들리는 듯
하다. 난주는 감숙성의 성도省都로 정치와 경제, 행정의 중심지다. 예로부터 도
읍이 될 만한 도시는 강을 끼고 있었다. 위수가 흐르는 장안, 낙수洛水가 흐르
는 낙양, 장강이 흐르는 무한이나 남경 등이 다 그렇다. 하지만 황하가 흐르는
대도시는 난주가 유일하다. 황하가 북방민족과 경계지역에 있었던 까닭이다. 한
나라 무제 때에 와서야 금성金城이라 불리며 도시로 발전했고, 수나라 때 지금
의 난주가 되었다. 난주는 남북으로 두 개의 산이 마주보고 있는데, 북쪽은 백
탑白塔산, 남쪽에는 고란皐蘭산이 있다. 황하는 두 산 사이에 위치한 난주 시내
를 동서로 가로지른다. 난주는 기원전 1세기부터 실크로드로 가는 주요 길목
이어서 교통의 중심시이자 군사적으로노 중요한 요새였으며, 고대부터 황하를
따라 여러 곳으로 이동하던 요지였다.

난주에서 가장 먼저 찾아보기로 한 곳은 백탑산 서쪽 금산사金山寺에 있다는 우왕비禹王碑. 2012년에 이곳에 우왕비가 있다는 이야기를 들었지만 일정상 난주를 떠나야 할 시간이어서 찾아보지 못했다. 이번에는 여유가 있었기에 꼭 보고 싶었다. 열댓 번을 묻고, 몇 번의 산등성이를 오르내려서 금산사라는 곳을 찾았다. 하지만 버려진 절 한 채만 쓰레기와 먼지 속에서 무너져가고 있었다. 주변 어디에도 비석은 보이지 않았다. 동네 아주머니들이 절터 앞 자그마한 마당에서 야채를 말리고 있다.

"이곳이 금산사가 맞나요?"
"이름은 잘 모르겠지만 절인 것은 맞아요."
"절 주변에 비석이 하나도 없었나요?"
"몇 개 있었는데 산꼭대기로 다 옮겼어요. 그곳에 가면 있을 거예요."

백탑산 정상으로 다시 올라간다. 날이 더워 물병은 비었고 어느덧 점심때가 다 되어 간다. 하지만 이번에도 그냥 갈 수는 없는 일이다. 아주머니가 알려준 곳에 도착하니 '난주비림'이라고 쓴 커다란 건물이 보인다. 입구에 들어서자 좌우 회랑에는 유명한 인물들이 쓴 시나 글씨를 모사해 새겨놓은 석비들이 즐비하다. 하지만 이는 모두 최근에 만든 것들이다. 비림 중앙에는 '초성각草聖閣'이라고 쓴 5층짜리 누각이 있는데, 진품들은 모두 이 안에 보관되어 있다. 그런데 누각의 입구가 잠겨있다. 보고픈 마음에 관리인에게 열어줄 것을 재촉하니 의외의 대답이 나온다.

"저곳은 개방하지 않는 곳입니다."
"입장권을 끊고 들어왔는데 볼 수 없는 곳도 있나요? 그럼 또 표를 끊어야하나요?"
"아뇨. 그럴 필요 없어요. 저곳은 당 간부들이 올 때만 볼 수 있으니까요."

▲ 난주비림 풍경. 초성각의 진본 석각은 일반인에게 공개되지 않는다.

참으로 낭패가 아닐 수 없다. 진품은 숨겨놓은 채 보여 주지 않으면서 이를 보려고 찾아온 사람들에게 꼬박꼬박 입장료 수입만 챙기고 있다니. 그 모습을 보자니 부아가 치민다. 중국이 자본주의 개혁개방노선을 펴고 있지만 엄연한 사회주의 국가인 것을 다시금 절감한다. 중국에서는 공산당원을 우대하고 '꽌씨關係'를 잘 맺어야 한다고 이야기하는데, 이런 하찮은 곳에서도 실감하게 될 줄이야. 하긴 중국 어느 곳에서인들 없으랴. 둘 중 어느 하나도 갖지 못한 사람만이 바보가 되어 매번 당하고 살아야 하는 것을.

우왕비는 보지 못했어도 걱정되지 않는다. 그것 또한 회랑의 석비처럼 모사한 것이 분명할 테니 말이다. 그런 모사품이라면 이미 무한武漢의 장강에서 보았기 때문이다.

우왕비에 새겨진 글씨체는 독특하다. 고대 서체 가운데 하나인 과두문자蝌蚪文字인데, 글자의 획 모양이 올챙이처럼 생겼다고 하여 붙여진 것이다. 우왕비는 원래 호남湖南성 형산衡山의 최고봉인 구루봉에서 발견되어 일명 '구루비'라고도 한다. 비문의 글자 수는 모두 77자인데 우의 치수 공적을 적은 것이다.

치수에는 과학적 지식이 필요하다. 우의 부친인 곤은 치수에 관한 한 자타가 인정한 사람이었지만 9년 동안의 노력은 수포로 끝났다. 치수에 관한 과학적 지식이 부족했던 셈이다. 그렇다면 그의 뒤를 이은 아들 우는 어떻게 성공했을까? 그는 아버지 곤의 치수 방법 외에 어떤 지식을 더 갖추었을까? 그 정답은 우리가 망각한 채 뒷전에 밀어둔 《환단고기》〈단군세기〉와 〈번한세가(상)〉에서 찾아볼 수 있다.

"갑술 67년기원전 2267년, 단군께서 태자 부루扶婁를 파견해 도산塗山에서 우사공과 만나게 했다. 태자가 우사공에게 오행치수五行治水의 방법을 전해 주었다."

"9년 홍수를 당해 그 피해가 만백성에게 미치니 단군왕검은 태자 부루를 파견해 순임금과 약속하고 초청해 도산에서 만났다. 순임금은 사공司空인 우를 파

▲ 우왕비

견해 우리의 오행치수법을 배우게 하니 마침내 홍수를 다스릴 수 있게 되었다. (중략) 태자는 도산에 이르러 일들을 주관했다. 번한을 통해서 우사공에게 고하되, '나는 북극 수정水精의 아들이다. 그대의 왕이 나에게 청하길, 물과 땅을 다스려 백성들을 구하려 한다고 했는데 삼신상제三神上帝는 내가 가서 돕는 것이 옳다고 하시므로 내가 온 것이다.'라고 하며 치수에 필요한 3가지 보물을 준다. 험준한 곳을 다녀도 위험하지 않는 천부왕인天符王印, 물의 깊고 얕음을 측정할 수 있고 변화가 무궁무진한 신침神針, 험요의 물을 다스리는 데 필요한 황거종皇鉅宗이 그것이다."

또한《환단고기》〈고구려국 본기〉에는 우왕비의 탄생과정도 명확하게 기록되어 있다.

"사공 우가 재계하기 사흘 만에 겨우 치수의 비결을 얻어 공을 세울 수 있었다. 이에 우는 돌을 채석해 산의 높은 곳에 세우고 그곳에 부루 태자의 공을 새겼다."

《환단고기》는 중국과 일본에 의해 철저하게 왜곡되고 파괴된 우리 고대사를 복원해 줄 수 있는 몇 안 되는 귀중한 자료다. 위서僞書라는 주장도 있지만 중국의 사서 기록과 비교해 보면 대부분의 내용이 일치한다. 이 책에 따르면, 우리 역사는 일순간 광활한 중국 대륙으로 확장된다. 그런데도 선뜻 믿기 어려운 것은 일제강점기 식민사학의 영향 때문이다. 역사는 새로운 사실을 끊임없이 발견하는 과정이다. 기록이 상대적으로 적게 남아 있는 고대사는 더욱 그렇다. 어제의 단정이나 속단은 오늘의 새로운 사실에 자리를 내주어야 한다. 감추거나 속인다고 해서 되는 것이 아니다. 중국이 자랑하는 황하문명보다 더 오래되고 발전된 요하문명이 있었다는 사실이 발굴을 통해 확인되자, 이를 황하문명이 확산된 결과라거나 황하문명과 동일한 문명권이라고 우기는 것은, '천자'의 민족이 스스로의 뿌리로 간주해온 '천자'를 부정하는 짓이 아닌가? 역사는 사실을 올바로 세우는 것이고 역사가의 사명은 끊임없는 사실탐구에 있음을 잊지 말아야 한다.

《환단고기》의 내용을 종합하면 사실관계를 좀 더 정확하게 확인할 수 있다. 즉 곤의 아들인 우가 치수를 맡아 13년간 노력했으나 성과를 거두지 못하자, 단군조선의 단군왕검이 사자로 파견한 태자 부루에게서 오행치수법과 세 가지 보물을 전수받아 치수에 성공한 것이다. 이에 우가 치수를 기념하고 신과 같은 기술을 전수해 준 태자 부루의 공덕을 함께 칭송하기 위해 비를 세운 것이니, 그것이 곧 '우왕비'인 것이다.

하지만 중국사 어디에도 우의 치수 성공이 단군조선의 도움이 있었기에 가능했다는 내용은 없다. 우리조차도 우의 치수 성공은 우가 스스로 노력해서 이룬 것으로 알고 있다. 자국의 고대사를 모르고 있으니 이런 일이 벌어질 수밖에 없는 것이다.

이제는 우리 고대사에 대한 새로운 인식과 시각이 필요하다. 중국의 역사공정이 황하의 물길처럼 거세지고, 일본은 독도가 자기네 영토라며 교묘하고 집요하게 선전하고 있는데, 우리는 무엇에 정신을 빼앗기고 있는가? 오늘, 이 시대를 살고 있는 우리가 무엇보다 먼저 해야 할 것은 고대사를 바로세우는 일이다. 이대로 가다가는 우리 역사의 뿌리조차 빼앗기는 지경에 이를 것이기 때문이다. 뿌리 없이 어찌 꽃을 피우고 열매를 맺을 수 있겠는가. 오뉴월 땡볕에 말라 비틀어진 채 한줌 모깃불로 사라지고 말 뿐이다.

우리는 요순시대의 평화적 선양에 대해 누이 들어 왔다. 공자와 제자백가, 그리고 사마천 등 역사에 이름을 남긴 인물들이 이를 수없이 찬양했기 때문이다. 중국의 위정자들은 이를 통치이데올로기로 활용해 왔다. 그리하여 인간사회가 궁극적으로 도달해야 할 낙원으로 '요순시대'를 선전한 것이다. 하지만 요순시대의 인간은 권력욕이 없었을까? 아닐 것이다. 요임금이 순임금에게 권력을 이양한 사건에도 권력을 향한 순임금의 의지가 깊숙이 개입되어 있다. 기록을 보면, 자발적이고 적극적으로 노력한 결과 순임금은 요임금으로부터 선양을 받는다. 하지만 선양 과정에서 순임금은 요임금의 신하인 곤이 선양을 반대하자 곤을 죽인다. 곤이 9년간 노력한 황하치수의 실패를 빌미로 그를 처형함으로서 정적을 제거한 것이다. 이러한 순임금의 행위가 바로 권력을 향한 의지의 표현인 것이다.

전국시대의 정치가이자 시인이었던 굴원屈原은 〈천문天問〉이란 시에서 이미 이러한 곤우신화의 내면을 꿰뚫어보았다.

곤이 치수를 할 수 없는데	不任汩鴻
요임금은 어찌 치수를 맡겼는가?	師何以尚之
사람들이 말한다. 어찌 근심하는가?	僉曰何憂
어서 그에게 맡겨 보지 않는가?	何不課而行之
솔개와 거북은 서로 시체를 뜯어먹는데	鴟龜曳銜

곤은 어째서 그냥 두었는가?	鯤何聽焉
바람대로 욕심껏 일을 이루려 했지만	順欲成功
요는 어째서 형벌을 내렸는가?	帝何刑焉
영원히 우산에 갇혔거늘	永遏在羽山
왜 삼년씩이나 사형을 시키지 않았는가?	夫何三年不施

곤이 황하 치수에 실패하는 바람에 요순시대 사람들은 해마다 엄청난 피해를 입었다. 황하치수는 요순은 물론 당시 백성들 모두의 소망이다. 우가 황하치수에 성공하자, 그들의 생활터전은 황하 중상류에서 중원 전체로 확장된다. 황하치수 성공이 영토 확장으로까지 이어진 것이다. 우는 치수에 성공함으로써 전국적인 명성을 얻었을 것이다. 그것은 요순시절의 좁은 생활터전에서 얻는 명성과는 양적으로나 질적으로 비교할 수 없는 것이었다. 우의 명성은 곧 권력이 되었고 부친을 살해한 순을 향해 칼을 겨눌 즈음, 생명의 위급함을 느낀 순이 우에게 자리를 내준 것이다. 요순시대도 그렇거니와 순이 우에게 왕위를 물려준 것은 평화적인 선양이 아니다. 권력의 이동에 따른 피의 숙청을 두려워한 '어쩔 수 없는' 선택이었다. 이것을 마치 평화로운 정권교체로 각색하고 인류가 도달해야 할 낙원이라고 설파하니 이쯤 되면 역사를 제삼제사 의심하지 않을 수 없다. 공자 이래로 옛 기록을 그대로 믿어 왔고 사마천이 이를 더욱 견고하게 다졌지만, 이제 이 모든 역사적 기록물에 의문을 던지며 다시금 살펴보는 것이 절실한 시점이다.

중국의 역사는 무협武俠의 역사다. 협객을 떼어내고는 중국의 역사를 논할 수 없기 때문이다. 피로 권력을 차지한 자들은 자신의 과거를 감추기 위한 장치로 '문文'을 선택하고, 문을 사용해 자신의 행적을 덕德과 예禮로 포장했다. 정복자들이 문무쌍전文武雙全·문무를 다 갖췄다는 의미했다고 선전하는 정치술은 이렇게 탄생한 것이다. 이때부터 문은 정치의 시녀가 되어 오늘날까지 이른 것이니 중국인이 자랑하는 그들의 역사만큼이나 오래된 것이다.

역사는 기록에 의지한다. 하지만 역사에서 기록이라는 것도 상당 부분 왜곡되고 조작된다. 역사를 집필하는 집단의 우월감이 '역사적 사실'을 장악하기 때문이다. 그리하여 정正과 반反이 바뀌고, 사실과 허구가 융합되어 새로운 진실로 조작된다. 기록된 역사도 입맛대로 바꾸는 판에, 기록이 없는 시대는 어떻게 요리할지 걱정이 앞선다. 요순시대는 신화다. 역사가 아니다. 인류의 이상향을 보여 줄 뿐이다. 그런 신화를 역사로 편입하는 것은 국경이 없던 시절에 만들어진 인류 문화의 정수를 욕되게 하는 짓이다.

1992년, 중국은 역사박물관 80주년을 기념해 자국 고대사의 기본 틀을 선포했다.

"100만 년을 뛰어넘는 뿌리, 1만 년을 넘는 문명의 시작, 5,000년의 고국古國, 2,000년의 중화일통의 실체"

우리나라와 수교한 해에 중국은 새로운 역사를 쓰기 시작한 것이다. 그 후 20년이 지나고 급속한 경제성장을 이룩한 중국은, 각종 공정을 통해 이런 기본 틀에 맞게 새로운 역사를 쓰고 있다. 고구려 역사의 중국화는 물론 발해의 역사마저도 자국 역사의 일부라고 주장하고 있다. 또한 10년 계획으로 진행되어 2012년에 마무리되어 내부검토중인 '청사공정淸史工程'은 조선의 역사에 대해서도 건드릴 것이 분명하다. "기록된 모든 것은 역사"라는 논리가 중국 사회를 지배하고 있는 것이다. 이런 추세와 부합해서 이뤄지는 중국의 역사공정은 비록 지금은 모순투성이지만, 수백 년이 흐른 뒤에는 어떤 모습을 하고 있을까? 중국이 지금처럼 자국의 입맛에 맞게 버무려낸 공정의 결과를 역사라고 우긴다면 이렇게 해야 할까?

중국은 경제성장을 발판으로 대국굴기大國崛起를 주창하고 있다. 하지만 대국이란 무엇인가? 어떤 자격을 갖추어야 대국이라 인정할 수 있는가? 영토를 확장하고 세계 경제를 좌지우지하며 이에 편승해 역사마저 왜곡해 주변국을 압박하는 것이 대국인가? 그런 나라는 21세기에 절대 대국이 될 수 없다. 세계가 인터넷으로 연결되어 시시각각 정보가 소통되는 시대에, 대국이란 전 지구적으로 유익한 정보를 생산하고 전 인류적으로 삶의 질을 높일 수 있는 새로운 문화를 창출하는 허브여야 한다. 대국에 걸맞은 모범적인 행동을 보여야만 대국으로 인정받을 수 있는 것이다.

지금까지 중원에서 수많은 대국들이 명멸했기 때문에, 중국은 대국이란 어떤 존재이며 이 시대가 요구하는 바람직한 대국의 모형도 잘 알고 있다. 덕치德治와 예악禮樂, 인의仁義와 경신敬信은 중국 정치사상의 핵심이기 때문이다. 하지만 중국은 이제 후진타오가 주창한 '화평굴기和平崛起·평화롭게 우뚝 서는 것'를 넘어 시진핑의 '주동작위主動作爲·해야 할 일을 주도적으로 하는 것'로 한 발 더 나아가고 있다. 즉 세계규칙을 따르는 추종자에서 규칙을 만드는 제정자가 되겠다는 것이다. 덩샤오핑이 '도광양회韜光養晦·숨어서 몰래 힘을 기르는 것'를 선포한 지 33년 만에 세계의 패권을 거머쥐겠다는 야심을 선포한 것이다. 하지만 중국의 이런 세계전략은 과연 이 시대가 요구하는 새로운 대국의 모형일까? 그들은 지금과 같은 전략으로 '요순시대'의 영광을 재현하고 공자의 가르침을 세상에 펼칠 수 있을까? 대국의 의미와 명멸의 원인, 그리고 나아갈 방향도 알고 있는 중국. 1만 년의 문명과 5,000년의 국가 전통을 이야기하려면 진정 역사에 걸맞게 존경받는 대국의 면모를 보여야만 한다.

난주 시내를 흐르는 황하는 고요하다. 하지만 그것은 멀리서 바라보는 낭만적 풍경에 지나지 않는다. 가까이 다가가서 바라보는 황하는 황토색 물살을 뒤섞으며 거세게 흐른다. 황하는 "물 1말약 18리터 가운데 진흙이 6되약 11리터"라고 할 정도로 흙의 양이 많다. 황토고원을 깎아내며 흐르기 때문인데, 1년에 16억 톤에서 33억 톤의 모래와 흙을 하류로 운반한다. 황하는 이렇게 전 세계에서

토사 함유량이 가장 많은 강이다.

중국인들은 황하를 중히 여긴다. 황하 주변에서 살아왔기에 황하가 중국인의 상징적 원류가 된 것이다. 황하는 중국인에게 어머니와도 같은 강이다. 그래서 황하가 흐르는 난주 시내 공원에는 '황하모친상'이 있다. 하지만 황하는 어머니로 상징되는 따스함과 자애로움은 없는 강이다. "황하를 다스리는 자가 천하를 다스린다."라는 말은 야생마와도 같은 황하의 거셈을 잘 표현한 것이리라.

황하를 오가는 배들이 몇 척 보인다. 그런데 그 사이로 관광객을 몇 명 태운 뗏목이 허위허위 거센 물살을 헤집고 나아간다. 이곳에서만 볼 수 있는 것으로 양가죽에 바람을 넣어 만든 뗏목인 양피파즈羊皮筏子다. 옛날에는 이 뗏목에 사람과 물건을 싣고 황하를 건넜는데 1톤까지도 거뜬했다고 하니 보기보다는 매우 요긴한 교통수단이었다. 하지만 양피파즈를 타려면 적어도 거센 강물의 흐름을 계산에 넣어야 할 듯하다. 관광객을 태운 양피파즈가 앞으로 나아가는 것이 아니라 황하 물살에 밀려 떠내려가다시피 하고 있으니 말이다. 뒤뚱거리는 양피파즈를 보고 있자니 옆에서 어떤 사람이 슬쩍 거든다.

"양피파즈로 강을 건너려면 2킬로미터는 내려간다고 생각해야 해요."

이제는 황하철교가 놓여 편안하게 오갈 수 있게 되었지만, 양피파즈는 옛날의 기억을 되살리는 관광 상품으로 앞으로도 오랫동안 남아있을 것이다.

난주는 온통 흙빛이다. 황하는 물론 하늘도 공기도 그렇다. 하늘이 흙빛인 것은 황토고원에서 날아오는 엄청난 먼지 때문이고, 공기가 탁한 것은 옥문玉門유전으로 발전한 석유산업과 기계금속산업, 전력·철강·석탄 공장에서 내뿜는 연기 때문이다. 그래도 난수는 흥겹다. 왜일까?

근대 이전만 해도 난주는 경공업이 전부였다. 기껏해야 양털을 깎아 가공하

▲ 황하강변의 양피파즈. 옛날에는 황하를 건너는 요긴한 교통수단이었다.

는 섬유산업으로 유명할 뿐이었다. 양피파즈에 온몸을 맡기고 황톳물 튀어 오르는 황하를 건너야만 했던 곳이다. 하지만 오늘날의 난주는 중국 서북지역을 대표하는 공업도시로 거듭났으며 원자력산업의 중심지로 우뚝 섰다. 경제력이 높아지니 시민들의 기분도 좋아질 수밖에 없다. 이곳에서는 굴뚝산업이 환경을 오염시켜 건강에 해를 끼친다는 환경 우선주의는 시기상조다. 아니 애초부터 용인될 수 없는 이야기다. 수천 년을 황톳물과 황사와 씨름하며 살아온 사람들인데 먹고살 걱정 없이 잘 살면 그뿐이지, 그깟 공기 안 좋은 것쯤이 무에 대수겠는가.

난주에서는 파란 하늘과 푸른 강물은 어울리지 않는다. 하늘과 땅, 강물이 모두 황토색인 황제신화의 고향. 이 난주의 황색을 통해 한족은 자신들이 아시아를 대표하는 민족이며 세계 4대 문명인 황하문명을 이뤄냈다고 자랑스레 웅변하는 듯하다. 천하의 중심이라는 뜻의 '중국'도 오행으로 볼 때 흙土에 비유되니, 중국 특히 난주에서는 황토색이 곧 희망의 푸른색인 것이다.

황하가 실어 나르는 엄청난 양의 모래와 흙으로 인해, 황하 유역의 강바닥은 해마다 10센티미터씩 높아진다고 한다. 도시의 표고보다 제방을 높게 쌓아야만 하는 실로 위험한 강이 황하다. 황하는 우임금의 치수 이후 2,540년 동안 1,590번 이상 제방이 무너졌다. 그중 물줄기를 바꾼 것만도 26번에 이른다. 가장 막대한 피해는 약 25만 제곱킬로미터의 땅이 침수된 것으로, 한반도보다 넓은 땅이 온통 물에 잠긴 것이다. 한 무제 시기에도 복양濮陽의 호자瓠子 제방이 무너져 인근 16개 군이 범람하는 피해를 입었다. 이에 제나라 사람인 연년延年이 상소를 올렸는데, 하도河道를 흉노지역으로 변경해 흉노도 방어하고 수재도 방지하자는 내용이었다. 이것은 매우 훌륭한 제안이었지만 채택되지 않았다. "강의 물길은 우임금이 정한 것으로, 만대萬代로 이어져야 하며 신명神明과 통한 것이니 변경하기 어렵다."라는 이유 때문이었다. 황하치수는 우임금의 모범을 따라야 한다는 것이 당시의 기본 생각이었다. 청나라 때는 황하만을 담당하는 고위관료가 있었는데 지방태수보다도 권한이 막강했다고 한다. 1938년에는 황하의 제방을 일부러 무너뜨린 적도 있었다. 국민당 군대가 일본군을 공격하는 데 황하의 물을 사용한 것이다. 제방을 파괴해 일본군을 무찌르긴 했지만, 하남성·안휘성·강소성에 걸쳐 약 1,000제곱킬로미터가 물에 잠기는 피해를 입었다. 그리고 이 제방은 9년간의 공사를 거쳐 1947년에야 복구되었으니 일본군을 무찌른 비용이 만만찮았던 셈이다.

황하는 오늘날에도 눈을 뗄 수 없는 숙제다. 하지만 지도자의 입장에서는 황하를 잘 다스리는 것으로 자신의 지도력을 인정받아 권력을 움켜쥘 수 있다. 우왕이 황하를 잘 다스린 덕에 권력을 차지한 것처럼 말이다.

한 무제 역시 황하에 관심이 많았지만, 그는 치수보다는 황하의 발원지인 곤륜崑崙산을 찾고 싶어 했다. 왜냐하면 곤륜산은 일반적인 산이 아니라 하늘과 통하는 곳으로, 서왕모西王母가 살고 있는 성스러운 산이기 때문이다. 무제는 흉노에게 오랫동안 당해왔던 치욕을 갚기 위해 흉노정벌을 계획하고 장건張騫을 서역으로 파견해 대완국大宛國·우즈베키스탄 페르가나 지역과 맹약을 맺고 한혈마를 구해오도록 한다. 장건은 이 업무를 수행하지 못하고 흉노에 사로잡혀 있다가 13년 만에 귀국한다. 그는 천마인 한혈마를 구해오지는 못했지만 서역에 관한 많은 정보를 무제에게 제공한다. 그중에는 황하의 발원지인 곤륜산도 포함되어 있었다. 장건은 곤륜산에 사는 서왕모가 안식국安息國·이란지역의 서쪽으로 수천 리 지점에 있다는 소문만 가지고 돌아온다. 신화 속의 곤륜산과 서왕모는 찾을 수 없었던 것이다. 다만, 황하의 발원지가 우전이고 그 남쪽에 옥돌이 많은 산에서 물이 흘러나오고 있음을 설명하자, 무제는 그 산을 곤륜이라 명명한다. 서왕모가 사는 곤륜산이 아닌 것을 알면서 무제는 왜 그 산을 곤륜산이라 불렀을까? 황하의 발원지와 곤륜산 그리고 서왕모는 무제에게 어떤 의미가 있는가?

흉노는 유방 때부터 한나라를 괴롭혔다. 그리고 한나라는 제국의 안녕을 위해 흉노와 굴욕적인 관계를 맺어야만 했다. 이를 잘 알고 있던 무제는 흉노를 정벌하기 위해 칼을 갈았고, 황제에 오르자 곧바로 실천에 옮겼다. 하지만 명분 없는 전쟁은 불가한 법. 그럴듯한 명분이 필요했다. 그래서 내세운 명분이 황하의 발원지 확인과 천마의 획득이었다. 황하는 곤륜산에서 흐르니, 중국인의 기원과도 같은 황하의 발원지인 곤륜산을 찾는 것은 중원의 지도자로서 지극히 합당한 결정이다. 흉노에게 쫓겨 간 월지를 찾아 동맹을 맺고 천마를 획득하는 일도 국가적으로 중요한 일이었다.

그런데 이 두 가지 사업은 모두 흉노의 영토를 지나야만 했다. 그러니 전쟁은 필연인 것이다. 무제가 흉노를 정벌할 수 있었던 것은 막강한 경제력을 바탕으로 흉노를 능가하는 군사력을 갖출 수 있었기 때문이다. 하지만 흉노와 맞서 싸워 승리할 수 있었던 결정적인 이유는, 민족정기의 근원을 찾아야 한다는 무제의 논리에 장수들과 병사들의 의기가 폭발했기 때문이다.

그렇다면 천마는 왜 필요했을까? 보병부대가 다수를 차지하던 때에, 건장한 체격에 빠르고 오래달리는 말로 구성된 기병부대는 보병부대를 압도할 수 있는 최신병기였다. 그런데 그냥 말도 아니고 말 중에서도 최고라 할 수 있는 천마로 기병부대를 갖춘다면, 제국을 유지하는 것은 물론이고 더욱 확장하는 데 큰 힘이 될 게 뻔하다. 이는 대완을 정벌하고 획득한 천마를 보고 지은 한무제의 〈천마가天馬歌〉에도 잘 나타나 있다.

천마가 오도다	天馬徠
서쪽 끝	從西極
사막을 건너서	流沙涉
사방 오랑캐가 복종하도다	九夷服
(중략)	
천마가 오도다	天馬徠
모든 문을 열라	開遠門

내 훌쩍 올라타고	竦予身
곤륜으로 날아가리니	逝崑崙
천마가 오도다	天馬徠
용의 짝이려니	龍之媒
온 하늘을 노닐며	遊閶闔
신선이 되어보려네	觀玉臺

한무제는 사방의 오랑캐를 정벌하기 위해서도 반드시 천마를 얻어야만 했다. 그리고 천마의 획득은 곧 하늘天로부터 사방의 오랑캐를 토벌하는 대임大任을 부여받는 것임을 공포한다. 나아가 신선이 되고픈 자신의 염원을 드러낸다. 〈천마가〉는 이 모든 것을 정당화시키기 위한 제례가祭禮歌인 것이다.

제국의 주인이 이루고자 하는 것은 천하제패다. 이를 드러나지 않게 감추고 성취하기 위해 모든 거룩한 것이 동원된다. 황하도, 신화도, 천마가도 천하제패를 위한 도구일 뿐이다. 이러한 황제의 뜻을 《한서》〈무제기〉에서는 다음과 같이 적고 있다.

"악와수渥洼水에서 말이 출현해 짐이 곧 그 말을 부렸노라. 전전긍긍, 대임을 잘 수행할 수 있을까 두렵도다. 하지만 천하를 생각하며 스스로 새롭게 하노라. 《시경》에도 있지 않은가. '나는 듯한 4마리 수말이 끄는 전차를 타고 복종하지 않는 자를 토벌하네.'라고."

무제는 천마 획득에 혈안이 되었다. 그 이유는 오랑캐를 무찌르기 위한 것이었지만 속내는 따로 있었다. 무제 자신이 천마를 타고 곤륜산에 가기 위함이었다. 무제는 신선이 되어 영원히 죽지 않길 염원했다. 흉노를 무찌르고 제국을 확장시킨, 그리하여 제국의 기틀을 확고히 건설한 영원한 천자天子가 되고 싶었다. 그래서 도교를 믿는 방사方士들의 신선이야기에 자주 속았다. 곤륜산에 사는 서왕모가 불사의 약을 가지고 있다고 믿은 것도 신선이 되고픈 무제의 간절한 바람 때문이었다. 무제는 한나라 황제로서 사방의 오랑캐를 정벌해야 한다는 현실적인 목표를 추구했지만, 한편으로 천자는 영원히 죽지 않는 신선이 되어야 한다는 환상을 믿고 있었다. 때문에 그는 이 두 세계를 적절하게 연결시키는 통치술로 자신의 개인적인 소망을 추구하는 동시에 강력한 제국 건설에 매진했다.

한무제가 천마를 얻었다는 악와수는 돈황 지역에 있다. 돈황 시내에서 서남쪽으로 70킬로미터쯤 가면 남호향南湖鄕인데, 악와수는 이곳에서 동남쪽으로 4킬로미터 떨어진 곳에 있다. 인근에 수창성壽昌城이 있어서 '수창해壽昌海' 또는 '수창택壽昌澤'이라고도 한다. 악와수를 보기 전에 수창성에 들렀다. 갈대가 어지러운 곳에 '수창성고지壽昌城故址'라는 팻말이 보인다. 이 팻말이 없다면 이곳에 성이 있었는지 아무도 모를 정도다. 갈대를 헤치고 나아가니 모래뿐인 언덕이 나타난다. 언덕에 오르니 그야말로 사막평원이다. 그 사이로 언뜻언뜻 토성의 흔적이 보이기에 예전에 성이었다는 것을 알 수 있다. 하지만 이 또한 얼마나 갈까? 모래바람이 서너 번 불어오면 아예 사막 속에 묻혀버릴 것이니, '오래도록 번창하라'고 지은 이름도 자연 앞에서는 모래알처럼 짧은 시간일 뿐이다. 폐허의 고성을 돌아보고 악와지로 향한다. 악와지에는 과연 옛 모습이 남아 있을까?

마을 골목을 지나 약간 오르막길로 오른다. 여기저기 늪지대가 보이고 숲이 무성하다. 그야말로 오아시스다. 언덕에 오르니 이상하게 조각한 천마상 너머로 거대한 호수가 보인다. 호수 주변은 그야말로 넓디넓은 초록이다. 한눈에 보아도 천연의 목장이자 경작하기에 비옥한 땅이다. 호숫가에는 오리와 양떼들이 한가롭게 먹이를 찾고 있다. 악와수는 이곳 지역에서 없어서는 안 될 중요한 수자원이다. 그래서 지금도 '황수패수고黃水垻水庫'로 불리며 저수지로서의 역할을

▲ 갈대와 사막으로 폐허가 된 수창성 유적지

▲ 천마 화상석. 돈황박물관 소장.

충실히 하고 있다.

악와수에서 천마가 나온 것은 사실이 아니다. 그런데 어떻게 악와수에서 천마가 나온 것일까?《한서》에 이르길, 하남성 신야현 사람 포리장暴利長이 죄를 지어 돈황으로 유배를 와서 둔전을 했는데, 악와수 강변에서 물을 마시는 야생마들 중 아주 기이하게 생긴 말을 발견하고 이를 잡아 길들인 후 무제에게 바쳤고, 무제는 아주 흡족해하며 '천마'라고 불렀다고 한다.

천마에 대한 무제의 집착은 병적이었다. 특히 신선이 되고픈 무제에게 천마는 없어서는 안 되는 존재였다. 하지만 천마는 일반적인 말과는 달라야 했다. 그런 무제에게 포리장이 바친 말은 천마가 되기에 충분했고, 악와수에서 나온 '신마神馬'로 둔갑한 것이다.

오전 내내 자동차만 타서일까? 난주에서의 하루는 황하의 물살처럼 빠르게 지나간다. 몇 군데 둘러보지도 못했는데 석양은 벌써 지평선으로 스며든다. 순간, 피곤함이 몰려온다. 여행에서 지나친 피로는 경계해야 한다. 일주일 이상의

▲ 악와지 모습

강행군에는 컨디션 조절이 중요하기 때문이다. 옛 실크로드 상인들이 그랬던 것처럼 오늘은 편안히 쉬며 피로를 말끔히 풀어야겠다. 내일의 활기찬 실크로드 대장정을 위해서 말이다.

제10장 물과 흙이 빚어낸 실크로드의 보물

  아침햇살이 호텔방에 가득하다. 늦잠을 자긴 했지만 어제의 피로가 말끔히
사라진 듯하다. 상쾌한 기분으로 호텔을 나서 황하가 흐르는 난주 시내를 걷는
다. 강을 따라 공원이 조성되어 있어서 많은 사람들이 여가시간을 보내고 있다.
  이곳에 오면 꼭 봐야 할 석상石像이 있다. 바로 황하 강변에 조성된 '황하모친
상黃河母親像'이다. 부드럽고 인자한 모습의 어머니가 천진난만한 갓난아이를 배
위에서 어르며 흐뭇해하는 모습이 화강암으로 조각되어 있다. 그동안 황하는
많은 인명과 재산을 앗아갔지만, 중화문명을 일군 황하는 중국인들에게 '또 다
른 어머니'였다. 그래서 황하를 자애로운 어머니의 모습으로 형상화한 것이리
라. 하지만 황하모친상 뒤쪽으로 거칠게 흐르는 황하를 보면 자애로운 어머니
가 떠오르기보다는 무섭기만 하다. 수천 년 동안 중국인을 키워온 젖줄과도 같
은 강, 황하. 그것을 알리는 황하모친상이지만, 왠지 그 뜻과 실제 강의 모습이
제대로 연결되지 않는다. 황하모친상은 강의 흐름이 느리고 잔잔한 곳에 있어
야 보다 잘 어울릴 듯하다.

▲ 난주의 황하강변에 있는 황하모친상

　관광객들이 썰물처럼 빠져나간 자리에서 필자도 사진 몇 장을 찍고 수차水車가 있는 곳으로 향한다. 수차는 난주 시내의 또 다른 볼거리다. 잠시 걸어가니 거다란 수차가 보인다. 난주의 오래된 명물이어선지 입장료를 받는다. 이곳 황하 강변에 맨 처음 수차를 만든 것은 단속段續이다. 단속은 명나라 때 난주에서 태어나 호남성과 호북성에서 관직생활을 했는데, 수차의 옛 형태인 통차筒車에 관심이 많았다. 통차가 수력을 이용해 낮은 곳의 물을 끌어올려 밭에 물을 대는 게 흥미로웠기 때문이다. 그는 통차의 구조와 원리를 이해하고, 실제 건축을 지휘한 경험을 바탕으로 난주로 돌아와 황하 강변에 수차를 만들었다.

　단속이 만든 수차는 이전보다 발전된 것이다. 재료도 대나무 대신 난주에서 잘 자라는 나무인 느릅나무, 홰나무, 버드나무 등을 사용했다. 두껍고 무거운 목재에 바퀴살도 촘촘하게 하는 등 매우 건고하게 만들어 홍수에도 견딜 수 있게 했다. 또한, 황하의 수면이 농지보다 많이 낮기 때문에 지름이 큰 수차가 필요했는데, 이런 수차를 돌리기 위해 물의 낙차를 크게 했다.

"끼익, 끼이익"

거대한 수차가 오랜 시간마큼 몸때 낀 바퀴를 굴리고 있다. 빠르게 흐르는 황하의 물살이 수차에 걸려 반짝이며 올라온다. 마치 황하의 속살을 건져 올린 듯하다. 그동안 수많은 사람들이 이 수차를 이용해 농사에 필요한 물을 대고 방아를 돌리며 곡식을 빻았으리라. 하지만 지금 황하의 물을 퍼 올리며 힘자랑을 하는 수차는 단속이 만든 것이 아니다. 청나라 때 과거시험에 합격한 회족回族 출신 호문병 가문의 사람이 호문화원에 물을 대기 위해 만든 것이다. 그래서일까? 사람들은 가문의 이름을 따서 이 수차를 노호차老虎車라고 부른다.

▲ 회족출신 호문병이 만든 수차

백탑산으로 오르는 케이블카를 탔다. 황하를 가로질러 오르는 케이블카는 난주 시내를 흐르는 황하를 조망하기에 안성맞춤이다. 케이블카에서 내려다본 황하는 용처럼 꿈틀거리며 흐른다. 그 위에 유람선도 떠 있고, 철교도 있어 사람들이 오고가지만 이 모두가 너무도 작아 보인다. 마치 용의 비늘처럼 반짝이는 물살에 언제라도 휘둘릴 것만 같다. 백탑산에 오르니 황하와 난주 시내는 물론 저 멀리 황토고원까지 한눈에 들어온다. 난주는 황토고원과 티베트고원이 교차하는 곳이다. 고원지대이지만 땅은 비옥하다. 서역과의 교류에서 전파된 오이, 호박 등의 채소와 수박,

복숭아 등의 과일이 많이 재배되어 "과과성瓜果城"이라고도 부른다.

백탑산은 해발 1,700미터이지만 난주시의 해발고도가 1,500미터니까 그야말로 야트막한 산이다. 백탑산 정상에는 백탑사를 중심으로 공원이 조성되어 있는데, 다수의 난주시민들이 자주 찾는 명소다. 백탑산 정상에서 난주를 내려다보면 황하를 따라 빌딩이 숲을 이루고 있다. 서역으로 통하는 교통의 요충지인 지리적 이점을 한몫 단단히 보고 있는 것이다. 백탑산에서 황하와 난주 시내를 굽어보고 있자니 당나라 때의 시인 고적高適이 난주의 누각에 올라 느낀 감회가 절로 이해가 된다.

북루에 올라 서쪽을 보니 맑은 하늘 가득하고	北樓西望滿晴空
휘돌아 흐르는 물과 연이은 산이 그림보다 멋지다.	積水連山勝畵中
우당탕 흐르는 물소리는 시위를 벗어난 화살 같고	湍上急流聲若箭
성 위에 걸려 있는 새벽달은 활과 같구나.	城頭殘月勢如弓

▲ 난주 시외의 황토고원

● 하늘에서 본 황하

백탑산의 중심인 백탑사白塔寺로 향한다. 이 절에는 독특한 모양의 백탑이 있는데 건립된 배경이 퍽이나 감동적이다. 원나라 때 칭기즈칸으로부터 불법佛法을 요청받은 티베트의 승려가 몽골을 향해 가던 중 이곳 난주에서 병으로 죽었단다. 이를 안타깝게 여긴 사람들이 그 승려를 기념하기 위해 팔각구조의 7층탑을 만들었다고 한다. 얼마나 고매한 스님이었으면 사람들이 그를 추모하는 탑을 세울까? 참으로 대단한 스님이었으리라.

백탑사에는 "진산삼보鎭山三寶"로 일컬어지는 3개의 진귀한 보물이 있다. 인도 고승이 헌납한 코끼리 가죽으로 만든 북象皮鼓, 18세기경 청동기로 주조한 무게 153킬로그램짜리 종鐘, 그리고 이곳 주지스님이 심었다는 자형수紫荊樹가 그것이다. 그런데 북과 종은 있는데 나무가 보이질 않는다. 알아보니 주지스님이 돌아가시자 나무도 시들어 죽어버렸다고 한다. 그렇다면 '진산이보'라고 해야 하거늘 왜 삼보라고 고집할까? 중국인에게 있어서 3이라는 숫자는 떼래야 뗄 수 없는 숫자다. 《삼국지》가 그렇고, 삼장법사가 그렇고, 공자의 하루 세 번 반성함이 그렇다. 천지인天地人사상도 3이요, 중국혁명의 아버지라 불리는 손문의 삼민주의도 3이며, 사마천도 《사기》〈율서〉에서 모든 수의 시작은 3에서 이루어진다고 했다. 이처럼 중국인에게 있어서 3은 시작의 의미이자 가장 안전한 성립鼎立의 의미다. 그러므로 하나가 없어졌지만 삼보라는 이름을 고집하는 것이리라.

독특한 7층탑을 한 바퀴 둘러본다. 기단은 둥근 항아리 모양으로 티베트 불탑양식이다. 그 위로 쌓은 탑은 중국의 양식을 따랐다. 각 층마다 연꽃과 불상 조각이 화려하고 모서리마다 달려 있는 방울 또한 특이하다. 백탑은 서로 다른 두 민족의 양식이 혼합되어 새롭고 독특한 건축미로 아름다움을 더한다. 이 백탑에서 보듯이 사람들은 상호간의 교류를 통해 문화가 형성된다는 사실을 알면서도, 인간사의 모든 것을 기록한 역사는 자기네 편리한 대로 주무르려 한다.

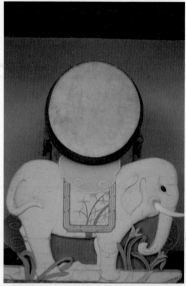

참으로 이기적인 인간이 아닐 수 없다.

인간이 이기적인 목적으로 역사를 바꾸려 할 때 잠깐은 성공했다고 여길 수 있으리라. 하지만 황하처럼 흐르는 역사의 흐름을 어떻게 바꿀 수 있겠는가. 황하를 그릇에 퍼 담는 순간 그것은 황하가 아니라 그릇 속의 물인 것이다. 그 물에 오색영롱한 물감을 뒤섞는다 해도 혼자만의 즐거움일 뿐 아무도 알아주지 않는다. 오히려 금방 썩을 뿐이다. 그렇다면 그릇에 담은 황하의 물을 다시 황하에 부으면 어찌될까? 그렇게 하면 본연의 색깔과 모습으로 돌아갈 것이다.

무한 광대한 우주의 역사, 아니 거기까지 나아가지 않더라도 유구한 지구의 역사에 비하면 인류의 역사는 어린아이가 한 걸음을 내디딘 것에 불과하다. 손 잡고 협력하면서 함께 나아가도 부족할 판인데 자신의 이기심만 충족하려 해서야 되겠는가? 지구의 역사에도 상호 공존의 법칙이 존재하거늘 티끌 같은 인류가 소통과 진실을 어찌 망각하려 하는가. 인류문명의 지속적인 발전은, 역사적 진실을 인정하고 서로 존중하면서 소통과 화합으로 어깨동무해야만 가능한 것이다.

▲ 백탑사의 진산삼보 중 상피북과 청동종

두 민족의 예술양식이 혼합되어
새로운 미를 창출한 백탑

▲ 황하강변의 백탑산 풍경

　　백탑산에서 황하를 굽어보며 내려오니 유명한 중산철교中山鐵橋 앞이다. 중산
철교는 황하에 건설된 최초의 철교다. 원래 이 자리에는 1372년인 명나라 태조
때부터 부교浮橋가 있었다. 그런데 1907년, 청나라 정부가 물산의 수송과 교통
의 편리를 위해 독일인 기술자들을 초빙해 이 철교를 세웠다. 당시 명칭은 "난
주황하철교蘭州黃河鐵橋"였는데, 1942년부터는 중국 혁명의 선도자인 쑨원孫文의
호를 따서 중산철교로 바꿔 부른다. 철교는 사람과 자전거만 오갈 수 있게 하
여 한껏 여유롭다. 황하의 물살을 내려다보며 철교를 따라 걷자니 갑자기 현장
이 떠오른다. 장안을 떠나 인도로 향한 승려들은 모두 난주에서 황하를 건너야
하는데, 현장이 황하를 건넌 곳이 이곳 철교 부근이기 때문이다. 그때도 지금처
럼 물살이 거셌을 텐데 꽤나 고생하지 않았을까? 황하 래프팅을 하는 관광객
들이 양피뗏목羊皮筏子을 타며 즐거워하는 모습 위로 긴장한 얼굴로 황하를 건

너는 현장의 모습이 떠오른다. 그런데 현장은 오히려 필자의 그런 생각이 걱정되었는지 부처님 같은 미소로 시 한 수를 읊어준다.

그 누가 말했나, 황하는 넓다고　　　　　　　　　　　誰謂河廣
마음먹으면 갈대 하나로도 건널 수 있는 것을　　　　　一葦枯之

그 누가 말했나, 황하는 길다고　　　　　　　　　　　誰謂河遠
마음먹으면 발돋움으로도 바라볼 수 있는 것을　　　　跂予望之

난주에도 여러 가지 특산물이 있지만 특히, 조하벼루가 유명하다. 조하兆河에서 나는 돌로 만든 조하연兆河硯은 광동성 단계에서 생산되는 단연端硯, 안휘성 흡연에서 만드는 흡연, 하북과 하남, 산서 등지에서 생산되는 가루로 만든 징니연과 더불어 중국 4대 벼루의 하나다.

문인들의 서재를 '문방文房'이라 하는데, 이곳에서 쓰이는 4가지 도구 즉, 붓, 먹, 종이, 벼루를 일컬어 문방사우文房四友라고 한다. 사우四友는 4가지 물건을 벗으로 의인화한 것으로 '사후四侯'라고도 하는데, 붓을 뜻하는 관성후管城侯, 먹을 뜻하는 송자후松滋侯, 종이를 말하는 호치후好畤侯, 벼루를 말하는 묵후墨侯를 이르는 말이다. 불과 100년 전까지만 하더라도 문방사우는 선비들의 생활필수품이자 문화생활을 영위하는 데 없어서는 안 될 중요한 도구였다. 문방사우는 '문방사보文房四寶'라고도 하는데, 글이나 그림을 그리는 데 쓰이던 단순한 도구가 선비들이 투사한 미의식을 기반으로 보물의 지위까지 얻은 셈이니 놀랍기만 하다.

문방사보라는 개념은 위진남북조시대에 싹트기 시작해, 당나라 때에 이르러 정식으로 확립된다. 송나라 때는 도구의 예술성이 높아져 멋진 문방사보를 소장하려는 분위기가 고조되었으며, 이런 흐름은 명·칭시대로 이어진다.

벼루는 언제부터 만들어졌는지 확실한 기록은 없다. 은허殷墟에서 발굴된 묵

▲ 황하철교

▲▼ 황하풍경

서墨書의 흔적으로 미루어 이때부터 벼루가 있었을 것이라고 추정할 뿐이다. 고고학적 발굴성과로 볼 때, 현존하는 최고最古의 벼루는 진시황 때의 것이다.

우리나라에서 벼루가 사용된 것도 상고시대부터다. 일제강점기 때 낙랑고분에서 상방영의 벼루가 발견되었으니 2,000여 년의 역사를 가지고 있다. 삼국시대에는 다양한 벼루가 생산되었다. 신라의 토기벼루, 백제의 뚜껑달린 벼루 등이 출토되었고, 조선시대에 이르면 문인들의 취향에 맞게 예술적인 미의식을 반영해 발전했다. 우리나라의 벼루는 충남 보령의 성주산聖住山에서 나는 남포석으로 만든 남포연을 최고로 친다.

중국의 서성書聖이라 불리는 왕희지는 문방사우를 군대에 비유해 말하길, "종이는 진陳이요, 붓은 칼과 방패이며, 먹은 병사의 갑옷이요, 물 담긴 벼루는 성지城池"라고 했다. 왕희지는 벼루를 특히 사랑했는데 글씨를 쓰고 나면 언제나 벼루를 깨끗이 닦았다. 얼마나 열심히 벼루를 닦았으면 '세연지洗硯池'라는 연못이 있었다는 고사까지 생겨났을까. 우리나라의 명필은 신라시대의 김생金生을 우선적으로 꼽는다. 그는 태백산 줄기인 문필산文筆山 동굴에서 수많은 불경을 썼는데, 이때 바위 밑에서 먹물이 흘러 벼루에 담겼다는 고사가 《동문선》에 실려 있다.

난주 특산물은 뭐니 뭐니 해도 우육면牛肉麵이다. 소고기 국물에 말아주는 국수인데, 뜨거운 국물을 마시면 속이 시원하고 든든하다. 알라를 믿는 회족回族은 돼지고기를 먹지 않는다. 그래서 이곳에서 많이 키우는 양과 야크Yak로 육수를 우려내고 고기를 얇게 썬 편과 야채, 고추기름을 넣어 먹는다. 야크는 고산지대에서 기르는 검고 긴 털을 가진 소의 일종이다.

우육면은 특히 아침에 인기가 좋다. 그래서 아침이면 우육면을 먹는 중국인이 식당에 가득하다. 중국인은 우육면을 먹을 때면 삶은 계란과 야크 수육을 함께 먹는다. 삶은 계란은 면에 넣어서 국물과 같이 먹는데 이 또한 색다른 맛

● 산동성 임기시에 있는 왕희지 고거. 고거 안의 세연지와 벼루모양의 석상

이다. 수육까지 같이 먹으면 그야말로 든든한 한 끼 식사가 된다. 여기에 마늘을 반찬으로 함께 먹으면 그 맛이 천하일품이다. 마늘의 톡 쏘는 맛과 쫄깃한 면발, 그리고 담백한 육수가 어울려 천상의 맛을 이끌어내는 것이다.

난주우육면은 중국의 대도시라면 어느 곳에서나 먹을 수 있을 정도로 유명하다. 그러니 난주에 와서 우육면을 먹지 않고 가는 것은 난주를 다녀간 것이 아니다. 밀가루 음식을 좋아하는 필자는 소증素症을 풀듯 우육면을 곱빼기로 시켜서 순식간에 먹어 치운다. 배부르게 먹고 나오는데도 뒷맛이 혀를 감싼다.

"내일도 하루 종일 우육면만 먹을란다!"

감숙성의 성도省都인 난주에는 감숙성박물관이 있다. 감숙성박물관은 중국 내 성급박물관 중에서도 가장 규모가 큰 박물관이다. 1959년 개관한 이 박물관은 황하문명의 탄생지답게 고대 신석기시대부터 청나라 때까지의 유물 35만 점을 소장하고 있다. 총13개의 전시실이 있는데, 채색토기, 실크로드, 불교미술품과 한나라 때의 죽간 등이 유명하다. 날아가는 제비 위를 달리는 말을 표현한 마답비연상馬踏飛燕像을 포함하여 16점의 국보급 유물이 있다고 한다.

여행지에서 박물관을 둘러보는 것은 필수다. 그 지역의 역사와 문화를 빠른 시간에 확실하고 알차게 파악할 수 있기 때문이다. 하지만 아직까지 대부분의 사람들은 여행일정을 잡을 때 볼 곳이 없거나 시간이 나면 둘러보는 곳으로 이해한다. 여행지에 대한 역사와 문화에 대한 관심보다는 그저 볼만한 관광지 위주로 둘러보는 데만 열중하기 때문이나. 이에 더해 박물관은 고리타분하고 재미없는 곳이라는 생각이 팽배하기 때문이다. 유적지를 둘

▲ 난주우육면

러보는 것도 중요하지만 박물관을 등한시하는 것은 반쪽여행만 한 것이다. 알찬 여행이 되려면 무엇보다 먼저 박물관을 찾아보아야 한다.

시내 중심가에 위치한 박물관을 찾았다. 얼마 전부터 중국의 박물관은 모두 무료입장이다. 중국인들에게 역사와 자긍심을 고취하기 위해서라고 하는데 말 그대로 믿기에는 왠지 거부감이 든다. 중국의 역사공정이 대대적으로 이뤄지는 가운데 시행된 것이기 때문이다. 한족과 소수민족의 역사를 억지로 연결시켜 중화 중심의 세계관을 만들어내려는 역사공정. 박물관 무료입장은 그 결과를 사람들에게 주입하는 사전정지작업이라는 의심이 든다.

▲ 난주시내에 있는 감숙성박물관

무료입장이라서 그런지 박물관은 인산인해다. 더러 외국인 관광객도 눈에 띈다. 황하문명의 대표적인 유적은 위수를 중심으로 탄생한 앙소문화다. 앙소문화의 특징은 채색토기인데 중국문명의 탄생을 알리려는 듯 많은 채색토기가 진열되어 있다.

중국의 모든 박물관에서 빠지지 않는 유물 가운데 하나가 불교유물이다. 특히 실크로드의 요충지인 이곳은 불교가 성행했기에 더더욱 많은 소상塑像과 족자 그림들이 많다.

실크로드의 번성을 알리는 유물들도 상당하다. 서역상인과 낙타, 동서 교류의 상징인 비단과 로마와 페르시아의 동전 등이 실크로드 지도와 함께 눈길을 끈다. 무엇보다 필자의 마음을 사로잡은 것은 마답비연이라 불리는 "동분마銅奔馬"였다. 중국이 외국인들에게 자국의 관광을 홍보하는 데 로고로 사용할 정도로 유명세를 탄 유물이다. 이 때문일까? 동분마가 자리한 유리상자는 사람들로 포위되어 있다. 저마다 사진을 찍느라 세밀하게 들여다보기가 쉽지 않다. 한 무리의 관람객이 지나가면 또 다른 무리의 관람객이 온다. 무작정 기다릴 수만은 없는 일. 사방으로 살펴보고 사진을 한 컷 찍는다. 그야말로 나는 듯이 동분마를 찍어야 하니 필자도 동분마가 되고 말았다.

박물관을 둘러보고 실크로드 유적지로 향한다. 난주에서 실크로드의 역사를 살펴보려면 병령사炳靈寺 석굴을 빼놓을 수 없다. 실크로드는 동서양의 교역뿐 아니라 다양한 종교도 전파했는데, 그중에서도 불교가 번성했다. 특히 불심이 강한 스님들이 부처님의 말씀을 보다 자세히 알고자 천축天竺으로 향했다. 병령사 석굴은 이런 구법승求法僧들이 난주에서 황하를 건너 서역으로 향할 때, 심신을 안정시키고 불심을 강화시키는 역할을 했다.

병령사 석굴로 가려면 배를 타야 한다. 황하로 인한 토사유출을 막기 위해 댐을 만들었는데, 그 댐으로 인해 생긴 커다란 호수를 건너가야 하기 때문이다. 배로 이동하려면 시간이 오래 걸린다고 해서 택시를 탔다. 길에서 지체하는 시간을 줄여야 석굴을 충분히 볼 수 있을 테니까. 하지만 택시로도 한 시간 삼십 분이 걸린다. 버스를 이용하면 꼬박 하루가 걸리는 코스라고 하니 결과적으로 잘한 일이다.

택시에서 내려 선착장으로 올라가니 커다란 댐이 보인다. 유가협劉家峽댐이다.

이 댐은 조하洮河와 황하가 만나는 지점에 세워진 것으로 높이가 147미터, 제방 길이가 840미터에 이른다. 장강에 갈주葛州댐이 세워지기 전까지는 중국 최대의 댐이었다. 중국의 4대 벼루 가운데 하나인 조하벼루는 이곳 조하의 바닥에 있는 돌로 만든 것이다. 명물名物이나 명산名産은 사람들이 결정하지만 원재료나 바탕은 자연이 제공하는 것이다. 자연을 아끼고 보호해야만 그 혜택을 누릴 수 있음을 이곳에서 다시 한 번 깨우친다.

병령사 석굴은 유가협댐에서 약 50킬로미터 떨어져 있다. 옛날 실크로드를 오가던 사람들은 난주를 거쳐 병령사 석굴에서 숙박한 뒤 서쪽 사막으로 향했다. 일반 배시간은 멀었기에 5인용 보트를 탔다. 학생 3명이 같이 탔는데, 난주에 있는 친구를 만나기 위해 2명의 친구가 북경에서 왔단다. 먼 곳의 친구를 만나기 위해 몇 달치 용돈을 절약하고 밤기차에 기대어 왔다는 북경의 친구들. 멀리서 온 벗들과 함께 병령사 석굴로 향하는 난주 친구의 마음은 어떨까? "벗이 있어 멀리서 찾아오면 그 또한 기쁘지 아니한가."라는 공자의 말씀을 떠올리게 할 만큼 참으로 아름다운 우정이다. 우리의 삶에서 중요한 것은 무엇일까? 바로 인간관계일 것이다. 이성간의 관계는 사랑이 중요하고, 동성간의 관계는 우정이 중요할 터, 일평생 사랑과 우정에 충만한 사람이 가장 행복한 삶을 산 것이 아닐까? 자본주의시대, 물질만능사회라고 하지만 인간은 결국 고독한 존재이기 때문이다.

보트는 창공으로 포말을 흩뿌리며 질주한다. 물새들이 깜짝 놀라 외마디 비명을 지르며 날아오르고 기기묘묘한 절벽은 모델인 양 온갖 자태를 뽐낸다. 비파호琵琶湖라고 불리는 인공호수는 말이 호수지 바다처럼 넓다. 그도 그럴 것이 최대 폭이 65킬로미터에 이르고, 평균수심이 100미터에 이르니 바다가 아니고 무엇이겠는가.

보트운전자는 유가협댐을 후진타오 전 주석이 설계하고 만든 것이라고 한

▲ 유가협댐

다. 유가협댐은 1958년에 중국과 구 소련現 러시아의 공동사업으로 추진되었다. 그러나 1960년에 둘 사이가 나빠져 러시아인들이 철수하면서 잠시 중단된다. 당시 국내 최대의 수력발전소 건설 사업이 중단되는 것은 커다란 손실일 수밖에 없었다. 그리하여 10년간 엄청난 인원과 노력을 동원해 완성했는데, 이때 후진타오 전 주석이 일정 부분 역할을 했던 것이리라. 왜냐하면 후진타오는 명문 대학인 청화대학교에서 수력발전을 전공했고, 이를 토대로 댐건설에 열중하며 문화대혁명의 회오리를 피해갈 수 있었기 때문이다. 그런 후진타오가 중국의 최고지도자가 되었으니 어찌 그 흔적을 자랑하지 않을 수 있겠는가. 옷깃만 스쳐도 고향이 되는 상황에 이곳에서 활동까지 한 마당이니 유가협댐 공사가 그의 공으로 돌아간 것은 너무도 당연한 것이다.

댐 건설로 생긴 비파호는 많은 마을을 수몰시켰다. 유가협댐 아래에는 많은

● 비파호의 아름다운 풍경

사람들이 정든 고향을 떠나야 했던 아픈 역사가 잠겨있다. 댐으로 인해 호롱불 대신 전깃불이 들어오면 누군가는 행복하겠지만, 누군가는 고향을 버려야 하는 청천벽력과도 같은 아픔을 끌어안아야 한다. 천지개벽이란 이런 것이 아니고 무엇이겠는가. 오늘날에는 이런 천지개벽이 여기저기서 빠르게 일어난다. 인간은 문명의 이기利器를 통해 편리함을 누리지만, 한편으로는 인간사회를 더 황폐화시킬 뿐이다. 푸른 호수를 바라보니 천 수백 년 전 구법승의 모습이 보인다. 조랑말과 봇짐을 지고 평화롭게 걸어가는 모습. 법현도 혜초도 현장도 보인다. 마을 백성들이 삼삼오오 짝을 지어 스님들의 말씀에 감복하며 합장하는 모습. 그야말로 하늘과 땅, 사람들이 어울린 한 폭의 낙원화樂園畵다.

지나가는 요트의 물살에 낙원의 모습은 사라지고 내가 탄 배는 한 시간을 달려 병령사 입구에 우리 일행을 내려놓는다. 광대한 호수는 어느덧 병풍처럼 둘러친 기암괴석을 품고 나의 발길을 재촉한다. 입구로 들어서자 절벽에 병령사임을 알리는 누각이 보인다. 옛날 실크로드를

▲ 병령사 선착장에서 바라본 비파호

▲ 병령사의 기암괴석

오가는 대상隊商들은 이곳에서 황하를 건넜다고 한다.

병령사 산허리의 봉우리는	冰靈寺上山如削
측백 숲 사이 용이 서린 듯한데	柏樹龍蟠點翠微
황하 포말 언 다리는 오죽 절경이겠는가	況有冰橋最奇絶
은빛 무지개 반짝이는 하늘 오르는 사다리로세	銀虹一道似天梯

　명나라 때의 어느 시인은 겨울 병령사의 모습을 이처럼 읊었다. 당시에는 석굴입구에도 물이 많이 흘렀던 것이다. 겨울의 병령사를 상상하며 비탈진 계곡을 오르니, 한여름 무더위도 조금은 사라지는 듯하다.

　병령사 석굴은 황하의 상류인 적석협곡積石峽谷의 동쪽기슭을 따라 약 2킬로미터에 걸쳐 늘어서 있다. '병령'이란 말은 '향파병령香巴炳靈'의 줄임말로 티베트어를 한자로 음역音譯한 것이다. '십만불十萬佛'이란 뜻인데, 일반적으로 천불동千佛洞이나 만불동萬佛洞처럼 불상이 많다는 의미로 쓰인다. 이 석굴은 길을 따라 모두 세 부분으로 나뉘는데 43개의 석굴과 152개의 감실龕室이 있다. 그중 184개의 석굴과 감실이 기슭을 오르는 초입에 몰려있다.

　석굴이 언제부터 만들어졌는지는 알 수 없지만 가장 이른 시기의 것인 169호굴의 '서진건홍원년西秦建弘元年'이란 명문銘文으로 미뤄보아, 적어도 420년부터 시작된 것은 확실하다. 이후 불상과 벽화는 북위, 북주, 수, 당시대에 활발히 조성되었는데 대부분이 수당시대에 만들어진 것이다. 하지만 토번吐藩이 이 지역을 차지한 763년 이후부터 병령사 석굴은 쇠락을 길을 걷는다. 그 뒤 원나라 때에는 이곳에 라마교가 득세했는데, 그때 상당수의 벽화를 덧그리면서 라마적인 성격의 소상塑像들도 많이 조성되었다. 청나라 때에는 잦은 민족분규로 불상과 벽화가 많이 파손되었다.

● 병령사

169호굴은 병령사 석굴 가운데 가장 오래된 데다 불상들이 많이 모여 있는 곳이다. 특히 169호굴의 결가부좌結跏趺坐한 불상이나 입상立像 등은 간다라 불교의 영향을 받은 것으로, 중국이 서진西秦시대 이전부터 인도와 활발하게 교류했음을 알려준다. 452년, 북위北魏의 제5대 황제인 문성제文成帝가 불교부흥운동을 일으키면서 융성하게 되었는데, 제7대 황제인 효문제孝文帝가 더욱 장려하면서 이곳 석굴도 크게 번성했다. 병령사 석굴은 이 석굴을 대표하는 171호굴의 현암대불縣岩大佛을 중심으로 조성되었으며, 이곳에 함께 있던 와불상臥佛像은 댐건설로 인해 반대편으로 옮겨져 있다. 거대한 좌불상座佛像인 현암대불은 당나라 때 조성되었고 높이가 27미터다. 상반신은 천연의 돌기둥을 이용해 만들어졌고, 하반신은 찰흙으로 조성되어 있다. 이곳 석굴은 사암으로 이루어져 있어서 조각하기 쉬울 뿐만 아니라 점착력도 좋아서 많은 불상이 만들어졌다. 다양한 석굴을 감상한 뒤 옮겨 놓은 와불상을 보기 위해 반대편에 이르니, 현암좌불을 중심으로 병령사의 석굴군이 한눈에 들어온다. 지금 보아도 웅장함이 돋보이는데 옛날 실크로드 대상들과 구법승이 오가던 전성기에는 얼마나 화려하고 웅대했을까. 오색찬란한 벽화와 단청의 전각들, 그리고 황금빛 불상들이 뿜어내는 광채가 어우러져 병령사 계곡은 그야말로 극락세계였으리라.

옮겨진 와불상은 뭔가 균형이 맞질 않아 보였다. 부처님 귀는 항상 크게 표현하니까 그렇다 치더라도 팔을 꽤나 길게 표현한 것이다. 부처님의 후덕함을 드러내고 싶어서일까?《삼국지연의》를 보면 촉한을 세운 유비를 표현할 때, 귀가 길고 팔은 무릎까지 닿았다고 했다. 부처님의 모습 그대로다. 수당시대부터 전해져 오는《삼국지연의》는 불교적인 요소와 도교적인 색채가 강했다. 이를 명나라 때의 이야기꾼인 나관중이 촉한정통론에 입각해 불교나 도교적인 색채를 빼버리고 충의나 명분 등 유교적인 내용으로 다시 정리하여 오늘에 이른 것이다. 그럼에도 주인공인 유비의 모습은 이곳의 와불과 같은 형상이다. 유비가 후덕하고 인자한 군주라는 사실을 보여 주려 한 것일까? 역사는 조조가 승리했

82窟 北周

窟内沈型一结跏趺坐佛二侍立菩萨
现存壁画两分两层，窟顶和门道露出底层
为北周原作，有飞天和流云等，表层为历
代重绘。正壁上部南侧高格鲁派祖师像

66

65

64

清

62

으나 중국인의 정서와 통치자의 이데올로기에 부합한 것은 유비였기에 부처를 닮은 모습으로 그려낸 것은 아닐까? 와불은 조용히 미소로 말한다.

'산은 산이요 물은 물인 것이니 오직 그대의 명철한 혜안이 부처일 뿐이라.'

현장법사도 이곳을 지나갔다. 그가 병령사에 온 것을 안 스님들과 대상들이 일제히 달려가 법문을 들려달라고 요청했고, 현장은 이들에게 귀감이 될 만한 부처님의 말씀을 전했다. 사람들은 현장의 훤칠한 기상과 품위에서 우러나오는 말씀에 시간 가는 줄 몰랐고, 설법이 끝나자 감복한 사람들은 현장의 구법여행을 위해 금은과 말을 선물했다. 현장은 감사한 마음만 받고 그 선물을 모두 병령사에 희사했다. 현장의 행동을 보며 다른 스님들은 자신들의 게으름을 탓하며 더욱 배움에 정진했을 것이다.

유가협댐에 돌아오니 허기가 진다. 간단하게 요기할 양으로 식당에 들러 우육면을 시킨다. 언제 먹어도 입맛에 맞다. 식당이 즐비한 이곳은 마을의 중심지인데 댐 건설 이전에는 한적한 시골이었다. 그런데 댐이 완성되고 관광객이 늘어나자 자연히 건물들도 늘어나고 이와 함께 경제도 좋아지니 이젠 번듯한 도시가 되었다. 갑자기 수몰지구의 농민들은 이 도시에 얼마나 살까 궁금해졌다. 확인해 보니, 외지에서 이곳으로 들어와 정착한 사람들이 대부분이란다. 고향은 언제나 아련한 추억으로만 남아있는 것인가 보다.

난주 시내는 여전히 뿌옇고 황하는 어제처럼 거칠게 흐른다. 난주를 출발하기에 앞서 다시 황하 주위를 돌아본다.

그대는 아는가
하늘 아래 황하가 몇 십 구비를 돌아 흘러가는지.

돌고 도는 구비마다

몇 십 척의 배가 있는지.

수 십 척 배 위에는

또 얼마의 삿대가 드리워 있는지.

돌고 도는 구비마다

또 몇 십 명의 사공이 노를 젓고 있는지를.

25년 전, 중국의 《중앙TV》는 '중국은 지금 어디로 가고 있는가?'라는 엄숙한 주제의 6부작 《하상河殤》을 방영했다. "중국의 치부를 드러냈다"는 비판과 함께 중앙정치국의 제재를 받을 정도로 "중국인의 정신을 뒤흔드는 것"이었다. 하상이 말하고자 하는 내용은 어둡지만 분명했다. 수천 년 동안 이어온 황하문명은 여러 번 외세의 충격을 받았지만, 결코 멸망한 적이 없다. 이처럼 강대한 문명의 동화역량을 잘 알고 있는 우리이기에, 우리는 새로운 문명의 에너지를 끊임없이 보충해야만 한다. 이런 생각을 하며 외친다.

"용의 후예들아! 황하가 우리들에게 줄 수 있는 것은 일찍이 우리 선조에게 다 주어버렸다. 우리 선조가 창조한 문명을 황하가 다시 낳을 수 없다는 것은 의심할 여지가 없다."

"황하는 1만 리를 가르고 마침내 대해로 흘러든다. 20세기 말, 그리고 21세기 개혁의 거센 바람이 눈앞에 불어 닥치고 있으니, 우리는 장차 어떠한 용기와 담력과 식견 그리고 반성의식을 준비해야 하는가?"

서구를 능가하는 새로운 문명을 만들어 유구한 역사를 이어가기 위한 중국인의 비장한 각오. 이것이 '하상'의 목적이다. 그리고 25년이 지난 현재, 중국은 세계 2위의 경제대국으로 부상했다. 비장한 각오가 성과를 거둔 것이다. 여기에 자신감을 얻은 그들은 가장 중국적인 것으로 서구문명의 한계를 극복하고자 새로운 이념을 창출하려 한다. 공자적 유교주의에 입각한 중화중심주의가 그것이다. 전 세계에 공자학원을 설립하고 지원하는 것이 그 단초다. 나아가 현 중국 땅에서 명멸했던 여러 국가를 자국의 역사에 포함시키려는 것도 전 세계를 중화제국주의 아래 편입하려는 야욕에 다름 아니다. 이 시대에는 주종 관계가 아니라 동반자 관계를 통해서만 문명을 주도하고 선도할 수 있다는 사실을 모르고 있는 것이다. 특히 21세기 고도산업화시대의 문명 선도는 국가 간의 믿음이 우선되어야 함을 망각해서는 안 된다.

중국인의 근원이자 정신과도 같은 황하. 그래서 어느 나라의 강보다도 흙빛 짙은 황하. 황하가 너무도 탁하기 때문에, 100년을 기다려도 맑아질 수 없다는 뜻의 '백년하청百年河淸'이란 말이 생겨났다. 그러므로 중국인들은 가능성이 없는 일을 기다릴 때 백년하청이란 말을 쓴다. 25년 전 중국인들이 스스로의 반성에서 시작한 노력이 황하처럼 혼탁해져 초심을 잃어버리고 산으로 오르고 있는 것은 아닌가? 자의적이고 편의적인 역사왜곡은 백년하청을 넘어 천년하청이 될지도 모를 일이다. 그러나 중요한 것은 21세기는 중세 봉건시대가 아니라는 점이다. 통치자가 시대를 잘못 판단하고 정책을 구사하면 국가의 존망이 빠르게 결정되는 시대이다. 다국적 민주주의의 힘이 대세인 시대가 된 것이다. 중국은 분명 문명대국이 될 것이다. 그러나 중국이 새롭게 창조한 문명이 인류에게 오랫동안 사랑받으려면 오랑캐를 제압하여 복속시키겠다는 봉건적 잔재를 뇌리에서 씻어내야만 한다. 그렇지 않으면 진짜 황하河에 빠져 일찌감치 몰락殤하는 끔찍한 일이 벌어질지도 모른다. 이 얼마나 섬뜩한 일인가.

황하의 물길이 거세진다. 뒷물이 앞물을 밀어내는 속도가 점점 빨라지는 것이다. 생각도 꼬리를 물고 이어진다. 그러면 우리는 어떠한가? 중국이 목적달성을 위해 거침없이 질주하는 동안, 우리는 아직도 조선시대의 행태를 답습하고 있지는 않는가? 그 치욕의 역사를 향해 거꾸로 치달리고 있지는 않는가? 25년 전 중국인들이 물었던 질문을 우리는 어느 때가 되어서야 물을 것인가? 세계의 흐름은 황하의 물길처럼 하루가 다르게 거세지는데, 우리는 작고 비좁은 땅에서 아귀다툼만 하고 있을 것인가. '다이내믹 코리아'는 좋은 말이 아니다. 이해타산에 먹살잡이나 하는 난장판을 가리는 홍보문구일 뿐이다. 국가백년은커녕 10년도 생각하지 않는 우리 사회를 낑낑대며 걸어가는 우리들도 정녕 부끄러울 뿐이다. 그러니 황하의 거친 물길 옆에서 간담이 서늘해지고 온몸이 자지러짐을 느끼는 것이다. 황하문명을 창조한 중국도 스스로를 걱정하며 쉬지 않고 정진하는데, 우리는 한강의 기적에 만족하는 양 자만의 늪에서 헤어날 줄 모르고 있으니 답답하기만 하다.

황하의 물길이 무섭게 뒤섞이며 튀어 오른다. 금방이라도 삼킬 듯한 기세다. 그 황하 위에서 나지막이 읊조리는 노래가 황톳물이 되어 가슴에 들이친다.

굽이치는 황하
오천 년을 넘고 중원을 건너
용의 포말 흩뿌리며 오르려는데,
봉황은 벽오동 위에서
달콤한 꿈에 졸고 있는가.
창공은 이미 높고 햇살은 따가운데
언제 잠에서 깰 것인가.
삼천 깃털 하나로 펼쳐
아, 언제야 날아오를 것인가.

제11장 잃어버린 제국, '서하'를 찾아서

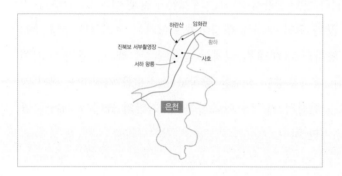

실크로드의 대 제국 서하西夏를 찾아간다. 서하제국의 도읍지는 영하회족자
치구의 은천銀川이다. 은천으로 향하는 야간기차를 탔다. 밤에 이동하면 잠자리
도 해결하고 시간도 벌 수 있으니 일석이조인 셈이다. 기차는 정시에 출발한다.
몇 해 전까지만 해도 중국여행 중에 기차를 이용하려면 항상 시간이 불투명했
다. 정시에 출발하는 일이 거의 없었기 때문이다. 하지만 요즘은 연착되는 일을
제외하고는 항상 출발시간을 지킨다. 이젠 기차여행도 일정에 맞춰 편안하게 즐
길 수 있으니 중국 여행은 나날이 편리해지고 있는 셈이다.

자리를 잡아 짐을 푼 다음, 저녁식사도 할 겸 식당 칸으로 향했다. 그런데 예
상과 달리 식당 칸은 무척이나 썰렁하다. 서너 명이 앉아서 주문한 음식이 나
오기를 기다릴 뿐이다. 메뉴를 보니 간단한 밥과 반찬뿐인데 가격이 엄청 비싸
다. 마침 옆 좌석에 음식이 나왔는데 별반 맛있어 보이지 않는다. 그야말로 폭
리를 취하려는 요량이다. 식당 칸이 썰렁한 이유가 있었던 것이다. 조금 싼 도시
락을 주문했다. 그랬더니 표정이 굳어지며 퉁명하게 한마디 한다.

"당신들 자리에 가서 먹어요."

"네? 여기서 먹으면 안 되나요?"

"도시락은 여기서 먹을 수 없으니, 당신들 자리로 가란 말이야!"

탁자 앞에 놓여 있던 섯가탁마서도 바람저럼 싶어산다. 기차는 정시에 줄발하지만 서비스는 아직도 엉망이니 장거리 기차여행을 하려면 먹을거리를 스스로 챙겨야 할 듯하다.

서하제국의 수도인 은천 지역은 "새상塞上"이라고 부른다. 이는 '새하塞下'와 대비되어 부르는 말로 각기 변방의 위쪽과 아래쪽 지역을 의미한다. '새塞'는 변방을 의미하는 글자로 주로 한당漢唐시기에 쓰였다. 한당 시기는 중국이 통일제국을 건설하고 서역으로 통하는 실크로드를 개척하기 위해 흉노와 치열한 전쟁을 벌이던 때다.

이처럼 '새塞'는 실크로드를 차지하려는 주도권 싸움에서 생긴 단어이지만 실질적인 지리는 황하와 관련이 깊다. 청해성에서 발원한 황하가 난주를 지나면서 동북으로 향하는 감숙성의 동쪽을 '새하'라 하고, 이를 지나 곧장 북쪽으로 향하는 은천지역을 '새상'이라고 칭한 것이다. 황하가 인접한 은천은 풍요를 누리며 '새상塞上의 강남江南'으로 불리게 되었다.

은천은 자연의 풍요로운 혜택만큼이나 지정학적으로도 중요한 요충지다. 진시황은 이곳을 차지하고 동서로 이어지는 만리장성을 쌓았다. 진나라의 왕성인 함양咸陽이 멀리 떨어져 있긴 했지만, 이곳을 든든히 방비하지 않으면 왕성을 지킬 수 없다고 판단한 것이다. 마치 제갈량이 기산과 가정을 차지하지 못하면 촉한蜀漢이 움직일 수 없다고 본 것과 같은 것이다.

자연적인 방어수단인 황하黃河와 인공적인 방이수단인 징성長城은 중국 역사의 상징물이다. 이는 한족과 오랑캐로 대별되는 투쟁에서 한족의 단결과 공동체적 삶을 지속시키는 정신적인 힘이자, 오랑캐를 무찌르는 지리적인 힘의 근원이기도 했다. 하지만 11세기 초, 이 땅은 흥주성興州城을 쌓고 서하제국을 건설한 원호元昊의 차지가 된다. 아무리 견고한 방어수단도 인간의 의지를 꺾을 수는 없는 것이다.

진시황의 장성이 무쇠처럼 튼튼하여	秦築長城比鐵牢
오랑캐가 감히 임조를 넘보지 못했다는데	蕃戎不敢過臨洮
비록 만 리 구름처럼 연이어 끝이 없을지라도	雖然萬里連雲際
요임금 삼 척 궁전의 견실함에 미칠 수 있으랴	爭及堯階三尺高

밤새워 달린 기차는 9시가 지나서야 은천역에 도착한다. 선잠의 기운을 씻어내고 맑은 정신으로 은천 땅을 밟는다. 은천의 아침은 평화롭다. 8차선의 도로가 시원하게 뚫려있고 도로 양 옆으로는 다양한 건물 공사가 한창이다. 일직선의 도로를 달리노라니 호수들이 많이 보인다. 고비사막과 산맥을 접하고 있는 도시에 웬 호수가 이렇게 많을까 의아할 정도다. 이는 은천에서 10킬로미터 정도 떨어진 곳에 있는 황하의 물을 끌어왔기 때문이다. 이 덕분에 은천은 사막의 도시가 아닌 비옥한 평원과 호수의 도시가 되어 서하제국의 수도가 된 것이리라. 호수 근처에는 논이 보인다. 풍부한 수자원을 활용해 벼농사까지 짓고 있으니 가히 왕도王都가 될 만하다.

서하는 11세기에서 13세기에 걸쳐 중국의 서북부지역을 통치한 티베트계 민족의 왕조다. 영토를 자세하게 들여다보면, 동쪽으로는 황하에 이르고 서쪽으로는 옥문관, 남쪽으로는 소관蕭關, 북쪽으로는 고비사막을 포함하는 광대한 지역이었다. 중국인은 서쪽 오랑캐를 서융西戎이라 했다. 서융 가운데 가장 번성한 것이 강羌과 저氐였다. 강과 저는 갑골문에도 자주 등장하는 것으로 보아 이미 상商나라 때부터 존재했던 것 같다. 허신許愼이 지은 《설문해자設文解字》에 "

강은 서융으로 양종羊種이다."라고 한 것으로 보아 양을 치는 유목공동체였음을 알 수 있다. 저는 농경 위주의 정착민족이다. 《한서漢書》〈지리지地理志〉에는 "저인들이 주로 살았던 천수天水, 농서隴西지방은 산에 숲과 나무가 많아 사람들이 판자로 집을 지었다."라고 했다.

서하는 강족의 일파인 당항党項족 탁발씨拓拔氏의 후예인 이원호李元昊가 1038년에 건립한 국가다. 송, 요, 금과 정립하며 1227년에 멸망할 때까지 195년이나 이어온 국가다. 국호를 '대하大夏'라고 했는데 후대 사람들이 요와 금의 서쪽에 있었기에 '서하'라고 불렀다.

서하제국의 위용을 살펴볼 수 있는 왕릉王陵으로 향한다. 은천에서 서쪽으로 35킬로미터 떨어진 하란산賀蘭山 남쪽, 드넓은 평원에 서하의 역대 제왕과 귀족들의 왕릉이 있다. 총 9개의 왕릉과 250여 개에 이르는 배장묘陪葬墓가 왕릉 주변을 에워싸고 있는데, 다른 곳에서는 보기 힘든 팔각형이나 원형으로 쌓았다. 서하만의 독특한 능묘인 것인데 지금 보아도 기세가 등등하다. 가히 200년의 역사를 자랑하는 서하제국의 힘을 느끼기에 충분하며 '동방의 피라미드'라 불러도 손색이 없을 정도다. 특히 서하가 위력을 과시하던 때는, 중원의 송宋, 거란의 요遼, 여진의 금金과 몽골의 칭기즈칸이 상호 각축을 벌이던 시기다.

이런 제국들에 맞서 서하를 당당한 독립국가로 발전시킨 이가 곧 원호元昊다. 그는 당과 송으로부터 하사받은 성씨인 이李와 조趙씨를 버리고 자신의 성인 외명嵬名을 복원시켰다. 이름도 '올졸兀卒'이라 했는데, 이는 당항어의 중국식 발음을 음차한 것으로 '청천자青天子'란 의미다. '황천자黃天子'라고 하는 송의 황제와 대등한 위치임을 표명한 것이다. 이런 원호의 칭제와 건국 시도는 태자 시절부터 확고했다. 부친인 덕명德明이 중국과의 교류를 통해 한족의 복식을 받아들이자, 원호는 민속의 전봉과 본성을 지키는 것이 송으로부터 자립하는 것이고 나아가 패권을 차지하는 것이라고 주장했다.

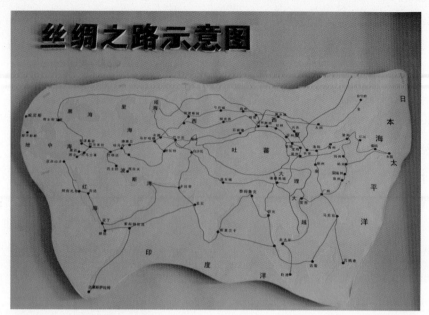

▲ 서하제국 당시의 국제정세를 보여 주는 지도

"털옷을 입고 목축에 종사하는 것은 우리 민족의 타고난 천성입니다. 영웅이 세상에 나왔으면 마땅히 나라를 세우고 황제를 칭해야 할 뿐입니다. 송나라로부터 받은 그깟 비단옷이 우리에게 무슨 소용이란 말입니까?"

원호의 독립과 건국정신은 계속 이어진다. 그는 칭제에 따른 연호의 사용, 복식과 군병제軍兵制의 정비, 예악禮樂의 제정 등을 통해 독립에 박차를 가했다. 또한 당항족의 특성을 드러내기 위해 스스로 대머리 모양의 독발禿髮을 하고 모든 자국민들로 하여금 당항족의 풍속인 독발을 하도록 명했다. 이렇게 함으로써 당항족의 의지와 기상을 잃지 않도록 한 것이다.

원호가 이처럼 '대하'국을 건설하고 송나라와 대등한 황제국을 선포할 수 있었던 힘은 무엇일까? 그것은 곧 경제력이다. 서하의 경제력은 무역을 통해 축적되었는데, 서하가 동서교통로의 요충지에 위치한 까닭이다. 서하의 주된 무역국은 송나라였다. 서북지역의 민족들은 송과의 교역에 있어서 주로 견마絹馬무역으로 많은 이득을 남겼다. 서하도 우마牛馬나 낙타, 청백염靑白鹽 등의 물품으로 비단과 서적, 금은으로 만든 그릇, 음식물 등을 수입해 막대한 이윤을 남긴다. 서하는 송과의 무역이 중요했기에 확대를 원했고, 송은 서하와의 무역을 철저하게 감시하고 통제했다. 서하의 경제적인 요구에 송은 철저하게 정치적으로 대응한다. 서하가 침입하면 송은 무역을 단절해 경제적 압박을 가했고, 신하임을 자청하면 무역을 확대하는 방식을 취한 것이다. 그 결과, 서하는 송과의 원활한 무역을 위해 초기에는 신하국을 자처한다. 이는 원호의 부친인 덕명德明 시기에 30년간 이뤄졌는데, 이 시기의 교역을 통해 서하는 튼튼한 경제력으로 국력을 키운다. 이런 경제력의 축적이 밑바탕이 되어 원호는 독립국임을 선포한 것이다.

서하왕릉의 입구에 서니 하란산맥을 배경으로 왕릉들이 장엄한 모습으로 서있다. 그중에서도 3호릉이 가장 웅장한데, 이 능이 바로 나라 이름을 '대하大夏'라고 공표하고 스스로 황제라 칭하며 독자적인 연호年號를 사용한 원호의 능이다. 1,000여 년 전에 흙으로 쌓아 만든 능이 지금도 산처럼 높은 모습이라면, 당시 원호 황제릉의 크기는 어느 정도였을까? 비가 드문 지역이라 하더라도 오랜 세월의 풍파에 부서지고 무너졌을 것을 고려한다면 현재 모습의 두 배는 되었으리라. 가까이 다가가서 살펴보니 기와 파편이 즐비하다. 그리고 기와파편은 층을 이루고 있다. 능 전체가 하나의 봉분이 아닌 것이다. 몇 개의 층을 만들고 그곳에 화려한 누각을 만든 것이리라. 기와파편을 따라 층수를 세어보던 필자는 순간 발걸음을 멈췄다. 한 줄기 생각이 번개처럼 온몸을 내리쳤기 때문이다.

원호왕릉은 7층으로 이루어져 있었다. 길림성 집안集安에 있는 고구려 장군

총도 7층이다. 그리고 은천과 집안의 중간에 홍산문화의 발원지인 우하량 유적이 있다. 이곳의 구릉에서는 한 변의 길이가 60미터인 거대한 피라미드식 적석총이 발견되었는데 이 역시 7층이다. 이 우하량의 적석총 유적은 기원전 3,500여 년 전의 것으로 추정된다. 이집트의 피라미드 제작시기가 기원전 2,500년경이라고 하니, 우하량의 적석총은 세상에 알려진 피라미드 가운데 가장 오래된 셈이다. 3,500년 전, 이처럼 거대한 적석총을 만들려면 엄청난 인원을 동원해야 한다. 이는 곧 권력자가 있었음을 의미하며, 이를 근거로 고고학계에서는 우하량을 건설한 나라가 초기국가단계에 있었다고 주장한다.

7이라는 숫자는 북두칠성을 의미한다. 고대인들에게 북두칠성은 시간과 생명을 주관하는 별자리였다. 이런 까닭에 고대인들은 숨을 거두는 것을 북두칠성으로 돌아가는 것으로 이해했다. 우리 민족은 고대로부터 7이라는 숫자를 중시해 왔다. 오늘날 장의葬儀에서 칠성판을 까는 것도 바로 이런 풍습이 전해져 온 것이다.

피라미드식 적석총은 중국문명의 줄기인 중원에서는 볼 수 없다. 고구려와 발해가 있었던 동북3성 지역과 몽골, 한반도에서만 볼 수 있다. 7층으로 쌓는 무덤양식은 고대 우리 조상들의 특징이기 때문이다. 홍산문화 유적에서 나온 비파형동검도 고조선의 특징이다. 이 또한 중원에서는 발굴되지 않는다. 이를 종합해 보면 7층의 적석총 또한 고조선과 관련된 유적인 셈이다. 이런 고조선의 유적은 고구려로 이어진다. 집안의 장군총뿐만 아니라 환도산성 아래에 있는 수천의 무덤군도 모두 피라미드식 적석총이기 때문이다. 북한의 단군릉도 마찬가지다. 그러면 내몽골의 은천에 서 있는 흙으로 빚은 7층짜리 피라미드의 정체는 도대체 뭐란 말인가.

문화는 인간의 이동과 함께 확산된다. 이는 보다 나은 삶을 살기 위한 교류의 결과다. 홍산문화를 만든 민족은 자신들의 문화를 여러 곳으로 전파했다. 그리하여 중심 무리는 요동과 만주지역을 거쳐 한반도로 들어오고, 한 무리는

全国重点文物保护单位

西夏陵

中华人民共和国国务院公布
宁夏回族自治区人民政府立

● 하란산 남쪽에 위치한 서하왕릉 모습

초원길을 따라 은천까지 간 것이다. 은천지역의 피라미드는 황토고원인 까닭에 돌 대신 흙으로 쌓은 것뿐이다.

서하는 11세기부터 200년 동안 수많은 전쟁과 교역 속에서 중원의 국가들과 맞서며 발전을 이어간 제국이었다. 그런데도 한족 사가들은 서하를 송요금시대의 일개 지방정권으로 분류해 버렸다. 중국의 역사왜곡은 중국정부의 지원 아래 무차별적으로 진행되고 있다. 이는 주변국의 역사를 무시한 채 자신들의 입맛에 맞게 역사관을 다시 짜겠다는 것으로 '역사전쟁'이나 다름없는 것이다. 이런 역사왜곡의 대표적인 사례가 바로 '동북공정'이다.

중국은 이 작업을 통해 고구려를 수당시대의 지방정권이라며 자국의 역사에 편입시켰다. 실로 어이가 없는 일이다. 수나라는 고구려와의 전쟁으로 멸망했는데, 중앙정권이 지방정권을 제압하기 위해 수차례에 걸쳐 엄청난 인력을 동원하며 '전쟁'이란 단어를 '선포'할 수 있는가? 또한 당태종 이세민은 고구려와의 전쟁을 중단하라고 유언까지 했는데, 고구려가 중앙정권에 대항하는 지방정권이라면 중원의 통일을 위해 끝까지 싸워야 할 일이지 중단하라는 유언이 될 법이나 한 말인가?

중국의 동북공정이 한창이던 2003년 겨울, 필자는 집안의 고구려 유적지를 둘러보게 되었다. 그야말로 철통같은 보안 속에 이루어지던 역사왜곡의 현장이었다. 그중에서도 집안박물관으로 들어섰을 때의 충격은 지금도 생생하다. 필자가 한자로 쓰인 고구려에 대한 설명문을 읽으려고 하자, 안내인이 밖에 있는 사람들을 의식한 듯 조용하게 말한다.

● 서하왕릉

▲ 서하왕릉에 전각을 만들었던 흔적인 기와파편들

"고구려에 대한 설명은 그냥 참고만 하세요. 일개 지방정권일 리가 있나요.
아는 사람은 아무도 안 믿어요."

어떻게 설명하고 있는지 확인하지 않을 수 없었다. 그런데 설명의 첫 부분을
읽자, 중국의 생각을 확실하고 뚜렷하게 알 수 있었다.

"고구려는 동북아지역의 고대문명발전과 생산과정에서 중요한 영향을 미친
중국 동북지방의 소수민족이며 지방정권의 하나다."

그야말로 제국주의 역사관이 바탕이 된 노골적인 역사왜곡이었다. 문제는
이를 알리려는 대상이 누구냐에 있다. 박물관의 설명문은 한국의 역사를 잘
모르는 중국인들을 대상으로 한 것이다. 이를 통해 금방은 아닐지라도 어느 정

도 세월이 지나면 대다수의 중국인들이 고구려를 고대 자국의 지방정권으로 이해하고 이를 정당화시키기 위해 나름대로 노력할 것이라는 비열한 술수가 내포되어 있는 것이다.

《삼국지연의》의 내용 중에는 제갈량의 '남만정벌'이 있다. 특히 남만의 수령인 맹획을 7번 놓아주고 7번 다시 잡았다는 '칠종칠금七縱七擒'은 제갈량의 신출귀몰한 전술과 마음을 얻으려는 통치술을 보여 주는 명장면이다. 하지만 이게 과연 사실일까?

'칠종칠금'을 확인하기 위해 운남성 기행을 한 적이 있다. 역사적으로 남만정벌은 제갈량이 유비 사후, 북벌을 준비하기 위해 단행한 것으로 6개월의 짧은 기간에 이루어진 사건이었다. 하지만 이 과정에서 맹획을 칠종칠금한 것은 아니었다. 제갈량이 북벌을 위해 맹획과 서로 협조할 것을 맹세한 '고맹대'가 엄연히 남아 있기 때문이다. 그럼에도 현지의 한족들은 누구나 이를 사실로 굳게 믿고 있다. 탁월한 전략가인 제갈량이었으니 당연히 그랬으리라 믿고 있다. 역사책이 아니라 소설에만 나오는 내용을 사실로 받아들인 셈이다. 그러니 박물관에 붙은 설명서를 읽는 중국인들은 무슨 생각을 하겠는가. 고구려가 고대 중국의 지방정권이었음을 추호의 의심도 없이 굳게 믿을 것이니, 이 얼마나 섬뜩하고 무서운 일인가.

우리는 역사를 과거에 있었던 일로 치부하기 십상이다. 과거의 일이기에 중요하지 않다는 뜻이다. 그런데 중국은 어째서 과거의 일에 국가의 사활을 걸고 맹진猛進하는가. 그것은 역사가 결코 과거의 것이 아니기 때문이다. 역사는 항상 진행형이다. 과거의 역사도 현재에 의해 바뀌고 고착화된다. 그리고 새로운 미래를 여는 나침반이 된다. 역사를 중시하고 역사에서 쉼 없이 배워야 하는 까닭이 여기에 있다. 오늘도 중국은 역사전쟁을 지속하면서 우리 고대사는 물론 정신사까지 파먹을 기세다. 중국은 청나라의 역사인 《청사淸史》작업을 끝내고 내부적으로 검토단계에 있다고 한다. 청사의 발표내용에 따라 고구려와 발해에

▲ 서하왕릉 옆에 있는 서하박물관

이어 조선사까지도 그들의 역사에 옭아매어질 수 있다.

하지만 우리 정부와 학계는 별 관심이 없는 것 같다. 이미 대응할 준비가 끝나서일까? 아니면 비루먹은 닭이 되어 아무런 생각 없이 졸고만 있는가. 정치와 경제가 무너지는 것은 국가존립을 위태롭게 하는 중대한 문제이지만, 역사가 무너지는 것은 민족과 그 정신이 소멸하는 어마어마한 사건임을 정녕 모르는 것일까?

서하왕릉 옆에는 서하박물관이 있는데, 이곳에는 서하제국의 역사와 은천 지역에서 발굴된 유물이 전시되어 있다. 서하가 실크로드의 요충지에 있었음을 알리는 지도가 가장 먼저 눈에 띈다. 여러 가지 유물 가운데 특히 관심이 가는 것은 서하문자로 쓰인 문서들이다. 서하를 건설한 원호의 업적은 많지만 그중에서도 으뜸은 고유의 문자를 만든 것이다. 서하문자는 한자를 모방해 만든 것

▲ 서하의 그림과 글씨

이지만 6,000여 자에 이르는 독특한 글자는 서하의 주체성을 드높이기에 충분했다. 이를 보급하기 위해 서하는 각종 문서를 비롯해 불경과 비문 등에 이르기까지 자기 문자를 널리 사용했다. 중국으로부터의 정치적 독립도 중요하지만 무엇보다 문화적 독립이 중요하다고 판단했기 때문이다. 문자의 제정은 민족의 역사와 고유문화를 지키며 전통을 이어가는 근원이기에 정치적 독립보다도 더욱 중요하다. 원호는 정치적 독립만으로는 민족의 전통과 문화를 보전하기 어렵다는 것을 알고 이를 실현하기 위한 방법으로 문자를 만든 것이다.

문자를 창제한 민족은 많지 않다. 그러하기에 문자를 만든 민족은 자신들의 민족정신을 지키며 역사적으로 뚜렷한 족적을 남겼다. 자신들만의 문자체계가 없는 민족은 외래문자의 차용으로 고유의 풍속마저 외래의 것에 동화되어 버리고 만다. 기층민과의 언어소통도 어려워져 이원적인 언어생활을 할 수밖에 없다. 이는 국가적으로도 커다란 손실이다. 서하는 물론 서하와 관련 있는 국가들은 모두 문자를 가지고 있었다. 요는 거란문자, 금은 여진문자, 몽골은 파스파문자를 썼다. 이들 국가들 모두 칭제를 하며 제국을 건설했는데, 이들 국가의 번영에 있어서 가장 근원적인 힘이 곧 '문자의 창제'였다.

우리도 문자를 창제한 민족이다. 그리고 오늘날까지 우리의 문자인 한글을 사용하는 민족이다. 세계에서 가장 뛰어난 문자로 인정받은 한글. 이는 문자 자체의 탁월성을 입증한 것이기도 하지만, 오랜 기간 동안 소멸하지 않고 사용되는 한글에 대한 찬사이기도 하다.

조선의 세종도 서하를 건국한 원호와 같은 생각을 했다. 이제까지 답습되어 온 중국의 습속에서 탈피해 우리 민족 고유의 주체성과 문화를 향유하고자 했다. 그리하여 백성이면 누구나 쉽게 쓰고 배울 수 있는 문자를 만든 것이다. 글자마다 일정한 뜻을 가지고 있는 '표의表意'문자 대신 소리 나는 대로 읽고 쓸 수 있는 '표음表音'문자를 창안한 것은 지금 생각해도 놀랍다. 이는 한자 사용으로 인한 상하층민의 이원적인 불통不通을 깨고 쌍방향 소통이 가능한 문자체계로의 혁신을 꾀한 것이다.

그런데 우리는 세종이 얼마나 영명하고 위대한 임금인가를 잘 깨우치지 못하고 있다. 그저 '한글을 만든 왕' 정도로만 이해한다. 하지만 당시 대국이었던 중국이 끊임없이 견제하는 상황에서 문자를 창제한다는 것은 무척 어려운 일이었다. 게다가 최만리와 같은 유림집단의 반발도 대단했다. 이 모든 방해요소를 이겨내고 문자를 만들어낸 것이니, 그 어떤 발명품보다도 위대한 업적을 남긴 것이다.

조선 세조 때인 1455년, 눌재訥齋 양성지梁誠之는 우리 민족의 전통문화 보존을 이렇게 역설했다.

"신이 듣건대 서하는 자신의 예법과 풍속을 바꾸지 않았기 때문에 수백 년을 유지했다고 합니다. 원호는 영웅으로서 '금의옥식錦衣玉食은 우리에게 편리한 것이 아니다.'라고 했습니다. (중략) 우리나라는 요수 동쪽에 대대로 기거하며 만리萬里의 영토를 가진 나라로 일컬었습니다. 삼면이 바다로 막혀 있고 한 쪽은 산을 등진 형세로 경계가 스스로 나뉘어 고유한 풍속도 다릅니다. 단군 이래로 관청을 설치하고 주州를 두어서 우리만의 독특한 덕과 교화를 펼쳐왔습니다. 태조는 훈요訓要를 지어서 백성의 의관과 언어는 우리의 것을 준수하라고 했습니다. 만약 의관과 언어가 중국과 다르지 않다면, 민심이 정해지지 않아서 제나라 사람이 노나라 사람이 된 것과 같습니다. 바라건대 의관은 조복朝服을 제외하고 중국을 본받지 못하게 할 것이며, 언어 또한 통역관 이외에는 옛 풍속을 지키도록 해야 합니다."

사대주의 세계관에서 벗어나 단군으로부터 계승된 "홍익인간弘益人間"과 "재세이화在世理化"의 정신과 문화건설에 힘쓸 것을 말하고 있다. 자국어를 지킨 국가들의 대부분이 중국과 대등한 국권을 유지했고, 그렇지 못한 국가들은 스스로의 문화조차 소멸되고 말았다. 우리는 36년간의 일제강점기에도 민족어인 한글을 꿋꿋이 지켜냈고 우리의 문화도 오롯이 간직하고 있는 것이다. 그런데 오늘날 한글을 대하는 우리의 자세는 어떠한가? 국어보다 영어를 중시하고, 언어활동조차 어려운 유아들을 영어 학원에 보낸다. 우리말도 제대로 모르는 아이들에게 영어부터 가르치면 그 아이가 어떻게 될까? 아예 영미권 국가로 이민을 떠날 것이라면 모르지만, 우리말에 대한 학습이 제대로 되어 있지 않은 상황에서 다른 언어를 학습하는 건 심각한 독이 될 수밖에 없다. 언어공부란 결국 소통을 전제로 배우는 것인데, 우리말로 소통하지 못하면서 아무리 영어를 잘해봐야 반쪽짜리밖에 안 되는 것이다.

상황이 이런데 영어가 모국어인양 한글보다 우선적으로 배우고 있으니 답답할 뿐이다. 과유불급過猶不及이라 하지 않았던가. 진정 필요한 만큼의 배움이 소중한 것이니, 눌재의 간언은 아직도 생생하게 살아서 우리에게로 향하고 있는 것이다.

고유문자의 소멸은 국사의 멸망을 의미한다. 하지만 고유문자의 보존은 국가가 멸망해도 다시 뭉치는 힘이 된다. 신강위구르자치구의 위구르족이나 서장자치구의 티베트족 등은 아직도 그들만의 문자와 문화를 보존하고 있기 때문에 지금도 강력한 독립의지를 꺾지 않고 있는 것이다. 반면에 제국을 건설했던 요, 금 등은 7들의 고유문자도 사라졌기에 과거의 역사만을 간직한 채, 모래바람 속의 폐허로만 남아있는 것이다.

서하의 국교는 불교다. 그래선지 박물관 전시물에도 불화가 많다. 서하의 불교미술은 돈황의 막고굴에도 있다. 이는 서하의 영토가 현재 무위 위쪽의 하서주랑을 모두 포함한 넓은 지역이었기 때문이다. 왕비도 막고굴에까지 가서 공양할 정도로 신심이 두터웠다. 박물관에 전시된 불화는 대부분 모사본인 것 같다. 그런데 그중에 〈아미타삼존도〉라는 불화가 눈에 띈다.

청나라 말기부터 서양인들은 중국의 서북지역에서 수많은 보물들을 약탈했다. 영국, 프랑스, 러시아, 독일, 일본 등이 극성이었다. 그중에서 서하의 보물을 약탈한 나라는 러시아였다. 러시아의 코즐로프는 1908년 내몽골의 흑수성을 발굴하고 그곳에서 나온 대량의 유물을 자국으로 가져갔다. 〈아미타삼존도〉도 이때 러시아로 유출되어 지금은 에르미타슈박물관에 보관되어 있다.

그렇다면 우리 문화재는 어떨까?

강탈된 것으로 따지자면 고려불화가 대표적이다. 놀랄만한 극채색과 세밀화기법을 적용한 고려불화는 세계적으로 널리 알려져 있다. 고려불교가 중시했던 화엄사상이 불화의 바탕과 중간 그리고 표면에 아름답게 자리해 세계 어느 곳에서도 볼 수 없는 '고려만의' 불화로 탄생한 것이다. 이는 먹물을 듬뿍 찍어 일필휘지로 그리는 선종의 수묵화와는 근본적으로 다른 것이다. 고려불화는 그리는 과정 자체가 곧 부처로 귀의하는 무념무상無念無想의 가부좌인 것이다. 이 때문일까? 근 500년을 이어온 불교국가였지만, 현재까지 알려진 고려불화는 200여 점이 못된다. 그리고 그 대부분은 일본에 있다. 조선시대부터 일제강점기까지 우리도 많은 문화재를 강탈당했기 때문이다. 찬란한 보물은 언제나 고향을 떠나야만 보존될 수 있다는 말인가. 하지만 서하도 고려도 빼앗긴 불화가 고향으로 돌아오기만을 오늘도 간절히 기다리고 있다.

서하왕릉은 오늘도 황량한 바람에 쓸쓸히 스러지고 있다. 화려했던 서하의 문화도 흙 속의 기와파편처럼 잠들어 있다. 원호가 그토록 중시했던 서하족만의 풍속도 사라진 지 오래다. 이렇게 된 근본적인 원인은 무엇일까? 칭기즈칸이 몽골에 항거했다는 이유로 서하족을 무자비하게 살육했기 때문일까? 그것만은 아닐 것이다. 무엇보다 서하문자의 소멸이 서하를 역사의 기억 속에만 남아있게 했으리라.

한줄기 바람이 먼지를 일으키며 왕릉 앞을 스쳐지나간다. 원호가 그토록 지키고자 했던 민족주체성도 저처럼 잡을 수 없는 한줄기 바람이었던가. 아니, 모두의 나태와 안일함이 저처럼 바람이 되게 한 것은 아닐까? 서하왕릉에서 원호를 조문한 어느 시인의 감회가 필자에게도 절절하게 다가온다.

대하왕국을 선포한 원호황제를 떠올리나니	拓土開疆忆昊王
이곳에 왕도 세우고 기세 또한 등등했건만	興州定鼎勢豪强
화려한 궁전과 전각은 어디에 있단 말인가	當年殿閣今何在
황량한 무덤만 외로이 석양과 짝하고 있구나	几處荒陵伴夕陽

지키지 않으면 사라진다. 국가도 문자도 풍속도 그렇다. 그렇기 때문에 우리는 치열하게 지켜야 한다. 국가를 지키고, 문자를 지키고, 풍속을 지키는 일에 너와 내가 따로 없어야 한다. 이것을 지키지 않으면 존재의미가 없기 때문이다.

서하왕릉을 빠져나오는 발걸음이 '내 것'이 아닌 듯하나. 기분도 선환할 겸 하란산록에 있는 암벽화전시관을 찾았다. '은천세계암화관銀川世界岩畵館'이라고 쓴 전시관 입구에 도착하자 전시관 뒤쪽의 계곡 사이로 바위산이 첩첩하다. 자그마한 전시관에는 고대 원시인들이 바위에 새긴 암화의 일부를 전시하고 있다. 암화의 주된 소재인 인면人面, 동물動物 및 기호 등을 볼 수 있다. 하지만 무엇보다 즐거운 것은 하란산 계곡에서 직접 암화를 보는 것이다.

계곡을 따라 길게 늘어선 바위산은 태고의 모습 그대로 웅장함을 잃지 않고 있다. 그리고 계곡의 입구에서부터 고대인의 정성스런 흔적을 보여 주고 있다. 계곡으로 난 길을 따라 걸으며 바위마다 새겨진 암화를 보고 있노라니, 어디선가 원시인이 얼굴을 삐죽 내민 채 쳐다보는 것 같아 온 길을 되돌아본다. 문자 발명 이전의 인류는 그들의 생활방식과 생각을 그림으로 표현했다. 자연의 신성함과 태양숭배를 의미하는 원모양의 그림들, 사냥을 통해 얻고 싶은 각종 동물들, 풍요와 다산을 기원하는 성적인 그림 등은 고대인들이 현실 속에서 이루고자 했던 소박한 소망이자 기원의 표현이다. 이런 고대인의 흔적이 계곡 전체에 넘쳐난다. 실로 이곳은 고대로부터 다양한 민족이 많이 기거했음을 알 수 있다.

흥미로운 암벽화가 눈에 띈다. 서하의 문자와 함께 새겨진 것은, 대머리처럼 머리털을 깎고 한쪽을 길게 늘어뜨린 서하족의 얼굴이다. 그 얼굴은 원호가 서하족의 기상을 잃지 않기 위해 시행한 독발을 하고 있다. 서하의 암화를 설명하는 내용이 있어서 살펴보니, 아니나 다를까. 그림 옆에 있는 글씨는 "능히 국가가 창성해 국법을 바로 세우리라能昌盛正法"라는 뜻이라고 하니 서하인의 그림 언어가 무척이나 훌륭해 보인다.

풍요로운 은천의 모습을 보기 위해 사막 속의 호수인 사호沙湖를 둘러보기로 했다. 은천시내에서 북쪽으로 50여 킬로미터 떨어진 곳에 위치한 사호에 이르니 장쩌민이 쓴 커다란 황금빛 글씨가 가장 먼저 반긴다. 이곳은 은천의 다른 유적지보다 사람들도 많다. 서하에 관해 잘 모르는 까닭에, 역사 유적지보다는 누구나 웃고 즐길 수 있는 이곳으로 많은 사람들이 모인 때문이다.

▲ 하란산 입구. 산세가 태고의 모습 그대로 웅장한 바위산이다.

▲ 하란산 은천세계 암화관 입구와 암각화

▲ 독발을 한 모습을 그린 서하의 암벽화

　입구의 광장에서는 사호를 널리 알리기 위해 관광객들을 대상으로 특별공연
이 펼쳐진다. 입장료를 내고 들어가니 커다란 호수가 앞을 막는다. 저 멀리 호
수 한가운데 사구砂丘가 보인다. 유람선을 타고 호수를 건넌다. 유람선은 듬성듬
성 나 있는 호수의 갈대숲 사이를 여유롭게 미끄러진다. 새들이 유람선을 따라
함께 비행한다.

　사구는 호수 안에 있지만 마치 육지의 사막처럼 거대하다. 사구 등성이를 오
르내리는 낙타행렬이 숨 가쁘고, 정상에는 리프트를 설치해 사막스키장을 만
든 듯하다. 사구를 오르내리는 사막용 지프차가 요란한 굉음을 내고, 호수 위에
는 모터보트를 이용한 행글라이더를 타려는 사람들이 줄지어 서있다. 이처럼
사호는 은천 사람이 자랑하는 전국적인 관광유원지인 것이다. 황하의 물이 주
는 풍요로움 덕분에 관광산업까지 일으켰으니, 은천은 천혜의 혜택을 받은 요
충지임에 틀림이 없는 것 같다.

어느덧 해가 서쪽으로 기운다. 사호를 둘러보느라 시간이 많이 지체되었다. 볼 것은 더 있지만 다음 기회로 미룰 수밖에 없다. 여행은 즐겁지만 떠날 땐 항상 아쉬움이 남는다. 그래서 다음을 기약하는 것이리라. 지나치는 길옆으로 거대한 영화촬영장이 보인다. 아쉬움을 달래기라도 하듯 자동차를 세운다.

서부지역 최대 영화촬영소라는 팻말 옆에는 동물가죽으로 만든 "진북보 서부촬영장鎮北堡西部影城"이라는 안내가 이채롭다. 명나라 때의 성터가 남아있던 것을 장현량이란 작가가 아이디어를 내서 1993년에 영화촬영장으로 만들었다고 한다. 입구로 들어서자 "중국 영화는 여기서부터 세계로 진출한다."라는 거창한 문구가 들어온다. 이곳의 위상을 말해주는 듯하다. 규모 역시 엄청나다. 칸칸이 나뉜 구획에 따라 오밀조밀하게 만든 촬영장은 고대로부터 근대에 이르기까지 그야말로 없는 것이 없다. 수많은 영화를 이곳에서 찍었다고 하기에 슬쩍 궁금해졌다.

"이곳에서 찍은 영화중에 유명한 게 뭐지?"
"유명한 영화요? 너무 많아서 일일이 얘기할 수 없을 정도예요. 무협영화는 모두 이곳에서 촬영했다고 보면 돼요."
"그렇게나 많아?"
"그럼요, 한국의 사극도 이곳에서 많이 찍은걸요."

《대돈황》, 《신용문객잔》, 《서유기》, 《붉은 수수밭》 등 이곳에서 촬영한 영화의 사진만으로도 회랑을 만들어 놓을 정도다. 《놈놈놈》, 《왕건》, 《선덕여왕》 등의 한국영화나 드라마도 이곳에서 촬영했으니, 실로 무협영화의 출발지라는 자부심을 가질 만하다. 이곳에도 많은 사람들이 모였다. 세트장마다 영화의 주인공으로 가득하다. 그리고 영화의 한 장면을 떠올리며 카메라로 추억을 담기에 여념이 없다. 모두가 강호의 무림을 누비는 협객이 된 듯하다.

진북보 서부촬영장

● 진북보 서부촬영장에서 촬영한 영화들의 스냅사진을 진열한 회랑과 세트장

무협영화는 인간이 현실적으로는 구현할 수 없는 불가능한 상상을 여러 가지 촬영기법을 활용해 대리만족을 시켜줌으로써 심리적 위안을 주거나 스트레스를 풀게 한다. 그래서 무협지나 무협영화에 빠지면 마치 컴퓨터게임에 빠진 것처럼 헤어나기가 쉽지 않다.

중국에서는 왜 무협영화가 성행할까? 그것은 중국의 역사가 곧 무협의 역사이기 때문이다. 중원을 차지하기 위해 수많은 전쟁이 벌어졌고 이 과정에서 무고한 사람들의 피가 산하를 적셨다. 천하권력을 차지한 자는 이들을 다독이는 정치가 필요했다. 중국의 역사에서 시대가 바뀔 때마다 강조되는 문무쌍전文武雙全의 통치술은 이렇게 탄생한 것이다. 이런 과정이 수없이 반복되다 보니 무협이야기는 전설을 만들고 전설은 역사로 굳어진다. 그리고 무협지나 무협영화처럼 생각하게 되고, 마침내 실제 일어났던 역사적 사건처럼 사람들의 머릿속에 각인되어 버린 것이다. 중국정부의 역사왜곡도 무협영화의 사고방식이 저변에 깔린 것인지도 모른다. 도저히 있을 수 없는 일을 아무렇지도 않게 만들어내기 때문이다. 이 얼마나 가공할 위력인가.

어느덧 해가 하란산으로 넘어간다. 기차가 출발할 시간도 얼마 남지 않았다. 석양이 습지를 붉게 물들인다. 순간, 서하왕릉이 자꾸만 눈앞에 아른거린다. 낯선 친숙함 때문인가, 황홀한 고적함 때문인가, 애매한 권력의 덧없음인가, 세월의 무상함인가. 북송의 시인인 소식蘇軾의 시구를 음미하며 은천역으로 발걸음을 재촉한다.

떠도는 인생은 무엇과 같은가	人生到處知何似
기러기 날아와 눈과 진흙을 밟는 것이라	應似飛鴻踏雪泥
진흙 위에 우연히 발톱자국 남을지라도	泥上偶然留指爪
날아간 기러기가 동과 서를 굳이 따지겠는가	鴻飛那復計東西

▲ 여간촌의 로마식 정자

제12장 동아시아 끝까지 달려간 실크로드의 천마

답사여행은 시간과의 싸움이다. 시간은 빠듯한데 봐야 할 곳은 많기 때문이다. 하지만 절대 놓쳐서는 안 될 곳을 빠뜨렸다면? 그만큼의 시간과 비용과 수고를 다시 들여야 하니, 그로 인한 스트레스가 만만치 않을 것이다. 또 현지 사정이 바뀌어 두 번 다시 그곳으로 가지 못할 수도 있으니, 기회를 잡았을 때 최대한 수고스럽게 다녀야 한다.

무위武威로 이동하는 교통시간을 살펴보니 밤기차가 있다. 밤에 이동하는 것은 시간을 절약하는 데 최고다. 잠자는 시간을 조금 줄이면 되기 때문이다. 중국은 땅이 넓어서 기차노선이 발달해 있다. 어느 역에서나 많은 사람들이 캐리어를 들고 기차를 기다리는 모습을 볼 수 있다. 시민들이 저렴하고 편안한, 그리고 무엇보다 안전한 철도를 선호하기 때문이다. 기차의 종류도 다양하다. 우리나라의 KTX와 같은 CRH열차에서부터 직행특쾌열차, 특쾌열차, 쾌속열차 및 보통열차가 있다. 좌석도 침대칸부터 몇 명이 같이 앉는 딱딱한 의자까지 다양하다. 대부분 장거리 일정이기 때문에 숙박시설이 있는 기차를 이용하지만, 성수기에는 보통열차표 구하기도 하늘의 별따기다. 난주에서 무위까지는 276킬로미터로 중국에서는 멀지 않은 거리다. 시간도 여유롭다. 무엇보다 밤기차의 낭만도 느껴볼 요량으로 입석표를 끊고 우리의 완행열차에 해당하는 보통열차를 탔다.

열차 안은 사람들로 북적인다. 얼마를 달려왔는지 바닥은 음식물을 먹고 버린 쓰레기들로 지저분하다. 3명씩 앉는 자리이건만 누워 있는 사람들로 인해 서서 가야 할 판이다. 가장 싼 표를 끊어 자면서 가려는 것인데, 본인은 좋겠지만 다른 사람에겐 피해가 아닐 수 없다. 앞에 사람이 서 있어도 모른 척 잠자는 시늉을 한다. 같이 앉자고 해도 못 들은 척한다. 흔들어 깨우면 언성을 높인다. 막무가내로 다른 곳으로 가란다. 지정 좌석이 아니니 어쩌겠는가. 몇 칸을 이동해 겨우 자리를 잡고 앉았다. 하지만 그 칸의 풍경도 비슷하다. 특히 위구르족인 듯한 일가족 4명은 3칸을 차지하고 떠든다. 이야기를 하려 들면 싸울 듯한 기세다. 목청을 돋우고 삿대질에 발길질을 연발한다. 가뜩이나 시끄러운 기차 안이 그야말로 난장판이다. 안하무인에 방자하기까지 하다. 한족이 지배하는 대륙에서 소수민족이 살아가는 방법인가. 아니면 그들에게 눌린 원한이 이곳에서 드러나는 것인가. '좋은 게 좋은 것'이라고 그냥 넘기려고 하였지만 쉽지 않다. 상황이 이러니 밤기차의 낭만은 산산조각이 나고 잠시 눈조차 붙이기도 힘들게 되었다. 4시간 거리가 10시간을 가는 것만 같다. 하지만 중국의 보통열차에서 느끼는 낭만은 이런 것이다. 나만 홀로 특쾌열차에서나 있음직한 고급스런 낭만을 상상한 것이다.

난주에서 황하를 넘어 서북쪽으로 길을 잡으면 해발고도 3,000미터의 붉은 산들이 늘어선 오초령烏梢嶺이 나타난다. 오초령을 넘으면 하서주랑河西走廊이 시작된다. 하서주랑은 이곳에서부터 병풍처럼 늘어선 기련산맥祁連山脈을 따라 서쪽으로 옥문관玉門關까지 약 900킬로미터에 이르는 거리를 말하는데, 폭이 몇 킬로미터에서 100킬로미터에 이르는 좁고 긴 구간이다. 황하의 서쪽에 위치한 까닭에 하서주랑이라고 부른다.

● 오초령과 기련산맥

기련산맥의 해발 5,000미터 급 만년설산의 빙하는 한참을 녹아 내려 하서주랑에 오아시스를 형성한다. 이로 인해 이곳은 삼림과 초원이 풍성하여 옛날부터 유목민족인 흉노의 터전이 되었다. 그런데 한무제가 흉노를 쫓아내고 무위武威, 주천酒泉, 장액張掖, 돈황敦煌의 하서4군河西四郡을 설치하면서 한나라의 영토가 되었다. 무위는 이때 양주涼州로 불렸다. 5호16국五胡十六國시대에는 이곳을 고장姑藏이라고도 불렀는데, 전량前凉, 후량後凉, 서량西凉 등 오량五凉왕국이 있었던 유서 깊은 곳이다. 지금처럼 무위로 불린 것은 한나라 때부터다. 이곳으로 파견된 곽거병이 흉노를 고비사막으로 몰아내자, 한무제는 그에게 '무공군위武功軍威'라는 군기軍旗를 하사하였다. 이를 줄여 '무위武威'라고 부른 것이 현재의 지명이 되었다. 무위는 장액과 더불어 '금장액金張掖, 은무위銀武威'로 불린다. 두 도시 모두 지리적으로 중요한 곳이기에 붙여진 별칭이다.

무위는 서역으로 나가는 실크로드 교역의 첫 도시이자 장액, 주천, 돈황을 연결하는 군사적 요충지이다. 즉 장안에서 출발한 실크로드 상인들이나 흉노 토벌을 위해 출정하는 병사와 군마가 휴식과 전열을 가다듬는 도시다. 또한 서역을 왕래하는 승려들과 기련산맥 일대에 살고 있는 소수민족들이 함께 어울리는 오아시스 도시이기도 하다.

잠깐 노루잠을 자고 시내로 나서니 무위를 상징하는 천마상天馬像이 금방이라도 박차고 날아오를 듯한 기세다. 중국이 관광 상품으로까지 사용하고 있는 '마답비연상馬踏飛燕像'인데, 이곳 무위에서 발견되어선지 여타 지역의 조형물과 다르게 생동감이 넘친다. 이미 난주의 감숙성박물관에서 실물을 보았지만, 원래의 출토지를 지나칠 수 없기에 마답비연상이 출토된 뇌대한묘雷臺漢墓를 찾았다.

뇌대라는 이름은 명나라 때 건설된 뇌조관雷祖觀이라는 도교사원에서 비롯되었다. 그런데 이 사원은 옛날부터 내려온 고묘古墓의 봉토를 기초로 하여 만들어졌다. 이 봉토 밑에서 한나라 때의 장군묘가 발견되었는데, 묘 발굴과정에서 중국이 자랑하는 최고의 보물인 동분마상銅奔馬像이 출토된 것이다. 그런데 공식적인 발굴이 아닌 특별한 사업을 진행하던 와중에 발굴되었으니, 그 과정 또한 국보급이라 할 수 있다.

1969년 9월, 중국공산당은 전쟁이나 흉년 등의 재해를 미리 준비하고 인민을 이롭게 하자는 "비전備戰, 비황備荒, 위인민爲人民"의 구호 아래 전쟁에 대비한 지하도 파기 운동이 벌어졌다. 때문에 많은 유적이 파괴되었지만, 역사적으로 오래된 무덤들이 이 운동을 통해 발굴되었다. 유명한 장사의 마왕퇴한묘도 이때 발견된 것이다. 뇌대한묘도 농민공이 호미로 땅을 파다가 발견한 것인데, 동분마를 비롯하여 231건의 문화재가 세상에 알려졌다. 뇌대한묘도 대부분의 오래된 무덤들과 마찬가지로 공식적으로 알려지기 전에 이미 두 번이나 도굴을 당했다. 그래도 동분마는 도굴되지 않았는데, 이는 동분마 유적이 금으로 만들어지지 않았기 때문이다. 동분마가 출토된 옆에서도 비슷한 무덤이 발견되었는데, 이로 미뤄볼 때 동분마는 거대한 가족묘로 추정된다. 현재는 두 개의 묘가 발굴되어 관광객에게 전시되고 있다.

동분마는 높이 34.5센티미터, 길이 45센티미터의 조그마한 동상이다. 그런데 그 형상은 가히 예술적이다. 말이 날아가는 제비의 등에 오른쪽 뒷발을 딛고 고개는 왼쪽으로 약간 돌린 것이 최고의 속도로 달리는 모습이다. 빠르기로 자신 있는 제비 역시 놀란 듯 고개를 돌려 말의 모습을 보고 있다. 하늘을 빠르게 나는 제비를 올라탄 말은 곧 하늘을 나는 천마天馬를 의미한다. 중국 근대의 저명한 사학자인 곽말약郭沫若은 이 말의 형상을 보고 '마답비연'이라는 이름을 붙여 준다. 이후 동분마는 마답비연으로 불리게 된다.

중국인들은 고대부터 말을 숭상했다. 어디 중국뿐이겠는가. 동서양을 막론하고 산업혁명 이전까지 말은 군사·경제·문화의 척도로서 국가의 번영과 직결되는 핵심이었다. 우수한 말의 소유 여부가 곧 제국의 건설과 발전에 지대한 영

▲◀▼ 뇌대한묘

▼ 동분마가 출토된 1호묘(하단 우측)

향을 주기 때문이다. 중국도 일찌 감치 주나라 때부터 말의 중요성을 깨닫고 말의 확보와 유지관리를 위해 많은 직책을 두었다. 왕이 사냥할 때 말과 수레를 관장한 전복田僕, 명마를 고르고 훈련시키는 취마趣馬, 병든 말을 치료하는 수의사인 무마巫馬, 목장을 관리하는 목사牧師 등 다양한 직책이 있었다. 말과 관련된 직책이 이렇게 많은 것은, 사육 기술의 발전과 우량종 개발이 동시다발적으로 이루어졌다는 것을 의미한다. 하지만 이때까지만 해도 대부분의 말들은 승마용으로 사용되지 않고 수레를 끌거나 짐을 나르는 용도로 사용되었다. 승마 기술이나 마구馬具에 관한 직책에 대해서는 언급이 없기 때문이다.

▲ 뇌대한묘 안의 마답비연상

그러면 중국에 기마전술이 도입된 것은 언제였을까?

역사학자들은 그 시점을 전국戰國시대 조趙나라 무령왕武靈王 때인 기원전 295년경으로 본다. 조나라는 인접한 유목민족들로부터 기마전술을 배웠다. 기마전술의 도입은 전국시대의 군사작전은 물론 외교에도 중요한 변화를 가져온다. 소진蘇秦과 장의張儀 같은 유세가遊說家가 밀려나고 명장名將들이 전면에 나서게 된다. 《전국책戰國策》을 보면, 무령왕은 호적胡狄의 이점인 승마전술과 호복

● 무위시 인민광장에 세워진 마답비연상

을 도입하여 국방을 튼튼히 하려고 하였다. 하지만 숙부를 비롯한 신하들의 반대에 부딪힌다. 천하의 중심인 중화가 오랑캐인 이적夷狄의 습속을 따를 수 없다는 이유다. 이에 무령왕은 기마의 필요성과 효복의 실용성을 도입해야 한다고 강력하게 주장한다.

"무릇 하은주夏殷周 삼대를 살펴보면 시대마다 의복이 달랐어도 천하를 평정하였고, 춘추시대 오패五霸의 나라들이 그 법도가 달랐어도 정치가 잘 이루어졌소. 지식이 있는 자들은 가르침을 항상 새롭게 하나 무지한 자들은 하나의 가르침에 매이고, 현명한 자들은 풍속을 이용할 줄 아는 반면 어리석은 자들은 풍속에 구속당하는 법이오. (중략) 의복이 기이하면 마음이 음란해진다고 하는데 그러면 이상한 옷을 입는 오吳나 월越같은 나라에서는 성인군자가 나올 수 없단 말이오? 속담에도 이르길, 책에 쓰인 대로만 수레를 몰면 말의 능력을 완전히 알 수 없고, 옛 법만 따르다가는 시대의 변천에 효과적으로 대응할 수 없다고 하였소."

이때부터 중국은 기마전술을 도입하고 말을 타게 된다. 만약, 기마전술이 보다 쉽게 중국에 전해졌다면, 중국 역사는 지금과는 매우 다르게 전개되었을 것이다. 진시황의 통일부터 그 이후의 역사가 새로 쓰였을 수도 있다는 얘기다. 기마전술을 도입한 중국은 승마와 사육기술을 발전시켜 "종묘에는 털이 같은 것을 쓰고, 군대에는 힘이 강한 것을 쓰며, 사냥에는 빠른 것을 쓴다."라는 기록을 남겼다. 이로 미루어볼 때 빠르면 진한 시기에 승마기술이 도입되었음을 알수 있다.

기마전술은 부국강병을 위한 초석이기도 하였지만, 황제 개인의 신적인 능력이나 불로장생을 위한 수단으로도 필요하였다. 즉 천자의 아들인 황제가 하늘의 명에 따라 백성을 교화시키면, 하늘은 이를 잊지 않고 신마神馬나 천마天馬와 같은 상스러운 징조를 보여 준다는 것이다. 이러한 징조는 왕권강화를 위한 필수조건이었다.

중국인들에게 신마는 어떤 존재인가? 중국인들에게 말은 곧 용이며 수신水
神과 관련된 것이었다. 그것은 신마의 출발이 "황하에서 도圖가 나오고 낙수에
서 서書가 나왔다."라는 하도낙서河圖洛書의 고사에서 비롯되었기 때문이다. 서
한시대 학자이자 공자의 11대손인 공안국孔安國은 하도河圖에 대해 설명하기를,
"복희씨가 천하를 다스릴 때 용마龍馬가 황하에서 나왔는데, 그 문양을 따라서
팔괘를 그렸다"라고 하였다. 이때 용마는 신비로운 동물인 신마를 의미하는 것
인데, 천하가 평안하게 다스려질 때 하늘이 감응하여 내려주는 동물이다. 이러
한 동물의 출현은 곧 왕권강화에 커다란 역할을 하였다.

이러한 신마사상은 한나라 때 강화되는데, 그 이면에는 무엇보다 흉노와의 싸
움에서 승리하기 위해 그들이 타는 말보다 더 강하고 빠른 말이 절실히 필요하
였기 때문이다. 당시 우수한 말은 최신병기였다. 장건이 한 무제의 명을 받고 오
늘날의 우즈베키스탄인 대원국으로 향한 것도 그곳에서 생산되는 한혈마를 구
하려는 것이었으니, 당시 명마에 대한 애착은 가히 상상을 초월하는 것이었다.

또한, 천자의 아들인 황제만이 하늘을 나는 천마를 타고 영원한 신선이 된
다는 신화로 인해, 중국의 역대 황제들은 천마에 버금가는 명마를 구하려고 혈
안이 된다. 한 무제는 이를 위해 이광리를 이사장군으로 임명하고 두 번에 걸쳐
대규모 원정을 보낸다. 그 결과 그는 하루에 1,000리를 달리고 피처럼 붉은 땀
을 흘리는 한혈마 수십 마리와 이에 준하는 말 3,000마리를 손에 넣는다. 이
과정에서 한무제는 7만여 명이 넘는 병사와 막대한 전쟁 물자를 잃는 등 실로
엄청난 손실을 보았지만 이광리에게 책임을 묻지 않는다. 그도 그럴 것이 이광
리를 통해 평생의 소원을 이루었으니 그깟 손실쯤이야 아무것도 아닌 것이다.
한 무제는 한혈마를 천마天馬라고 부르고 노래까지 지어서 찬양하였으니, 세상
어느 것도 이에 비길 수 없었으리라.《한서漢書》〈예악지禮樂志〉에는 그 기쁨이 표
현되어 있다.

▲ 뇌대한묘에서 출토된 동분마와 동거마의장용을 재현해 놓은 모습

하늘이 천마를 내려주셨네	太一況 天馬下
붉은 땀에 젖고 붉은 거품을 머금었네.	霑赤汗 沫流赭
뜻은 정연하고 힘은 뛰어나니	志俶儻 精權奇
구름을 이어 밟으며 어둠 위를 질주하네.	邏浮雲 晻上馳
아무렇지 않게 훌쩍 만 리를 내달리니	體容與 迣萬里
무엇이 필적하리오! 용만이 벗이 될 뿐	今安匹 龍爲友

　　마오쩌뚱과 저우언라이의 통치 시절, 중국의 외교부장을 역임한 진의陣毅가 문화재로 외교활동을 하자고 주장하여 중국의 국보들이 세계 각지를 돌며 전시된다. 이때 1968년 하북성 만성의 중산정왕 유승의 묘에서 출토된 '금루옥의金縷玉衣'와 함께 전시된 동분마는 세계적인 찬사를 받았다. 2002년 미국의

부시대통령이 중국을 방문했을 때 장쩌민 주석이 선물한 것도 24K로 도금된 마답비연 복제품이었다. 그리하여 동분마는 이제 마답비연이라는 별칭에 걸맞게 세계적인 걸작이 되었다. 1,000년 전, 동분마에 살아있는 혼을 넣은 장인은 누+였을까? 세상에 단 하나뿐인 작품을 만들면서 그는 어떤 꿈을 꾸었을까? 자신이 만든 작품이 1,000년이 지난 후, 세계인들로부터 찬사를 받을 줄 알았을까? 세계적인 명작은 거대하거나 화려한 것에 있지 않다. 비록 하찮게 보일지라도 장인의 혼이 살아 숨 쉬는 것이면 모두가 명작인 것이다. 문제는 그것을 알아보는 혜안인 것이다.

동분마와 함께 출토된 것 가운데 가장 빛나는 보물은 동거마의장용銅車馬儀杖俑이다. 그 내용을 보면 동마銅馬가 39필, 동거銅車가 14량, 용俑이 45개에 동우銅牛가 1마리 등 총 99개인데, 모두가 정교하게 만들어졌다. 맨 앞 열 가운데에는 이것들보다 크게 만든 동분마가 있다. 전시관은 발굴 당시의 모습을 그대로 재현해 놓았는데 보는 이들로 하여금 경탄을 자아낸다.

천마 사상은 중국에서 시작된 것은 아니다. 고대 그리스, 바빌로니아, 페르시아, 인디아, 아르메니아 등 유라시아 대륙 전체에 걸쳐 널리 분포한다. 우리가 익히 들어 알고 있는 그리스 신화의 날개달린 말인 페가수스는 천마의 전형과도 같다. 바빌로니아 신화에 따르면, 태양은 두 마리의 준마가 끄는 마차에 이끌려 동문에서 서문으로 움직인다고 한다. 태양은 쉼 없이 빠르게 달리는 백마가 이끄는 것이라는 페르시아 신화도 있고, 태양의 신 수야Surya는 7마리의 황금빛 말이 끄는 수레를 타고 천공天空을 날아다닌다는 인디아의 신화도 있다. 이로 미처볼 때, 천마 사상은 고대 동서지역에서 함께 탄생한 것이다. 그리고 고구려·백제를 거쳐 신라에까지 전해진다.

"이에 높은 곳에 올라 남쪽을 바라보니 양산 밑 계정鷄井·원본의 나정蘿井은 계정을 잘못 기록한 것 곁에 이상한 기운이 전광처럼 땅에 비치는데 흰 말 한 마리가 꿇어앉아 절하는 형상을 하고 있었다. 그곳을 찾아가 살펴보니 붉은 알 한 개가 있는데 말이 사람을 보고는 길게 울다가 하늘로 올라가 버렸다. 그 알을 깨어보니 사내아이가 나왔는데 모양이 단정하고 아름다웠다. 놀랍고 기이하게 여겨 그 아이를 동천東泉에서 목욕시켰다. 몸에서 광채가 나고 새와 짐승이 따라 춤추며 천지가 진동하고 해와 달이 청명해지므로 그 일로 인하여 그를 혁거세왕이라고 하였다."

일연의 《삼국유사》에 기록된 위의 내용은 신라인들도 천마사상을 가지고 있었음을 알게 해준다. 고려 때 이색李穡의 《증보동국문헌비고》에 의하면, 우리나라에 자생하는 말은 국마國馬 또는 향마鄕馬라고 부르는 3척尺이하의 말과 북쪽에서 들여온 호마胡馬의 두 종류가 있었다. 그런데 국마는 나귀와 같아서 양마良馬로는 사용할 수 없었다. 이를 해결하기 위해 호마를 들여온 것이다. 만주지역을 장악한 고조선은 유목기마민족과 접촉이 빈번했던 까닭에 양마를 수입하여 기마군단을 가지고 있었다. 이러한 기마군단은 한 무제가 5만 대군으로 침략했을 때에도 1년간 대항하며 선전하는 발판이 되기도 하였다. 한나라와의 휴전을 위해 5,000필의 말을 주었다는 기록을 보더라도, 당시 고조선은 이미 우수한 양마를 많이 사육하고 있었다는 사실을 알 수 있다. 부여와 고구려도 거란이나 말갈 등의 유목민족들을 통해 양마를 수입하여 강력한 기마군단을 거느렸다.

서역으로부터 전래된 양마인 한혈마는 목숙苜蓿을 먹는다. 이 목초는 한혈마와 함께 대완국으로부터 전해졌는데, 중국과 고구려를 통해 신라에도 전해져 중앙부서인 내성內省 밑에 이를 관장하는 부서를 4곳이나 둘 정도로 국가적으로 관리하였다. 이렇게 볼 때, 우리 민족도 일찌감치 한혈마 같은 양마를 수입하여 이민족으로부터 국가를 지키기 위해 노력하였다.

1973년, 경주 황남동의 신라 고분에서 천마도장니天馬圖障泥가 발견되었다. 일명 천마도라고 부르는 이 유물은 자작나무 껍질에 하얀 천마가 하늘을 향해 날아오르는 그림이 그려진 것이다. 신라의 유물은 회화자료가 희귀한데 이 유물이 5세기의 신라 미술품인 까닭에 국보207호로 지정되었다. 구름 위로 힘차게 내달리는 천마도를 일컬어 '천마행공天馬行空'이라고 하는데, 이곳 무위에서 발견된 동분마나 신라의 천마총에서 발견된 천마도나 모두 같은 형태다. 좋은 말이 국가의 군사력과 경제력을 좌우하는 시대였기에, 당시에는 나라마다 양마의 수입과 사육에 혈안이 되었으리라. 동분마나 천마도는 이처럼 고대 민족들이 중요시했던 천마숭배사상을 잘 보여 준다.

적석목곽분인 천마총은 신라 22대 지증왕의 능묘로 추정되는데, 금관金冠과 금모金帽 등 황금 유물이 많이 나왔다. 적석목곽분이나 황금은 모두 기마 유목민족의 문화다. 특히 천마도가 그려진 자작나무껍질은 기마민족들이 숭상하는 것으로, 그곳에 천마를 그린 것은 유목민족의 오랜 문화적 습성이 반영된 것이다. 더구나 천마의 몸에 그려진 초승달 무늬는 북방의 스키타이 유목민족이 주로 사용한 문양이다. 황금 역시 마찬가지다. 이로 미루어볼 때, 신라의 왕족은 기마 유목민족의 혈통과 관련이 있다는 주장이 점점 설득력을 얻고 있다. 물론 주류 사학계에서는 받아들이기 힘든 부분이지만, 필자로서는 오래전부터 관심의 대상이었다. 그런데 이곳 무위의 천마 관련 유적들을 만나게 되면서, 고대ㅍ 신라와 우리 민족의 원류에 대하여 보다 강렬한 흥미를 느끼게 된다.

몽골고원의 북아시아 초원지대는 해발 1,000미터 이상의 고지대가 비교적 평탄하게 펼쳐져 있다. 텡게리騰格里, 바단지린巴丹吉林, 오르도스 사막 외에도 유목하기에 적당한 목장과 삼림이 이어져 있다. 그리고 남쪽에는 음산산맥陰山山脈이 있어 유목민의 활동에 천연울타리가 되어 준다. 이런 까닭으로 흉노를 비롯한 선비, 거란 등의 기마민족들이 이곳에서 창성하였다. 음산산맥 북쪽이 유목문화의 근거지라면 그 남쪽은 농경문화의 근거지다. 그런데 음산산맥을 경계로 북쪽의 기후는 변화가 심해 식량수급에 어려움이 많았다. 이 과정에서 유목민족과 농경민족은 필연적으로 충돌하게 되었는데, 대부분 유목민의 공격으로 싸움이 벌어졌다. 흉노匈奴는 한때 음산산맥 북쪽의 광대한 지역에 제국을 건설하였다. 전성기의 흉노는 동시대 중국을 지배한 한족 국가보다 3배나 넓은 영토를 다스렸다. 중국은 한나라 무제 이전까지 흉노에게 해마다 엄청나게 많은 조공을 바치며 굴욕적으로 평화를 유지하였다. 하지만 한 무제는 이런 굴욕에서 벗어나려고 즉위하자마자 흉노를 공략했으며, 위청과 곽거병 같은 장군들의 노력으로 결국 흉노를 하서주랑에서 몰아낸다. 흉노의 왕을 선우라고 부르는데, 이는 '탱리고도 선우撑犁孤塗單于'의 줄인 말이다. '탱리'는 하늘이고 '고도'는 아들을 의미하는 것이니, 탱리고도는 결국 '하늘의 아들인 위대한 지도자'라는 뜻이다. 흉노는 드넓은 제국을 경영하기 위해 좌현왕과 우현왕, 좌곡려왕과 우곡려왕, 혼야왕과 휴도왕을 두어 각각의 영역을 나누어 다스렸다. 하서주랑은 혼야왕渾邪王과 휴도왕休屠王이 다스리던 지역이었는데, 지금의 무위 일대는 휴도왕의 관할이었다.

기원전 121년 여름. 곽거병 장군이 이끄는 한나라 군대는 기련산 일대를 공략하여 혼야왕과 휴도왕에게 엄청난 타격을 입힌다. 3만 2,000명을 사살하고 흉노 왕족을 포함한 2,500여 명을 포로로 잡은 것이다. 흉노의 선우가 책임을 묻자 혼야왕과 휴도왕은 한나라에 투항하기로 한다. 하지만 투항하기 전에 휴도왕이 이에 동조하지 않자, 혼야왕이 휴도왕의 진영을 급습하여 휴도왕을 살해하고 4만여 명의 흉노족을 이끌고 곽거병에게 투항한다. 이때 휴도왕의 태자인 일제日磾와 동생 윤倫이 어머니와 함께 한나라로 끌려간다. 포로가 된 두 왕자는 궁정의 말을 돌보는 일을 맡았는데, 어느 날 무제가 연회를 베풀며 궁정의 말들을 사열하는 과정에서 일제를 발탁한다. 그리고 그가 흉노 출신으로 제천금인祭天金人·금가면을 쓰고 하늘에 제사지내는 사람을 하였기에 김씨 성을 하사한다. 이

때부터 휴도왕의 아들 일제는 김일제金日磾로 불리게 된다.

　김일제에 대한 무제의 신임은 두터웠다. 그리하여 부마도위駙馬都尉, 광록대부光祿大夫를 제수하고, 자신의 경호까지 맡겼다. 많은 신하들이 오랑캐 출신을 신임하는 것에 대하여 불만을 터뜨렸으나 무제는 괘념치 않았다. 그러던 중, 시중인 망하라莽何羅가 무제의 침실에 침입하여 무제를 살해하려는 것을 김일제가 격투 끝에 체포한다. 이 일로 무제의 신임은 더욱 커졌고 신하들도 그를 폄하하지 못하게 되었다. 무제는 김일제를 자신의 딸과 혼인까지 시키려고 했으나 김일제는 겸손히 사양한다. 임종을 앞둔 무제는 곽거병의 동생 곽광과 김일제를 부른다.

　"내가 죽거든 막내아들을 세우고 그대는 주공周公의 일을 하라."
　"신은 김일제보다 못합니다."
　"신은 외국인이요, 곽광보다 못합니다."

　무제는 곽광을 대사마대장군大司馬大將軍, 김일제를 거기장군車騎將軍에 임명하고, 어린 황제少帝를 보필하라는 유조遺詔를 남긴다. 아울러 김일제를 제후국의 왕인 투후秺侯에 봉한다. 투후가 다스린 지역은 지금의 산동, 섬서, 화북성 일대로 매우 넓다. 무제로부터 대단한 신임을 얻은 김일제이기에 그가 죽은 후에도 위청과 곽거병처럼 무제의 묘인 무릉茂陵에 배장陪葬되었다.

　무릉의 배장묘인 김일제묘는 그야말로 초라하다. 수많은 관광객이 찾는 화려한 곽거병묘와 그 옆에 우뚝 선 위청묘와는 완전 딴판이다. 묘는 가꾸지 않아서 풀만 울창하다. 묘비석이 없으면 이곳이 김일제의 묘인지조차 분간하기 어려울 정도다. 묘비석 앞으로는 자그마한 밭이 있으니 누군가 관리 부실을 틈타서 농사를 짓고 있는 것이리라. 다 같은 무릉의 배장묘인데 왜 김일제묘만 천대를 받는 것일까? 그것은 오늘날 중국인의 입장에서 볼 때는 흉노 출신의 외국인일

▲ 무릉의 배장묘인 김일제묘. 관리부실로 초라하기만 하다.

뿐, 아무 의미가 없는 묘이기 때문이다. 찾아오는 사람도 없는 묘 앞에서 상념에 빠진다. 새 한 마리가 묘비석 위에 앉는다. 무심한 눈빛으로 바라보더니 이내 날아가는 모습. 역사란 현재 살고 있는 자들과 관련되지 않으면 언제나 쓸쓸한 폐허로 남을 뿐이라는 것을 알려주는 듯하다.

김일제 후손들은 대대로 투후를 계승한다. 그러던 중, 서한 말 왕망王莽이 신新을 건설하면서 전성기를 맞는다. 왕망은 서한의 마지막 황제인 원제의 황후인 왕황후 동생의 아들로 김일제의 증손자인 당當의 이모부였다. 그러므로 왕망이 신을 건국할 때 투후인 김씨 일가가 많은 공헌을 한다. 신은 건국하자마자 많은 개혁을 단행한다. 하지만 당시의 상황을 고려하지 않은 조치로 호족들의 반발에 부딪혀 개국한 지 15년 만에 광무제光武帝 유수劉秀에게 패망하고 유수는 한나라를 부활시킨다.

왕망이 패망하자 김일제의 후손들은 엄청난 회오리에 말려든다. 대대로 세습되던 투후가 끊어짐은 물론 멸문지화를 면하기 위해 멀리 피신해야만 했다. 대부분은 그들의 옛 터전으로 도주하여 성을 왕王씨로 바꾸어 살았다. 그런데 한 갈래는 한반도로 들어와 신라와 가야국을 건설하였다고 한다. 김일제의 5대손인 성한왕星漢王이 신라김씨의 시조인 김알지가 되고, 김일제의 동생 윤의 5대손인 탕湯이 가야김씨의 시조인 김수로가 되었다는 것이다.

김일제에서 비롯된 신라김씨의 내력은 〈문무대왕릉비〉에서도 찾아볼 수 있다. 신라 30대 문무왕文武王·661~681은 삼국통일의 대업을 완수한 왕이다. 강대국 신라를 완성한 문무왕은 자신의 위대한 치적과 함께 신라에 대한 찬미, 신라김씨의 내력, 부친인 태종무열왕의 치적 등을 적었다. 그중 주목되는 것이 신라김씨의 내력이다.

'신라 선조들의 신령스러운 근원은 먼 곳으로부터 계승되어 온 화관지후火官之后·신농씨의 직계 후손인 순임금의 관직명니, 그 바탕을 창성하게 하여 높은 짜임이 융성하였다. (뿌리와) 가지의 이어짐이 비로소 생겨 영이한 투후는 하늘에 제사지낼 아들로 태어났다. 7대를 전하니 (거기서 출자)한 바다.'

我新羅之先君靈源自 繼昌基於火官之后, 峻構方降, 由是克(紹宗)枝載生, 英異秺侯祭天之胤, 傳七葉而(所自出)焉.

이 비문은 조선시대 정조 20년인 1796년, 경주에서 밭을 갈던 농부가 발견하였다. 당시 경주부윤이던 홍양호洪良浩가 탁본하여 지식인들에게 공개함으로써 일러졌다. 비문 발견 낭시, 글자의 반 이상이 마모되어 읽을 수 없었으나 전체적인 윤곽은 짐작할 수 있었다. 하지만 이 비문을 눈여겨본 사람은 아무도 없었다.

▲ 문무왕비. 국립경주박물관 소장.

문무왕의 후손으로 금석문의 대가인 추사 김정희도 언급하지 않았다. 정조 때 북학파北學派 학자로 《발해고》를 지어 남북국시대론을 주창한 유득공柳得恭이 김일제가 계림鷄林의 김씨인가라는 의문에 전문全文을 보지 못하여 증명하지 못하겠다고 하였다. 그 후 이 비석은 돌멩이 신세가 되어 일제강점기 때 동네 아낙들의 빨래대로 사용되다가 일본인들에 의해 두 동강이 나는 수모를 겪었다. 현재 이 비석은 국립경주박물관에 소장되어 있는데, 글자가 새겨진 위쪽은 뭉개져버리고, 글자가 없는 아래쪽만 있다. 그나마 탁본이 남아있으니 얼마나 다행인가. 경주부윤 홍양호께 감사드릴 뿐이다.

학계의 반대 논리도 만만치 않아 김일제의 신라김씨설은 정설로 인정받지 못하고 있지만, 역사기행을 하는 필자로서는 매우 흥미로운 일이 아닐 수 없다. 그런데 이 비문의 내용이 어느 정도 밝혀졌음에도 불구하고 학계의 의견이 분분한 까닭은 무엇일까? 문제는 '7대'의 해석에 있는 것 같다. 김일제의 5대 후손인 성한왕이 신라김씨의 시조라면서 그 후 7대의 연결고리가 설명되어 있지 않으니 김일제의 신라김씨 시조설이 문제가 있다는 것이다.

아마도 이 비문에는 문무왕 선대의 기록이 있었을 것이다. 그것이 깨어져 나간 비문에 완벽하게 정리되어 있었을 터이지만, 지금으로서는 남아 있는 단어를 가지고 추론할 수밖에 없다. 그중 첫 번째가 '화관지후火官之后'다. 그리고 진백秦伯, 파 경진씨派鯨津氏, 투후秅侯, 가 주몽駕朱蒙, 성한왕星漢王 등이다.

화관지후는 기원전 2300년의 순임금을 의미한다. 마지막은 문무왕 자신의 대代인 680년이다. 이렇게 볼 때, '7대'는 김일제로부터의 7대를 의미하는 것이 아닌 듯하다. 그렇다면 7대의 해석은 자연스러워진다. 화관지후로부터 문무왕까지 약 3,000년 동안 역사적으로 중요한 의미가 있었던 시기를 일컫는 것으로 해석해야 한다. 금문학의 권위자인 재야사학자 소남자召南子 김재섭金載燮은《금문속의 고조선》에서 다음과 같이 구분하였다.

　1) 화관지후火官之后 : 기원전 2300년 전
　2) 진백秦伯 : 기원전 650년대
　3) 파 경진씨派鯨津氏 : 기원전 200년대
　4) 투후秅侯 : 기원전 100년대
　5) 가 주몽駕朱蒙 : 기원전 50년대
　6) 성한왕星漢王 : 서기 20년대
　7) 문무왕文武王 : 서기 660년대

소남자에 따르면 '진백'은 진시황제의 20대 선조이자 시황제가 천하통일의 대업을 달성할 수 있도록 기반을 닦은 진나라 목공穆公이다. 춘추시대 진秦나라의 9대 군주인 목공은 춘추 5패五覇의 한 사람이다. 동으로는 하서河西에서 서쪽으로는 서융西戎을 공략하여 사방 1,000리의 땅을 제패하여 진나라의 기반을 닦은 인물이다. '파 경진씨'는 진나라가 망하자 그 일족이 한반도의 경주나 밀양으로 파견한 휴도왕의 세력으로 해석하고 있다. '투후'는 이미 살펴본 김일제다. '가 주몽'은 휴도왕의 망명세력 중 일부가 고구려를 통해 신라로 들어가 미리 자리를 잡는 과정이라 해석하고 있다. '성한왕'은 김일제의 5대손으로 신라김씨의 시조인 김알지이다. 참으로 기막힌 해석이 아닐 수 없다. 우리 민족의 기원이 드넓은 대륙을 차지한 기마민족이었음을 확신하는 필자에게는 논리적으로도 어느 정도 타당성이 보인다. 특히 장례형식인 적석목곽분, 황금과 말을 숭배하는 금관과 천마도 등은 모두 기마 유목민족들의 고고학적 특징이기 때문이다. 무엇보다 이 지역에서 많이 출토된 오수전五銖錢은 왕망의 신나라 때 만들어진 화폐인데, 이로 미루어 보아도 김씨 일가들이 도피할 때 가져온 것임을 알 수 있다.

▲ 무위시내의 남성문

소남자의 이러한 해석은 중국의 금문학자 낙빈기駱賓基의 《금문신고金文新攷》를 기초로 한 것이다. 낙빈기는 평생의 연구결과로 이 책을 썼는데, 그의 의도와는 상관없이 그의 저서로 인해 한국의 상고사가 보다 명쾌하게 해석되고 있다. 중국이 그토록 자랑하는 황제도 동이족의 시조인 신농씨의 사위였다는 부분에 이르면, 중국인은 물론 우리도 깜짝 놀라게 된다. 중국인은 자신들의 시조를 욕되게 했다는 점에서 그럴 터이지만 우리는 어째서 놀랄까? 우리가 어릴 때부터 배워온 역사와 상반되기 때문일 것이다. 이는 중국과 일제에 의해 철저하게 왜곡된 우리의 상고사를 그대로 전수하고 전수받는 사이에 사상과 논지가 고착된 결과이다. 우리 상고사에 대한 의문을 품고 이를 파헤쳐 보려는 노력 없이 오히려 이에 안주하여 온 것이니 어찌 우리의 역사가 바로설 수 있으며, 역사관 또한 올곧을 수 있겠는가.

무위시는 휴도왕의 본거지답게 그 흔적이 곳곳에 남아 있다. 시 중심인 남성문南城門 광장에는 무위시의 역사와 출신인물들을 소개해 놓았는데 이곳에 김일제의 내력이 적혀 있다. 인민공원에는 김일제의 석상도 있다. 흉노의 태자로서 한무제의 절대적인 신임을 받은 점을 널리 알려 이곳에 거주하는 소수민족들을 통치하는 데 활용하는 게 아닐까?

사람들은 오늘도 광장과 공원을 가득 메운 채 저마다 시간을 보내고 있다.

▲ 무위시 인민광장에 있는 김일제 석상

김일제의 내력과 말을 돌보는 모습을 조각한 석상을 둘러보는데, 어린 아이 두 녀석이 형 앞에서 재롱을 부리듯 석상 앞에서 장난을 친다. 아이들의 천진난만한 모습에 잠시 발걸음을 멈추고 바라보고 있노라니, 김일제 석상이 아이들의 재롱을 한껏 받아주고 있는 것 같다.

흉노는 유목민족이기에 성을 쌓지 않았다. 그러나 휴도왕은 이곳에 성을 구축하기도 하였다. 무위시 양주구涼州區 사패진四覇鎭 삼차촌三岔村에 있는 개장성蓋藏城이 그것이다. 이 성은 무위시에 건설된 최초의 성인데, 고장성姑藏城으로 불리기도 한다. 건축 당시에는 남북 7리, 동서 3리의 크기였다. 북문이 가장 중요했는데, 북문을 나서면 몽골고원과 직결되는 군사적으로 중요한 교통로가 있었다. 오늘날 고장성은 볼 수 없고 그 성터만 남아있다. 그래도 이대로 멈출 수는 없는 일. 성터라도 보기 위해 길을 나선다.

동네 어귀에 이르자 길이 비좁고 공사 중이어서 자동차로는 갈 수가 없다. 물 한 병과 카메라를 메고 걷는다. 삼차소학교 앞에 있다는 말에 학교를 찾는데, 금방이라던 학교는 30분을 가도 보이지 않는다. 다시 길을 물어 걷기를 20분. 드디어 삼차소학교가 보인다.

삼차소학교 앞에 도착하니, "삼차성고지三岔城故址"라는 표지석만 덩그렇다. 주위 사람들에게 성의 흔적을 물었더니, 학교와 밭으로 변했다고 한다. 밭은 옥수수가 빼곡하다. 옥수수 밭으로 들어가면 성의 흔적이 남아 있다는 말에 미로처럼 좁은 길을 따라 들어간다. 옥수수밭 사이로 끊어진 둔덕이 드문드문 보인다. 농민들이 비료 대신 밭에 뿌리는 까닭에 이마저도 얼마 지나지 않으면 사라질 것이다. 결국 학교 앞의 표지석만 이곳이 무위시에 세워진 최초의 성터였음을 알려주는 것이니, 역사 유적을 복원하는 일이 얼마나 중요한지 다시금 깨닫는다.

문화대혁명 전까지만 해도 이곳에 휴도왕, 김일제, 한무제 및 관우를 모시는

● 옥수수밭과 소학교로 변한 삼차성유적지

사당이 있었는데 홍위병에 의해 파괴되어 버렸다고 한다. 문화대혁명이 중국 전역의 역사와 문화유산을 얼마나 많이 파괴했는지 이곳에서도 실감할 수 있다.

삼차성터를 둘러보고 다시 자동차가 있는 길까지 걸어 나오는데, 길옆의 하우스에 갈 때는 보지 못한 문구가 눈에 띈다.

"한국산 하우스용 비닐 판매. 1번 사용으로 2년은 거뜬!"

우리나라의 비닐이 이곳에서도 인기리에 팔리고 있다는 것을 확인한 순간, 왕복 100분의 걷기가 전혀 힘들지 않다.

중국은 공자의 나라라고 해도 무방할 정도로 공자를 중시한다. 공자의 고향인 산동성 곡부는 물론, 대도시에는 공자를 모시며 그의 가르침을 배우던 사당인 문묘文廟가 있다. 무위에도 공자의 문묘가 있다. 명나라 때인 1439년에 세워진 이곳 문묘는 중국을 통틀어 3대 문묘에 든다. 문묘는 대부분이 그러하듯이 이곳 양주涼州지역의 유학원儒學院이었다. 성터를 둘러보고 시내로 돌아와 문묘에 들어서니 무위의 상징인 동분마상이 가장 먼저 눈에 띈다. 무위의 중요한 유적지에는 모두 동분마상을 설치한 것인가? 문묘는 어느 곳이나 건물의 배치가 일정하다. 유학원儒学院, 공묘孔廟, 문창궁文昌宮이 조성되어 있고, 중간에 대성전大成殿을 중심으로 반지泮池, 상원교狀元橋, 영성문欞星門 등의 건축물이 잘 보존되어 있다.

공자는 제자백가 가운데 하나인 유가儒家의 시조다. 공자로부터 시작된 유가는 중국 역사를 관통하는 사상이자 위정자들의 통치술이었다. 뿐만 아니라 동아시아에도 많은 영향을 미쳤다. 특히 공자의 학설은 우리나라에서 더욱 견고하게 발전하였는데, 명·청 교체기에 공자의 덕치와 인의를 실현할 수 있는 나라는 조선밖에 없다며 스스로 '소중화小中華'를 자처할 정도였다.

하지만 공자의 명성은 문화대혁명 시기에 무너진다. 마오쩌둥의 주도 아래

▲ 한국산 비닐 판매 광고

1966년부터 10년간 진행된 문화대혁명 시기의 공자는 "비림비공批林批孔"운동으로 타도대상이 된다. 이 운동은 정적政敵인 임표林彪와 공자의 사상을 '반동의 근원'으로 낙인찍어 공격한 것이다. 그리하여 중국 전 지역에서 공자의 유적은 심하게 훼손되었고, 공자 역시 "공씨네 둘째 놈孔老二"으로 폄하되고 만다.

30여 년이 지난 지금, 공자는 다시 부활하고 있다. 중국은 급속한 경제성장을 바탕으로 초강대국이 되기 위한 소프트 파워 전략을 구상하고 있다. 국제사회로부터 인정받는 대국이 되기 위해 군사 및 경제 분야에서 쌓은 경험을 문화와 외교 분야로 확장하기로 방침을 정했기 때문이다. 후진타오胡錦濤 전 주석도 이를 반영하여 이미 2007년에 "중국은 문화의 소프트 파워를 강화해야 한다."라고 역설한 바 있다. 중국의 소프트 파워 전략은 곧 공자의 부활을 의미한다.

● 문묘

이는 바로 중화문명의 재발견과 활용인데, 중국의 리더들은 유가사상이 서구의 시스템을 대체할 수 있다고 굳게 믿고 있다. 그리하여 문화대혁명과 경제개발 우선주의에 의해 철저히 무시되었던 공자의 유가사상이 마르크스·레닌주의를 대신하여 중국의 가치로 새롭게 부상했다. 그리고 중국의 리더들은 이를 세계화하기 위해 노력하고 있다. 장쩌민의 덕치론德治論, 후진타오의 이인위본以人爲本, 화해사회和諧社會, 평화발전平和發展 등은 바로 공자의 유가사상을 전 세계에 알리기 위한 전략인 것이다.

공자의 국가통치방식은 한마디로 가부장제家父長制의 확장이다. 즉 인의仁義와 덕치德治를 내세우며 충忠과 경敬을 요구하는 것이다. 공자가 "군군신신부부자자君君臣臣父父子子"라고 말했듯이, "통치자는 인의와 덕으로 통치해야 하며, 신하는 충성으로 보필해야 하며, 아버지는 덕을 베푸는 가장이어야 하고, 자식은 공경하며 겸손해야 하는 것"이다. 그러면 21세기 지구촌도 평화와 조화로운 사회를 건설할 수 있다는 것이다. 중국은 이런 목표를 달성하기 위해 전 세계에 공자학원孔子學院을 설립하고 있다.

공자학원은 세계적인 중국어 학습 열기에

부응하여 지구촌 모든 국가에 중화문명을 전파하는 문화센터다. 2004년부터 시작된 공자학원 건설은 그해 11월, 서울을 필두로 2013년 현재 전 세계에 400여 개를 건설하고 매년 240억의 예산을 지원하고 있다. 실로 무서운 속도다. 소프트 파워는 공자뿐만이 아니다. 동양인의 고전으로 1,800여 년을 내려온《삼국지연의》도 있다. 이 책은 소설을 비롯해 만화, 영화, 게임에 이르기까지 각종 문화콘텐츠로 개발되어 전 세계인을 사로잡고 있다. 이 모든 것이 중국 문화를 세계인들에게 스며들게 하는 장치인 것이다. 앞으로 국제사회에서 중국의 위상이 높아진다면, 세계는 공자의 유교사상에 입각한 사회체제를 도입할지도 모를 일이다. 그때가 되면 중국은 7세기 당나라가 이뤄낸 문명대국의 영광을 다시 한 번 구현하는 '중화제국의 전성기'를 맞이할 것이다.

하지만 중국도 잊어서는 안 될 것이 있다. 공자의 통치술이 세계적으로 활용될지라도 가부장적 유아독존唯我獨尊에서 벗어나야 한다. 즉 천자天子로 지칭되어 온 황제관皇帝觀을 버려야 한다. 21세기 지구촌은 군림하려는 천자를 원하지 않는다. 우리 시대에는 각자가 자신의 몫을 담당하면서 화해와 협력을 위해 노력해야 하기 때문이다. 그것이 공자가 오랜 세월을 주유周遊하며 설파한 진정한 정치가 아니겠는가.

공자 문묘의 아치형 문으로 들어가니 유학원儒學院 건물 앞에 공자의 동상이 남쪽을 주시하고 있다. 문묘가 하서주랑 최대의 역사박물관이라고 했는데, 어디를 봐도 유물들이 없다. 특히 이곳에 있다는 서하비西夏碑를 보고 싶어 불원천리 달려왔는데 어디에 있는지 보이질 않는다. 기념품점에 들러 물어보니 문묘 앞에 있는 서하박물관으로 옮겼는데 지금은 박물관을 수리하고 있어서 볼 수가 없단다. 서하비만이라도 보고 싶어 사정했으나 눈 하나 꿈쩍 않는다. 난감함에 발길이 떨어지지 않는 터에 다행히 기념품점에 서하비를 탁본한 것이 보인다. 서하비의 실물은 보지 못했지만 그 내용은 살펴볼 수 있으니 그나마 위안이 된다.

서하비가 유명한 것은 이 비문이 서하문자西夏文字로 새겨져 있기 때문이다. 이 비의 정식명칭은 '양주중수호국사감통탑비명'凉州重修護國寺感通塔碑銘이다. 양주 호국사에는 감통탑이 있는데, 이 탑은 1082년에 발생한 지진으로 기울어졌다. 이듬해 황제와 황태후는 이 탑을 다시 바르게 세우도록 하였다. 그런데 공사 준비를 하는 과정에서 탑이 스스로 원래의 모양으로 되돌아왔다. 몇 번의 영험한 상서로움을 보여준 덕에 이 탑은 '서하의 기둥國土支柱'처럼 여겨졌다. 이에 1084년 황제의 명을 받들어 불교의 법도와 서하 왕실의 번영을 원하는 글을 비에 새겼는데, 서하문자와 한자로 기록되어 있어서 서하비로 부르는 것이다.

2년이 지난 후, 필자는 서하비를 보기 위하여 다시 무위를 찾았다. 박물관은 단정하게 정비되어 있고 크지 않은 서하비도 옹골차게 전시되어 있다. 2년 전의 일이 생각나 박물관 직원에게 지난이야기를 하니 깜짝 놀란 모습으로 환하게 웃는다. 그러고 나서 직원도 다가와 서하비를 자세히 살펴본다. 마치 '이 비석이 그토록 유명한 것이었나?' 하며 놀라는 눈치다.

서하문자를 만든 원호황제는 당항족의 전통과 문화를 잃지 않고자 힘썼다. 문자의 제정도 바로 그런 의지의 표현이다. 한자보다 획수가 많아 쓰기 불편한 점도 있었겠지만 민족의 정신을 보존하는 것에 비하면 아무렇지도 않은 것이었다. 불교국가인 서하는 자신들의 문자로 수많은 불경을 번역하였다. 뿐만 아니라 중국의 서적들도 번역하여 스스로 문화수준을 높였다. 박물관에는 서하문자로 된 불경이 진열되어 있는데, 불경을 들여다보고 있노라니 당항족의 자긍심이 글자마다 넘쳐나는 것만 같다.

청나라는 중국의 마지막 봉건국가다. 1840년, 영국과의 사이에서 벌어진 아편전쟁은 청 제국이 얼마나 부패하고 무능한 국가인가를 단적으로 보여준 것이었다. 전쟁에서의 패배는 굴욕적인 조약으로 이어지고 홍콩을 조차지로 내어준다. 게다가 1894년에는 일본과의 전쟁에서도 패하여 대만을 점령당하고, 1900년에는 8개국 연합군에게 수도인 북경을 점령당하여 외국 군대의 주둔을 허용

▲ 문묘 대성전과 편액들　　　　　　　　　　　　　　▶ 문묘의 공자상

▲ 서하비가 전시된 무위의 서하박물관

하는 굴욕을 당한다. 청 제국의 멸망은 실로 경각에 달려있던 셈이다. 1911년, 쑨원孫文이 혁명을 일으켜 중화민국임시정부를 수립하면서 봉건제국 청은 역사에서 쓸쓸히 퇴장한다.

그 즈음 전 세계에 전쟁이 휘몰아친다. 1918년에 제1차 세계대전이 종료되는데, 서구의 각국이 산동지역에 조차지 문제를 놓고 다툼을 벌일 때 중국에서도 이에 반대하는 목소리로 어수선했다. 이처럼 국가가 풍전등화에 처한 어느 날, 왕해범王海帆은 옛 서하왕국의 땅인 무위의 대운사에 들러 서하비를 보게 된다. 서하만의 문자를 만들어 당당하게 주권국가를 선포한 원호 황제를 되새긴다. 그와 함께 작금의 국가적 위기가 위정자들의 실정과 나약함에서 기인한 것임을 뼈저리게 느끼며 자신의 쓸쓸한 마음을 담아 한 편의 시를 짓는다. 그가 지은 〈성동북우대운사중유서하비城東北隅大雲寺中有西夏碑〉를 나직이 음미하며 다음 목적지로 발길을 돌린다.

종소리 은은한 사찰로 들어가니	随着鍾聲入梵宮
높다란 탑이 푸른 하늘을 매만지고	磚塔千尺摩蒼穹
돌계단 층층 마다엔 옷가지 놓였는데	石級層層拾衣上
서쪽 산의 눈발은 그침이 없네.	西山雪色落望中
창 기대어 돌아봐도 생각은 묘연하고	凭窗四顧偶回首
하늘엔 어지러운 구름만 동서를 질주하네.	天上亂雲東西走
평원은 잡초 우거지고 사막은 아득하기만 한데	平原莽莽沙漠漠
왕성의 기운도 다 시들어 가는구나.	龍城霸氣吞八九
일찍이 서하비가 괴기하다는 말 들었던 바,	瑰奇早聞西夏碑
용도 뱀도 아닌 올챙이처럼 새겼네.	非龍非蛇認蝌蚪
이 사람 자못 문자 제작하는 재주가 있어	此几頗有制作才
왕조 사백년을 혼자서 일깨웠네.	歷年四百知非偶
천 년의 유적은 옛 시름에 들썩이는데	千年遺迹動古愁
돌아보는 이 없이 꿈쩍도 하지 않네.	摩挲欲吊還復休
영웅이 있던 도읍도 이미 황토로 변했건만	英雄都已歸黃土
변함없는 보름달만 옛 양주땅을 비추네.	明月依舊古涼州

제13장 서역에서 만난 '에밀레종'

오전 시간도 여유로워 무위 시가지도 둘러볼 겸 길을 걷는다. 도시가 전반적으로 낡았다는 인상을 지울 수 없다. 중국의 서부대개발이 활기차다고 알고 있는데 이곳은 그렇지 못하다. 감숙성은 예로부터 발전이 가장 느리다. 왜일까? 그것은 마오쩌뚱이 중심이 되어 내전을 벌이던 대장정 시절로 거슬러 올라가야 한다. 1935년에 일어난 대장정은 공산당의 홍군紅軍이 장개석이 이끄는 국민당 군과 전투를 해가며 서북쪽으로 피신하여 견고한 방어선을 구축하고 재기를 다진 사건으로 중화인민공화국 탄생의 밑거름이 되었다. 이 대장정 과정에서 감숙성은 국민당 군과 연결되어 홍군에게 많은 피해를 입혔다. 장개석을 몰아내고 정권을 잡은 마오쩌뚱은 이를 좌시할 수 없어서 감숙성은 절대로 발전시키지 말라고 했다. 60년이 지난 지금도 그의 말은 생생하게 살아있는 것일까? 위구르민족이 사는 신강성은 사막의 열기가 무색할 정도로 서부대개발 열기가 한창인데, 이곳은 대충 길만 형식적으로 닦아 놓은 듯하다. 시내의 중심인 종루를 보고 북쪽으로 길을 잡았다. 골목길로 들어가니 도로가 울퉁불퉁하다.

▲ 고승 구마라습을 기리기 위하여 지은 구마라습사

1킬로미터쯤 걸었을까? 온통 공사 중인 곳에 높은 탑이 보인다. 붉은 담장이 길게 둘러쳐져 있는데 커다란 글씨로 구마라습사鳩摩羅什寺라고 되어 있다. 안으로 들어가니 중창불사重創佛事가 한창 진행되고 있다. 고승 구마라습鳩摩羅什·344~413년은 당시 서역인 구자국龜玆國·현재 신강위구르자치구의 쿠차庫車현의 스님인데, 불교가 중국에 전래되는 과정에서 많은 업적을 남긴 분이다. 구마라습사는 바로 이 구마라습을 기리기 위해 지은 사찰인데, 13층의 나습설탑羅什舌塔이 절 중앙에 우뚝하다. 전설에 따르면, 장안에서 입적한 구마라습을 화장하자 혀만이 생전과 같았다고 한다. 그래서 설사리舌舍利를 이곳 탑 아래에 안장했다고 한다. 이 탑은 북위 때 세워져 여러 차례 중건되었는데, 1927년 대지진 때 많이 파괴되어 1934년에 중건한 것이나.

중국의 4대 불경번역가로 손꼽히는 구마라습은 인도의 귀족인 구마라염鳩摩

나습설탑

羅炎과 구자국왕의 누이동생인 기바耆婆사이에서 태어났다. 부모의 이름을 합하여 구마라기바拘摩羅耆婆라고도 부른다. 그는 일곱 살 때 출가하여 인도와 서역의 여러 곳을 편력하며 소승小乘과 대승大乘을 두루 깨친다. 구자국으로 돌아와서는 주로 대승불교를 포교했다. 385년, 전진前秦의 3대 왕인 부견符堅은 여광呂光으로 하여금 구자국을 공략하게 했는데, 이때 여광이 구마라습을 양주涼州로 모셔왔다. 이즈음 부견이 피살되자 여광은 양주에서 후량後涼을 건국한다. 양주는 5호16국시대에 북방 불교의 중심지였다.

구마라습이 중국에 불교를 알리기 전까지 중국의 불교는 대승과 소승의 구별이 분명하지 않았다. 특히 대승에 대한 인식은 매우 부족했다. 그런데 양주에 머물던 구마라습은 승조僧肇라는 제자로부터 그간 중국에 전파된 불교의 문제를 파악하게 된다. 그리고 401년, 후진後秦의 2대 왕인 요흥姚興으로부터 초빙을 받아 장안으로 들어간다. 국빈 대우를 받은 구마라습은 요흥의 대대적인 지원에 힘입어 불경 번역에 착수한다. 이 작업은 수천 명에 이르는 대규모 사업이었고 뛰어난 인물들도 많았다. 총 74부 384권의 불경이 번역되었는데, 이는 양적으로나 질적으로나 매우 훌륭한 것이었으며, 중국의 불경 번역에 있어서 신기원을 이룩한 것이었다.

남북조시대의 승려인 승우僧祐는 법현法顯 밑에서 율律을 배우고 불교 역사 연구에 몰두하여 경전목록집《출삼장기집出三藏記集》을 지었다. 이곳에서 승우는 구마라습을 다음과 같이 평가하고 있다.

"구마라습 법사를 모셔오게 되었는데 그 재주의 뛰어남은 금빛과 같았고 중국 스님들과 잘 융합했으며, 지혜와 근기가 맑은 거울 같았으므로 학문의 호한함을 널리 드날려 경전의 심오한 이치를 분명히 밝혔으니 대승의 미묘한 말씀이 여기에서 환하게 빛났다."

구마라습은 경전 번역뿐만 아니라 학설의 전파에도 노력했는데 대부분이 용수龍樹 계열의 대승학설이다. 그는 용수의 《중론中論》, 《십이문론十二門論》과 제비提婆의 《백론百論》을 중시하여 후에 삼론종三論宗으로 발전하게 된다. 삼론종학을 집대성한 수나라의 승려 길장吉藏은 삼론종의 대요를 밝힌 《삼론현의三論玄義》에서, "삼론에는 비록 세 가지가 있으나 그 뜻은 단 두 가지 길뿐이다. 첫째는 바른 도리를 드러냄이요, 둘째는 그릇된 도리를 타파함이다."라고 했다. "그릇된 것은 깨고, 바른 것은 드러낸다."라는 뜻인 '파사현정破邪顯正'은 여기에서 비롯된 말이다.

파사현정은 불도를 닦는 승려들에게만 한정된 것은 아니다. 오늘을 사는 우리에게도 절실한 문제이다. 아니 전 세계의 모든 사람들이 그릇된 생각을 버리고 공정하고 바른 것만을 드러낸다면 이는 곧 '손에 손 잡고' 대동사회로 나아가는 길이며, 널리 인간을 이롭게 한다는 '홍익인간弘益人間'의 구현이 아니고 무엇이겠는가. 그러나 우리가 사는 세상은 그렇지 못하다. 몰라서 그러는 것일까? 아니다. 가슴속에 머릿속에 야욕이 회오리치기 때문이다. 인간으로서 가야 할 정도正道는 이미 오래 전에 성현들의 말씀을 통해 완성되었다. 하지만, 그 말씀을 듣고도 우리는 아직 이루지 못하고 있다. 스스로가 이를 실천하기 위해 노력하지 않기 때문인데, 성현들이 밝힌 정도보다는 사리사욕을 채울 수 있는 사도邪道가 달콤하기 때문이다. 경건한 마음으로 나습설탑을 돈다. 보석으로 치장하는 것보다는 파사현정을 마음속에 담고 잊지 않는 것이 아름다운 인간이 되는 길임을 가르쳐 준다.

어느덧 해가 중천을 넘어가고 있다. 그러고 보니 점심때가 훨씬 지났다. 허기진 배를 채우려고 눈앞에 보이는 식당으로 들어가 5위안짜리 비빔면을 시킨다. 널따랗게 썬 면에 몇 가지 소스를 비벼서 만든 것인데 맛이 좋다. 허기도 한몫을 하지만 워낙에 면을 좋아하는 까닭이다. 그런데 벌써 다 먹었어야 할 속도임에도 면이 줄어들지 않는다. 그릇이 움푹 패긴 했지만 그 양이 엄청나다.

"면을 좋아하셔서서 특별히 곱빼기를 시킨 거예요."
"어쩐지. 고맙긴 한데 배가 터져 여행을 못할 지경이다."

후배와 함께 한바탕 커다란 웃음으로 소화를 시킨다.

오후에는 자동차를 이용하기로 하고, 택시를 타고 해장사海藏寺로 향한다. 해장사는 송 원시기에 지은 사찰이다. 입구에 노착하니 '해장선림海藏禪林'이라고 쓴 패루牌樓가 일주문과 함께 고색창연하다. 해장사가 고찰古刹임을 단번에 알려주는 듯하다. 하서주랑을 통틀어 완벽하게 보존된 고찰이기에 사찰의 으뜸이라는 뜻으로 '범궁지관梵宮之冠'이라 한다. 해장사의 고색창연함은 버들잎 무성한 일출 때 잘 나타난다고 한다. 해가 떠오르면서 사찰을 감도는 안개가 한 폭의 그림처럼 명상에 잠기게 한다는데, 이를 일컬어 '해장연유海藏烟柳'라고 하며 양주팔경의 하나로 꼽는다.

사찰로 들어서니 사람은 보이지 않고 웅장한 두 개의 대전大殿만이 나그네를 맞이한다. 대전을 돌아 영조대靈釣臺에 오르니 사방이 훤하게 보인다. 신천정神泉井이라는 우물도 있는데 티베트의 포탈라궁布達拉宮의 우물과 연결되어 있단다. 그게 사실일까? 사실이 아니라 해도 상관은 없다. 대신 이곳에 우물을 판 승려는 아마도 라마출신이 아니었을까? 시원한 바람결에 잠시 생각을 적신다. 돈독한 신심을 낚으며 믿음을 찾던 그도 인간이기에 수구초심首丘初心의 감정을 숨길 수는 없었으리라. 모든 것을 끊는다 해도 태어나고 자라난 고향에 대한 향수가 어찌 지워진단 말인가. 천년고찰 해장사는 수행에 열중인 스님들만 있는 것 같다. 방해하지 않을 요량으로 조용히 사찰을 나온다.

해장사에서 나오니 교통편이 막막하다. 한참을 걸어 나오니 버스가 온다. 대운사大雲寺가 목적지인데 버스는 경유하지 않는다고 한다. 시내에서 다시 택시

● 해장사의 여러 풍경들

로 이동한다. 대운사는 5호16국 시기인 363년, 전량前凉 때 창건된 고찰이다. 이 절은 원래 굉장사宏臟寺라고 불렸는데, 9대 왕 장천석張天錫이 현몽을 꾼 뒤에 궁성이 있던 곳에 세운 것이다. 한 도사가 장천석에게 나타나 절과 탑을 세우라고 조언했다는 꿈의 내용은 이렇다.

"대운사 터는 옛날 아쇼카왕 때 불사리 탑을 세웠던 자리이니, 이곳에 절과 탑을 세우면 국가를 잘 보전할 수 있을 것입니다."

그러나 왕의 꿈은 현몽이 아니었다. 그가 전량의 마지막 왕이 되었기 때문이다. 독실한 신심이 꿈에서까지 발원했지만, 결국은 사찰을 짓기 위해 궁성을 허물었으니 국운의 기운도 스러질 수밖에 없으리라.

굉장사는 비운을 안은 채 유지되어 오다가 당나라 때 여황제 무측천이 권력을 잡았던 690년에 새로운 전기를 맞는다. 무측천은 《대운경大雲經》에 나오는 "미륵불이 여황제로 환생하니 천하가 모두 복종하리라彌勒下生作女皇 威伏天下"라는 구절을 따라 스스로 미륵불임을 자임하며 전국 각주에 대운사를 짓고 대운경을 암송하게 했다. 무위의 굉장사도 이때 대운사로 개칭하게 된다. 당 현종 때에는 안사의 난이 일어나자 위구르의 도움을 받아 난을 평정한다. 그리고 나서 위구르인들이 믿던 마니교의 회당 건립을 허락하게 되는데, 마니교의 사원을 대운광명사大雲光明寺, 마니사摩尼寺 또는 파사사波斯寺라고 불렀다. 대운사는 이때 마니교의 사원으로도 활용된다.

대운사에 들어서자마자 향냄새가 코를 찌른다. 향불을 사르는 향의 연기가 사찰 안에 가득하다. 법회가 있는 것도 아니고, 경축일도 아닌데 무슨 일일까? 궁금하여 이곳저곳 살펴보니 화신전火神殿이란 곳에서 피우는 향이 원인이다. 이곳에서는 사람들이 저마다 병을 고치거나 액막이를 하기 위해 향을 태우고 부적을 사른다. 그런데 그 모습이 참으로 안타깝다. 무릎을 꿇은 사람에게 붉은 천을 씌우고 부채로 머리부터 발끝까지 온몸을 때린다. 부적과 향에 불을 붙여 온몸을 찜질한다. 흡사 우리의 6-70년대 상황을 보는 듯하다. 병마와 악귀를 쫓는 행위라지만 너무도 시대에 뒤떨어진 미신행위다. 고도문명시대이건만 이런 행위가 아직도 일어나는 것은 인간의 끝없는 나약함 때문일까? 아니면 지푸라기라도 잡고 싶은 심정을 이용하는 간사한 자들의 농간일까? 어찌 보면 이런 상황은 어디서나 볼 수 있다. 종교적 치유를 빙자해 탐욕을 부리는 모든 곳에서 오늘도 비일비재하게 일어나고 있는 것이다.

불교에서의 향은 부처님께 바치는 6가지 공양물 가운데 하나다. 자신을 태워 그 향기로 주변을 맑게 하는 해탈을 의미한다. 향을 피우는 것은 자신을 희생하는 공덕을 상징하는데, 이 때문에 이 향을 해탈향解脫香이라고 부르기도 한다. 이런 행위를 통해 부처님의 가르침이 세상에 널리 퍼진다는 것인데, 대운사의 향불은 부처님의 가르침과는 정반대의 향내만 가득한 것 같아 보는 이의 마음은 씁쓸하기만 하다.

대운사는 옛 모습 그대로 남아 있지 않고, 절을 찾은 사람들도 부처님의 가르침을 잊은 듯하다. 그래도 대운사의 위상을 한껏 높여 주는 명물이 있는데 바로 대운사 범종이다. 범종을 보기 위해 종루에 오른다. 듬직한 범종이 더운 바람을 맞으며 무위시내를 굽어보고 있다. 이 종은 당나라 때 만든 것이다. 커다란 규모에 소리도 웅장할뿐더러 소박하고 고풍스러운 멋을 자아내는데, 수준 높은 문양까지 갖춘 덕에 중국 6대 명종名鐘의 하나로 꼽힌다. 청나라 때 만든 '대운사중수비'에 이르길, "모양이 기이하고 소리가 우렁찬 것이 구리 같기도 하고, 철 같기도 하고, 돌 같기도 하고, 금 같기도 한 것이 그것들 가운데에서 만들어졌으니 진정 신물神物이다."라고 했다. 그래서일까? 이곳 사람들은 대운사 종을 '신종神鐘'으로 여긴다. 범종을 주조한다는 것은 당시 최고의 합금술과 높

● 대운사 종루(위, 우측), 화신전 앞에서 벌어지는 액막이 행위(아래)

은 예술적 감각이 바탕이 되어야 한다. 그러므로 범종은 일반인들에게 신비로운 물건으로 인식되기에 알맞은 것이다. 그런데 아무리 뛰어난 기술을 가졌다 하더라도 커다란 종을 만드는 것은 쉬운 일이 아니다. 그래서 주조 과정의 어려움을 반영한 여러 전설이 생겨났다. 대운사 범종에도 특별한 전설이 담겨 있나.

"옛날 어느 황제가 자신의 덕을 알리고 태평성세임을 상징하고자 종을 만들어 세우라고 명을 내렸다. 이 명을 받은 양주 태수는 양주가 풍족한 고을임을 과시하고자 커다란 종을 만들기로 하고 세금과 모금을 함께 거뒀다. 가뭄에 허덕이는 주민들은 온갖 수탈에 시달리기만 했다. 가난한 주종기술자는 아내에게 자식을 맡기고 종을 만드는 일에 열중했다. 아내는 먹을 것이 없어 우는 아이를 달래지 못하고 있던 차에, 한 시주승이 찾아와 시주를 하라고 떼를 쓴다. 화가 난 김에 '아이라도 가져가라!'고 내뱉은 말이 화근이 되어 시주승은 아이를 데려간다. 기일이 지나도 종이 완성되지 않자 주종기술자들이 차례로 죽임을 당하게 된다. 태수의 불호령은 극에 달하고 시주승의 말을 들은 태수는 곧장 아이를 노爐에 넣어 종을 만들라고 명한다. 드디어 종이 완성되어 타종을 하는데 그 소리가 '엄마娘呀 엄마' 하고 울려 퍼졌다."

우리나라 경주에 있는 신라 성덕대왕신종인 '에밀레종'의 전설과 너무도 흡사하다. 아니 똑같다. 우리만의 고유한 전설이 담긴 에밀레종이라고 들었는데, 이역만리에 이토록 동일한 전설이 있다니!

무위는 실크로드 통로인 하서주랑의 요충지다. 각종 교역과 문물의 교류가 이곳에서 집결되었는데, 서역불교의 전래에 있어서도 무위는 주요 거점이었다. 대운사종은 무측천684~704년시기에 제작되었고 에밀레종은 771년에 만들어졌다. 두 종이 만들어진 7~80년간의 시기는 당과 신라의 불교 교류가 활발하던 때이다. 특히, 인도의 승려들을 통해 체계를 갖춘 밀교가 중국에 직접 전해지면서 빠르게 확산되어 가던 시기다. 하서주랑의 거점도시인 무위에는 밀교사원들이 세워지고 성황리에 전파되었는데, 인도의 고승으로 중국에 밀교의 황금시대를 연 불공不空도 무위의 개원사開元寺에 머물면서 밀교의 전파에 힘을 쏟았다.

신라는 경덕왕 때인 8세기 후반에 당나라의 문물과 제도를 받아들이는 데 매우 적극적이었는데, 이때 신라의 승려들이 대거 당으로 유학길에 올랐다. 불공의 제자인 혜초慧超외에도 의림義林, 현초玄超, 혜일惠日 등 많은 학승들이 이곳에서 밀교를 배우고 귀국했다. 이때 대운사종의 전설도 함께 전해졌을 가능성이 높다.

특히, 신라의 성덕왕 때부터 경덕왕 때까지는 전제왕권의 강화로 인해 권력에서 소외된 진골세력의 저항이 지속되어 정치적으로 불안정한 시기였다. 그러다가 8세의 어린 혜공왕이 즉위한 765년을 기점으로 무열왕계의 권력은 서서히 무너지기 시작하여 767년, 김양상의 반란으로 무열왕계의 정권은 끝이 난다. 이 같은 정치적 혼란기와 민심의 동요가 전설로 녹아들어가 한국적인 것으로 토착화된 것이리라.

신기하고 기이한 마음으로 대운사종을 둘러본다. 고색창연함을 드러낸 채 비

▲ 대운사 신종

▲ 신라의 에밀레종

바람에도 아랑곳없이 그 자리 그대로 의젓하다. 하지만 이 종은 1,400여 년 전, 동쪽의 작은 나라 신라에까지 문물을 전해준 실크로드의 보물이다. 대운사종을 어루만지며 경주의 에밀레종을 떠올린다. 그리고 1,000년이 넘는 기간, 이역만리 떨어져 있던 두 종이 만나는 날을 상상해 본다. 실크로드가 과거의 길만이 아니고 현재와 미래를 움직이는 살아있는 길이라는 게 느껴진다. 순간, 대운사 범종의 당좌撞座를 향해 심목心木을 힘차게 휘두른다. 에밀레종이 듣고 화답할 수 있도록 말이다. 청나라 때의 단영은段永恩은 이곳 종루에 올라 어떤 생각을 했을까?

대운사 농쪽의 위태로운 종루	白尺危樓巨刹東
매서운 칼바람소리 텅 빈 하늘로 흩뿌리는데	高歌倚劍嘯長空
삼봉탑의 기세는 하늘까지 솟아오르고	三峰塔势耸天表
한밤을 알리는 종소리만 낭랑히 울려 퍼지네.	午夜鐘聲出梵宮
설산 남쪽은 에무디 흰 눈이 내려앉았고	雪積山南終古白
북쪽의 사막에는 석양이 붉게 지네.	沙流漠北夕陽紅
친구와 술 마시는 이 밤이 좋으니	與君把酒酬佳節
이 또한 당대의 영웅이 아니런가.	到此誰爲一世雄

인간의 역사만큼 무수히 많은 영웅호걸들이 세상을 호령했건만 그들 역시 시대를 뛰어넘지는 못했으니 대운사의 종소리만 못한 것인가. 시인이 노래한 것처럼 인생이란 그저 저무는 석양을 바라보며 막걸리 한 잔으로 시름을 달래는 것인가. 사막 너머 만년설산으로 울려 퍼지는 종소리를 들으며 빈손으로 왔다가 빈손으로 가는 인생의 의미를 깨우쳐야 하는 것이리라.

중국사에서 수많은 영웅호걸들이 풍미한 때가 곧 삼국시대다. 위나라의 조조와 촉나라의 유비, 그리고 오나라의 손권이 천하쟁패를 놓고 다투는 약 100년간의 시기다. 우리는 이 시대의 이야기를 소설 《삼국지》를 통해서 생생하리만치 실감나게 기억하고 있다. 유비, 관우, 장비, 제갈량, 방통, 순욱, 가후, 허저, 조인, 하후돈, 손책, 주유, 노숙, 여몽, 사마의, 강유, 조비 등에 이르기까지 많은 영웅과 호걸들이 지략과 무용을 펼쳤던 역사를 말이다.

조조에게는 많은 장수와 책사들이 모여들었다. 그런데 조조가 신임한 책사 중에 이곳 무위출신이 있었으니 그가 곧 가후賈詡다.

"조조에게로 가야 합니다."

"원소는 강대하고 조조는 약소하며, 또 우리들은 조조와 원수지간인데 어떻게 조조에게로 간단 말이오?"

"조조는 천자를 봉양하여 천하를 호령하고 있으니, 이는 우리가 마땅히 그를 따라야 하는 이유가 됩니다. 또한, 원소는 강성하므로 우리들이 적은 병력으로 따라가면 우리를 중시하지 않을 것이지만, 조조는 약소하므로 우리를 얻으면 반드시 기뻐할 것입니다. 무릇 패왕의 뜻을 지니고 있는 사람은 사사로운 원한을 갖지 않음으로서 천하에 자신의 덕망을 보여 주는 것이니, 이것이 또한 우리가 조조를 따라야 하는 이유입니다."

가후는 뛰어난 전략가다. 동탁, 이각과 곽사, 장수 그리고 조조의 군사가 되어 뛰어난 지략과 전략으로 자신이 모시던 주군을 승리로 이끌었다. 반대로 가후의 전략이 채택되지 않을 때면 여지없이 실패했다. 이각과 곽사의 몰락, 적벽대전에서의 패배가 그것이다. 《삼국지三國志》를 지은 진晉나라의 역사가 진수陳壽가 가후에 대하여 평하길, "가후는 잘못된 계획을 세우는 일이 거의 없었다. 권모에 빈틈이 없었고, 변화에 따르는 융통성이 있었으니 장량과 진평에 버금간다."라고 했을 정도다. 사실과 현실의 변화에 입각한 냉철한 판단이 가후를 뛰어난 전략가로 만든 것이다.

가후는 천수를 누리며 77세까지 살았다. 가후는 중상모략이 판치는 난세에서 어떻게 천수를 누릴 수 있었을까? 그는 자신이 모략과 계책에 뛰어난 것도, 그것 때문에 다른 사람들이 시기하고 있다는 것도 잘 알고 있었다. 그래서 항상 문을 걸어 잠그고 스스로를 지켰다. 집에서도 사사로운 교분을 맺지 않고 자식들의 혼인도 권문세족과 하지 않았다. 이러한 처세술 때문에 가후는 난세에도 천수를 누릴 수 있었던 것이다. 가후에게서 배울 것은 아무리 비범하다 할지라도 함부로 자랑하거나 욕심 부리지 않는 삶의 자세가 아닐까?

대운사를 나오니 어둑어둑 해가 진다. 하지만 저녁 먹기에는 아직 이른 시간이다. 갈증도 해결하고 피로도 풀 겸 과일가게에 들렀다. 여러 가지 과일 중에도 유독 포도가 많다. 그러고 보니 이곳 무위도 옛날에는 양주지역이었으니 포도가 넓은 게 당연하다. 게다가 포도가 많으면 포도주도 유명할 수밖에 없다. 이런 까닭에 예부터 많은 시인묵객들이 이곳 무위를 노래했다. 그중 최고의 걸작은 당나라 때의 시인 왕한王翰이 쓴 〈양주사凉州詞〉이다.

맛있는 포도주 야광 술잔에 가득 채우고   葡萄美酒夜光杯
마시려 하니 말 위에서 비파소리가 난다   欲飮琵琶馬上催
취해서 사막에 쓰러진 나를 비웃지 마라   醉臥沙場君莫笑
예부터 싸움터에 나가 몇 사람이나 돌아왔는가 古來征戰幾人回

야광배는 기련산록에서 생산되는 특수한 광석으로 만든 잔으로 하서주랑의 명물이다. 이 돌을 깎아서 술잔을 만들고 맛있는 포도주를 가득 부어 마신다. 불안한 생활과 절망적인 운명 앞에서 출정을 앞둔 병사들의 모습을 표현한 칠언절구의 〈양주사〉. 살아서 돌아간다는 보장이 없는 사막의 전쟁터. 구성진 비파소리는 고향에 있는 가족을 더 없이 생각나게 한다. 사무치는 그리움을 잊으려면 술이 최고다. 그리하여 병사들은 오늘도 취한 채로 사막에 쓰러져 시간마저도 잊고 싶을 뿐이다.

포도주의 재료인 포도는 실크로드를 통한 동서 교류의 산물이다. 원래 서역의 과일인 포도는 한나라 때 중앙아시아에서 유입되어 위진남북조시대에는 중국 서북지역뿐만 아니라 강남에 이르기까지 보급된다. 그때까지만 하여도 포도와 포도주는 굉장히 진귀한 것이어서 황제에게 공물로 바쳐졌다. 조조의 뒤를 이어 위魏나라를 세운 문제文帝 조비曹조는 포도와 포도주 맛에 매료되어 신하들에게 극찬을 아끼지 않았다.

"중국에는 진귀한 과일이 아주 많지만 그래도 다시 포도의 기이한 맛을 말하고자 한다. 가을에 접어들어도 여전히 늦더위가 남아 취기가 깨지 않는데, 이때 포도의 이슬을 닦아서 먹으면 달면서도 물리지가 않고, 부드러우며 시지 않고, 차가워도 한기寒氣가 들지 않고, 맛은 오래가고 과즙이 많으니 갈증을 없애주고 배고픔을 덜어준다. 또한, 술로 만들면 누룩이나 당귀보다 달며 잘 취하고 쉽게 깬다. 말만 해도 이미 저절로 군침이 도는데 하물며 직접 먹으면 어떻겠는가? 다른 과일이 어찌 포도와 비교할 수 있겠는가?"

당나라 때부터는 포도 재배와 포도주 제조 기술이 상당히 발전한다. 이전의 포도보다 알이 크고 당도가 높은 고창국高昌國의 마유포도馬乳葡萄가 널리 보급되기 때문이다. 그 결과 8세기 말, 유우석劉禹錫의 〈포도가葡萄歌〉라는 시를 보면 포도주는 이제까지의 진귀한 물건에서 누구나 가까이 하는 일상 속의 맛있는 술로 변모한다.

들판에 포도나무 쑥쑥 자라나	野田生葡萄
온 가지가 쑥을 휘감아 버렸네.	纏繞一枝蒿

(중략)

쌀뜨물 뿌리에 부어주니	米液漑其根
결이 매끄러워 흘러내릴 듯 보이네.	理疎看滲瀝

(중략)

빚어 맛있는 술을 만드니	釀之成美酒
사람들 마시기에 부족하다네.	令人飮不足
그대를 위해 한 말을 남겨두었으니	爲君持一斗
돌아가서는 양주목사 되시게나.	徃取涼州牧

凉州葡萄诏

三国魏. 曹丕

旦设葡萄解酒, 宿醒掩露而食。
甘而不饴, 酸而不脆, 冷而不寒, 味
长汁多, 除烦解悁, 又酿以为酒, 甘
于曲米, 善醉而易醒。道之固以流涎
咽唾, 况亲食之耶! 他方之果, 宁有
匹之者。

▲ 조비가 포도주를 찬양하는 글

　　우리나라에는 포도와 포도주가 언제 들어왔을까? 적어도 삼국시대에 전래
되었을 것이다. 우리나라의 삼국시대는 중국의 위진 남북조시대인데, 고구려는
대부분의 남북조 국가들과 교류했다. 남북조 국가들은 대부분 중국의 서북부
에 위치했기에 포도와 포도주를 일찍부터 생산한 국가들이다. 신라 역시 금관,
유리, 와당 등의 유물에서 보듯이 흉노 등 서역 북방민족과의 교류가 있었기에
포도가 유입되었을 가능성은 충분하다. 특히 신라가 당과 동맹을 맺어 고구려
와 백제를 무너뜨린 뒤, 당과의 교류가 밀접해지면서 포도주도 전해졌을 것이
다. 그러나 우리 역사에서 포도주가 최초로 언급된 곳은 13세기 초 고려시대
이규보李奎報의《동국이상국집東國李相國集》에 보이는 안축安軸의 시 〈포도주화주
은자지이권여葡萄酒和州隱者持以勸余〉이다. 그런데 이때도 포도주는 굉장히 귀한
술이었던 것 같다.

술 한 말에 저자에서는 천금의 가치가 있어	斗酒千金足市恩
옛 사람들 일찍이 높은 사람들에게 바쳤다네.	古人曾獻貴人門
산 속의 늙은이는 이리석고 기교를 부릴 줄 몰라	山翁痴拙無機巧
양주의 옛 고을 하나를 그저 훌쩍 마셔버렸네.	虛食涼州老一村

그로부터 100여 년이 지난 조선시대에도 서거정徐居正의 시를 보노라면 포도주는 여전히 귀한 술이다.

수박보다 달고 연유보다 윤기가 흘러	甛於西瓜潤於酥
한 알 입에 넣으면 아픈 것도 사라지네.	一顆入口沈痾蘇
어찌하면 만 곡의 술로 빚어	安得釀成萬斛酒
날마다 삼백 잔을 마실 수 있을까나	我時日飮三百斗

우리나라에 포도 재배와 포도주 제조법이 전해진 지 오래인데 어째서 조선시대까지도 포도주는 귀한 술이었을까? 해답은 금주령에 있다. 잦은 가뭄으로 인하여 곡식이 부족한 상태에서 누룩을 만들어서 술을 빚는 것은 낭비였기 때문이다. 이로 미뤄본다면 자연발효법에 의한 포도주 제조는 아직 전해지지 않은 것이다. 조선시대에 들어서도 금주령이 빈번히 내려지고 이에 따라 포도도 대량 재배로 발전하지 못하고 관상용이나 소량으로만 재배된다. 이러한 사정으로 인하여 중국에서는 누구나 쉽게 포도주를 마실 수 있었지만, 우리나라 사람들은 중국에 사신으로 가거나 교역하러 가서야 포도주를 음미할 수 있었다.

어느덧 날이 어두워졌다. 저녁식사 때가 되면 중국술로 반주飯酒를 하곤 했는데, 그날 밤에는 양주산 포도주 서너 병으로 후배와 함께 깊어 가는 양주의 밤을 음미하려 했다. 슈퍼마켓에서 포도주를 사서 깨끗하고 그럴듯한 식당에 자리 잡은 뒤 안주하기에 적당한 요리를 두 가지 주문했다. 그러고 나서 포도주를 따서 마시려는데 식당주인이 다가온다.

"식당에서는 술을 마실 수 없어요."
"네? 아니 저기에도 술이 많이 있는데 못 먹다니요?"
"식당에 있는 술은 마실 수 있지만 밖에서 사온 술은 여기선 마실 수 없어요."
"그래요? 그럼 주문 취소해 주세요."
"안돼요. 벌써 재료를 넣어서 요리를 시작했어요."

조금 더 언쟁을 벌이다가는 싸움으로 번질 상황이 되었다. 식당에는 고량주만 있지 포도주는 보이지 않는다. 저녁을 먹으면서 포도주 한 잔 맛있게 마시려 했던 게 틀어지고 만 것이다. 할 수 없이 요리가 나오기를 기다려 식사만 하는데 음식이 짜서 먹을 수가 없다. 또다시 언쟁을 하기도 싫다.

"대충 먹고 호텔에서 마시자."

상한 기분을 풀고 호텔방에 나란히 앉아 포도주 잔을 부딪치니 이백도, 유우석도 부럽지가 않다. 하물며 안축과 서거정은 어찌 몸이 달지 않겠는가. 그렇게 선현들의 풍류를 안주삼아 여행에서의 피로를 풀었다. 밤이 기우는 것을 한껏 즐거워하면서 말이다.

제14장 실크로드가 맺어준 동서양 문명의 끈

무위 대운사의 종소리를 들으며 장액張掖으로 향한다. 그저 무덤덤하게 들을 때면 그것은 단지 음파에 지나지 않았는데, 이제 그 내력을 알고 들으니 애틋한 사연이 가슴에 절절하게 메아리친다. 하긴 사연 없는 만물이 어디 있으며, 저마다 한 편의 대하소설을 품지 않은 인간이 어디 있으랴. 그만큼 우리네 삶의 굴곡이 녹록치 않은 까닭이다.

여행은 이렇듯 고단한 삶에 많은 위안을 준다. 쉽지 않은 삶이지만 살아볼만한 가치가 있음을 알려준다. 그리하여 힘든 여행을 하고 돌아올 때면, 다시금 따뜻한 시선으로 세상을 바라보게 해준다. 필자가 여행을 좋아하는 것도 세상을 따뜻하게 바라볼 수 있는 힘을 얻을 수 있기 때문이다.

하지만 막상 먹고 사는 일을 내려놓고 여행을 떠나는 건 정말 쉽지 않다. 그러므로 여행길에 나서려면 스스로의 노력도 중요하지만 주변의 이해와 도움이 필수적이다. 함께 일하는 사람들은 물론, 가족의 이해도 필수적이다. 이런 점에서 아내는 항상 필자의 여행을 지원해 주는 든든한 후원자다. 필자가 여행의 필요성을 진지하게 설명할 때면 아내는 두말없이 동의한다. 삼국지, 공자, 실크로드의 현장을 대부분 혼자 다녔지만, 아내는 한 마디 불평 없이 모든 것들을 챙겨준다.

그러고 보니 오늘이 아내의 생일이다. 아내의 생일은 국경일과 연이어 있다. 연휴기간만을 골라 여행하는 남편이기에 아내의 생일은 대부분 필자의 여행일정에 묻힌다. 그래서 아내는 아이들의 축하만 받는다. 멀리서 미안함에 작은 선물을 마련하지만 그것은 스스로의 위안일 뿐이다. 진정한 선물은 가족이 함께 있어 건네는 따뜻한 마음이기 때문이다.

무위에서 장액까지는 대략 240킬로미터다. 자동차로 서너 시간은 달려야 하는 거리다. 무위 시내를 벗어나서 한참을 달리니 남쪽으로는 기련산맥이 휘달리고 북쪽으로는 용수산龍首山 봉우리가 멀리 보인다. 한 시간 정도를 달리니 금창시金昌市 영창현永昌縣이다. 여간촌驪軒村에 있는 고성古城을 찾아가자고 했더니, 장액으로 향하던 후배가 의아해 한다.

"그곳에도 실크로드 유적이 있나요?"
"그럼. 엄청난 실크로드의 역사가 지금도 살아있는 곳이지."
"살아있는 곳이라고요?"
"그렇다니까. 가서 직접 느껴보자고."

여간촌의 원래 이름은 자래채者來寨다. 이곳에는 30여 미터의 길이에 3미터 정도 높이의 성벽이 남아있는데, 1970년대만 해도 1킬로미터의 길이에 3층 높이의 성벽이 장성처럼 이어져 있었다고 한다. 그런데 이곳 사람들이 성벽의 흙을 파다가 집을 짓거나 농사짓는 데 비료로 사용하면서 훼손시켜 지금의 모습만 남은 것이다. 이곳에서 한나라 때의 무덤이 발굴되었는데 무덤의 주인은 동양인이 아니었다. 하얀 피부에 빨간 머리털, 긴 얼굴과 오뚝한 코를 가진 전형적인 유럽인의 모습을 하고 있었다. 어찌된 일일까? 참으로 신기하고 궁금해 도저히 그냥 지나칠 수 없는 곳이다. 마을에 도착하니 이 마을의 내력을 알려주는 듯 세 명의 동상이 반긴다.

"동상의 모양이 어때?"

"어? 오른쪽의 남자는 서양인 같은데요?"

"그렇지. 로마시대를 다룬 영화에서 보던 그 인물이지?"

기원전 54년. 로마제국의 집정관인 크라수스가 폼페이우스, 카이사르와 함께 삼두정치三頭政治를 펼칠 때다. 크라수스는 자신만이 공을 세우지 못하자 이들과의 경쟁에서 이기기 위해 지금의 이란 지역인 파르티아Parthia 원정을 단행한다. 그런데 욕심이 앞선 크라수스군은 파르티아군의 전술에 걸려들어 대패하게 되는데, 이때 크라수스도 목이 베이고 몸에 쇳물이 부어지는 참형을 당한다. 그 싸움에서 로마는 2만여 명이 전사하고 1만여 명이 포로로 잡혀 노예가 되었다. 오직 크라수스의 큰아들이 이끄는 6,000여 명의 군사들만이 포위망을 뚫고 도망쳤다. 하지만 그들의 행방은 찾을 수 없었다. 33년이 지난 후, 로마제국과 파르티아는 종전협정을 맺고 포로교환을 했지만, 6,000여 명의 병사들은 끝내 찾을 수 없었다. 그 많은 사람들은 과연 어디로 사라진 것일까?

이 문제에 대해서 처음으로 해답을 제시한 사람은 영국의 학자 호머 더브스 Homer H. Dubs다. 그는 미국의 컬럼비아 대학 교수로 제2차 세계대전 전후 미 국무부에 소속되어 일본을 연구한 학자다. 그는 이곳 여간촌이 로마의 투항자들로 이루어진 마을이라고 주장했다. 한나라 때 '여간'이란 말은 곧 로마제국을 지칭하던 말이기 때문이다. 중국의 역사지리학자인 사념해思念海도 그의 저서 《하산집河山集》에서 이렇게 정리했다.

"여간은 현의 명칭으로 여간으로 투항한 자들로 이루어진 곳이다. 성 밖 투항자들이 설치한 현으로는 어상군於上郡의 구자현龜玆縣이 있는데, 그곳도 구자

▲ 여간촌 입구의 석상

국 투항자들로 이루어진 곳이다. 이는 한나라 때 통례로 여겨지던 일이다."

　　그 뒤 많은 사람들이 흥미와 관심을 가지고 이곳을 방문하여 이 마을의 수수께끼를 풀고자 했다. 《한서》〈진탕전〉에 보면, 중앙아시아를 차지한 서흉노 질지 선우의 부하들 가운데는 토성 밖에 목책을 3층으로 겹쳐 쌓고, 원형의 방패를 물고기의 비늘 모양으로 진을 쳐서 공격하는 '어린진魚鱗陣'을 펼쳤다는 내용이 있다. 이는 로마군이 전투에 자주 활용하는 전술이다. 질지 선우가 이끄는 군대에 로마식 전술을 사용하는 부하들이 있는 것은 어쩐 일일까? 크라수스의 큰아들이 이끄는 6,000여 명의 로마 병사들이 로마로 돌아가지 못하고 질지 선우에게 의탁했기 때문이다. 질지 선우는 세력을 키우기 위해 자신의 딸을 주며 이들을 아꼈다. 세력을 키운 질지는 주변의 작은 나라들을 정복하고 한나라와

대적하게 된다. 이에 서역도호부의 감연수甘延壽와 진탕陳湯이 화공으로 질지군을 섬멸한다. 질지마저 잃은 로마 병사들은 갈 곳이 없었다. 이제 와서 더더욱 로마로 돌아갈 수도 없는 일이었다. 그래서 살아남은 병사들은 한나라에 투항 의사를 밝힌다. 이에 한나라는 흉노 절란왕折蘭王의 유목지였던 기련산 기슭의 장액군 번화현番和縣에 로마를 지칭하는 '여간성'을 쌓고 거주지를 마련해 준다. 그 후 절란折蘭의 음이 변하여 비슷한 '자래채'가 된 것이다. 그리고 근래에 문화자원을 개발한다는 의미에서 여간촌으로 다시 바뀐 것이다.

여간촌은 시내에서 뚝 떨어진 곳에 있다. 근방에 도착하니 성이 보인다. 그런데 옛 성이 아니라 최근에 지은 것이다. 살펴보니 이곳을 관광지로 만들기 위해 성을 건설하고 있는 것이다. 갑자기 하늘이 흐려지더니 소나기가 쏟아진다. 한두 명에게 물어보지만 타지에서 온 일꾼들이라 알지 못한다. 날씨는 안 좋고 마음은 급하니 직접 찾아보는 수밖에 없다. 마을이 있을 법한 곳으로 차를 몰아간다. 비포장도로를 20여분 달리자 마을이 보인다.

"이곳이 맞을까요?"

"산 아래 마을은 이곳뿐이니까 아마도 맞지 않을까?"

마을로 들어서자 빗발은 더 세지고 사람들은 보이지 않는다. 확인할 길이 없으니 직접 마을 여기저기를 찾아다닐 수밖에 없다.

"로마식 정자가 있을 거야. 그것을 찾으면 이 마을이 맞는 거야."

마을을 조금 벗어나 벌판을 바라보니 성터인 둔덕 위에 로마식 정자가 보인다.

"찾았다! 이 마을이 여간촌이 확실해."

거센 소낙비를 뚫고 둔덕에 오른다. 이곳이 옛날 여간성이었을 텐데 이를 알려주는 팻말조차 없다. 대신 로마식 정자만 홀로 비를 맞고 있다. 정자 안에는 2012년 10월에 다시 세운 '옛 로마군단의 중국귀향기념비'가 있다. 비석의 뒷면에는 이곳 마을의 역사를 기록해 놓았다.

이 마을에는 약 400여 명이 살고 있는데, 그중 200여 명은 훤칠한 키, 푸른

▲ 여간촌의 성곽. 관광객에게 개방하기 위해 새로 건축하고 있다.

색 눈, 갈색머리 등 서구인의 특징을 갖추고 있다. 여간촌을 일명 '황모부락黃毛部落'이라고도 부르는데 이는 이들의 머리색을 빗대어 부르는 말이다. 그래서 이곳 사람들은 마을을 벗어나지 않고 살았다. 어쩔 수 없이 외부에 나갈 일이 있을 때에는 머리를 검은색으로 염색했다고 한다.

마을로 들어오니 비가 그친다. 그 사이에 양떼를 몰고 오는 마을 사람들이 보인다. 그런데 모습이 영락없는 서구인의 형상이다. 그중 한 사람을 찾아가서 확인하니 조상이 로마인이라고 한다. 그 역시 이 마을의 유래를 잘 알고 있다.

"예전엔 밖에도 나가지 않고 숨어서 살았지요. 이제는 우리 마을의 특징을 널리 알려 많은 사람들이 찾아오도록 정부에서도 지원해 주고 있어요."

여간촌의 로마식 정자. 정자 안에는 로마군단의 중국귀향기념비가 있다.

● 여간촌의 풍경(상)과 로마인의 모습을 닮은 여간촌 사람들(하)

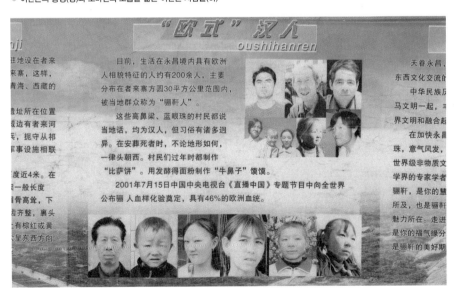

환하게 웃는 그의 모습에서 2,000년의 시름은 사라지고, 융합과 소통의 시대를 새롭게 열어가려는 희망찬 의지를 본다.

실크로드는 교역이 주류였지만 물류만 오간 길은 아니었다. 종교와 사상이 소통하고, 지식이 융합하는 길이었다. 그리고 이러한 것들을 주도한 것은 바로 '사람들'이었다. 실크로드는 자의든 타의든 동서의 사람들이 오가고 머물며 서로 사귀고 사랑하는 길이다. 이를 통해 새로운 세상을 창조하는 에너지를 만들어내는 통로다. 인적 교류와 정착은 실크로드 최고의 목적이다. 인류의 지속적인 발전을 위해서도 꼭 필요한 것이다. 실크로드가 과거의 길이 아니라 현재의 길이요 미래를 향한 길이 되어야 하는 이유가 여기에 있는 것이다.

여간촌을 벗어나니 초원지대가 펼쳐진다. 코발트색 하늘 아래 멀리 만년설 덮인 산맥들이 이어지고 야트막한 산록의 푸른 초원에는 양들이 편안하게 풀을 뜯는다. 그야말로 한 폭의 그림이 아닐 수 없다. 영화필름처럼 스쳐가는 풍경화를 감상할 즈음, 부서진 토성의 흔적이 화면에 나타난다. 점점 차창으로 가까이 다가오더니 급기야 시야를 끊고 사라진다. 의아해 뒤돌아보니 필자가 달리는 도로가 성벽을 뚫어버린 것이다. 토성을 둘러보기 위해 잠시 멈춘다. 산단고장성山丹古長城이란 안내석이 지나치는 자동차의 매연을 맡으며 폐허뿐인 성벽을 홀로 지키고 있다. 황토 성곽은 두 줄로 이어져 있는데, 바깥은 한나라 때 만든 것이고 안쪽은 명나라 때 쌓은 것이라 한다. 한나라 때 장성은 상당 부분 훼손되었지만 93킬로미터에 이르는 명나라 때 장성은 황토를 판축版築·흙을 시루떡처럼 다져 쌓는 방법한 흔적이 고스란히 남아 있다. 하지만 명나라 때 장성 또한 훼손되기는 마찬가지다. 건조한 기후와 바람, 거기에 인간의 발길이 더해져 훼손을 더욱 가속화시키고 있는 것이다.

장성이 흔적 없이 사라지면 성곽과 함께한 역사도 잊힌다. 대지가 판축처럼

● 산단고장성

켜켜이 쌓여 새로운 자연을 만들면 인간은 그곳에 새로운 역사를 구축한다. 그리고 지나간 시대를 기록으로 남긴다. 자연은 항상 그대로이길 원하는데 인간은 쉬지 않고 자신이 역사를 만들고 기록하려 애쓴다. 그 역사가 찬란한들 어찌 칭송받을 수 있으며, 그 기록이 위대한들 어찌 영원할 수 있으랴. 물처럼 낮게 구름처럼 가볍게 살면 얼마나 좋을까. 다툼뿐인 역사와, 그로 인해 상처를 잔뜩 껴안은 자연을 적셔주고 보듬어 주는 진실함으로 말이다. 그러고 보니 왕지환王之煥의 《양주사涼州詞》처럼 초원을 적시는 물줄기와 한 조각 흰 구름이 여느 때와 다르게 가슴을 울린다.

황하는 멀리 흰 구름 속에 흘러가고　　　　　　黃河遠上白雲間
높다란 산의 한 조각 성이 홀로 외롭구나　　　一片孤城萬仞山
오랑캐 피리는 어찌 구슬픈 이별노래만 불러대는가　羌笛何須楊柳曲
봄빛도 아직 옥문관을 넘지 못했는데　　　　　春光不度玉門關

산단현山丹縣은 말 목장으로 유명하다. 이곳의 지명을 따서 지은 산단마는 천마와 버금가는 말로 예로부터 무장들이 즐겨 탔다. 산단이 목장으로 유명한 것은 기련산맥의 만년설이 만들어내는 풍부한 물이 드넓은 초원을 적시며 흐르고 있기 때문이다. 그래서 흉노는 이곳을 천연목장으로 사용했다. 특히 기련산맥의 지맥인 언지산焉支山은 하서주랑을 지나는 실크로드의 요충지이다. 한 무제는 흉노로부터 이곳을 빼앗아 군현을 설치하고 그토록 애지중지하는 한혈마, 대완마大宛馬, 화염구火焰駒와 같은 명마를 사육했다. 언지는 연지臙脂와 통하는데, 연지의 재료인 홍람紅藍이 이곳 언지산에서 많이 나기 때문이다. 천혜의 요충지인 언지산을 빼앗긴 흉노는 황량한 고비사막으로 쫓겨나 세력이 급속히 약해진다. 반면에 이곳을 차지한 한나라는 서역과의 교역을 통해 안정적인 힘을 구축한다. 흉노는 조상 대대로 살아오던 삶의 터전을 잃었으니 그 슬픔이 얼마나 컸을까? 그들이 암담한 심정으로 쫓겨 가며 불렀을 〈서하구사西河舊事〉라는

▲ 끝없는 평원이 펼쳐지는 산단군마장

노래가 전해온다.

우리가 기련산을 잃어
이제는 가축을 기를 수 없네
우리가 언지산을 잃어
이제는 처자의 얼굴에 연지를 바를 수도 없네

산단의 군마장을 찾아가는 길은 좌우로 온통 초록평원이다. 기련산맥을 이어온 앞산이 금방 손에 잡힐 듯한데 가도 가도 그대로이다. 한 시간을 내달려도 초원 역시 그 모습 그대로이다. 도대체 얼마를 더 가야만 산에 도달할 수 있을까? 좌우로 펼쳐진 초원의 끝은 또 어디일까? 흉노가 이곳을 잃고 가축을 기를 수 없게 되었다는 아픔이 저절로 느껴진다. 이토록 푸른 초원은 유목민족이면 누구나 차지하고 싶은 낙원이기 때문이다.

4,000여 미터의 산록 아래 펼쳐진 목장은 3,000여 년의 역사를 가지고 있다. 한 무제 이후 군마사육장으로 변신한 이곳은, 그 뒤에 더욱 번창하여 수나라 때는 10만여 필, 당나라 때는 70만여 필의 말을 사육했다고 한다. 지금노 말을 사육하고 있는 이 목장은, 아시아 최대이자 세계에서 두 번째로 큰 목장이다. 중국의 군마는 아직도 이곳에서 조달한다고 하니 가히 최고의 목장임에는 틀림없는 것 같다. 하지만 지금은 말을 찾아보기 어렵다. 자동차가 말의 자리를 차지해 수요가 없기 때문이다. 말이 뛰놀던 초원에는 야크, 염소, 양 등이 풀을 뜯고 있다. 그래도 말이 보고 싶어 한참을 더 들어가니, 수십 마리의 말이 보인다. 그런데 말들이 모두 울타리에 갇혀 있다. 초원에서 뛰노는 말을 보고 싶었는데 아쉽기만 하다. 그래도 산단의 군마장에서 이렇게라도 말을 보았으니 그나마 다행이다.

한 무제는 천마를 차지하기 위해 전쟁도 마다하지 않았고, 불과 100년 전만 해도 말은 소중한 자원이었는데, 이제는 경마장에서나 보는 동물이 되었으니 말도 한 편의 기구한 대하소설의 주인공이 되어버린 것일까.

이곳 산록의 초원은 말 목장뿐 아니라 영화촬영지로도 유명하다. 당 태종의 조카딸로 토번의 왕인 송찬간포松赞干布·605~649에게 시집간 공주의 이야기를 다룬《문성공주》, 중국 4대 미인 가운데 한 사람으로 기원전 1세기 흉노의 호한야 선우呼韓邪單于에게 시집간 한나라 원제의 궁녀 이야기를 그린《왕소군》등 30편이 넘는 영화가 이곳에서 촬영되었다고 한다.

한족이 세운 나라들은 자국의 힘이 약하면 오랑캐라 칭하는 이민족들과 '정략결혼'을 했다. 국가와 백성을 보호하기 위해 부득이하게 취한 고육지책이라고 하지만, 사실은 권력자가 권력을 계속 유지하기 위한 방편일 뿐이다. 권력을 넘보면 아들이라 해도 목을 베고, 자기보다 힘이 센 외부 세력에게는 딸까지도 주어 무마시켰으니 얼마나 잔인한 권력인가. 그러므로 마약보다 더한 권력의 맛

▲ 말보다는 야크와 염소, 양들이 사육되고 있는 산단마장

을 어찌 내려놓을 수 있겠는가. 참형을 앞두고도 내려놓을 수 없는 게 바로 권력이다. 하지만 분명한 진실이 있다. 백성을 위한답시고 권력을 휘두른 자는 모두 자신의 칼날에 죽는다. 이 어찌 한 나라만의 일이겠는가. 동서고금 모든 나라에 통하는 만고불변의 법칙인 것을.

산단 군마장을 나와 언지산으로 향한다. 언지산은 군마장과 같은 산맥에 자리해 있다. 한참을 달려 산맥이 가까워오자 멀리서도 언지산이 어느 산인지 알 것 같다. 다른 산들이 민둥산인데 언지산만 숲이 가득하기 때문이다. 참으로 희한한 일이 아닐 수 없다. 산 입구부터 뛰어난 자연풍광을 자랑하는 문구가 요란하다. 버스로 정상에 올라 산 전체를 조망하니 "언지산을 잃어 처자의 얼굴에 연지를 바를 수 없다."라는 흉노의 슬픈 곡조가 가슴에 다가온다.

숲길은 하늘이 보이지 않을 정도로 어둡고, 계곡의 물은 어디서 오는지 그 흐르는 소리마저 쩌렁쩌렁하다. 중국의 하서주랑에 온 게 아니라 마치 우리나라의 설악산이나 오대산의 깊은 숲속을 걷는 것 같다. 산을 돌아보는 서너 시간 내내 꿈속의 실크로드에 온 것처럼 느껴지니 가히 천혜의 보고요 낙원이 아닐 수 없다.

이곳 산단현과 관련된《황시의 아이들黃石的孩子》이란 영화가 있다. 실화를 바탕으로 한 이 영화는 1937년 일본의 남경대학살을 목도하고 이를 취재한 영국인 저널리스트 조지 호그George Hogg의 일대기를 그린 영화다. 적십자 요원으로 위장한 조지 호그는 학살현장을 촬영하다 일본군에 붙잡혀 처형되기 직전 중국인 장군에게 구출된다. 그 후 호그는 호북성의 황시黃石마을에서 60여 명의 고아들을 돌보게 되는데, 정신적 충격을 받은 아이들은 이방인에게 극도의 거부감을 보인다. 하지만 호그의 진실한 사랑에 감동한 아이들은 점차 호그와 친해지고 행복한 삶을 만들어간다. 그러나 전쟁은 잠깐의 평화도 용서하지 않는 법. 국민당군이 아이들을 전쟁에 동원하려 하고 마을을 군사 요새로 삼으려 하자, 호그는 모두의 간섭이 없는 먼 곳으로 아이들을 데리고 간다. 그곳은 마을

▲ 애여와하극능원

에서 1,000킬로미터가 넘는 감숙성 산단현이다. 호그와 함께 아이들은 해발 3,000미터의 산맥을 넘고 사막을 지나는 온갖 고난 끝에 마침내 산단현에 도착하여 새로운 삶을 꾸리는 데 성공한다. 하지만 호그는 여정 중에 걸린 파상풍을 치료하지 못해 산단현에 도착한 1945년 7월, 30세의 나이로 요절한다.

산단현은 조지 호그를 기념하는 능원陵園을 조성해 놓았는데 이름이 '애여와 하극艾黎與何克' 능원이다. '하극'은 호그의 중국식 표현이다. 그렇다면 '애여'는 누구일까? 호그와 함께 적십자 활동을 한 뉴질랜드 친구인 '르위 앨리Rewi Alley' 를 가리키는 것이다. 앨리는 영화에서는 보이지 않는다. 다만 '리'라는 간호사 역할을 하는 여성이 앨리의 역할을 대신할 뿐이다. 하지만 앨리야말로 호그의 이야기를 세상에 알리고 영화까지 만들게 한 장본인이다. 아울러 호그가 틈틈이 써 둔 유고를 모아《새로운 중국을 보다I See a New China》라는 책을 펴내는 데도 일조한다. 자신은 드러내지 않고 동료인 호그의 인류애적 감동을 알리기 위해 헌신한 앨리. 호그에 대한 그의 진실한 우정이 없으면 불가능한 것이다.

"위대한 국제주의전사여! 그 뜻, 영원히 남으리라.偉大的國際主義戰士永垂不朽"

능원에는 덩샤오핑이 쓴 글씨가 검은 대리석 위에 빛난다. 길이 7미터, 높이 1.8미터에 이르는 석비에는 그와 함께 호그와 앨리의 생애가 좌우에 나란히 새겨져 있다. 진실로 중국의 미래를 지켜준 두 사람에 대한 고마움이 배어 있는 듯하다.

사랑은 모든 생물을 행복하게 한다. 특히 전쟁이라는 참혹한 시련을 이겨내고 이룬 사랑은 더없이 행복하다. 여기에 국경과 민족을 넘나드는 인류애가 더해진다면 더 말할 나위가 없다. 실크로드는 바로 이러한 인류애를 살펴보는 길이기도 하다. 전쟁과 탐욕으로 점철된 인간사이지만 그때마다 이를 깨닫게 하고 바로 세우는 원천은 바로 인간에 대한 사랑이었다. 인간은 선한 존재다. 선함의 근원은 바로 사랑이다. 수천 년간 사랑이 오간 실크로드에서 잊었던 사랑을 다잡

▲ 설악산과 같은 풍광을 지닌 언지산

는다. 그리고 더 큰 사랑, 더 넓은 사랑을 배우기 위해 실크로드에 선다. 물처럼 겸손하게, 구름처럼 텅 비운 채로. 필자에게 있어 길이 곧 스승이요 친구인 것은 바로 이 때문이다.

언지산을 뒤로 하고 장액으로 향한다. 바쁜 걸음과는 다르게 마음은 언지산이 그립다. 다시금 뒤를 돌아 언지산을 바라본다. 백화지정百花地頂이라 했던가. 초록빛 산록에 붉은 꽃 만발해도 정상에는 만년설이 쌓여있는 언지산. 이토록 평온한 곳을 차지하기 위해 얼마나 많은 병사들이 피 흘리며 싸워야 했던가. 그래서 평화로운 초원도 병사들의 넋을 달래는 듯 해마다 붉디붉은 꽃을 피우는 것이리라.

시선 이백이 어느 늦은 가을날 언지산을 찾았다. 그리고 〈추사秋思〉라는 시 한수를 지었다. 이백은 언지산에서 무엇을 생각했을까?

연지산 낙엽 지는 계절	燕支黃葉落
떠난 님 보고자 대에 높이 올랐거늘	妾望自登臺
푸르른 구름 청해 언저리서 끊겼고	海上碧雲斷
서역 땅 추워지니 오랑캐 몰려오겠구나.	單于秋色來.
이미 서역 군사들이 사막지대에 왔다고	胡兵沙塞合
한나라 사신이 옥문관에서 전해오니	漢使玉關回
전쟁 가신 님 더더욱 돌아올 날 멀어져	征客無歸日
시들어 가는 난초에 서글픔만 더하는구나.	空悲蕙草摧

수시로 벌어지는 전쟁은 사람을 항상 긴장하게 만들고, 사랑하는 사람과도 헤어지게 한다. 전쟁터로 떠난 님을 그리는 여인의 삶도 긴장의 연속이다. 님은 행복한 삶의 터전을 지키기 위해 전생터로 떠났지만 여인은 행복하지 않다. 그림 같고 풍요로운 생활터전도 사랑하는 님과 함께 하지 않으면 의미가 없기 때

문이다. 사랑은 굳게 믿는 것이고 행복은 믿음으로 인내하는 것임을 어렴풋이 배운다. 어느 것 하나 아픔 없이 이뤄지는 것이 아님을 말이다.

오아시스 도시가 그렇듯이 장액이 가까워 오자 사막지대가 곡창지대로 바뀐다. 인간이 만든 건물들도 보인다. 옛날 실크로드 대상隊商들이 건조한 사막을 지나 초원과 물이 있는 도시가 보이면 휴식을 위해 더욱 힘을 내어 줄달음쳤는데, 나 또한 밀려오는 허기를 채울 식당부터 찾기 바쁘다. 역시 '금강산도 식후경'인 것이다.

흑하黑河가 흐르는 장액은 하서주랑의 중부에 위치한 고대 실크로드의 요충지이자 무역도시다. 한약재로 유명한 감초甘草의 특산지여서 감주甘州라고도 했다. 장액이라는 지명은 흉노를 몰아낸 한 무제가 "흉노의 팔을 꺾고 중국의 팔을 펼치다.斷匈奴之臂 張中國之掖"라고 한 말에서 나온 명칭이다. 이처럼 장액은 그 명칭에서부터 서역과의 무역 거점이라는 사실을 드러내고 있다. 이런 유구한 역사와 문화, 풍부한 농산물로 인해, 중국인들은 장액을 '금장액金張掖'이라 부르며 하서주랑의 도시 가운데 최고로 쳤다. 특히 서역불교의 전래와 독자적인 발전을 도모한 곳이기도 하다.

이런 까닭에 장액에 오면 가장 먼저 둘러볼 곳이 대불사大佛寺다. 대불사는 서하 시기인 1098년에 창건되었는데 당시 이름은 가섭여래사迦葉如來寺였다. 1411년, 명나라 영락제永樂帝가 중건하면서 '홍인사弘仁寺'라는 편액을 내렸다. 청나라 강희제 때인 1678년, 사찰 내에 있는 거대한 불상을 기념하기 위해 '굉인사宏仁寺'로 개칭했다. 이때부터 굉인사는 속칭 대불사라고 불리게 되었다. 1940년대부터는 훼손된 불전佛殿을 중심으로 다시 중건이 이루어져 지금과 같은 규모의 사찰이 되었고, 거대한 불상 덕에 1996년에 전국중점문물보호단위로 선정되었다.

시내에 있는 대불사를 찾았다. 패루牌樓식으로 만든 산문山門에는 '부처님의 말씀은 변방이 없다.佛法無邊'라는 편액이 금빛처럼 빛난다. 산문을 지나니 정전正殿을 중심으로 작은 전각들이 오밀조밀하다. 2층 겹처마 구조의 정전에는 중국 최대의 실내 와불臥佛이 모셔져 있다. 석가모니 열반상인 이 와불은 길이가 35미터, 어깨 너비가 7.5미터다. 다리 길이만 4미터요, 귀는 2미터에 이르는 거대한 불상이다. 와불 주변에는 부처의 10대 제자의 소상塑像이 살아있는 듯 생생하다. 회랑에는 18나한상羅漢像을 배치하고, 천장에는 '24제천諸天'과《서유기西遊記》벽화를 그려 놓았는데, 열반을 앞둔 부처님의 모습이 대전 전체에 장엄하게 울려온다.

와불이 뿜어내는 아름다움과 장엄함은 와불의 규모가 커서도 아니고 특별한 조형미 때문도 아니다. 순전히 숭고한 신앙심이 바탕이 되어 예배禮拜의 대상으로 모셔진 까닭이다. 1,000년이 넘는 세월 동안 신앙의 향기가 고스란히 살아 있기에 오늘 이곳을 찾은 신심 없는 나그네도 장엄한 분위기에 고개가 절로 숙여진다.

열반涅槃이란 번뇌에 얽매이지 않는 경지를 말한다. 즉 육체인 색신色身은 무상한 것이어서 인연이 다하면 없어지나, 진리를 깨친 법신法身은 항상 살아있다는 의미이기도 하다.

"내가 열반에 들지 않은 지금, 나를 공양하는 것과 나의 열반 후에 공양하는 것은 마음이 평등하므로 얻는 복덕도 똑같다."

부처의 이 같은 말씀은 그의 열반 후에 탑을 세우거나, 열반에 든 모습을 그림이나 조각으로 조성하여 공양하는 공덕신앙의 기반이 되었다. 부처가 계시지 않아도 열반에 든 모습에 공양함으로써 언제나 살아 있는 법신에 공양하는 것이 되기 때문이다.

▲ 대불사 와불. 장엄한 분위기에 저절로 숙연해진다.

▲ 대불사 입구

열반은 적멸寂滅, 불생不生, 적정寂靜, 원적圓寂이라고도 하는데, 원래 부처님의 입멸入滅은 열반이라 하지 않고 반열반般涅槃·모든 번뇌를 완전히 소멸한 상태이라 했다. 그것을 중국인들이 줄여서 열반으로 쓰면서 일반화되었다. 하지만 엄밀하게 구분하면 붓다의 입멸은 반열반이요, 불도를 완성한 뒤 본체의 구현을 열반이라 하는 것이다. 그런데 요즘은 불도의 완성 없이 죽은 일반 스님들에 대해서도 열반하셨다고 하니, 그릇됨을 알지만 구구절절 논함도 무상한 것이기에 그냥 지나치는 것인가. 참으로 대자대비大慈大悲한 부처님 세상이다.

이탈리아 베네치아의 상인인 마르코 폴로는 1260년 고향을 떠나 원나라 각지를 여행한 뒤 '세계의 서술'이란《동방견문록》을 완성했다. 당시 마르코 폴로는 장액에서 1년을 머물렀다. 이때 대불사를 둘러본 그의 느낌은 어땠을까?

"캄프초감주·장액는 탕구트 안에 있는 매우 크고 훌륭한 도시다. 주민들은 우상숭배자이지만 무슬림도 더러 있다. 기독교도도 있는데 세 개의 크고 이름다운 교회를 가지고 있다. 우상숭배자들은 그들의 풍습에 따라 많은 사원과 수도원을 갖고 있으며, 그 안에는 엄청나게 많은 우상들이 모셔져 있다. 어떤 것은 크기가 15미터나 되는데, 목석木石이나 흙으로 만든다. 그 위에 황금색을 칠하는데 그 모습이 아주 정교하다. 거대한 우상은 누워있으며 주위에는 여러 개의 작은 우상들이 경배를 드리는 것처럼 공손하게 큰 불상을 둘러싸고 있다."

마르코 폴로는 불교를 몰랐을까? 불교도들을 우상숭배자라고 불렀다. 그는 중국에서 17년 동안 생활했는데, 3년간은 관료생활도 했다. 그런 그가 중국인들이 전적으로 믿는 불교에 대해 기록하지 않은 까닭은 뭘까? 하나님 이외의 신은 모두 우상이라는 기독교적 신심이 너무도 강했기 때문일까? 마르코 폴로의 여행기는 분명 13세기 동서문명의 교류를 이해하는 데 없어서는 안 될 소중한 자료다. 그러나 그가 구술한 내용을 음미하노라면 인간에 대한, 동양인에 대한 이해가 너무도 부족해 보인다. 특히, 그는 여성들의 결혼과 성에 대해서는 기회만 되면 야만인 수준으로 비하했다. 한술 더 떠서 16세부터 24세의 청년들은 중국에 와서 쾌락을 즐기라고까지 한다. 그렇다면 그가 그토록 자부심을 갖고 있던 서양은 여성을 얼마나 존중했던가. 오히려 마녀로 몰아 화형으로 생명을 끊는 일이 비일비재하지 않았던가.

마르코 폴로는 베네치아의 상인이다. 베네치아는 무역으로 막대한 이득을 챙겨 이탈리아 르네상스를 이끈 도시다. 그러므로 이 도시의 상인은 다른 어떤 곳의 상인들보다 자부심이 강했을 것이고, 최고의 이익을 남길 생각만 했을 것이다. 이를 위해 장사에 필요한 허세는 물론이고 부화뇌동도 서슴지 않는 상술을 터득했음에 틀림없다. 마르코 폴로에게는 대상인이 갖추어야 할 필수덕목인 인간에 대한 진실함과 따뜻함이 너무도 부족했던 것 같다. 그가 일평생 떠돌이

▲ 대불사이 대웅전

로 살면서 정규교육도 받지 못한 그저 그런 장사꾼이었다는 사실이 그의 책 여기저기에 묻어 있다. 그의 입장에서는 부처님의 자비로운 지혜보다 물질적 이득과 육체적 평안이 더욱 중요했기 때문이었으리라.

부처님의 열반상 앞에 섰다. 황금빛 가사袈裟를 입은 채 게슴츠레 눈을 감고 계시다. 그런데 그 모습이 실로 숙연하다. 일신의 고통과 번뇌를 내려놓고 이제 막 입적을 앞둔 모습. 이 앞에서는 빈부귀천도 사리사욕도 모두 사라지고 오직 하나, 작은 인간만이 있을 뿐이다.

일체의 행함은 무상하나니	一切行無常
진실로 생기고 나면 사라지는 법이다.	信是生滅法
생겨나고 사라지는 것이 이미 없으니	生滅旣滅已
적멸이 곧 최고의 즐거움이니라.	寂滅爲最樂

부처의 사랑은 비움이다. 내려놓음이다. 스스로 그렇게 실천함으로써, 부처는 모든 중생에게 사랑을 베풀었다. 그리고 내려놓아 비게 된 자리는 진실함으로 채웠다. 부처가 먼저 깨닫고 행동했을 뿐, 그 또한 부처만의 특권이 아니었다. 그래서 부처는 말씀하셨다. "모든 중생이 곧 부처다."라고. 부처를 존숭하기보다는 스스로 부처가 될 수 있음에 힘쓰라고 하셨다. 그런데 중생들은 오늘에 이르기까지 부처가 되지 못한다. 스스로를 비우지 못하고 내려놓지 못하기 때문이다. 죽음을 앞두고서도 실천하지 못할 만큼 부처의 가르침은 어려운가 보다. 그래서 중생들은 오늘도 부처 앞에 모인다. 어제보다 더 많은 것을 가질 수 있기를, 그리고 내일은 오늘보다 더 많은 것을 갖게 되기를 갈망한다. 터지는 것도 모르고 채우려고만 하는 중생들을 오늘도 부처는 보고만 계신다.

"내 나 얘기했느니 더 무엇을 말할까. 그 역시 무상인 것을……."

대불사 와불 주위의 벽화와 보살상

사랑은 아픈 것이다. 주어도 받을 줄 모르는 사랑은 더욱 그렇다. 가슴은 만 갈래로 조각나고 생각은 공허하다. 한 줄기 눈물방울이 바람결에 묻어날 뿐이다. 그 모습 보이기 싫어 부처는 저리 모로 누워 게슴츠레 눈감고 계신데, 우매한 중생은 그저 묵묵히 합장할 뿐이다. 길 위에서 길을 찾게 해달라고.

한 무제는 흉노를 물리치고 하서주랑의 무위, 장액, 주천, 돈황에 하서사군河西四郡을 설치했다. 그 후 4세기 5호16국시대 약 100년간, 이곳은 오량五凉의 각 도읍시였다. 그래서 이 지역을 통징하여 양수凉州라고도 한다. 이 지역은 서역에서 중원으로 들어가는 관문이기에 불교도 먼저 전해졌다. 불교가 장안으로 전래되기 이전에 이곳 양주 일대는 새로운 사상과 경전들을 받아들였다. 이는 당시 중원의 불교보다 선진적인 것이었는데, 하서주랑의 입지조건이 만든 것이다. 이 지역에는 석굴과 사원도 많이 조성되어 있다. 서역승려들의 수행에 필요했기 때문이다. 이처럼 불교는 양주 일대를 중심으로 그 사상을 발전시킨 것은 물론이고, 수행에 필요한 제반 문화까지도 일찌감치 정착시켰다. 양주 불교는 그 선진성으로 인해 북위 때에 이르러 그대로 중원에 흡수된다. 그리고 시간이 지나면서 도교와 유교가 통합된 중국 불교로 자리 잡는다. 오늘날의 중국 불교가 탄생하기까지, 양주 불교는 불교의 지향점이 도교나 유교와 다르지 않다는 점을 부각시키며 서역 불교를 중원에 전달하는 데 중요한 역할을 했다.

대불사에는 정전 외에도 둘러볼 곳이 많다. 장경각藏經閣과 장액오행탑 가운데 하나인 토탑土塔이다. 장경각에는 1445년, 명나라 영종英宗이 하사한 6,000여 권의 불경이 보존되어 있다. 금빛 은빛으로 빛나는 고문서가 즐비한데, 서예가인 왕희지王羲之의 〈난정서蘭亭序〉탁본이 눈에 띈다. 현장 스님이 번역한《대반야바라밀다심경大般若波羅密多心經》사본도 있다. 그러고 보니 대불사 입구에서 보았던 도자기 벽화가 떠오른다. 손오공과 사오정, 저팔계가 현장 스님을 모시고 천축으로 나아가는 장면을 묘사한《서유기》장면들이 있었는데, 이곳을 거쳐 갔을 스님 일행을 다시 한 번 생각하게 하는 장치였다.

대전 뒤에 있는 토탑土塔은 높이가 약 34미터로 티베트 양식의 백탑이다 아랫부분은 흰색 항아리처럼 둥글고 윗부분은 흙으로 탑을 쌓았는데 꼭대기의 모양이 마치 왕관 같다. 대불사는 시내에 있는 사찰임에도 고즈넉하다. 아마도 부처의 열반상이 있기 때문인가. 청나라 때의 동법同法도 쓸쓸한 가을날 이곳에 들렀다. 그리고 부처의 열반상을 바라보며 '내려놓음의 어려움'을 나직이 읊었다.

쓸쓸함 짙은 굉인사	寥落宏仁寺
먼지 쌓인 불상은 한가롭고	尘侵佛自閑
성현의 석비도 닳아졌는데	雄碑摩聖迹
고목만 굳세게 좌선하고 있네.	古木壯禪觀
황제가 하사한 함에는 삼장이 있고	玉軸函三藏
금빛 부처는 아홉 칸을 길게 누워있건만	金軀臥九間
내려놓음은 어찌 이겨낼 수 있는가	那堪牲牧厂
낙타와 말이 얼룩진 이끼만 밟고 섰네.	駝馬踐苔斑

장액 시내에 있다는 목탑을 보기 위해 시민광장을 찾았다. 30미터가 넘는 탑이어서 멀리서도 금방 알아볼 수 있다. 비둘기 떼가 어둑어둑해지는 목탑과 광장 주변을 무리지어 날아다닌다. 사람들이 던져주는 과자부스러기로 더욱 아수라장이다. 그 옆으로는 장쩌민 전 주석이 쓴 "금장액의 영광을 되찾자"라는 글씨가 보인다. 광장에 있는 목탑은 높이가 약 33미터인 8각9층탑이다. 7층까지는 벽돌로 쌓고 처마만 나무로 만들었다. 원래 이곳에는 만수사萬壽寺라는 사찰이 있었으나 지금은 목탑만 남은 채 광장으로 변했다. 목탑이지만 전체적으로 중후하고 묵직한 느낌이다. 이 탑은 수나라 초기에 창건된 이래 여러 차례

대불사 토탑과 석가부조상

중수되었는데, 청나라 말기에 태풍으로 무너진 것을 1926년에 재건한 것이다.

널따란 광장은 춤추는 사람들로 가득하다. 족히 5-600명은 됨직한 여성들이 질서정연하게 자리를 잡고 음악에 맞춰 춤을 춘다. 장액시 건강무용지도단이 시민들과 함께 하는 건강생활을 위한 무용지도다. 늘 반복해서 그런지 그들의 춤은 가무단의 공연처럼 일사분란하다. 중국을 여행하노라면 이런 광경을 자주 보게 된다. 적게는 서너 명에서 많게는 수천 명에 이르는 사람들이 다양한 춤을 춘다. 맨손체조, 사교춤, 부채춤, 기공체조인 태극권, 칼이나 창을 휘두르며 추는 춤에 이르기까지 모든 춤이 다 있다. 특히 이들은 새벽에 가장 많이 춤을 추는데, 건강을 위한 운동으로 생각하기 때문이란다. 하지만 춤추는 것을 보기로 마음만 먹으면, 출근 때건 한낮이건 수시로 볼 수 있으니 중국은 춤을 좋아하는 나라임에 틀림없다.

춤은 인간의 자유로운 삶과 영혼을 표현하는 행위예술인데 어째서 사회주의 국가인 중국에서 유행하고 있을까? 중국은 억압된 체제, 경제적 궁핍, 부패의 만연, 빈부격차의 증대 등으로 인하여 정부 당국을 바라보는 국민들 다수의 시선이 곱지 않다. 이 때문에 체제 비판적 사고와 행동을 사전에 차단하기 위해 건강무용이라는 미명 아래 가가호호 불러내어 희석시키려는 의도가 있는 것은 아닐까? 세계 최대의 인구를 다스리려면 공산당이라는 일당독재의 제국주의적 지도력을 가지고 '상명하달'하고 '책임완수'하는 국민치안 유지가 필요할 테니 말이다. 과거 우리도 군사정권 시에 무수한 인력동원과 체제교육을 받지 않았던가. 자고로 자신들의 방식이 떳떳하지 못하고 어딘가 구린 곳이 있으면 옥죄고 설처대기 마련이다. 하지만 그런 행동은 결국 파멸로 이어진다. 구린 곳을 도려내지 않고 가리려고만 하니 곪고 썩어 치료할 수 없는 상태가 되어버리기 때문이다.

장액 시내를 빠져나와 서북쪽으로 30여 분을 달렸다. 흑수성黑水城 성터를

▲ 장액광장의 목탑 앞에서 수백명의 중국인들이 단체로 건강무용을 즐기고 있다.

보기 위해서다. 부근에 흑하黑河가 흐르기 때문에 흑수성이라는 이름이 붙은 이 성은, 한나라 때부터 명나라 때까지 사용된 고성으로 지금은 폐허인 채로 버려져 있다. 국도에서 4킬로미터 안쪽에 있는 흑수성을 보러 가는 오솔길에도 이미 심각할 정도로 사막화현상이 진행되고 있다. 인간의 문명도 거대한 자연의 힘 앞에서는 무력할 수밖에 없나보다. 흑수성은 원래 동서 245미터, 남북 220미터 크기의 성이었다. 하지만 사막화현상이 심해지면서 지금은 대부분이 모래에 묻혀 있다. 그나마 남쪽의 성보城堡가 보존상태가 좋은 편이다. 흑수성도 판축을 쌓아서 만든 성이다. 그런데 일부 성벽은 벽돌로 덧쌓은 흔적이 선명하다. 명나라 때에 무너진 성벽을 벽돌로 보수했다는 증거다. 폐허가 된 성 안으로 들어가니, 오랜 세월 사람들이 살았던 흔적들이 흑자, 백자, 청자 등 도자기 파편들에 아롱져 있다.

이곳은 실크로드의 요충지답게 역참이 있었다. 당나라 때는 공필역筆筆驛, 원나라 때는 서성역西城驛, 명나라 때는 소사하역小沙河驛이라고 불렸다. 당시 서역인들을 비롯해 많은 교역상들이 이곳에 모여들어 온갖 물품들을 거래했으리라. 또 이민족의 침입에 대비하고 서역 교통로를 확보하기 위해 군사들도 함께 상주했으리라.

이 성에서 발굴된 유물 중에는 《서유기》와 《삼국지연의》의 고사故事를 묘사한 벽화도 있는데, 이는 흑수성의 활동을 비유적으로 보여 주는 것이기도 하다. 흑수성 주변에는 한나라 때의 묘지들도 널리 분포되어 있다. 대부분 모래 속에 파묻혀 버렸는데, 그나마 남아 있던 것은 여지없이 도굴되었다.

흑수성을 돌아보고 나오는 길에 이곳을 찾은 나를 반갑게 맞이하는 사람을 만났다. 왕장王將이라는 《장액일보》 기자인데 흑수성에 대하여 많은 연구를 하고 있다고 한다. 그와 잠깐 이야기를 나누었는데, 이곳 성과 관련된 재미있는 전설 한 가지를 들려준다.

"옛날 불심이 높은 고승이 있었습니다. 그 스님은 흑수성이 폐허가 될 것을 미리 알고 사람들을 피신시키려고 했지만 아무도 믿지 않았지요. 하루가 다르게 서역물품이 오가고 사람들로 성시를 이루는 흑수성이 폐허로 변한다니 누가 믿겠습니까. 게다가 스님이 대추와 배를 가지고 다니며 시주를 하니 모두의 비웃음만 받을 뿐이었지요. 스님이 대추와 배를 가지고 다닌 까닭은 중국어 발음으로 대추는 '일찍', 배는 '떠나라'와 비슷하기 때문이었는데 아무도 그 뜻을 몰랐습니다. 어느 날, 스님이 사라지고 난 후 흑수성에 풍사風沙가 몰아쳐서 이처럼 폐허가 되었답니다."

실크로드는 수많은 사람들이 오간 길이다. 그러하기에 실크로드에는 인간의 흥망성쇠가 오롯하게 살아있다. 많은 이들이 오늘도 실크로드를 따라간다. 인

간이 남긴 발자취를 살펴보기 위해서다. 하지만 실크로드는 눈에 보이는 것이 전부가 아니다. 사랑, 이별, 믿음, 배신 등 희로애락으로 점철된 인간의 심사心史가 곳곳에 배어 있음도 보아야 한다.

공자는 정치를 함에 있어 가장 중요한 것이 무엇이냐는 제자 자공의 물음에 이렇게 답한다.

"백성을 배불리 먹여야 하고, 국방을 튼튼히 하여야 하며, 신의를 지켜야 한다."

그러자 자공이 다시 묻는다.

"셋 중에 하나를 없애야 한다면 무엇부터 없애야 합니까?"

공자는 거침없이 답한다.

"군대를 없애야 하느니라."

자공이 또 하나를 없앤다면 무엇을 없애야 하느냐고 묻자 공자는 이렇게 마침표를 찍는다.

"먹는 것이다."

인간은 너나없이 사랑받기 위해 산다. 혈연적인 사랑, 이성적인 사랑, 죽마고우의 사랑 등 사랑의 종류도 무척 다양하다. 사랑이 없는 삶은 모래바람 거센 폐허와 다름없다. 사막에는 생물이 살 수 없듯이 피폐한 삶은 희망이 없기 때문이다. 그래서 사랑은 소중한 단비와 같다. 하지만 사랑도 믿음이 없으면 공허할 뿐이다. 믿음이 견고하지 못한 사랑은 일회일비하다가 결국 이별과 배신으로 끝나버린다. 견고한 믿음은 진실함에서 나온다. 나와 상대방의 진실함이 이심전심으로 하나가 될 때 믿음은 굳건해진다. 이런 믿음이 바탕이 된 사랑

● 그 옛날의 번영을 보여 주는 흑수성의 도자기 파편들

은 천하를 다 주어도 바꿀 수 없을 만큼 견고한 것이다.

　정치도 애민愛民이다. 공자의 말씀에서도 알 수 있듯이, 백성을 사랑하지 않
으면 정치를 할 수 없기 때문이다. 종교도 애민이다. 부처의 말씀도 중생에 대한
무한한 자비심에서 나온 것이니 애민하는 것이 곧 신심을 돈독히 하는 것이다.
이런 정치나 종교의 애민도 그 근원은 모두 믿음에서 시작된다. 개인의 사랑이
신실한 믿음일진대 천하의 모든 사람을 향한 사랑이 어찌 일반적인 믿음일 수
있겠는가. 위정자나 종교인의 믿음은 모름지기 인고의 아픔을 견뎌내며 용광로
처럼 끓어올라야만 하는 것이리라.

　하루를 마감하는 석양이 실크로드에 걸린다. 흑수성의 모래밭을 빠져나와
다시 길 위에 선다. 실크로드를 오간 수많은 사람 중에 필자처럼 이역에서 아내
의 생일을 떠올리는 나그네가 있었으리라. 그 또한 저렇게 이글거리는 석양을
보며 아내의 사랑에 감사했을까? 그도 필자처럼 멀리 떨어져 있어도 흩어지지
않는 견고한 믿음에 눈시울이 붉어졌을까? 달리는 차창 밖으로 석양이 더욱 진
하다. 그 진한 석양 속으로 필자의 마음이 달려간다.

　보셔요

　오늘도 그대 창가에
　피는,
　내 심장 한 점

　억만년 전부터
　핀,
　그대 향한 불꽃의 바다

오늘도
그대 눈동자 향해 타오르는
아름다운.

보셔요. 그대

제15장 한 잔의 술, 역사를 만들다

흑수성의 사막 길을 빠져나와 다시 북쪽으로 길을 잡는다. 멀리 보이던 기련 산이 어느덧 가깝게 다가선다. 한 시간 정도를 달려 또 하나의 성터를 찾아 나선다. 고대현高台縣 영성촌永胜村 서쪽 3킬로미터 지점에 있는 낙타성이다. 낙타 성향駱駝城鄉으로 접어드니 길은 또다시 메마른 사막길이다. 성터 입구에는 제멋대로 자란 낙타풀이 이젠 사람의 발길이 귀찮다는 듯 따가운 햇살에 잔뜩 독기를 내뿜고 노려보고 있다. 낙타풀은 억세고 날카로운 가시 사이로 작은 풀잎을 숨기고 있는데 낙타만이 먹을 수 있다. 낙타는 촘촘한 가시 사이의 이파리를 어떻게 먹을 수 있을까? 알고 보니 낙타풀의 가시는 앞으로만 굽어지는 특성이 있다. 낙타는 이것을 알고 입 속에 풀을 넣고 갈고리처럼 긁어서 풀을 뜯어 먹는다. 입 크고 혓바닥이 두꺼운 낙타만이 가능한 일이어서 낙타풀이란 이름이 붙은 것이리라.

낙타성은 동진東晉시대인 397년에 건축되어 오량 시기를 거쳐 당나라 때까지 사용되었다. 동서 425미터, 남북 704미터의 장방형으로 된 커다란 고성이다.

낙타성은 남성南城과 북성北城으로 나눠져 있는 것이 특징인데, 남성의 서쪽 모퉁이에는 별도의 작은 성을 쌓았다. 북성에는 동·서·남쪽으로 문이 있는데 모두 옹성으로 만들어져 있다. 적의 공격을 효율적으로 방어하기 위한 것이다. 또한 성 모서리마다 돈대墩臺를 설치하여 사방에서 오는 적들을 감시했다.

성 안으로 들어가니 불에 탄 토기 파편과 부서진 벽돌들이 여기저기 흩어져 있다. 오랜 시간이 지나며 새로운 주인들에 의해 부서지고 재건되고 다시 흩어진 흔적이겠지만, 실크로드의 길목에 있던 싱이니 결코 평화롭게 이어오시만은 않았으리라. 성벽 위에 올라 전체를 조망해 본다. 흙으로 쌓은 성벽은 자연의 손길에 부서지긴 했지만 여전히 그 원형을 유지하고 있다. 옹성의 밑부분은 두께가 6미터나 되고, 현재 남아있는 성의 높이도 7미터에 이른다. 이 정도의 성을 축조한 당시의 경제력과 인구는 어느 정도였을까? 장액 시내나 흑수성보다도 큰 성을 둘러보며 이곳에 터를 닦은 오량五凉 정권의 막강한 경제력을 다시 한 번 떠올려 본다. 낙타성의 규모가 이렇게 큰 것은 무엇보다도 교역지의 길목에 있었기 때문이다. 흑수성에서 70킬로미터 떨어진 곳에 위치한 낙타성은 실크로드를 오가는 상인들에게 없어서는 안 될 중요한 기착지다. 오량 정권에게도 낙타성은 경제적 부를 창출하는 중요한 장소였다. 이렇다 보니 오량 정권은 낙타성의 상권을 보호하기 위해 군대를 배치했을 테고, 때문에 인근을 지나는 많은 사람들이 안전한 낙타성으로 몰려들었으리라.

한 무리의 양떼가 목동의 손사래에도 아랑곳없이 도로를 메운다. 실크로드에서 자동차는 가장 어린아이다. 기껏해야 100년 안팎이니 말이다. 실크로드에서는 낙타와 양이 최고참이다. 그러므로 잠시 멈춰서 최고참이 지나가길 기다리는 것은 당연한 예의다. 시끄러운 자동차 소리에도 놀라지 않고 여유롭게 걷는 것이 고참답나. 얼굴은 달통한 듯 선한 웃음뿐이다. 그리고 급히 가는 우리를 향해 묻는다. "사막과 황무지뿐인 벌판길을 무에 그리 급히 가는고?"

낙타성

기련산의 북쪽에 위치한 주천酒泉은 장액에서 226킬로미터 떨어져 있다. 예전에는 숙주肅州라고 불렸다. 기련산 빙하에서 흘러내린 백하白河가 지하로 흘러와서 주천 시내에서 솟아나는데 물맛이 아주 좋다. 주천의 옛 이름은 금천金泉이다. 동진東晉시대 감인闞駰의 《십삼주지十三州志》에 이르길, "어떤 사람이 샘물을 마시고 보니 금색이었다. 그 물을 가져다가 햇볕에 말려 금을 얻었다. 그래서 금천이라는 이름이 생겼다."라고 했다. 당나라 때 안사고顏師古도 말하길, "도성 아래 금천이 있으니, 샘물 맛이 술과 같다.城下有金泉, 泉味如酒"라고 했다. 오늘날의 주천이라는 명칭은 한나라 때에 만들어졌다. 표기장군 곽거병이 흉노의 본거지인 기련산을 공략하여 휴거왕과 혼야왕을 물리치자, 한 무제가 곽거병의 공적을 치하하며 어주御酒를 하사했다. 황제가 하사한 술이 모든 병사에게 돌아갈 수 없자, 샘에다 붓고 그 물을 마셨는데 샘물이 모두 술이 되었다고 한다. 이 때부터 금천은 주천이 되었다.

시내에 있는 주천공원을 찾았다. 오늘날의 도시 이름이 탄생한 샘물이 솟아나는 곳인데 지금은 천호공원泉湖公園이라고 부른다. 주천공원은 천연호수에 원림園林을 건축하는 방식으로 조성되어, 여가문화를 한층 격조 있게 보낼 수 있게 만들어져 있다. 많은 시인묵객들도 이곳을 찾았는데 들어서는 입구부터 이백의 시 〈월하독작月下獨酌〉을 내세워 주천을 한껏 자랑한다.

하늘이 술을 사랑하지 않았다면	天若不愛酒
주성이 천상에 없었을 것이고	酒星不在天
대지가 술을 사랑하지 않았다면	地若不愛酒
땅에는 응당 주천도 없었으리라	地應無酒泉

술은 언제부터 존재했을까? 아마도 인류의 문화사는 술과 함께 시작되었을 것이다. 그렇다면 술은 맨 처음 누가 만들었을까? 술의 탄생은 인류가 농경생활

주천공원

을 하는 과정에서 생겨났다. 즉 먹다 남은 곡물이 자연적으로 발효되어 진한 향기를 내자 인간들이 그것을 먹어보는 과정에서 '발견'된 것이다. 중국의 삼국시대를 통일한 진晉나라 때, 강통江統이 지은 《주고酒誥》에 보면, "술은 밥을 다 먹지 못하고 남겼을 때 그 나머지를 속이 비어 있는 뽕나무에 쌓아두면 진한 향기와 함께 맛을 가지게 된다. 오랫동안 잘 보관했다가 그것을 꺼내면 술이 되니 그야말로 기이한 방법이라 아니할 수 없다."라고 하며 술 만드는 법을 일러주고 있다. 술의 탄생과정이 이처럼 기이해서 그럴까? 술은 신을 숭배하고 조상에게 제사를 지내는 용도로 사용되었다. 신과 조상은 물론 인간의 삶과 생활을 영위하는 땅과 강 등 대자연에게도 축복을 비는 제사음식祭飮이었다. 술에 함유된 알코올이 각성제 역할을 해서 집단적 카타르시스에 이르게 하는 효과를 지니고 있었기에 더욱 사랑을 받았으리라.

술은 문자가 생기기 훨씬 전부터 존재했던 까닭에, 기록된 시점은 아마도 훨씬 이후였을 것이다. 한나라 때 유향劉向이 지은 《전국책》에는, "황제의 딸이 의적儀狄으로 하여금 술을 만들게 했는데 맛이 좋아 우임금께 바치니, 우임금은 맛을 보고 그것이 달콤하니 후세에 반드시 술로써 나라가 망하는 일이 생기리라 하며 의적을 멀리하고 곧 감미로운 술을 끊었다."라는 이야기가 있다. 즉, 술이 하나라 때 만들어졌다는 것이다. 《공총자孔叢子》에는 요순시대에 술이 있었다고 했고, 《신농본초》에는 신농씨 때부터 술이 있었다고 했다. 술의 탄생이 문자 이전에 있었음을 입증하는 것이라고 하겠다. 분명한 것은 은나라 때에 이미 술이 대량으로 주조되었음을 알 수 있다. 주왕紂王의 유명한 주지육림酒池肉林 고사가 이를 반영한 것이기 때문이다. 최초의 문자인 갑골문이나 청동기 금문金文에도 술을 의미하는 글자인 주酉자가 나타난다. 또한, 존尊, 배杯, 가斝 등의 주기酒器가 대량 발굴되었는데, 이로 미루어볼 때 이 당시에 벌써 음주에 관한 예의와 풍속이 상당한 수준에 이르렀음을 알 수 있다. 그리하여 《한서漢書》〈식화지食貨志〉에 보면, "술이란 하늘이 내려준 훌륭한 선물이라 할 수 있으며,

제왕은 이것으로 천하를 두루 보살피고 제사를 지내 복을 빌기도 하며, 쇠약한 사람들을 도와주고 질병을 요양하기도 한다. 예를 갖추어야 하는 모든 때에도 술이 없으면 안 된다."라고 하여 천하의 위계질서를 바로잡는 데 있어서 주도酒道의 중요성을 이야기했다.

오늘날에 있어서도 술좌석에서는 항상 주도를 이야기한다. 하지만 주도라는 것은 다분히 윗사람이 아랫사람에게 술을 강요하기 위한 것에 지나지 않는다. 그것도 취해서 몸을 가누지 못할 지경이 될 때까지 강압적으로 몰이 붙인다. 술을 마시는 것이 아니라 술이 사람을 잡아먹으니 대화가 어찌 가능할 수 있겠는가. 이러다 보니 정작 해야 할 말은 못하고 배가 산으로 가는 경우도 많다. 그런데도 원활한 소통이 이루어졌다고 하니 상식적으로 이해가 되지 않는다. 알코올과 무조건적인 상명하복 원칙이 만나 새로운 천하를 만들고 하룻밤에 만리장성을 완성하지만, 술이 깨는 순간 천하의 만리장성은 허물어지고 남은 것은 허망함뿐이니 이를 어찌 주도라고 할 수 있겠는가. "석잔 술이면 예의를 다 한다."라는 말이 있듯이, 굳이 온고지신溫故知新을 떠올리지 않더라도 옛 사람들의 주도를 음미하고 몸에 익힐 필요가 있다.

술잔에 술을 가득 채우면 '작酌'이라 하고, 가득 채우지 않으면 '짐斟'이라고 한다. 옛 사람들은 연회를 베풀 때면 주인이 작하여 손님에게 권하는 것이 예의였다. 이를 일컬어 헌례獻禮라고 하는데 이는 손님을 환영하거나 친구간의 우정을 표현하는 것이다. 이에 손님은 주인의 예를 받아 술을 마시는데 이를 합주呷酒라고 한다. 손님이 마셨으니 주인에게 답례의 술을 권하는데 이를 초주酢酒라고 한다. 주인이 다시 손님에게 사의를 표하며 술잔을 건네는데 이를 수주酬酒라고 한다. 이런 식으로 주인과 손님 사이에 세 번의 술잔이 돌며 그 사이에 소량의 안주를 맛본다. 이를 일컬어, '술 석 잔에 안주 다섯 번酒過三巡, 菜過五味'이라고 한다. 이때 중요한 것이 '취주포덕醉酒飽德'의 예의이다. 안자晏子가 이르길, "술로 취하고 덕으로 배부르네. 취했으면 나감으로써 복을 받는 것이 손님과 주인의 예의다. 취해서 나가지 못하면 덕을 버리는 것이니 이는 손님의 죄다."라고 했다. 석 잔 술에 취할 사람이 거의 없겠지만 이는 손님을 맞이하는 술좌석에서의 주도를 말하는 것이다. 손님이 술과 밥을 마시고 먹었으면 주인은 이미 도리를 다한 것을 뜻한다. 이를 통해 옛 사람들이 얼마나 절제된 주도와 엄격한 예절을 지키며 사교활동을 했는지 알 수 있다.

혼인은 인륜대사人倫大事다. 그래서 술이 빠질 수 없다. 혼인을 '갈희주喝喜酒'라고 부르기도 하는데, 너무 기쁘고 즐거움에 겨워 마시는 술이니 과연 인륜대사인 혼인을 잘 표현한 말이다. 시집가는 처녀는 부모를 떠나게 된다. 부모가 낳고 키워준 은혜에 보답하는 의미로 시집가기 전 조상과 부모에게 술을 권한다. 이는 '근본을 잊지 않는다飮水思源'라는 뜻인데, 옛날에 술은 곧 물과 같은 의미로 쓰였기 때문이다. 신랑 측에서 신부 측 부모에게 술을 선물하는데, 이 술로 신부 측 친지와 친구들을 초청해 잔치를 연다. 신랑 신부가 혼인식 때 마시는 술을 교배주交杯酒라고 한다. 두 사람이 영원히 함께 하고 서로 사랑하겠다는 뜻을 담은 것이다.

우리는 술을 잘 마시는 사람을 술고래라고 한다. 두주불사斗酒不辭의 정신으로 새벽이 오는 것을 마다하지 않는다. 하지만 술에 취해서 정신을 잃는다면 두주불사의 술고래라 할 수 없다. 우리는 술을 생각하면 곧바로 이백을 떠올린다. 주선酒仙이 곧 시선詩仙이니 술과 시는 불가분의 관계다. 두보는 그의 시 〈음중팔선가飮中八仙歌〉에서 이백을 이르길, "한 말 술에 백 편의 시를 짓고, 장안거리 술집에서 잠자며 천자가 불러도 배 탈 생각을 않고 스스로 술 속의 신선"이라고 노래했다. 이백 스스로도 〈양양가襄陽歌〉에서, "백 년 삼만 육천 일을 날마다 삼백 잔씩 마셔야 한다."라고 읊었다. 그야말로 주선의 경지가 아니고 무엇이랴. 이백에 못지않은 주선이 공자孔子다. 공자도 술에 있어서만큼은 그 양에 상관없이 중심을 잃지 않았다. 공자의 20세손으로 건안칠자의 우두머리격인 공융孔融도 대단한 애주가였다. 조조가 금주령을 내렸을 때, 그것이 불가한 이유를 조목조목 반문하며 따졌을 정도였다. 이로 인해 조조에게 미움을 받아 목숨까지 잃었으니 공융 또한 주선의 반열에서 빼놓을 수 없으리라.

공원 안으로 들어가니 수백 년은 됨직한 커다란 버드나무 옆에 주천이라 쓴 우물이 있다. 곽거병이 한 무제로부터 하사 받은 술을 샘에 부었더니 샘이 모두 술이 되어 모든 병사들이 술을 마셨다는 샘을 표시해 놓은 것이다. 우물을 들여다보니 물이 참 맑고 깨끗하다. 누군가 넣어놓은 금붕어들이 한가롭게 노닐고 있다. 우물이 지금도 깨끗한 것은 우물 밑에서 샘물이 솟아나기 때문이다. 우물 앞쪽에는 거대한 부조를 설치했는데, 살펴보니 무제가 흉노를 무찌른 곽거병에게 내린 술을 샘에 부어 모두가 즐거운 모습으로 건배乾杯를 하는 모습이다.

친구나 동료와 술을 마심에 있어서 잔을 부딪쳐 함께 마시는 건배는 소중한 주도다. 중국에서 "간베이干杯"라고 부르는 건배 풍습은 오래전부터 내려온 것이다. 동한東漢의 왕부王符가 지은《잠부론潛夫論》에 건배에 대한 이야기가 나온다. 건배란 "술잔 가득 술을 따르고 그것을 다 비웠음을 나타낸다."라고 하며, 술잔을 들어 바닥을 보여 줌으로써 함께 한 사람들에게 검사하도록 했다. 옛사람들은 건배를 '작酌'이라고 불렀는데, "먼저 잔을 비우고 상대에게 권한다."라는 의미였다. 상대방도 같은 방법으로 화답했으니 이 또한 술자리에서 지켜야 할 일종의 예절이었던 셈이다.

이처럼 고대에는 술과 예법이 동전의 앞뒷면처럼 하나였기 때문에, 연회는 언제나 참석자간의 예법을 지키면서 이루어졌다. 동양 최고最古의 노래집인《시경詩經》에 보면 연회 중에 손님들을 감독하는 '감사監史'가 있었다. 감사의 구체적인 임무는 무엇이었을까. 〈소이小雅〉 "빈지초연賓之初筵"에 감사의 임무가 보인다.

주천공원

"무릇 이 음주라는 것은 사람을 취하게도 하고 안 취하게도 한다. 감監을 세우고 사史로 하여금 보호케 한다."

감사는 연회에서 여러 사람에게 술을 마시게 하는 것을 감독하는 사람이다. 술이 있으면 춤과 노래가 함께 따르기 마련이다. 이런 까닭으로 연회에서의 감사 기능은 시간이 흐르면서 향락의 성격이 짙어져 예의를 보조하는 것이 아니라 술자리의 흥을 돋우는 수단으로 변모한다. 《시경》〈서문〉을 보자.

"정은 마음속에서 일어나고 말에서 형성되며, 말로 부족하면 감탄을 하고, 감탄으로 부족하면 오래도록 노래를 부르며, 오래도록 노래를 불러도 부족하면 손과 발로 춤을 취야할지도 모른다."

바야흐로 음주가무飮酒歌舞의 시대가 온 것이다. 음주가무는 곧 기녀妓女를 탄생시켰다. 기녀는 술자리에 합석하여 술을 권하지만, 시를 읊고 악기를 타며 춤과 노래도 빼어나야만 했다. 일종의 팔방미인이었다. 게다가 말 또한 교양을 갖추고 잘할 줄 알아야 했으니, '해어화解語花'라는 별칭도 이에서 생겨난 것이다.

모든 것이 넘치는 것보다는 조금 못 미치는 것이 좋은 법이다. 술은 더더욱 그렇다. 하지만 오늘날의 술 문화는 아름답지 못하다. 술 문화의 대국인 중국조차도 밤거리에서 술 취한 사람을 보기가 쉽지 않은데 우리는 발에 채여 걸어 다닐 수가 없을 정도다. 모든 가게와 식당에서 술을 구할 수 있고, 술집마다 동틀 때까지 손님이 북적이니 어찌 취하지 않을 수 있단 말인가. 세계 최고의 술 소비국가라는 것이 과연 좋은 말일까? 일로 인한 스트레스를 풀려고 술을 마신다지만, 이는 결국 몸을 상하게 하여 국가적으로 손실을 입히는 것이다. 건강한 여가문화의 실천은 선진국의 바로미터나. 옛 사람들이 취하지 않을 성노의 음주와 소통을 위한 가무로 삶을 윤택하게 했듯이, 우리도 흥과 멋이 넘치는 활력소로서의 술 문화 확립이 진정 필요하다.

주천공원의 호수를 둘러보고 나오는데 정자에 '서한주천성적西漢酒泉勝迹'이라고 새겨진 석비가 보인다. 석비는 청나라 때 만들어진 것이다. 석비 뒷면에는 곽거병이 이곳 샘물을 술샘으로 만든 이야기를 새겨놓았다. 중국을 여행하다 보면 유적지에 산재한 전설을 역사인 양 새겨놓는 경우를 흔히 볼 수 있다. 그리고 세월이 지나면 어느덧 역사로 굳어져 버리기 일쑤다. 아무도 의심하지 않는 희한한 상황이 되어버린다. 누가 문제를 제기해 거짓이 드러나도 '아니면 말고'라는 식이다. 한 명의 역사적 인물의 묘가 전국적으로 수없이 많은 것도 이런 중국인들의 생각을 단적으로 보여 주는 것이다.

주천 시내 중심가에는 3층의 종고루鐘鼓樓가 있다. 종고루가 맨 처음 세워진 것은 동진시대인 346년이다. 당시에는 고성古城의 동문에 세워졌는데 명나라 때인 1396년, 도시가 확장됨에 따라 지금의 중심가에 위치하게 되었다. 현재의 모습은 1905년에 재건한 것이다. 종고루 밑에는 동서남북으로 통하는 문이 있는데 방위마다 특유의 이정표를 달아놓았다.

동쪽으로 가면 화산을 맞이하고　　　　　東迎華嶽
서쪽으로 가면 이오에 이르며　　　　　西達伊吾
남쪽으로 가면 기련산을 바라보고　　　南望祁連
북쪽으로 가면 사막으로 통한다　　　　北通沙漠

이정표를 바라보노라니 이곳 주천이 옛날부터 사통팔달한 교통의 요지로서 실크로드의 중요한 길목이었음을 다시 한 번 실감한다.

주천 시내를 벗어나 서쪽으로 길을 잡는다. 자동차로 20여 분을 달려 정가

● 주천의 탄생배경을 설명한 서한주천 성적비

◀ ▲ 주천 종고루. 주천시가 사통팔달한 곳임을 표기해 놓았다.

▲ 주천박물관

갑촌丁家閘村에 이르자, 개장한 지 얼마 안 된 주천박물관이 번듯한 모습으로 마중한다. 모든 여행이 그렇지만 실크로드 여행에서는 박물관 견학이 무엇보다 중요하다. 해당 지역에서 발굴된 유물과 관련 유적지 설명을 한눈에 살펴볼 수 있기 때문이다. 유물에 대한 설명이나 지도에 표현된 실크로드 표시가 중국 중심의 표현인 경우가 많아 때로는 고개를 갸웃거리게 하지만 지역과 관련된 정보를 얻는 데는 누구보다도 훌륭한 선생님이다.

박물관으로 들어서니 입구에 주천박물관의 특징을 요약해서 보여 주는 문구가 보인다. 바로 '사주지로絲綢之路'다. 사주지로는 실크로드의 중국식 표현이다. 서안에서 로마에 이르는 실크로드가 거대한 지도에 표현되어 있다. 한 무제 시기 장건의 서역 탐방을 시작으로 시대별로 실크로드에서 일어난 중요한 사건들을 정리해 놓았다. 그와 함께 실크로드 지역에서 발굴된 유물과 생활상들을 그림, 사진 등을 곁들여 살펴볼 수 있게 했는데, 그중에서 독특한 도자기가 눈에 띈다.

당나라 때 만든 이 도자기의 형상이 참으로 괴이하다. 아가씨가 말과 교접하는 모양인데 '마관낭적 전설馬關娘的 傳說'이란 제목이 붙어 있다. 당나라 때는 실크로드가 가장 활발하게 움직였던 시기다. 게다가 당나라는 술과 시가 넘쳐나던 세계 최대의 도시였다. 그런 만큼 매일 밤 상상을 초월하는 밤 문화가 형성되었으리라. 이 도자기가 양반 댁 규수의 방에 있었는지 기방에 있었는지 아니면 도공이 상상력을 발휘해서 만든 것인지는 알 수 없지만, 당시 성문화가 상당히 개방적이었음을 짐작할 수 있다. 현종이 며느리였던 양귀비를 취한 희대의 로맨스가 백성들 사이에 널리 알려졌을 테니, 신료들과 평민들도 술의 힘을 빌려 부끄럼 없이 밤거리를 활보했으리라는 상상은 결코 지나치지 않다.

어느 국가 어느 역사를 보더라도 최고 번영기 때는 자유분방한 문화를 누렸다. 자유분방은 문란으로 이어지기 마련인데 반드시 위로부터 시작된다. 권력층이 누구보다 먼저 자유분방함을 누릴 수 있기 때문이다. 자유분방함이 문란함으로 기우는 순간 국가도 기울기 시작한다. 인간은 천성적으로 편안하고 분방하게 즐기는 것을 좋아하기 때문에 한 번 맛을 들이면 좀처럼 벗어나지 못한다. 나태함이 마약처럼 온몸을 휘감기 때문이다. 이렇게 되면 국가경영은 뒷전으로 밀려나고 그 사이에 궁전의 기둥은 썩어 문드러진다. 실크로드를 통해 맺어진 동서양의 대제국 당나라와 로마는, 자유분방함이 문란함으로 이어짐으로써 결국 멸망으로 치닫게 되었다는 것을 역사가 증명하고 있다.

이러한 역사의 이면에 술이 있다. 지나친 음주가 통치자는 물론 국가와 사회를 병들게 한 것이다. 술은 경건하고 신비로우며 귀한 음식으로 탄생했다. 하지만 오랜 시간을 거치는 동안 술의 기능을 망각한 인간이 술에 맹목적으로 빠져들게 됨으로써 스스로를 타락시켰다. 우리나라 역시 하루도 술 없이는 살지 못하는 음주공화국을 향해 나아가고 있다. 술을 아예 금지하는 나라들도 문제이지만, 아침만 되면 사람의 흔적이 있던 곳은 어디나 할 것 없이 빈 술병이 나뒹구는 우리나라야말로 진정 위험수위를 넘어선 지 오래다. 이로 인해 각종 범죄는 늘어나고 치안은 뒷걸음질 친다. 스스로가 알아서 방어해야 하고 그 책임도 개인이 져야 한다면 국가는 무엇 때문에 존재하는가?

모름지기 통치자는 부모여야 한다. 나쁜 것은 하지 못하게 하고, 해야 할 것을 하지 않으면 야단도 쳐야 한다. "오냐, 오냐." 하며 키운 자식치고 잘난 자식이 있던가. 그런데 통치자는 부모가 되려고 하지 않으니 문제다. 부모처럼 애정으로 닦달하고 설득하고 아껴주면 국민이 얼굴은 찡그릴지언정 그 뜻은 마음으로 받아줄 것이다. 그런데 부모노릇도 하지 않는 통치자가 노복奴僕이라도 될 것처럼 굽실거린다. 통치자의 자리에 앉기 위해서다. 그리고 자리를 차지하면 사돈의 팔촌보다도 못하다. 오직 군림하고 지시하며 사리사욕에만 혈안이다. 사회는 온통 요란한 네온사인으로 어둠을 밝히게 하고 다정한 술 한 병으로 만리장성을 쌓게 만드니, 부모 없는 집안에 바람난 자식만 있는 꼴이 아니고 무엇이란 말인가.

간추린 실크로드의 역사와 유물을 관람하고 박물관 뒤편에 있는 벽화묘를 찾았다. 이 벽화묘는 5호16국시대 후량後涼의 여광呂光이 통치하던 때386~399년 만들어진 것으로 보는데, 그래서 '위진벽화묘魏晉壁畵墓'라고 부른다. 번듯하게 지어놓은 박물관과는 다르게 벽화묘는 황폐한 자갈밭에 자그마한 건물 두 개만이 서로 어색한 듯 좌우로 덩그러니 서 있다. 오른쪽 건물은 관리실 겸 기념품을 판매하는 곳이고, 왼쪽의 작은 건물이 벽화묘로 들어가는 입구다. 우중충한 날씨에 자갈밭 위로 몰아치는 바람이 매섭다. 드넓은 사막의 모래바람이 하서주랑으로 몰아치니 그렇다. 6월이 코앞인데도 이 정도니 한겨울의 바람은 어느 정도일까? 그야말로 천군만마의 병력이 칼을 휘두르며 달려오는 기세가 아닐까?

안내인이 입구를 열고 불을 켜자 한 사람이 지나갈 정도의 지하묘도가 비스듬히 보인다. 30여 미터를 내려가니 묘실이 나타난다. 묘실은 전실前室과 후실後室로 나뉘는데, 바닥에는 구름모양이 그려진 전석磚石을 깔았다. 하늘나라의 세상임을 표현한 것이다. 방형方形모양의 전실은 천장과 사방이 모두 벽화다. 피라미드 모양의 5단으로 된 천장 맨 위 중심에 연화조정蓮花藻井이 있고 단계별로 천상天上, 인간人間, 지하地下의 세계를 표현했다. 천상의 세계는 일월日月, 동왕공東王公, 서왕모西王母, 백록白鹿, 천마天馬를 네 면에 표현해 놓았다.

동왕공은 서왕모와 더불어 남자 신선이다. 도교에서는 태상노군太上老君을 정점으로 두 신선이 결합해 음양의 기氣로 천지를 만들고 온갖 만물을 낳았다고 한다. "푸른 치마를 입고 천문에 들어오면, 금모에게 인사하고 목공에게 절한다.着青裙 入天門, 揖金母, 拜木公"라는 민간설화가 있는데 이는 인간세상에서 득도한 사람은 반드시 천하를 만든 동왕공과 서왕모를 만나게 된다는 믿음에서 나온 말이다. 인간세상에서 일어나는 모든 일들을 주재하고 판단하는 동왕공을 배

알한다는 것은 생전에 득도하여 신선이 된 것이니 가장 영화로운 죽음이라 할 수 있다. 이러한 시대적 믿음에 묘주墓主 후손들의 정성이 배가되어 묘실 전체를 살아있는 천상의 세계로 만들어 놓았다.

그런데 서왕모가 그려진 벽화에 삼족오三足烏가 함께 그려져 있다. 우리는 삼족오를 고구려의 상징으로 알고 있다. 그러나 이는 잘못된 것이다. 삼족오는 하늘의 중심인 태양에 산다고 여겨졌던 전설의 새로, 고대 동아시아 지역의 천손天孫신앙을 믿는 민족들이 숭배하던 다리가 세 개인 새다. 그런데 다리가 왜 세 개일까? 여러 가지 이유가 있지만, 동양사상에 근거해 설명하는 것이 가장 설득력이 높다. 즉 태양은 양陽이고 숫자 3도 양수陽數이므로, 태양에 사는 새의 발도 세 개라고 생각한 것이다. 또한 천지인 사상을 의미하는 것으로 보기도 한다. 삼족오에 대한 기록은 중국 고대 지리서인 《산해경山海經》에 "태양 가운데 까마귀가 있으니 세 발 달린 까마귀이다.日中有烏謂三足烏也"라는 기록이 있다. 고고학적 발굴은 그보다 훨씬 이전으로 올라간다. 기원전 4,000년경, 신석기시대 앙소문화仰韶文化 유적지의 토기에서 삼족오가 발견되었는데, 이는 신석기시대부터 삼족오에 대한 공동체적 믿음이 존재했다는 증거다. 삼족오에 대한 이야기는 중국이 한나라를 창건한 이후 본격적으로 전파된다. 한나라 때의 화상석이나 유적지에서 발굴되는 비단 등에 삼족오가 두루 보이는 것도 이때부터이기 때문이다.

우리나라는 고구려 때 삼족오가 나타난다. 각저총, 쌍영총, 천왕지신총 등의 고분벽화에 삼족오가 보이는데, 이 때문에 삼족오가 고구려 때 처음 만들어진 상징문양으로 잘못 알려져 있다. 하지만 이 삼족오 문양을 처음 쓴 것은 고조선을 비롯한 동이족의 나라였다. 다시 말해서 우리 민족의 원류들이 이미 이 삼족오 문양을 써왔다는 얘기다.

삼족오 문양이 고구려 때 처음 만들어진 것이라고 착각하게 한 결정적 계기

정가갑벽화묘 입구

▶ 신성고분벽화묘 입구

는 드라마 《주몽》이다. 이것은 고구려를 건국한 주몽의 일대기를 그린 것인데, 주몽의 무리가 삼족오의 깃발을 들고 다니거나 처소에 삼족오를 그려놓은 장면을 보며 전 국민이 삼족오를 고구려만의 상징으로 간주하게 된 것이다.

그렇다면 삼족오와 우리 민족은 관계가 없을까? 아니다. 오히려 떼려야 뗄 수 없는 관계다. 왜냐하면 삼족오는 고구려 훨씬 이전부터 내려온 우리 조상들의 상징이기 때문이다. 우리 조상들은 태양신을 믿는 천손사상을 기본으로 '천지인' 삼재三才를 중시한 민족이다. 우리가 자랑스럽게 사용하는 한글이 바로 천지인의 결합체가 아니던가.

고대 북방유목민족은 기후와 환경의 변화로 한 곳에 정착하지 않았다. 삶 자체가 이동의 연속이었다. 길을 통해 이동하고 길이 없으면 만들어서 나아갔다. 이 과정에서 먼저 정착해 살아가던 토착세력을 정복하거나 통합하며 부족국가를 건설했다. 신석기시대가 바로 이 무렵이고 앙소문화 유적지의 삼족오가 이를 증명한다. 이들은 지금의 중국, 한반도, 일본 등 곳곳으로 퍼져나갔다. 한나라 때의 화상석에 삼족오가 나타나는 지역은 산동과 하남, 하북 등 중국의 동북부지역이다. 이는 무엇을 의미할까? 초기 삼족오의 분포지역이 동북아시아라는 것을 증명한다. 동북아시아는 오래전부터 고조선을 필두로 우리 민족이 살던 곳이었다. 이런 사실들로 미루어볼 때, 삼족오가 우리 민족의 고유한 상징이라는 이야기는 더욱 설득력이 있다. 그러니 우리 민족의 원류로부터 계속 사랑받던 삼족오가 고구려 때에 보다 일반화된 것으로 보는 게 타당할 것이다.

그렇다면 정가갑 위진벽화묘에 그려진 삼족오는 어떻게 전해졌을까? 그것은 고구려와 관계가 깊다. 372년, 전진前秦의 승려 순도順道가 고구려에 불교를 전해준다. 전진은 중국의 왕조로 5호16국시대 초반에 동진東晉과 중국을 양분한 국가다. 전성기를 이끈 왕은 부견苻堅인데 서쪽으로는 감숙성을 포함하여 서역의 실크로드를 장악하고, 동쪽으로는 요동에 이르는 거대한 지역을 차지해 고구려와 국경을 맞댈 정도였다. 하지만 고구려와 전진은 동맹을 맺고 항상 우호적인 관계를 유지했다. 이런 동맹관계는 서역의 지리와 문화를 알고 싶어 하던 고구려에게 매우 중요한 것이다.

국가 간의 동맹은 많은 교류를 수반한다. 교역과 함께 문화도 상호 교류되는데 전진은 고구려에게 불교를 전하고, 국운 상승기인 고구려도 전진에게 삼족오를 전하게 되었던 것이리라. 고구려에 불교를 전한 지 10여 년이 지난 383년, 전진이 멸망하고 감숙 지역에는 오량이 난립한다. 전진의 왕 부견의 수하였던 여상이 후량後涼을 세웠는데 ⏌ 노읍이 주천이나. 후랑 때 선설된 위신벽화묘에 삼족오가 나타나는 것은, 전진 때 전래된 삼족오가 감숙 지역에 정착하는 과정에서 왕조가 교체되었기 때문이다.

4~5세기 고구려의 고분벽화와 감숙성의 고분벽화에서 나타나는 동질성은 이와 같은 교류의 산물인 것이다. 벽화의 구상이 고구려의 덕흥리 고분벽화와 똑 닮았다. 그런데 동질성은 벽화만이 아니다. 무덤의 중앙에 위치하는 묘도와 전 후실의 종렬배치, 부장품 등이 고구려와 너무도 흡사하다. 중국 어디를 찾아봐도 이처럼 고구려와 비슷한 무덤 구조는 없다. 하지만 멸망과 난립의 연속이었던 5호16국시대가 저물고 수나라가 통일 제국을 건설한 뒤에는 삼족오가 자취를 감춘다. 수나라는 고구려와 적대 관계였기에 교류가 끊어지면서 삼족오도 더 이상 모습을 드러낼 수 없었을 것이다.

오늘날은 우리 상고사에 대한 새로운 인식이 필요한 시기다. 비단 중국의 동북공정 때문만은 아니다. 일제가 자행한 역사 왜곡으로 인하여 완전히 제거하지 못한 왜곡된 역사의 파편들이 우리 민족을 오랫동안 괴롭혀왔기 때문이다. 하지만 요즘 들어 더 문제가 되는 것은, 국사를 사회과 과목의 일부분으로 평가절하고 필수과목에서 제외하는 등 우리가 스스로의 역사를 숭요하게 여기지 않는다는 점이다. 중국의 동북공정에 대해서도 말로만 '허구'요 '역사왜곡'이라며 외칠 뿐, 정작 필요한 조치는 취하지 못하고 뒷짐만 지고 있으니 안타까울 뿐이다. 조선 왕조가 역사가 된 지 100년이 지났건만, 우리의 시각으로 조명한 《조선사》조차 편찬하지 못하고 있으니 참으로 어이없는 일이 아닌가.

여기에 더하여 동아시아를 지배했던 민족이 바로 우리 조상이었고, 그들이 세운 고조선이 부여와 고구려를 거쳐 발해와 고려, 조선으로 면면히 이어져왔음을 주목해야 한다. 중국 동북부 요하지역에서 발굴된 다량의 홍산문화 유적지가 바로 이런 사실을 입증하는 자료임에도 우리는 연구조차 꺼린다. 그리하여 아직도 한 무제가 설치한 사군이 한반도의 북한 지역에 있었고, 고구려의 최대 영역이 지금의 요하를 넘지 못했으며, 수도인 평양성이 지금의 평양이라고 우기는 어처구니없는 아집 속에서 우리의 상고사는 멍들고 있다. 우리 스스로가 깨달으려 하지 않으니 조상들께 면목이 없다. 신채호 같은 선각자가 이 시대에 다시금 필요한 이유가 바로 이 때문이다.

삼족오의 오烏가 까마귀라는 말도 재고해야 한다. 우리 민족은 까마귀를 '효조孝鳥'라고 했다. 그러면 삼족오의 '오烏'는 도대체 무슨 의미일까? '오烏'는 오골계烏骨鷄, 오죽烏竹, 오석烏石처럼 예로부터 '검다'라는 말로 쓰였다. 이렇게 볼 때 삼족오는 까마귀가 아니라 세 발 달린 '검은 새'를 말하며, '검다'라는 것은 태양의 흑점을 상징한다. 그런데 까마귀가 아니라면 그 '새'는 어떤 새일까? 그 새는 봉황鳳凰이다. 중국과 일본에서 보이는 삼족오와 다르게 우리의 삼족오는 머리에 볏이 있다. 중국인들이 용의 자손이라 말하듯 우리는 봉황의 자손이다. 봉황은 동이족이 섬겨온 신조神鳥이기 때문이다. 지금도 국가의 문양이 봉황인 것은 이를 대대로 이어받은 것이다. '붉', '알' 등의 문자도 태양과 새와 관련된 우리의 고유어다. 그러므로 삼족오는 태양 속에 사는 '세 발 달린 검은 봉황'인 것이다.

정가갑 벽화묘에는 묘주와 직접 연관된 벽화도 많다. 생활도, 연회도, 행렬도가 있는데 그중 연회도에는 4명의 악사와 2명의 곡예사, 2명의 무용수가 등장한다. 4명의 악사는 거문고를 연주하는 남자와 비파, 긴 피리, 장고를 연주하는 3명의 여악사로 구분된다. 그중 우리의 악기라고 생각되는 장고에 눈이 간다.

"어! 저것은 장고가 아닌가?"
"맞아요. 장고입니다. 서역에서 전래된 악기이지요."
"서역?"
"네. 장고뿐 아니라 비파나 피리도 다 서역에서 전래된 것입니다."

장고는 우리의 대중적인 악기다. 그런데 장고가 우리의 악기가 아니라니. 의아하다. 하지만 사실이 그렇다. 고구려의 안악 3호분 벽화에는 정가갑 벽화와 똑같은 순서로 악사가 그려져 있는데 마지막에 장고가 없다. 고대 우리나라의 향악편성을 보아도 삼현삼죽三絃三竹이라 하여 거문고, 가야금, 향비파, 대금, 중금, 소금에 큰북大鼓과 박拍이 포함될 뿐 장고는 없다. 장고는 중국의 악기에도 없는데, 문헌에는 '요고腰鼓'라고 했다. 허리 부분이 가늘기 때문에 그렇게 부른 듯하다. 《악학궤범》에 보면, "요고의 통은 큰 것은 질그릇으로, 작은 것은 나무로 만든다. 머리는 모두 넓고 허리는 가늘다. 오른쪽은 채로 치고 왼쪽은 손으로 친다. 후세에는 이것을 장구라고 했다."라는 기록이 있다.

우리나라에 장고가 전해진 것은 고려시대로 당시 중국은 송나라 때였다. 초기에는 조정의 당악에 쓰였지만 그 뒤 정악뿐만 아니라 민속악에까지도 널리 사용되고 있다. 특히 장구는 오늘날 우리나라의 가장 기본적인 악기가 되었는데, 이는 전래 당시의 요고를 우리의 음악과 체질에 맞게 발전시켰기 때문이다. 그리하여 '신을 부르는 소리', '신과 동화되는 소리'라는 사물놀이로 세계인들을 깜짝 놀라게 했으니 그 핵심 악기가 바로 장고인 것이다. 이처럼 서역에서 중국을 거쳐 전래된 요고는 우리나라에서 세계인의 심금을 울리는 장고로 다시 태어났다.

다른 악기도 마찬가지다. 대금 또한 우리 악기로 알기 쉽지만 서역에서 전래된 것이다. 《삼국사기》에 "중국의 당적唐笛을 모방한 것"이라고 했는데, 이는 당시 서역의 횡적橫笛이 중국으로 전해진 것을 몰랐기 때문이다. 그런데 중국은 서역에서 전래된 악기의 모양에 변화가 없는 반면, 우리나라는 보다 길어지고 커졌다. 이는 무엇 때문일까? 신체적으로 서역인보다 작은 체구일 텐데 악기는 왜 커졌을까? 그것은 우리의 전통음악이 저음을 위주로 하기 때문이다.

일반적으로 악기가 짧고 작으면 고음을, 길고 크면 저음에 강하다. 중국의 악기가 우리나라로 전래되면서 길고 커진 것은 우리의 음악이 저음 위주의 음악이기 때문이다. 우리나라에 전래된 대금은 중국의 당적42cm보다 길어졌고61cm, 장고도 고구려의 요고42cm보다 훨씬 길고70cm 커졌다. 시대가 지날수록 우리의 음악성에 맞게 변형된 것이다. 이는 두 나라가 선호하는 악기를 비교해 보면 금방 알 수 있다. 중국은 금琴·비파·호적胡笛 등 고음역 악기를 선호하고, 우리는 거문고·대금·아쟁 같은 저음역의 악기를 선호하기 때문이다. 거문고와 가야금도 크기가 변하면서 오늘에 이르렀을 것인데, 비파는 고음 위주의 악기인 까닭에 우리나라에서는 도태된 것이다.

공자는 음악을 좋아했다. 음악은 곧 공자의 인학仁學을 완성하는 최고 경지였기 때문이다. 《논어論語》〈태백泰伯〉편에 보면, "시를 배워 일어나고 예를 배워 바로 서며 음악으로 완성한다."라고 한 것에서 잘 나타난다. 공자는 순임금의 음악인 소韶를 좋아했다. 3개월 동안 고기 맛을 잊을 정도로 심취했으니, 그는 음악에 상당한 조예가 있었음에 분명하다. 그리고 소에 대해 평하길, "소리의 아름다움이 지극할 뿐만 아니라 그 내용의 선함도 지극하다."라고 했다.

요순시대는 태평성대였다. 순임금의 음악은 고음보다는 저음, 빠름보다는 느림이었을 것이다. 우리 민족이 추구한 음악과 같은 것이다. 우리 민족은 음악을 좋아하고 또한 즐길 줄 알았다. "아는 것은 좋아하는 것만 못하고, 좋아하는 것은 즐기는 것만 못하다."라는 공자의 말 그대로다. 이로 미루어볼 때, 전 세계인을 사로잡는 K-POP도 유구히 내려온 우리 민족의 천재적인 음악성에서 비롯된 것임을 새삼 깨닫게 된다.

정가갑 벽화묘를 나오니 날은 더욱 흐리고 어두워졌다. 갈 길이 바쁜지라 곧바로 차에 올랐다. 15분 정도 떨어진 신성新城에 있는 벽화묘를 하나 더 보아야 하기 때문이다. 비가 귀한 지역에 빗방울이 떨어진다. 하늘이 먼 이역에서 찾아온 손님에게 최고의 예우를 하는 것인지도 모른다는 생각에 마냥 기쁘다.

신성 벽화묘 역시 위진魏晉시대의 묘다. 1972년에 발굴을 시작했는데 총 13기의 묘 가운데 8기의 묘에서 660개의 그림이 그려신 벽돌이 출토되었다. 그런데 출토된 그림들이 모두 다 당시 사람들의 생활을 소박하고 사실적이며 생동감 있게 표현했다. 그중에서도 당시의 농업과 여가문화가 반영된 화상전畵像磚은 역사적으로도 가치가 높다.

정가갑 묘처럼 자갈밭에 우뚝 선 입구로 들어가니 지하 30여 미터의 묘도가 나온다. 정가갑의 묘가 전후실로 되어 있는 데 반해, 이곳은 전실, 중실, 후실로 구성되어 있다. 중국의 대부분의 묘들은 도굴의 아픔을 갖고 있다. 신성 벽화묘 역시 도굴 당했는데 도굴꾼들이 파고 들어온 구멍이 묘실 입구다. 돔형으로 만든 묘실을 천장이 아닌 출입문 바로 위로 뚫었다는 것은 묘실의 구조를 잘 아는 전문가가 아니고서는 불가능하다. 하기야 역사적인 유물의 발굴지에서 위치 선정이나 입구를 찾아내는 진정한 프로는 도굴꾼이라고 하지 않던가.

묘실墓室의 그림들은 대부분 생활상을 묘사한 것들인데, 수렵, 출타, 접객, 농경, 양잠, 상업, 가축도살, 요리 등 다양하다. 중요한 것은 흔히 보이는 내세의 안녕을 비는 신화적 소재가 없다는 것이다. 위진시대는 조조가 위세를 떨치던 삼국시대를 거쳐 사마염이 위나라를 이어받아 진晉을 세운 시기다. 당시 조조의 위나라는 이곳까지 영토를 넓혔는데, 워낙 변방인지라 문화적 수준은 중원보다 훨씬 뒤졌을 것이다. 또한 수시로 벌어지는 전쟁터에서 조상을 모시는 일은 그리 여유롭고 평안한 것은 못된다. 묘실의 벽화가 벽돌 단위로 구성된 것도 바로 이런 이유 때문일 것이리라. 벽돌의 크기가 가로 34.5센티미터에 세로 17센티미터밖에 되지 않으니 그곳에 신화적인 소재를 담기에는 더더욱 한계가 있다.

그런데 이채로운 그림이 두 개 있다. 하나는 두 마리의 소에 써레를 사용하여 농사짓는 모습인데, 이는 당시 사람들이 이미 선진적인 농법을 활용하고 있었음을 알려준다. 다른 하나는 뽕나무에서 뽕잎을 채취하는 그림이다. 양잠을 했으니 뽕나무 그림이 있는 것은 당연하지만, 이 그림이 정가갑 벽화묘에도 있다는 게 특이하다. 이곳은 메마른 사막인데 뽕나무 그림이 무엇이란 말인가? 사실은 이렇다. 5호16국시대만 하더라도 이곳은 뽕나무가 자랄 만큼 습윤기후 지대였다는 얘기다.

고대에 있어 살기 좋은 곳은 삼림이 울창한 곳이었다. 이곳은 물이 풍부하고 기후도 좋아 먹을거리도 풍성했다. 때문에 사람들도 살기 좋은 곳을 찾아 이곳으로 모이게 되었다. 씨족공동체사회에서 부족국가를 거쳐 고대국가 체제를 완성한 사람들은 국가의 위상에 맞는 거대한 건축물들을 짓기 시작했다. 삼림의 파괴가 시작된 것이다. 삼림의 파괴는 정착생활을 하면서 더욱 심해졌다. 이는 농작물 경작이 삼림을 태워 얻은 화전火田으로부터 시작되었기 때문이다. 수렵도 삼림을 황폐화하는 데 기여했다. 창이나 칼 등의 도구를 이용해 짐승을 잡는 경우도 있었지만 이는 소수에 불과했고, 고대에는 산에 불을 놓아 짐승을 쉽게 잡았기 때문이다. 중국에서 고대문명이 발달한 곳은 황하유역과 섬서, 산서, 하남, 하북 등 모두 북방지역이다. 이 지역들은 서주西周 때만 해도 삼림이 울창한 곳이었다. 《맹자》〈등문공(하)〉편에는 이를 증명하는 글귀가 보인다.

"숲, 못, 늪지가 많고 날짐승과 들짐승이 모여들었다. (중략) 주공이 무왕을 도와 주紂를 물리치고 엄奄나라를 토벌했으며, 그 임금을 3년 만에 죽이고 비렴飛廉을 바다로 쫓아냈다. 또한 50개의 나라를 정벌하고 호랑이, 표범, 물소, 코끼리 등을 멀리 몰아내니 천하가 기뻐했다."

삼림지대에 사는 동물들이 도처에 있었음은 발굴을 통해서도 알 수 있다. 전국시대에 제작된 청동기에는 코끼리, 물소, 호랑이, 표범 등이 많이 보인다. 하남성을 '예주豫州'라고 불렸는데, '예'란 커다란 코끼리를 말하는 글자다. 하남성도 코끼리가 살 정도로 삼림이 울창한 지역이었음을 알려주는 것이다. '죽림칠현'이나 판다를 봐도 알 수 있듯이 북방지역에도 대나무가 울창했다. 그 양이 얼마나 많았으면 서한 때 황하의 제방이 터졌을 때 대나무로 방죽을 만들어 물막이로 사용했다는 기록이 전해지겠는가.

수천 년에 걸쳐 여러 나라가 흥망하는 동안 삼림은 극도로 황폐해졌다. 그 결과 북방지역의 풍요로운 자연환경은 급속히 사라지고, 옥토는 점차 모래와 자갈뿐인 황무지로 바뀌었다. 인간들의 욕심이 인간을 더욱 힘들게 만든 것이다.

주천과 가욕관의 경계에 있는 신성 벽화묘를 보고 나오니 바람이 거세게 분다. 이 거센 바람을 피하는 길은 빨리 하서주랑을 벗어나는 것이다. 가욕관에 도착해 비바람에 절은 하루의 피로를 푸는 것이다. 가욕관으로 가는 짧은 시간의 도로 주변도 온통 황폐한 평원이다. 산림의 파괴로 생긴 빈자리를 바람이 모래와 돌을 실어와 채운 것이다. 그러다 보니 어느 순간 인간이 만든 문명의 흔적인 성벽과 봉수대도 바람이 실어온 모래와 돌에 묻히고 허물어졌다. 인간사도 결국 자연을 벗어날 수 없음을 자연은 저토록 처절하게 알려주는 것인가.

주천은 그 내력에서 보듯 술과 관련이 있는 도시다. 유명한 술잔인 야광배夜光杯도 이곳의 특산품이다. 중국의 막강한 경제력과 기술력을 상징하는 위성발사기지도 이곳에 있다. 중국이 위성발사기지를 이곳 주천에 세운 특별한 이유가 있을까?

주천위성발사기지는 1958년에 설립된 중국의 우주센터다. 중국의 우주선은 모두 이곳에서 발사되는데, 유인 우주선인 신주神舟와 항아嫦娥 그리고 천궁天宮도 모두 이곳에서 성공적으로 발사되었다. 우주선의 이름들이 하나같이 꽤 낭만적이다. 특히 달 탐사위성의 이름을 '항아'라고 한 것은 멋진 착상이다. 전설에 의하면 '항아'는 달을 의미하는 것이기 때문이다. 중국이 달 탐사선의 이름을 그들의 전설에 따라 '항아'라고 명명했듯이, 태양 탐사선을 만든다면 분명 '예羿'라고 명명할 것이다.

달은 항상 술과 연관이 있는 자연물이니 주천이 우주경제특구가 되어 위성을 발사하는 것은 중국인들이 믿는 속설에도 부합된다. 신주와 천궁도 마찬가지다. 신선이 되는 것이나, 하늘에 궁전을 짓는 것도 술과 어울리는 이름들이다. 중국의 술문화가 자연과의 교감을 중시한 전통이 위성의 이름에까지 나타난 것이다. 주선酒仙인 이백의 〈월하독작〉이 중국인들의 이런 생각을 대변하는 것이리라.

꽃 사이 술 한 병 놓고	花間一壺酒
벗 없이 홀로 술을 마신다	獨酌無相親
잔 들어 밝은 달 맞이하니	擧盃邀明月
그림자 비추어 셋이 되었네.	對影成三人
달은 본래 술 마실 줄 모르고	月旣不解飮
그림자는 그저 흉내만 내지만	影徒隨我身
잠시 달과 그림자 벗하여	暫伴月將影
모름지기 봄날을 즐겨보네.	行樂須及春
내 노래에 달은 서성이고	我歌月排徊
내 춤에 그림자도 흥겨워	我舞影凌亂
깨어서는 함께 어울리고	醒時同交歡
취해서는 제 갈 길로 가네.	醉後各分散
가없는 무정한 놀이 저들과 맺어	影結無情遊
아득한 은하에서 만나길 기약하네.	相期邈雲漢

이백이 기약한 은하수에서의 만남이 오늘날 주천에서 발사한 '항아'를 통해 전달될 것이니 만약 이백이 주천에서 이 모습을 본다면 무엇이라 말할까? 아마도 술 한 병 들고 몰래 항아에 올라타리라.

생각을 정리하고 있는데, 자동차는 어느덧 가욕관 시내로 들어선다. 중국이 자랑하는 만리장성의 도시에 온 것이다. 인류가 만든 건축물 중에 우주에서 볼 수 있는 유일한 것이 만리장성이라고 한다. 달 속에 사는 항아도 만리장성을 보고 있을까? 고향을 생각하는 그리움에 지금도 떡방아를 찧고 있을까? 오늘 밤은 오랜만에 달빛 아래서 술 한산하며 항아의 안부를 물어야겠다.

▲ 돈황 명사산

단절을 넘은 인간의 길

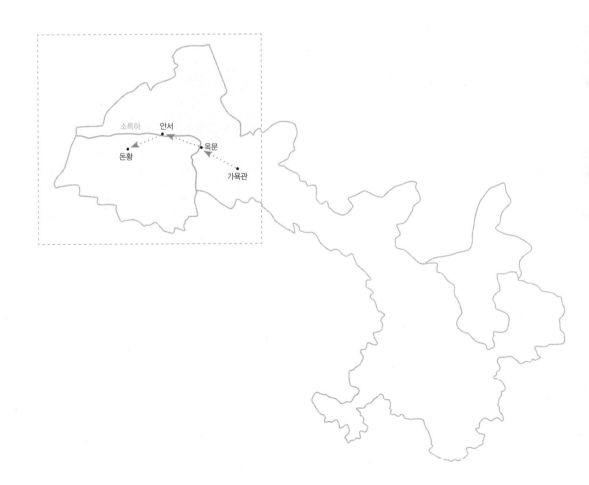

제16장 실크로드의 길목, 만리장성에 서다

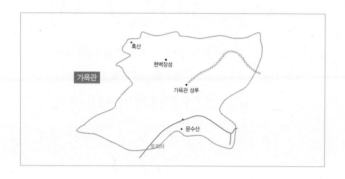

열다섯에 전쟁터로 출정하여	十伍從軍征
여든 살이 되어서야 돌아오네.	八十始得歸
동네 어귀서 마을 사람을 만나	道逢鄉里人
우리 집에 누가 사느냐 물었더니	家中有阿誰
멀리 보이는 것이 당신 집일 거라는데	遙看是君家
소나무 잣나무 사이로 무덤만 이어있네.	松柏塚纍纍

― 한대漢代 악부민가樂府民歌, 〈십오종군정十五從軍征〉

중국의 역사는 장성의 역사다. 장성은 오랑캐를 물리치고 중원을 확장하는데 필요한 도구였다. 때문에 중원을 차지한 한족 지배자들은 성들을 이어 철벽의 울타리를 확장시켜 나갔다. 춘추시대인 기원전 8세기부터 시작된 장성은 그길이만큼이나 기나긴 역사를 이어왔다. 그리하여 동쪽의 바다에서 서쪽의 모래사막까지 거대한 성을 쌓아 북방 유목민의 침략을 막았다. 거대한 장성을 지키는 데는 막대한 인원이 필요하기 때문에, 남자가 열다섯이 되면 언제 올지 모

▲ 가욕관시에 있는 주천철강공사

르는 전쟁에 나서기 위해 군대로 징집된다. 살아 돌아오는 것도 쉽지 않았고 죽어서 고향에 묻히는 것도 어려웠다. 장성은 이렇게 장정들의 피로 세워지고 지켜진 것이니, 장성에는 수많은 사람들의 삶과 죽음이 깃들어 있다고 해도 과언이 아니다.

만리장성의 서쪽 끝은 가욕관이다. 지난 밤 늦게 가욕관에 도착한 탓에 만리장성 서쪽 끝에 온 것을 실감할 겨를도 없이 잠이 들었다. 가욕관의 분위기를 느껴보기 위해 아침 일찍 시내를 나서니 만리장성의 고장임을 알리는 듯, 도로변에는 가욕관과 장성 풍경 그림이 화려하다. 하지만 그것을 보는 것도 잠시. 거리는 온통 자전거와 오토바이를 타고 출근하는 사람들로 가득하다. 그야말로 셀 수 없을 정도다. 그런데 이 많은 사람들이 모두 같은 회사로 출근한다. 바로 서부지역 최대의 철강회사인 주천철강공사酒泉鋼鐵公司다. 1958년에 세워진 이 공사는 철강 콤비나트를 형성하며 거대한 철강공단으로 발전했는데, 그 발전 속도가 빨라 1965년에는 가욕관 시로 독립했다. 하지만 철강회사의 이름은 당시의 명칭을 그대로 사용하고 있다.

하늘이 온통 잿빛이다. 이는 거센 황토바람이 불어서이기도 하지만 무엇보다 제철소의 굴뚝에서 뿜어 나오는 연기 탓이다. 제철소에는 모두 4만여 명이 근무한다고 하니 아침 출근길의 광경이 실감난다. 근로자가 4만여 명이면 그 가족들 또한 몇 만 명일 터. 가욕관 시는 이제 만리장성의 서쪽 끝, 변방에서 벗어나 서부지역 최대의 철강도시로 새롭게 태어나고 있는 것이다.

가욕관 시가 제철산업으로 발전하게 된 것은 기련산맥 때문이다. 특히 가까이에 있는 흑산과 기련산에 매장된 엄청난 양의 철광석을 제련하는 데 최적의 요지가 된 것이다. 변방의 황토바람 날리는 고원지대가 이처럼 서부지역 최대의 철강산업 기지가 되자 여기저기에서 많은 사람들이 몰려들어 가욕관 시는 중국 서부지역 민족들의 언어가 융합된 도시가 되었다. 원근의 중국인들은 오늘도 먼지와 공해가 뽀얀 이 도시로 몰려든다. 경제개발이 한창인 도시는 언제나 일자리 구하기가 쉽기 때문이다. 공장 굴뚝의 연기가 펑펑 뿜어 나오면 나올수록 저들은 용기백배하여 자전거 페달을 밟는다. 가난한 농민공의 삶보다는 매연에 찌들어도 정기적으로 돈을 만질 수 있는 도시노동자의 삶이 훨씬 낫기 때문이다. 그리하여 저들에게 있어서 공해는 걱정거리가 아니라 삶의 기운을 북돋우는 신선한 공기인 셈이다.

수천 명의 노동자들이 밀물처럼 제철소로 몰려드는 길을 빠져나와 가욕관으로 향한다. 시내를 벗어나도 하늘은 여전히 잿빛이다. 잿빛 하늘도 아랑곳없이 제철소에서는 검은 연기를 펑펑 쏟아내고 있다. 그 모습을 보자니 공해의 터널을 지나가고 있는 것 같아 호흡이 저절로 멈춰진다. 하지만 굴뚝산업으로 경제개발에 열을 올리고 있는 중국에서, 이산화탄소 배출량을 줄이자는 식으로 환경문제를 논하는 것은 의미 없는 일이다. 제재할 마음은커녕 더 독려할 판이니 말이다.

가욕관은 시내에서 남서쪽으로 6킬로미터 지점에 있다. 섬서성 서안에서 감

▲ 가욕관 동문 입구

숙성의 이곳까지는 약 1,100킬로미터의 협곡인데, 가욕관은 그중에서도 가장 좁은 곳에 있다. 기련산에서 뻗어 나온 문수산과 흑산 사이 15킬로미터의 좁은 폭에 위치한 가욕관에 도착하니 그야말로 당당한 위용에 압도된다. 고비사막을 바라보며 좌우 산맥 사이를 굳건히 가로막고 있는 가욕관은 한눈에도 철옹성임을 알 수 있다.

가욕관이라는 이름은 가욕산에서 온 것이다. 지금의 문수산이 원래 가욕산인데 청나라 말기부터 문수산으로 불렸다. 문수산은 기련산 주봉의 북쪽 언덕에서 약 30킬로미터를 뻗어 내려온 산이지만 그 높이는 2,000미터가 넘는 산이다. 이 산에는 위진남북조시대 이래로 많은 사찰과 사당, 석굴 등이 지어져 불교와 도교기 함께 번성했다.

가욕관 성루는 '천하제일웅관天下第一雄關'이라는 명칭답게 그 자태가 웅장하다. 성루에 올라 사방을 살펴본다. 북쪽은 흑산과 이어진 장성이 굳건하고, 남쪽은 문수산과 연결된 장성이 험준한 산들과 함께 고비사막의 거센 바람도 가소롭다는 듯 우뚝하다. 그 위세가 마치 홀로 장판교를 막아선 채 조조군을 향해 호통 치는 장비와도 같다. 아니 그보다 더하다. 세계의 지붕이라는 파미르고원에서부터 북쪽의 하늘을 치받으며 내달려온 천산산맥과 난주에서부터 이어달려온 기련산맥이 만나 바람 길목도 안 되는 천하의 요충지에 성벽을 틀고 서있기 때문이다. 5,000미터가 넘는 거대한 산맥들을 마주보고 있는 가욕관은분명 천하의 웅관임에 틀림없다. 청나라 때의 시인 악종기岳鐘琪도 가욕관 성루에 올라 감회를 읊었다.

주천은 지금도 중요한 요충지	酒泉今重鎮
천연의 요새로 예부터 이름 높았는데,	天險古名州
들판엔 가축들뿐 인가는 없어도	牧野无新幕
변방을 방어하는 가욕관은 굳건하다네.	籬邊有舊樓
마른바람은 성벽에 부딪혀 되돌아 날고	風旋沙磧動
하늘은 바닷가의 구름만 띄우는데	天接海雲浮
장안으로 가는 길 돌이켜보매,	回首長安路
봉화연기 만 리 가을을 태우네.	烽烟萬里秋

가욕관은 만리장성과 실크로드가 지나가는 곳으로 예로부터 교통과 군사요충지로 중시되었다. 그러나 이곳에 성을 쌓고 관문을 설치한 것은 명나라 때인14세기 이후다. 가욕관의 성벽은 벽돌을 쌓아 만든 외성과 흙으로 만든 내성의이중 구조로 이루어져 있다. 군사방위체제에 따라 건설된 것이기 때문이다.

중심성인 내성은 둘레가 640미터, 높이는 약 11미터이며 면적은 2만 5,000제곱미터다. 1372년에 명나라 대장군 풍승馬勝이 당시 하서주랑까지 세력을 뻗친 몽골군을 토벌하고 재건축한 것이다. 가욕관은 이중 성벽, 옹성과 나성, 3개

▲ 가욕관 외성

의 성루 등으로 구성되어 있다. 방어가 주목적이니 설계부터 치밀하고 공사도 매우 견고하게 했다. 성루의 성문은 돌을 깎아 만들었고, 성벽은 황토를 잘 다져서 쌓았다. 황토도 엄선하여 햇볕에 말려 만든 가루를 고운 채로 거른 후 찹쌀가루를 섞어 성벽에 발랐다. 이런 수고로움 덕분에 가욕관은 수백 년의 풍파 속에서도 여전히 견고하고 튼튼한 모습을 자랑하고 있다.

가욕관 외성의 동문으로 들어서니 가장 먼저 석비石碑 하나가 눈에 들어온다. 대략 3미터쯤 되어 보이는 석비에는 '천하웅관天下雄關'이라고 일필휘지한 행서체 글씨가 장쾌하다. 이 비는 청나라 때인 1809년에 세워진 것이다. 당시 숙주肅州 총병總兵인 이연신李廷臣이 새벽에 가욕관을 시찰하다가 그 웅장함에 매료되어 즉석에서 4글자를 썼는데, 후에 이를 새겨 비로 만든 것이다. 조금 걸어 들어가니 문창각文昌閣과 관제묘關帝廟, 희대戲台 등 부속건물이 눈에 띤다. 모두

▲ 문창각과 관제묘

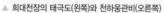
▲ 희대천장의 태극도(왼쪽)와 천하웅관비(오른쪽)

가 명나라 때 지어진 것인데 가욕관에서 가장 오래된 건물임을 자랑하는 문창각이 고색창연한 빛을 발한다.

문창각은 도교적인 건물이다 문창文昌은 북두칠성을 이루는 6개의 별을 합해 문창궁文昌宮으로 부르는 데서 연유한 것으로, 문운文運과 벼슬운을 관장하는 문창제군文昌帝君이라는 믿음으로 발전한다. 수나라 때부터 시작된 과거科擧는 송나라 때 이르러 경쟁이 치열했다. 그러자 합격을 열망하던 과거 준비생들은 자연스럽게 신을 받들게 되었고, 원나라 때에 이르러 문창제군은 국가로부터 과거신科擧神으로 책봉된다. 원나라도 과거를 중시했고, 민간에서는 도교가 성행했기 때문이다.

북두칠성의 6번 째 별을 녹성祿星이라 부르는데, 공명功名과 녹봉祿俸을 관장하는 별이다. 고대 봉건사회에서 선비들의 출세 길은 오로지 과거를 거쳐 관리가 되고 부를 축적하는 것이었다. 과거시험은 문장을 짓는 시험이기 때문에 선비들은 녹신을 숭배하게 되었고, 그 결과 녹신은 모든 선비들의 운명을 좌우하는 문신文神이 된 것이다. 관리가 되어 국가로부터 받는 급여를 녹봉祿俸이라 하는 것도 이런 의미에서 생긴 것이다.

그런데 언제나 전시체제를 유지하며 긴장 속에서 생활해야 하는 변방국경지대에 어째서 문창각이 있는 것일까? 바로 옆에 세워진 관제묘가 그 답을 제시한다. 관제묘는 관우를 모신 사당이다. 관우는 삼국시대 촉한의 명장이다. 관우는 유비, 장비와 함께 의형제를 맺고 삼국이 정립하던 시기 최대의 용맹을 떨친 장수다. 또한 1,800여 년간 내려온 《삼국지연의》에서 제갈량과 함께 최고의 주인공으로 꼽힌다. 관우가 평생을 중시한 것은 장수로서의 충의忠義이다. 이는 중국의 왕조가 바뀔 때마다 위정자들이 혼란을 수습하는 방책으로 이용했는데 이 과정에서 자연스럽게 관우숭배사상이 발전했고, 그 결과 관우는 마침내 무신武神의 반열에 오른다. 무신 관우의 영험을 받아 전쟁에서 승리하기를 바라는 마음에 관제묘를 만든 것이고, 그와 쌍을 이루는 문창각은 도교 숭배가 일반적이던 당시에 군인들과 민간인들의 일체적 단결을 도모하기 위한 것이다. 일반적으로 무신인 관우에 대비할 만한 문신은 공자다. 그런데 관제묘 옆에 공자의 사당인 공묘孔廟 대신 문창각을 세운 것은 바로 도교신앙이 민간에 널리 유포되었기 때문이다. 또한 명나라 때는 문x을 숭배했기 때문에 학문 또한 게을리 하지 않기를 바라는 뜻도 담겨 있었으리라.

희대戲臺는 공연장이다. 전장에서의 공포와 고독, 우울함 등을 해소시키고 사기를 높이는 방법은 근심과 걱정을 없애고 흥을 돋우는 것이다. 공연은 당시 이러한 문제점을 해결하는 최고의 문화예술이었다. 그렇다면 어떤 공연이 이루어졌을까? 아마도 단골 메뉴는 관우가 조조군을 통쾌하게 무찌르는 장면일 것이다. 그리고 가족상봉의 염원을 뜨거운 눈물과 함께 쏟아냈을 것이다. 무대 앞 공터에 서니, 당시 공연을 보며 환호하고 탄식했을 병사들의 온기가 느껴진다. 이를 알려주기라도 하듯 양쪽 모퉁이의 대련對聯 글귀가 나그네의 마음을 애잔하게 한다.

오매불망 고향 탄식은 무대 위에 넘쳐나고　　离合悲歡演往事
세상사 인간 됨됨이도 확실하게 알 수 있구나　　愚賢忠佞認當場

가욕관 외성에서 내성으로 들어가는 동쪽 문은 광화문光化門이다. 반대편 서쪽에는 유원문柔遠門이 있다. 문 위에는 각각 성루가 있는데, 성벽이 건축된 지 100여 년이 지난 1496년에 축조한 것이다. 동쪽 문이 광화문인 것은 동쪽, 즉 중국으로부터 상서로운 기운이 솟아오른다는 의미다. 서쪽 문은 어떤 의미일까? 부드러움이 멀리 이어진다는 말인데, 이는 중화문명이 서역의 모든 지역에 전파되기를 바라는 뜻이다. 19세기 서세동점西勢東漸이 있기 오래 전에 이미 중국은 동세서점東勢西漸을 염원한 것이다. 따지고 보면 실크로드의 핵심은 '비단'을 수출한 중국이었기에 이미 동세서점이 이루어진 것이고, 명나라 때는 이를 영원히 이어가기를 바랐던 것인지도 모른다. 하지만 산업혁명과 르네상스를 거치면서 발전한 서구문명은 급기야 중화문명으로 대표되는 아시아를 장악하게 되었으니, 실로 서역 멀리까지 날아간 상서로운 기운이 부메랑이 되어 기세등등하던 중국의 발등을 찍은 것이다.

광화문으로 들어가니 유격장군부游擊將軍府가 있다. 이는 가욕관의 지휘소로서 가장 핵심적인 장소다. 적의 침입 시 방어를 지휘하는 것은 물론 이곳을 드나드는 수많은 상인들과 여행자들을 검사하고 서역의 중요한 정보를 수집·전달하는 역할을 했다. 당시의 지휘소를 꾸며놓았는데 안을 들여다보니 밀랍으로 만든 인형의 모습이 흥미롭다. 장교인 듯한 자가 피곤함에 겨워, 의자에 비스듬히 앉아서 졸고 있는 모습이 너무도 생동감이 넘친다. 뒤쪽 벽에는 '가욕관 수비도'라는 지도가 붙어있다. 가욕관이 천하제일의 철옹성인 까닭에 졸고 있어도 걱정이 없다는 뜻일까? 아니면 과중한 업무에 잠시 눈을 감고 피로를 푸는 것일까? 그도 아니면 점심식사 후 나른함을 못 이겨 낮잠에 빠진 것일까? 현실적인 모습을 아주 생동감 있게 표현하여 오가는 이들마다 한 번씩 더 살펴보게 만든다.

두 번째 성루가 있는 유원문에 들어서니 성벽으로 오르는 경사로가 있다. 그런데 웬만한 수레도 오를 수 있는 넓이다. 그래서 일명 마도馬道라고 부른다. 누각에 올라 사방을 둘러보니 그야말로 일망무제一望無際, 널따란 사막이 끝없이 광활하고 그 너머로 희미한 만년설산이 구름인 듯 아득하다. 그 어떤 용감한 병사라 하더라도 이토록 험준한 산맥을 넘어올 수 없고, 모래폭풍 거센 사막을 건너오기 어렵다. 설령, 산맥과 사막을 헤쳐 나왔다 할지라도 길목을 지키고 서 있는 높다란 가욕관을 보는 순간, 기진맥진한 몸이 순식간에 무너지고 말 것이다. 그야말로 거침없이 당당한 가욕관의 위용이다. 100만 대군이 와도 공략하지 못할 난공불락의 요새인 것이다.

◀ 가욕관 성루와 마도　　　　　　　　　　　　　　　▲ 유격장군부의 모습

● 가욕관 성벽의 위용

▲ 서역으로 나가는 가욕관 출입구
▶ 수레바퀴 자국이 움푹 패인 돌길

사람의 인기척은 보이지 않는 황무지 벌판. 하지만 수천 년의 역사 속에 스러져간 말발굽과 군사들의 함성소리가 이곳을 향해 달려오는 듯하다. 한참 동안 서쪽을 응시하다가 옹성 내부로 눈을 돌리는데, 성벽 끝 손이 닿지 않는 곳에 벽돌 한 장이 달랑 놓여있다. 누군 먹놀이기에 한 장만 있을까. 알고 보니 전설이 담겨 있는 벽돌이다. 벽돌공이 가욕관을 설계한 자에게 필요한 벽돌 수를 물었더니 99만 9,999개였다고 한다. 벽돌공은 만약을 위해 1개의 여분을 포함해 100만 개의 벽돌을 준비했다. 그런데 가욕관을 완성하고 보니 정확하게 벽돌 한 장만 남았다고 한다. 가욕관이 얼마나 치밀한 계획 아래 만든 것인지를 재미있게 알려주는 이야기인데 사실 벽돌 수를 예측하기란 쉽지 않다. 왜냐하면 작업 중에 깨지거나 잘못 사용하는 경우가 많기 때문이다. 그래서 여분은 많을수록 좋다. 하지만 위의 말대로라면 공사가 한 치의 착오도 없이 진행되어야만 가능하다. 벽돌의 여분이 많으면 다른 곳에 사용하면 그만이다. 벽돌 한 장이라도 불량 내는 일 없이 어찌 공사를 완성할 수 있겠는가.

하지만 이야기를 만들어내기 좋아하는 자들은 항상 전설을 만든다. 그럴듯하게 살을 붙이고 여기저기에 퍼뜨린다. 그러다가 어느 정도 시간이 지나면 전설은 역사가 된다. 아니 인간을 세뇌시킨다. 역사적 사실이라고 믿었던 게 때때로 거짓인 것은 이처럼 전설이 사실 여부와는 무관하게 역사에 편입되었기 때문이다. 무력, 권력, 자본력 등 힘이 있는 사람들은 자신에게 유리한 내용을 역사에 편입시키길 주저하지 않는다. 우월한 힘을 이용하여 기존 역사를 가차 없이 뒤바꾸고 자신의 입맛에 맞게 새롭게 창조한다. 그렇기 때문에 역사를 볼 때는 기록된 사항을 정확히 이해하는 것은 물론이고 그 행간에 숨은 것들을 주시해야 하며, 무엇보다도 기록자의 생각과 행동을 함께 살필 수 있어야만 한다.

성루를 살펴보고 내려와 드디어 가욕관의 정문을 나선다. 관문은 마차 두 대가 충분히 다닐 수 있는 돌길인데 바닥에는 수레바퀴 자국이 움푹 패여 있다. 얼마나 많은 사람과 수레가 이곳을 지나갔기에 단단한 돌길이 마치 밀가루를 눌러놓은 것처럼 선명하다는 말인가. 하기야 서역으로 오가려면 반드시 이 관문을 지나야만 했기에 각각의 사연을 담고 오갔을 수많은 역사가 저토록 깊고 선명한 자국을 남겨놓은 것이리라. 나도 수레자국을 밟으며 1,000년 전 순례자의 마음으로 관문을 나선다.

관문을 나서자 사막의 열기가 모래바람을 뿌린다. 이 열기와 바람을 뚫고 그 너머에 있는 설산을 넘어가야만 했던 사람들을 떠올린다. 구원, 염원, 사랑 등을 향한 것이었다면 충분히 감내하고 나아갔겠지만, 어느 날 갑작스레 가족과 이별하고 끌려온 병사들이나 모략에 휘말려 유배를 떠나야만 했던 신하의 마음은 어땠을까? 아마도 다시 못 올 길을 간다는 생각에 절망감으로 가득 찼을 것이다. 스스로의 의지와 행동이 아니라면 성과를 이루었다고 해도 이는 결국 힘 있는 자들에게 넘어갈 테니까.

서역의 뜨거운 바람이 숨을 틀어막는다. 저마다 소중한 보금자리를 떠나 들판의 잡초처럼 사라진 힘없는 자들의 아우성인가. 눈을 감고 호흡을 가다듬는다. 그리고 나직이 읊조린다.

"나무아미타불 관세음보살……."

가욕관을 돌아보고 출구로 돌아오는데 가욕관 장성박물관이 보인다. 만리장성은 중국이 세계적으로 자랑하는 문화유산이다. 이곳은 그 장성의 서쪽 끝이니 장성박물관이 있는 것은 당연한 것이리라. 만리장성에 대한 중국의 생각이 궁금하여 발걸음을 재촉한다.

1988년에 세워진 이 박물관은 중국 최초로 만리장성과 관련된 것만을 다룬 전문박물관이다. 입구에 들어서니 '중국의 혼中華之魂'이라고 새긴 비석이 천산산맥 그림을 배경으로 우뚝하다. '위대한 장성'이라는 주제로 춘추전국시대부터 명나라 때까지 3,000년 장성의 역사를 모두 4개의 시대로 나누어 전시하고 있

● 장성박물관

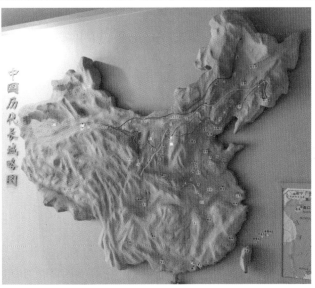

는데, 모형과 도표, 사진 등을 적절히 활용하여 많은 자료와 함께 장성의 발전 과정을 살펴볼 수 있게 했다.

그런데 아니나 다를까. 만리장성을 나타낸 지도가 요상하다. 만리장성의 동쪽 끝이 산해관이 아니라 국경지역인 단농을 거쳐 흑룡강성의 복단상까지 이어져 있다. 국경지역인 단동에 있는 고구려 박작성은 명나라 때의 호산산성으로 그럴싸하게 둔갑해 있다. 그 앞에서는 중국인 가이드가 내국인들에게 장성의 길이에 대해 열심히 설명하고 있는데 모두가 동조하는 듯한 표정이다. 참으로 어처구니가 없다.

장성은 중국의 역대 왕조들이 북방 유목민족의 침입을 방어하기 위해 건축한 군사시설이다. 이는 고대의 여러 시기에 걸쳐 만들어진 것으로, 전국을 통일한 진시황이 몽념蒙恬으로 하여금 성들을 연결하여 장성을 만들게 했다. 사마천의 《사기》〈몽념열전〉을 보면 이렇다.

"진나라는 천하를 병합한 후, 몽념에게 30만 군사를 이끌고 북쪽의 융적을 내쫓게 하여 하남河南을 차지한 뒤 장성을 쌓게 했다. 험난한 지형을 이용하여 성곽을 쌓았는데 임조臨洮에서 요동遼東까지의 길이가 1만여 리가 되었다."

당나라 때 시인인 왕굉王宏은 〈종군행從軍行〉이란 시를 지었다. 그중에는 다음과 같은 내용이 있다.

진시황이 장성 삼천리를 쌓았는데   秦王築城三千里
서쪽의 임조에서 동쪽의 요수까지다   西自臨洮東遼水

진시황이 쌓은 장성이 삼천리라고 하니 《사기》의 1만 리와는 엄청난 차이가 난다. 그 이유는 무엇일까? 바로 요수의 위치 때문이다. 고대 요수는 산서성山西

省의 북쪽 대동大同시를 지나는 상건하桑乾河를 가리켰다. 하지만 욕심 때문일까? 시간이 지나면서 중국인들은 점점 더 동쪽에 위치한 강을 요수로 간주하게 되었다. 그 결과 고구려 때의 요수는 하북성의 난하灤河였고, 요遼나라 때는 현재의 요녕성에 있는 요하를 가리키게 되었다. 수천 년에 걸쳐 중국의 지명이 동쪽으로 옮겨짐에 따라, 우리 고대사는 일방적으로 축소·왜곡되고 말았다. 게다가 일제 강점기 이후 식민사학자들이 이런 잘못된 역사를 앞장서서 가르쳤으니 역사 왜곡의 폐해는 실로 엄청났다. 그렇다면 도대체 얼마나 왜곡시킨 것일까? 중국의 사서史書에 기록된 고구려 영토에 대한 설명 중에서, 아래처럼 서너 문장만 살펴봐도 정말 어처구니가 없다는 걸 알 수 있다.

"동으로는 신라에 이르고 서로는 요수를 건너 2,000리에 이른다. 남으로는 백제와 접하고, 북으로는 말갈과 1,000여 리에 걸쳐 인접한다."

— 《주서周書》, (東至新羅 西渡遼水二千里 南接百濟 北隣靺鞨千餘里)

"그 나라는 동으로는 신라에 이르고, 서로는 요수를 건너 2,000리에 이르며, 남으로는 백제와 접한다."

— 《북사北史》, (其國東至新羅 西渡遼水二千里 南接百濟)

"나라의 중심에 요산이 있으며, 요수가 흘러나오는 곳이다."

— 《남사南史》, (中有遼山 遼水所出)

"고려는 본래 고구려다. 우임금이 9주로 나눈 땅 중에 기주에 속했는데, 주나라 때는 기자의 나라였고 한나라 때에는 현토군이었다."

— 《송사宋史》, (高麗本曰高句麗 禹別九州屬冀州之地 周爲箕子之國 漢之玄菟郡也)

기주는 오늘날의 하북성과 산서성 일대를 말한다. 기주를 중심으로 고구려의 중심에 요산이 있고, 그 산에서 흘러나오는 물이 요수라면 요수는 난하를 의미한다. 하지만 위 내용만으로는 난하가 요수임을 알 수 없다. 이를 입증하는 고구려 벽화가 있다. 평안남도 덕흥리에 있는 고분벽화에는 무덤의 주인공인 유주자사幽州刺史 진鎭의 연회도가 그려져 있는데, 유수자사 진에게 13개 군의 태수가 하례를 올리는 장면이 있다. 그리고 태수들 13명의 소속이 적혀 있다. 연군燕郡, 범양范陽, 어양魚陽, 상곡上谷, 광녕廣寗, 대군代郡, 북평北平, 요서遼西, 창려昌黎, 요동遼東, 현토玄菟, 낙랑樂浪, 대방帶方인데 모두 하북성과 산서성에 있는 고대 지명들이다. 창려는 지금도 난하 하류에 남아 있는 지명으로 난하가 요수임을 증명하는 귀중한 벽화다. 또한 요수 서쪽으로 2,000리에 이른다고 했으니 "요서에 10개의 성을 쌓았다"라는 《삼국사기》의 기록과 정확히 일치한다. 고대 요수인 난하를 중심으로 요동과 요서가 모두 고구려의 강역이었던 것이다.

　우리의 고대사가 중국 대륙의 한복판이었음이 이렇듯 명확한데도, 식민사학자들은 잘못 낀 단추를 끌러 다시 채울 생각은 하지 않고 아직도 자신의 주장이 옳다고 고집하니 이를 보는 중국인은 어찌 기쁘지 않겠는가. 한국의 학자들이 중국의 역사를 이롭게 전개할 수 있는 빌미를 제공해 주니 말이다. 명확한 입증자료가 있음에도 불구하고 우리의 고대사는 현재의 지명에 사로잡힌 채, 역사를 바로 세우지 못하고 있으니 이게 바로 매국이 아니고 무엇이란 말인가.

　진나라는 전국을 통일한 지 15년 만에 망한다. 그런데 과연 1만 리의 장성을 쌓을 수가 있을까? 만리장성이 전국시대 7국의 성들을 이어서 만들었다고 해도 그 짧은 시간에 성과 성 사이를 잇는 것은 어려운 일이다. 수 양제煬帝가 100만 명의 장정을 동원해 내몽골의 유림楡林에서 자하紫河까지 장성을 쌓게 했다가 열흘 만에 그만두었다. 그 이유는 그 사이에 반 이상이 죽었기 때문이다. 그만큼 장성을 쌓는 일이 힘들고 어려운 것이었음을 알려주는 것이다. 오죽하면 "요동으로 가면 오직 죽음만 있을 뿐이다.莫向遼東浪死歌"라는 처참한 말이 생겨났겠는가.

성을 쌓는 곳	築城處
천만 사람 일제히 달구질 소리 울린다.	千人萬人齊把杵.
단단히 다졌는지 거듭 성벽을 찔러보는데	重重土堅誠行錐
채찍 든 군인감독은 더디다고 녹촉만 한다.	軍吏執鞭催作遲.
그때부터 일 년 동안 깊은 사막에서	來時一年深磧裡
짧은 옷마저 다 헤지고 물이 없어 목이 타고	盡著短衣渴無水.
기운 빠져 달구질소리 잦아드는데	力盡不得抛杵聲
그 소리 끝나기 전에 여기저기서 죽어나간다.	杵聲未盡人皆死.
집집마다 대 이으려고 사내자식 길렀건만	家家養男當門戶
오늘 여기 성 아래서 흙이 되고 마는구나.	今日作君城下土.

- 장적張籍, 〈축성사築城詞〉

장성을 쌓는 것은 이처럼 목숨과 맞바꾸는 엄청난 희생을 치르는 것이다. 3,000리에 걸친 장성도 수많은 목숨을 담보로 한 것인데, 진시황이 어찌 그리 짧은 시간에 1만 리의 장성을 구축할 수가 있겠는가. 사마천의 《사기》도 그가 집필한 이후 오랜 세월을 거치면서 수정·가필되어 온 것임을 유념해야 한다. 중국인의 사서편찬에 있어서 가장 기본이 되는 것은 '춘추필법'이다. 이는 중국에 이로운 것은 사소한 것이라도 크게 확대하고, 불리한 것은 아무리 큰 것이라도 사소하게 처리하는 것임을 잊어서는 안 된다.

만리장성의 대대적인 개보수작업은 명나라 때 와서 진행되는데, 이는 북방의 몽골 침입에 대비하기 위한 것이다. 그리하여 이때부터 오늘날 우리가 '인류 최대의 토목공사'라고 부르는 만리장성이 탄생하게 된다. 중국 역사서에서 만리장성을 거론할 때면 예외 없이 동쪽의 산해관에서 서쪽의 가욕관까지를 말한다. 그런데 어찌하여 중국의 지도책에는 만리장성의 동쪽이 한반도의 칭천깅까지 연결된 것일까?

여기에도 우리의 식민사학자들이 톡톡한 역할을 했다. 그들은 먼저 한 무제가 고조선을 물리치고 설치한 한사군의 위치가 지금의 평양을 포함한 지역이라고 못 박았다. 이는 "낙랑군 수성현遂城縣에 갈석산이 있는데 장성이 시작되는 곳이다."라는 중국의 사서에 의거하여 황해도에 수성현이 있는 것을 찾아내어 이를 꿰맞춘 것이니 참으로 넋이 나가고 말문조차 막힐 일이다. 역사지리는 시대에 따라 변동한다는 지극히 간단한 논리를 무시한 채, 스승과 자신의 주장이 진리라고 고집하는 우리 사학계의 행태에 분노를 넘어 가엾게 느껴진다. 소통과 융합의 시대에 이를 단절시키고 스스로 썩어가는 그들에게 한 줌 억지눈물을 흘려야 할 판이다. 중국의 사학계는 신났다. 한국의 '뜻 맞는' 동지적 학자들이 자신들의 가려운 곳을 긁어 주니 굳이 춘추필법을 쓰지 않아도 쉽게 역사를 침탈할 수 있기 때문이다.

이 와중에 유네스코에서는 '보존 위험에 직면한 세계 유산 명단(2004)'을 발표했는데 여기에 중국의 만리장성도 들어있었다. 중국 정부는 이를 기회로 '장성보호공정(2005~2014) 총체공작방안'을 제정한다. 장성을 어떻게 보호할 것인가에 대한 방법을 마련한 것이다. 뒤이어 법률적인 효력을 얻기 위해 '장성보호조례'를 만들었고, 2006년 9월 20일에는 국무원 제150차 상무회의에서 조례를 통과시키면서 장성보호공정을 본격적으로 시작한다. 하지만 장성보호공정은 유네스코의 바람과는 달리 문화유산 보호만을 위한 공정이 아니었다. 중국의 속셈은 이제 새롭게 주장하는 다민족통일국가론을 입증하는 역사적 근거로 만리장성을 활용하는 것이다. 즉, 중국의 영토에 존재했거나 존재하는 모든 민족의 역사는 곧 '중국'의 역사라는 영토주의 역사관을 강화하는 데 만리장성은 더없이 중요한 역사도구인 것이다. 이는 중국이 줄기차게 역사왜곡을 감행하며 시도해온 4대 공정을 모두 아우르는 종합판인 것이다.

2012년 6월, 중국 국가문물국은 장성보호공정의 1단계 사업을 마무리하면

● 석관협과 현벽장성(아래)

서 역대 장성의 길이를 2만 1,196킬로미터로 늘려 발표했다. 동쪽으로는 흑룡강성 목단강까지, 서쪽으로는 신강성의 하미까지 그야말로 고무줄처럼 늘려 놓았다. 고구려의 천리장성인 노변강토장성老邊崗土長城, 발해의 목단강변장牧丹江邊墻, 고구려와 발해 때 축조한 것으로 추정되는 연변고장성延邊古長城 등이 모두 중국의 만리장성에 포함된 것이다. 이는 동북공정 이후 불안전한 정치논리를 보완하기 위한 것으로 향후 몽골을 포함, 동북 3성과 관련해 한반도에서 발생할 문제에 대비한 치밀한 포석이 깔려 있는 것이다.

신강도 마찬가지다. 서북공정으로 신강 지역의 역사왜곡에 성공했지만 계속되는 위구르 민족의 독립운동에 쐐기를 박으려는 것이다. 이처럼 중국의 만리장성 늘리기에는, 중국 내 소수민족들의 독립 움직임을 차단하면서 자신들의 강역을 넓혀가려는 정치적 꼼수가 포함되어 있는 것이다.

중국은 만리장성을 늘리자 '역대장성'이란 말로 슬쩍 바꿔놓았다. 장성 늘리기를 교묘하게 위장한 것이다. 중국의 장성 늘리기는 어디까지, 언제까지 계속될까? 전 세계에 중국인이 닿지 않은 곳이 없으니 지구가 통째로 중화제국주의를 받아들이는 날까지 계속될 것이다. 그들이 만리장성을 일컬어 3,000년에 걸쳐 이룩한 위대한 중화의 산물이라고 하듯이, 앞으로도 3,000년쯤의 시간을 가지고 느긋이, 하지만 집요하게 완성하려 들 것이다. 한국은 냄비처럼 '빨리빨리' 처리하고 곧 잊어버리지만, 중국은 쇠솥처럼 '천천히'하며 잊지 않기 때문이다.

또 다른 장성을 보기 위해 가욕관에서 북쪽으로 7.5킬로미터 떨어진 현벽장성懸壁長城으로 향한다. 현벽장성은 명나라 때인 1539년, 가욕관의 서부지역을 방어하기 위해 세운 것으로 길이는 1.5킬로미터였다. 현재의 장성은 1987년에 다시 보수한 것으로 길이는 약 750미터다. 이 장성은 남쪽으로는 기련산맥과 북쪽으로는 흑산이 치솟은 계곡 사이의 석관협石關峽 입구에 있는데, 그 기세가 마치 북경의 팔달령처럼 웅장하다고 하여 서부 팔달령이라고 부른다.

● 현벽장성

● 현벽장성의 위용(왼쪽)과 석관협 입구

현벽장성 입구에 도착하니 한낮의 햇볕에 졸고 있던 미루나무들이 먼저 반긴다. 시원한 지하수로 목을 축이고 현벽장성으로 오른다. 황토를 쌓아 만든 3미터 높이의 성벽이 45도 경사의 흑산 등성이를 구불구불 감싸 오른다. '울타리에 매단' 장성이란 이름 뜻 그대로다. 중국인들이 보기에는 그 모습이 흡사 용처럼 보였으리라. 검은 산등성이를 황토 성벽이 이었으니 황룡이 아니고 무엇이겠는가. 성곽은 폭 1미터의 계단이 산 정상까지 이어져 있다. 땀을 닦으며 정상에 오르니 동쪽으로 펼쳐진 고비사막이 지평선과 닿아 있다. 서역으로 가려면 끝없는 자갈밭인 고비사막을 넘어 이곳에 이르러야 했는데, 현벽장성 입구의 미루나무 숲이 그들에게는 생명과도 같은 오아시스였을 것이다. 서역으로 향하는 이들은 이곳에서 숨을 돌리며 흑산과 석관협을 넘을 준비를 했으리라.

당나라 때의 유중용柳中庸도 이곳에서 시 〈정인원征人怨〉을 지었다.

해마다 금하 아니면 옥문관에 주둔하고   歲歲金河復玉關
날마다 채찍이 아니면 칼과 함께 살아가네.   朝朝馬策與刀環
봄날에도 흰 눈은 푸른 무덤을 덮고   三春白雪歸靑塚
길고 긴 황하는 흑산을 휘감아 도네.   萬里黃河繞黑山

석관협은 흑산에 있기에 흑산협黑山峽이라고도 하고, 수관협水關峽이라고도 불렀다. 약 10킬로미터에 이르는 협곡이 험준한 산과 거친 물살로 이어지기 때문이다. 이로 인해 예로부터 '석관천험石關天險'이라 했는데, 이곳이야말로 연이은 사막을 건너가야 했던 고대 실크로드의 중요한 통로였다. 많은 승려들이 이 협곡을 통해 구법의 길을 떠났고 한 무제의 특명을 받은 장건도 이 길로 서역 원정을 떠났다.

석관협은 5대10국五代十國시대인 10세기 초부터 송나라 초기인 11세기까지 '옥문관玉門關'으로 불렸다. 서역의 여러 나라들이 주나라 때부터 이 협곡을 통해 천자에게 옥을 가져다주었기 때문이란 말도 있지만, 한 무제가 흉노를 몰아내

석관협 능선에 있는 현벽장성

고 서역을 개척하면서 이곳의 지명을 옥문현玉門縣이라고 한 것에서 비롯된 것이다. 한 무제의 서역 원정이 성공해 영토가 확장되자 옥문관은 서쪽의 돈황으로 옮겨가게 된다.

옥문玉門은 지명인 까닭에 숭국 왕조의 강역에 따라 여러 번 옮겨졌다. 석관협의 옥문관은 서하西夏의 건국으로 폐지되고, 수 문제文帝 때에 안서현安西縣의 쇄양성鎖陽城에 옥문관이 세워진다. 당 고조高祖 때인 619년에는 안서현의 쌍탑보双塔堡가 옥문관이었다. 명나라 때에 다시금 돈황에 옥문관이 자리 잡게 되고 이후 서역을 오가는 경계의 역할을 하며 오늘에 이른다.

중국인들은 울타리 쌓기를 좋아한다. 북방 유목민족에 대한 방어로서의 울타리가 만리장성이라면, 왕조의 안녕을 위해 백성들을 가두는 울타리가 성벽이다. 도시별로도 방벽을 쌓고 그 안에는 집과 재산을 지키기 위해서 너나없이 또 담장을 쌓았다. 중국인들은 여력만 된다면 담장을 겹겹이 높게 쌓는데, 이는 그들이 폐쇄적이고 고립적인 공간을 좋아하기 때문이다. 만리장성은 이런 중국인들의 단절과 폐쇄성을 상징적으로 보여 주는 건축물이다. 그렇다면 중국인들은 왜 폐쇄적일까? 그 내면에는 '세계의 중심'이라는 중화사상이 있기 때문이다. 세계의 중심이기에 성벽을 둘러야 하고, 그 가운데 있는 황제의 거처에는 더욱 높고 웅장한 방벽을 쌓아야 하는 것이다. 그래서 자국인들은 물론 외국인들조차도 함부로 쳐다볼 수 없도록 만드는 것이다.

세계의 중심이라는 중국인의 자만심을 보여 주는 대표적인 것이 삼궤구고두三跪九叩頭다. 무릎을 꿇고 양손을 땅에 댄 다음 머리가 땅에 닿을 때까지 3번 숙이는 것을 1궤라고 한다. 삼궤구고두는 이를 3번 되풀이하는 것을 말한다. 중국의 이러한 예법은 청나라 이전부터 있었으나, 청나라 때 들어와서 1궤 3고, 2궤 6고, 3궤 9고 등으로 제도화하여 외국 사절들이 황제를 알현할 때에 반드시 지켜야 할 예법으로 강요했다. 이런 식으로 예법을 강요한 데는 중국인을 제외한 다른 모든 사람들은 야만인이라는 중화중심사상이 배어있다. 그렇기 때문에 야만국들은 중국과 정치적으로 대등한 존재가 될 수 없으며, 설령 삼궤구고두를 했다손 치더라도 반드시 황제에게 바치는 조공이 있어야 한다고 생각했다. 왜냐하면, 세계의 중심에서 천하를 다스리는 황제가 열등한 야만국의 선물을 받는다는 것은 있을 수 없는 일이다. 무릎 꿇고 머리를 조아리며 "변변치 않은 물건이지만 부디 받아 주십시오."라고 간청하니 황제의 체면상 '어쩔 수 없이' 받은 것이다. 그리고 이를 가상히 여긴 황제가 답례품을 '하사'하는 것이다. 조공무역이란 이렇게 탄생한 것이며, 충분한 자급자족경제를 운영할 수 있는 중국은 이를 최대한 활용해 주변의 모든 나라를 속국으로 삼았다. 이웃나라가 선의로 전달한 선물이 열등한 야만국에서 황제에게 바친 조공으로 둔갑한 것이다.

중국인들은 자신들이 받은 선물의 의미를 자기 의도에 맞게 바꿔서 기록했다. "모년모월모일에 아무개 속국에서 황제에게 여러 가지 공물을 진상했다."라고. 그리고 이를 토대로 자신들만의 역사를 창조한 뒤에, "옛 기록에 의거하여 썼다."라는 조건을 붙인다. 그 기록이 잘못된 것이고 그래서 아무도 믿지 않는다 해도 고집을 버리지 않는다. 아니 버릴 수 없다. 수천 년 동안 춘추필법에 익숙해진 까닭에 그것이 마치 사실인 것처럼 확신한다. 남들의 비웃음은 들리지도 않고 관심도 없다. 왜일까? 스스로를 천상천하유아독존으로 여기고 폐쇄된 공간에서 나오려 하지 않기에 이런 상황이 벌어진 것이다. 하지만 그것은 허상일 뿐이다.

중국은 20세기에 들어서면서 만리장성을 상징으로 삼았다. 자국의 유구한 역사에 부합하는 거대한 건축물을 상징으로 삼아 중화제국의 입지를 강화한 것이다. 그리하여 "달에서도 보이는 유일한 인공물"이라는 과장을 만들어냈지만, 2003년 중국의 우주비행사인 양리위楊利偉가 "우주에서 만리장성은 보이지 않았다."라는 고백으로 교과서에서 사라지고 말았다. 중국의 사회주의를 완성한 마오쩌둥도 "장성에 가보지 못한 사람은 사내대장부가 아니다."라고 하면서 공산주의 혁명을 성공시키기 위한 선전구호로 활용했다. 1972년 미국의 닉슨 대통령이 죽의 장막인 중국을 방문해 상호협력시대를 열어가자는 메시지에서도 만리장성이 등장한다. "장성은 위대한 성벽이며, 위대한 민족이라야 이런 것을 세울 수 있다."라고 외교적인 인사말을 했다. 그러자 취재하던 중국기자들이 앞 다투어 이를 보도했다. "위대한 과거를 가진 위대한 민족만이 위대한 성벽을 가질 수 있다. 그러므로 위대한 성벽을 가진 위대한 민족이 확실히 위대한 미래를 가질 것이다."라고. 이 얼마나 무섭게 왜곡된 기록인가. 하지만 중국인은 그 말이 곧 그러한 뜻으로 여겨지기에 그렇게 기록한 것이라고 설명한다. 그리고 오랜 시간이 흐른 뒤, '기록에 의거한' 역사적 사실로 강변한다. 공자 이후 맹진해 온 춘추필법이 오늘도 유령처럼 중국을 휘감아 돌고 있는 것이다.

만리장성은 그 역사와 길이만큼이나 많은 이야기를 가지고 있다. 그래서 오늘도 중국관광을 하는 많은 외국인들이 만리장성에 오른다. 그리고 경탄한다. 그러나 이는 눈앞에 보이는 장성의 이미지만을 본 것이다. 장성의 본질은 '세계의 중심'이길 원하는 중국왕조의 폐쇄적이고 전제적인 아성을 에워싼 방벽이며, 민주적인 소통시스템을 차단하는 방해물인 것이다. 또한, 오만한 중화주의를 고집하는 심정적 보호막이자, 공산당 정부의 국가권력 독점을 상징하는 것이기도 하다.

현벽산성을 내려오다 보니 산등성이를 오르는 실크로드 카라반 조각상이 보인다. 수염을 기른 소그드 상인이 비단을 실은 듯한 낙타무리를 이끌고 석관협을 향하고 있다. 저 협곡을 지나고 사막을 건너면 서역이다. 낙타 등에 실은 비단만 떠올리면 고생도 행복감으로 바뀐다. 비단은 상인들이 험난한 협곡과 사막을 헤쳐 나가는 힘이었다. 그 뒤로는 장건과 현장, 곽거병 등의 석상이 보인다. 그들이 협곡과 사막을 헤쳐 나갈 수 있었던 힘은 무엇이었을까? 명예, 신심, 아니면 전쟁?

　다시 가욕관에 이르다. 서녘에서 불어오는 바람이 꽤시 따뜻하게 느껴신다. 이제 저곳을 향해 나아가야 할 시간이다. 관광객들은 여지없이 분주하다. 감탄사도 연발한다. 천산의 만년설, 협곡을 막은 장성, 웅장한 가욕관 성루. 그 앞에 펼쳐진 대자연의 고요함에 넋을 빼앗긴 듯하다. 필자는 고요한 마음으로 망망한 자연을 주시한다. 그리고 긴 호흡을 내쉰다. 이제 장성이 울타리를 벗어나 모래바람 거센 사막을 건너가야 한다. 언뜻 길이 보이지 않는다. 하지만 있을 것이다. 수천 년 동안 다져온 길이니 쉽게 사라지지 않을 게다. 황하와 장성을 친구처럼 만났으니, 사막 또한 넉넉히 안을 수 있으리라. 저 너머 모래바람이 부는 곳을 향해 한 번 더 숨을 들이킨다. 그리고 뜨거운 모래바람 속으로 낮지만 힘차게 발걸음을 내딛는다.

제17장 장성을 넘어 돈황으로 가는 길

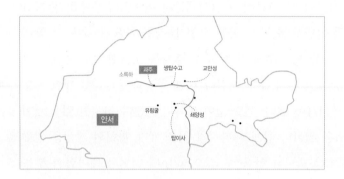

　가욕관을 떠나기 전에 한 군데 더 돌아볼 곳이 있다. 바로 장성제일돈長城第
一墩이다. 가욕관이 만리장성의 서쪽 끝이라고 하지만 진정한 끝은 장성제일돈
이다. 가욕관을 장성의 서쪽 끝이라고 부르는 것은 동쪽 끝인 산해관에 대비하
여 말하는 것일 뿐이다.

　장성제일돈은 시내에서 6킬로미터 정도 떨어진 북대하北大河의 절벽 위에 있
다. 나무 한 그루 보기 어려운 황량한 고비사막 사이를 거대한 물길이 협곡을 이
루고 있다. 이 북대하의 수원지水源池는 기련산祁連山이다. 만년설을 이고 있는 기
련산맥이 있기에 황막荒漠한 벌판의 하서주랑이 오아시스가 될 수 있는 것이다.

　장성제일돈 근처에는 돈대를 조망할 수 있는 전망대가 있다. 지하 통로를 지
나오니 대협곡이 펼쳐지고 반대편에 폐허뿐인 장성제일돈이 보인다. 그런데 협
곡의 절벽에 세워진 전망대의 돌출부를 강화유리로 만들어 놓았다. 그 위에
서니 절벽 사이 수십 미터 아래를 흐르는 잿빛 강물이 섬뜩하다. 북대하 협곡
을 이어 놓은 출렁다리 또한 굽이도는 강물에 현기증을 느끼게 한다. 돈대 아

래쪽에는 영화세트장이 있어서 관광객들이 사진을 찍느라 바쁘다. 세트장은 최근에 만든 것들이지만 오히려 폐허뿐인 돈대만 못하다. 깎아지른 절벽 위의 돈대가 훨씬 더 고색창연하고 예전의 실크로드 요충지를 감상하기에 적합하기 때문이나.

다시 서쪽으로 향한 감신공로甘新公路를 탄다. 길은 황량한 벌판을 가로지른다. 먼지 때문인가? 하늘이 온통 뿌옇다. 하늘과 땅의 색이 거의 같아 지평선이 어디쯤인지 가늠이 안 된다. 아지랑이 춤추는 도로에서 순간 몽롱함을 느낀다. 필자가 탄 자동차가 마치 한 장의 화지 위에 붓이 되어 흘러감을 느낀다. 어디로 가는가? 길은 맞는가?

길은 좌우로 거칠고 광활한 지평선 사이를 끝 모르게 펼쳐진다. 이따금 송전탑이 삭막한 사막의 쓸쓸함을 덜어준다. 하지만 그뿐. 이내 잿빛 하늘과 황야荒野가 삼켜버린다. 이 무주공간에 처음 발걸음을 내딛은 자는 누구일까? 그리고 이곳을 걸어 이처럼 길이 되게 한 자들은 또 누구였을까? 자동차로 달리는 길임에도 고적감과 긴장감을 늦출 수 없는데, 그들은 얼마나 많은 외로움과 공포감을 이겨냈을까. 갑자기 백범 선생이 애용하신 서산대사의 시구가 떠오른다.

눈 덮인 벌판을 걸어갈 때에도	踏雪野中去
모름지기 어지럽게 걸어서는 안 된다.	不須胡亂行
오늘 내가 걸어간 발자국이	今日我行跡
뒤따르는 사람에겐 길이 되기 때문이다.	遂作後人程

얼마를 달렸을까. 눈을 뜨니 울창한 버드나무가 보인다. 잠깐 눈을 감았다가 뗀 사이에 버드나무 가로수가 나타나다니, 마치 사막 속에서 무릉도원을 만난 느낌이다. 이 버드나무는 일명 좌공유左公柳라고 부르는데, 청나라 말기의 정치가인 좌종당左宗棠이 심었기 때문이라고 한다. 그러고 보니 주천공원의 우물에

● 장성제일돈. 협곡을 이은 다리로 장성제일돈을 건너가면 영화세트장이 있다.

장성제일돈 주변 산맥과 협곡

있던 커다란 버드나무도 좌공유였다. 당시 좌공유는 삼천리에 이르렀다고 한다. 하지만 오랜 시간이 지나며 훼손되어 지금은 가욕관에서 신강성에 이르는 길에서 드문드문 볼 수 있다.

좌종당은 중국 서북지방에서 발생한 이슬람교도와 위구르 민족의 반란을 평정한 사람이다. 그는 나무심기를 좋아했는데 반란군을 진압하기 위해 지금의 신강으로 향할 때, 이곳 하서주랑을 지나게 되었고 군사들에게 명령해 길가에 버드나무를 심게 했다. 나무를 심고 나면 그뿐, 대부분 제대로 관리하지 않는다. 좌종당이 반란을 진압하고 돌아오는 길에 살펴보니 낭나귀가 버드나무 껍질을 벗겨먹고 있는데도 어느 누구도 말리는 사람이 없었다. 좌종당은 즉시 당나귀를 잡아 많은 사람들이 오가는 고루 앞에서 목을 잘라버렸다. 그러고 나서 선포하였다.

"만약 또다시 나무를 상하게 하는 당나귀가 있다면 주인까지도 똑같은 죄로 다스릴 것이다."

소문은 삽시간에 퍼지고 그 후로는 버드나무를 훼손하지 않아 오늘의 멋진 풍경을 이루게 되었다고 한다. 좌종당과 동향친구인 양창준楊昌濬은 좌종당의 업적을 찬양하는 헌시左公柳를 지었다.

장군은 변경에서 돌아올 기약 없고	大將籌边尚未还
고향의 식구들만 천산에 가득하네	湖湘子弟满天山
새로 심은 버드나무 삼천리 길이	新栽楊柳三千里
봄바람을 이끌고 옥문관에 이르네	引得春風度玉關

좌종당은 청나라 성지이지만 우리에게도 잊을 수 없는 인물이다. 그가 고구려 광개토대왕의 비문을 처음으로 발견한 사람이기 때문이다. 조선 영조 때

● 감신공로에 드문드문 보이는 좌종당 버드나무

인 1770년, 홍봉한洪鳳漢 등이 왕명을 받아 《문헌비고文獻備考》를 편찬하고, 정조 때인 1782년에 석학 이만운李萬運이 9년에 걸쳐 보완하여 《증보문헌비고增補文獻備考》를 지었다. 이곳에 보면 광개토대왕의 비문 발견 과정이 자세하게 나와 있다.

"성경성盛京省 회인현懷仁縣 통구通溝 등지는 바로 서간도의 경내이다. 그 땅이 압록강 오른쪽 언덕을 베고 있는데, 구련성九連城과의 거리가 150리다. 지금부터 300년 전에 한 비碑가 산골짜기 가운데서 발견되었는데, 고종 19년1882년에 청니리 성경장군盛京將軍 좌종당左宗棠이 비로소 사람을 사서 벌굴하니, 바로 고구려 광개토왕廣開土王의 비문碑文이었다. 비의 높이가 1장丈 8척이고, 남북 양쪽 면은 5척 6, 7촌, 동서는 4척 4, 5촌인데, 4면에 글자를 새겼다. 남쪽 면은 11행, 서쪽 면은 10행, 북쪽 면은 13행, 동쪽 면은 9행인데, 줄마다 41자字로 합계 43행 1,759자이다. 그 글이 심히 간결하면서도 고아古雅하여 동국 사기史記의 빠진 글을 보충하였는데, 황초령정계비문黃草嶺定界碑文과 함께 이 비의 전문을 수록하여 참고자료로 삼고자 한다."

— 《증보문헌비고》 권36, 여지고輿地考 속續 서간도강계西間島疆界

만주족은 청나라를 개국하면서 자신들의 발상지를 신성시하여 만주 지역에 출입을 금지시켰다. 그 와중에 조선의 심마니들이 그곳에 묻혀 있던 비석을 발견하였지만, 그것이 고구려 광개토대왕의 비석이라는 사실이 드러난 것은 좌종당 덕분이다. 그 뒤 1907년에 프랑스의 에두아르 샤반느Edouard Chavannes가 직접 만주를 탐방한 뒤 이 비석을 탁본해 발표하면서 본격적인 연구가 시작된다.

우리가 익히 알고 있는 고구려 광개토대왕비는 길림성 집안시에서 동북으로 3.5킬로미터 가량 떨어진 지점에 있다. 비문은 고구려 제19대 왕으로서 4세기 말부터 5세기 초까지 고구려의 영토를 확장하여 동북아시아의 절대 강자로 군림한 훈적勳績을 기리기 위해 세운 것이다. 비문에 의하면, 광개토내왕의 정식시호는 '국강상광개토경평안호태왕國岡上廣開土境平安好太王'이다. 일반적으로 줄여서

'호태왕비好太王碑'라고 부른다. 이 비를 중심으로 동북쪽 1킬로미터 지점에 장군총이 있고, 서남쪽 200미터 지점에 태왕릉이 있다. 장군총, 광개토대왕비, 태왕릉이 서남쪽으로 일직선으로 놓여 있다. 태왕릉의 묘에서 명문銘文이 새겨진 벽돌이 발견되었는데, 이로 미루어본다면 태왕릉은 광개토대왕릉이 확실하다.

"원하옵건대 대왕의 무덤은 산 같이 안전하고 구릉 같이 굳건하소서.[願大王之墓安如山! 固如丘!]"

광개토대왕비는 그가 죽은 지 2년 뒤인 414년 9월 29일에 그의 아들인 장수왕이 세웠다. 중국 정부는 동북공정을 끝내고 이 비를 유리 상자 속에 밀봉해놓았다. 동북공정이 한창인 때 집안을 방문한 일이 떠오른다. 자신들의 역사왜곡작업을 남이 볼까 두려워한 나머지 외부인의 접근을 통제하고 있었는데, 사방 곳곳에 몰래카메라를 설치하고도 모자라 비석 양 옆에는 군용견인 커다란 셰퍼드로 지키게 했다. 사나운 개가 인기척이 나면 곧장 짖어대며 달려오는데 복술을 매단 길이가 족히 2~30미터는 됨직한 긴 줄이었다. 비석 앞에서 사진도 찍을 수 없게 만들려는 속셈인데 그 수법이 참으로 한심하였다. 태양의 자손으로 고대 동북아시아에 또 다른 문명을 건설했던 고구려의 광개토대왕비에 한낱 미물인 개를 매어두고 지키게 하다니. 자국에 유리하면 타국의 역사쯤은 언제든 왜곡해 버리는 중국의 전략을 우리는 언제까지 보고만 있어야 하는가.

광개토대왕비는 6미터가 넘는 사각기둥 형태의 암석으로 되어 있는데, 약 1,800자에 달하는 비문에는 고구려의 건국신화와 광개토대왕의 정복활동 등이 자세히 기록되어 있다. 서체 또한 독특하다. 네모반듯한 예서隸書를 사용했는데, 그 서체는 일찍이 중국에서는 볼 수 없는 독특한 것이다. 가로획과 세로획의 굵기가 일정하고 급격한 파임이나 흘림도 없다. 단아하면서도 예스럽고 소박한 아름다움을 발산하는 것이 우리 민족의 정서와도 닿아 있다.

서체의 창조는 문자의 창조에 버금가는 것이다. 국력과 문화가 선진적이어야만 가능한 일이기 때문이다. 비문에 새겨진 독특한 서체는 당시 고구려의 선진적인 문명에서 발생한 문화적 자긍심인 것이다. 비문의 서체를 자세히 보노라면 구수하고 질박한 남성미가 물씬 풍긴다. 가히 고구려인의 늠름하고 여유로운 기상을 느낄 수 있는 광개토대왕체廣開土大王體인 것이다. 그런데 우리는 추사체 이전에 만들어진 우리 고유의 광개토대왕체에 대하여 얼마나 자부심을 가지고 있는가. 아니 이런 서체가 존재하고 있다는 것을 알고 있는 사람이 얼마나 될까?

2012년 10월 18일과 19일, 동북아역사재단은 광개토대왕 서거 1,600주년 국제학술회의를 열었다. 주제는 '광개토왕비의 재조명'이었다. 각 신문사마다 이 내용을 보도하여 관심을 끌었는데 필자는 보도된 사진을 보며 얼굴을 찌푸렸다. 행사장 현수막에는 학술회의 주제를 한자로 표기했는데 그 서체가 전혀 어울리지 않는 안진경체였기 때문이다. 세계적으로 자랑해야 할 독특한 서체로 작성된 비문을 논하는 자리에 생뚱맞은 중국 서체로 현수막을 만든 것은 업무 태만인가 아니면 사려 없는 단순함인가. 사소한 일이라고 치부할 수 있지만 이는 결코 사소한 일로 볼 수 없다. 동북아역사재단은 중국의 역사공정에 대응하기 위해 국민적 지원으로 탄생한 재단이다. 그런 재단이 어찌 독특한 광개토대왕비체를 그냥 지나칠 수 있겠는가. 한 마디로 역사의식의 부재를 단적으로 확인할 수 있는 사례다. 이런 역사의식으로 어떻게 고대사를 바로잡을 수 있을까? 이런 상황에서 중국과 일본의 연구자들이 내놓은 결과에 어떻게 논리적으로 대응할 수 있겠는가. 다시금 단재 신채호 선생이 그리워진다.

2012년 7월 29일, 길림성 집안시 마선향麻線鄕 마선촌의 마선하 강변에서 제2의 고구려비가 발견되었다. 마선하는 압록강의 지류인데 이곳에서 돌을 캐던 농민이 우연히 땅 속에 박힌 비석을 찾아내어 신고하면서 세상에 알려졌다. 비석이 발견된 곳을 기점으로 동남쪽으로 450여 미터 지점에 천추묘千秋墓가 있고, 서남쪽으로 1,100여 미터 지점에 서대묘西大墓가 있다.

이 비석은 173센티미터의 화강암을 가공하여 만들었는데 비문의 글자 수는 광개토대왕비의 8분의 1 정도다. 현재까지 알려진 내용은 역대 왕들의 능묘에 비석을 세우고 안전하게 지키라는 당부가 새겨져 있다고 한다. 현재 집안박물관에 보관 중인데, 중국 정부는 이를 공개하지 않고 있다. 이를 두고 동북공정을 노리고 만든 가짜일수도 있다는 의견이 있다. 중국이 떳떳하다면 비석을 공개하지 못할 이유가 없다. 왜냐하면 고대사의 유적은 관련 국가들과의 공동연구를 기본으로 그 내용을 밝히는 것이 정답이기 때문이다.

2014년은 광개토대왕비가 건립된 지 1,600주년이 되는 해이다. 이번에 집안에서 발견된 고구려비와 함께 기존의 광개토대왕비를 새롭게 해석하는 국제학술회의가 또 열릴 것이다. 당부하건대 2014년의 학술회의는 사소한 준비에 있어서도 실수를 용납하지 않는 완벽한 행사가 되기를 기원한다. 광개토대왕비에는 고대 한중일의 역사가 고스란히 담겨 있는데, 이것을 완벽하게 해석함으로써 우리 고대사를 바로 세울 수 있기를 간절히 바란다.

생각이 꼬리를 물고 광개토대왕 비문까지 나래를 펴는 순간 자동차는 어느 덧 옥문玉門을 통과하고 소륵하疏勒河를 지난다. 소륵하는 하서주랑을 오아시스로 적시는 3대 내륙하천 가운데 으뜸이다. 옛날에는 '남적단수南籍端水'라고 불렀다. 소륵하는 총길이가 약 637킬로미터인데, 발원지는 청해성 북부의 기련산맥 줄기인 소륵남산疏勒南山과 탁래남산托來南山 사이다. '소륵'이라는 말은 몽골어를 음역한 것으로, '많은 물多水'이라는 의미다. 만년설 녹은 물이 강이 되어 사막지대를 흐르니 그 물은 바다와도 같은 것일 수밖에 없다. 소륵하는 옥문시 서북쪽을 지나 안서와 돈황을 거친다. 그리고 서쪽으로 흘러 롭노르 호수에서 사라진다. '롭노르'는 몽골어로 '많은 강물이 흘러드는 호수'라는 뜻이다. 이 호수는 타클라마칸 사막의 동쪽에 있는데 지금은 호수의 바닥까지 말라서 염분이 많은 사막으로 변하였다. 롭노르 호수는 일명 방황하는 호수라고도 한다. 이 호수로 들어오는 타림강과 공작하의 물길이 변해 호수의 위치도 달라지기 때문이다.

사막에서 물은 그야말로 생명수다. 그냥 마실 수 없으면 찻잎과 함께 끓여서라도 먹을 수 있기 때문이다. 그러므로 소륵하 주변은 실크로드를 오가는 사람들이 중시하는 길이기도 하였다. 소륵하 주변이 어떠했기에 그랬을까? 당나라 때 이길보李吉甫가 지은 《원화군현도지元和郡縣圖志》〈과주瓜州〉"진창현晉昌縣"조에 보면, "동서 260리, 남북 60리에 이르는데, 수초가 풍부해 목축이 성행한다."라고 되어 있다. 당나라 때만 해도 이곳은 강물이 초원을 적시고 들판에는 소·말·양떼가 노니는 낙원이었던 것이다.

소륵하가 황량한 벌판을 휘저으며 물길을 낸 옆으로 폐허의 고성이 보인다. 교만성橋灣城이다. 교만성은 중국에서 서쪽과 북쪽으로 나아가는 교통의 요충지에 있다. 동으로는 가욕관과 연결되고 서로는 신강위구르자치구에 이르며, 남으로는 기련산맥을 바라보고 북으로는 외몽골과 통하는 지역이기 때문이다. 그래서 옛날부터 이곳은 여러 민족들의 각축장이 된 곳이다. 지금은 황량한 폐허로만 남아있지만 청나라 강희제 때까지만 해도 군사거점지역으로 번창하였다. 이후 회족回族의 반란으로 성이 부서지면서 주민들이 흩어지자 방치된 채 오늘에 이른 것이다. 소륵하에 접해 있는 교만성에는 원래 천생교天生橋라는 다리가 있었다고 한다. 후에 강물이 자연스럽게 굴곡을 이루며 흐르게 되자 "교만橋灣"이라 부르게 되었다.

교만성에 도착하니 호양목胡楊木과 낙타풀만 가득하다. 동서 320미터, 남북 122미터에 이르는 성터에는 풍파를 이겨낸 성벽이 군데군데 남아 있다. 폐허의 교만성터를 걷는다. 황토판축으로 쌓은 성벽이 송곳 햇살에 몸을 뒤척인다. 숨막히는 바람이 햇살 사이를 가차 없이 몰아친다. 호양목과 낙타풀은 햇살과 바

● 폐허로 변한 교만성. 성의 건축과 관련된 고목이 홀로 우뚝하다.

람의 행동을 아는 듯 숨죽여 엎드린다. 뒤엉킨 햇살과 바람이 교만성을 송두리째 훑고 지나간다. 낮게 그리고 올곧게 버틴 나무와 풀이 다시 일어서 메마른 대지에 초록물감을 칠한다.

교만성은 인간의 욕심이다. 부귀와 권력을 차지하기 위한 끝없는 쟁투의 결과물이다. 교만함에 가득한 인간이 잘난 척 으스대려고 만든 상징이다. 하지만 그 또한 무엇이란 말인가. 열기에 찌든 황토 흙이고 바람에 흩어지는 한줌 먼지인 것을. 다시 한 줄기 바람이 다가온다. 그리고 단호하게 속삭인다.

"보았으니 가서 전하라. 헛된 욕심은 화를 부를 뿐이니 심신을 다스리고 비우는 법을 배워라."

무엇을 비울까? 어떻게 비울 수 있을까? 남보다 더 담기 위해 달려온 욕심인데 다스리고 비울 수 있을까? 내려놓는 연습조차 하지 않은 삶들이 어떻게 비울 생각을 할 수 있을까? 실로 어려운 일이다. 모두가 인생은 공수래공수거임을 말하면서도 실천하지는 않으니 진정 이 말을 믿기는 하는 것일까. 인간의 욕심을 뉘우치게 하는 것은 아픔뿐이다. 육체적 아픔은 내려놓는 법을 배우게 하고, 정신적 아픔은 비우는 법을 깨닫게 한다. 스스로의 뼈저린 아픔 없이는 내려놓지도 못하고 비울 수도 없는 것이다. "젊어서 고생은 사서도 한다."라고 하지만 이는 노동만을 의미하는 것은 아닐 것이다. 우리 모두에게 필요한 것은 진실한 아픔 속에서 초록을 틔우는 것이다.

교만성은 몽성夢城이라고도 부르는데, 청나라 강희제가 서역을 시찰하는 꿈을 꾼 데서 비롯된 것이다. 꿈에는 인적 없는 사막에 오아시스가 나타나서 그 물이 성을 돌아 서쪽으로 흐르는데, 물가 옆에 있는 커다란 나무 두 그루에 금빛 찬란한 황관과 옥대가 걸려 있었다. 황제는 화공에게 자신의 꿈을 그리게 하여 신하들에게 이를 살피게 하였는데, 지금의 교만성 지역이 바로 그곳이었다. 황제는 정금산程金山 부자에게 큰돈을 하사하고 이곳에 군사방어기지를 세운 뒤 군대를 주둔시키게 하였다. 정씨 부자는 황제가 이처럼 황량하고 멀리 떨어진 곳까지 오지 않을 것이라고 판단하고는 초라한 성곽을 지었다. 그러고 나서 많은 돈을 빼돌려 호의호식하였다.

5년이 지난 뒤, 흠차대신이 서쪽 변방을 순시할 때 이곳을 둘러보고 돌아가서 황제에게 사실대로 아뢰었다. 대노한 황제는 정씨 부자를 처형하고 그들의 두개골을 붙여 북틀을 만들고 등가죽을 벗겨내어 북을 만들게 하였다. 그리고 정금산의 뒷골로는 그릇을 만들었다. 황제의 경고를 보여주기 위해 200미터 떨어진 곳에 영령사永寧寺를 지은 뒤, 날마다 그 북을 두드려 백성들은 바르게, 관리들은 청렴하게 지낼 것을 명령하였다.

황제의 칙령으로 지어진 영령사도 시대의 풍파 속에 사라지고 1992년, 그 자리에는 몽성박물관이 들어섰다. 정씨 부자의 두개골과 피부로 만들어진 인피고人皮鼓와 인두완人頭碗은 청나라 때부터 보물로 전해져 내려온다. 그래서인지 박물관을 찾는 사람들 모두가 두려움과 호기심에 관심을 집중한다. 그리고 유리상자 안에 보관된 두 보물을 보며, '어떻게 저렇게 만들 수 있을까?' 하는 섬뜩함에 다시금 몸서리를 친다.

중국에서 사람의 가죽을 벗기는 형벌인 박피剝皮형은 오래된 형벌이다. 처음에는 사람의 얼굴을 벗기는 형벌이었는데 점차 심해져 전신으로 발전한다. 온몸의 가죽을 벗기는 형벌은 《한서》에 처음 보인다. 경제景帝 때 광천왕廣川王 유거劉就가 "살아있는 인간을 찢어서 벗겼다"라고 기록하고 있다. 고대 형벌 가운데 최고의 형벌은 머리와 몸통, 팔다리를 자르는 능지처참陵遲處斬형이다. 그런데 박피형도 이에 못지않은 끔찍한 형벌이었다. 이 끔찍한 형벌은 명나라 때에 이르면 절정기를 맞는다. 무종武宗은 모반자 60명의 피부를 벗겨 발안상을 만들 정도였으니 말이다. 그러면 박피형벌은 어떻게 시행하는 걸까? 명말청초의 학자인 굴대균屈大均이 지은《안룡일사安龍逸史》에 그 내용이 보인다.

"목 뒤로 칼을 찌른 뒤 등뼈를 따라 항문까지 곧게 자른다. 그런 다음 피부를 양쪽으로 벗긴다. 등과 양 팔꿈치 사이의 피부는 연결한 채 벌린다. 그러면 마치 박쥐가 날개를 편 것 같은 상태가 된다."

박피 형벌은 그리스 신화에도 보인다. 피리의 대가인 마르시아스Marsyas는 자신의 연주 실력에 도취한 나머지 음악의 신 아폴론에게 누구의 음악이 뛰어난지 가려보자며 도전장을 내민다. 그 결과 아폴론이 승리하고 마르시아스는 참나무에 거꾸로 매달려 가죽이 벗겨지는 형벌을 받는다. 중일전쟁이 배경이 된 영화《붉은 수수밭》에도 일본군이 중국인을 잡아 가죽을 벗기는 장면이 보인다. 이 장면은 그냥 만든 것이 아니다. 산동성 고밀高密현에서 일본군이 자행한 실화를 근거로 제작한 것이다.

인피로 만든 것은 북이나 말안장만이 아니었다. 책표지에도 인피가 사용되곤 했는데 프랑스혁명 때 유행하였다. 살인자의 재판기록을 담은 문건은 살인자의 살가죽으로 제본하거나, 해부학 책표지는 해부 대상자의 살가죽을 사용하였다니, 생각만 해도 진저리가 난다.

오늘날은 인간의 존엄성이 최고인 시대여서 박피형은 있을 수도 없다. 하지만 중세까지만 해도 인간의 존엄성은 존재하지 않았다. 권력자의 생각여부에 따라 한낱 짐승처럼 취급되기 일쑤였다. 동서양을 막론하고 인간의 신체에 위해를 가하여 끔찍한 고통 속에 죽게 하는 극형은 어느 시대나 있었다. 말로만 인간의 존엄성을 외칠 뿐이었다. 제2차 세계대전 이후에야 비로소 일반화되었을 뿐이니 그 역사 또한 일천하다.

강희제는 분명 화가 머리끝까지 치밀었을 것이다. 황제의 명을 어기고 국고를 빼돌린 간신이니 그 죄를 엄중히 물어 처벌해야 한다. 처벌방법은 여러 가지가 있다. 그런데 왜 두개골을 가르고 가죽을 벗기라고 했을까? 강희제는 고비사막을 사이에 두고 영토 확장을 위하여 티베트, 몽골과 일진일퇴를 벌였다. 이러한 때, 전략적 요충지에서의 기선 제압은 매우 중요하다. 강희제는 지엄한 황명을 보임으로써 일반 백성과 관리들로 하여금 복종과 단결을 도모할 필요가 있었으리라. 아울러, 이러한 경고는 티베트와 몽골에게도 전해져 얼마간의 효과를 노릴 수도 있었을 것이다. 이러한 강희제의 전략은 건륭제로 이어져 위구르를 물리치고 새로운 영토라는 뜻의 '신강新疆'을 차지하여 오늘에 이르게 된 것이다. 인피고가 전시된 벽면에는 좀 특이한 내용의 인물들이 소개되어 있다. 간신들의 명단과 저지른 짓들이 나열되어 있는 것이다. 대부분의 박물관은 자랑일색인데 이곳은 그렇지 않다. 간신들의 행적을 보여 줌으로써 충신이 되게끔하는 것이니 일석이조의 효과가 아닐 수 없다.

폐허의 성터에 다시금 바람이 분다. 햇살도 한ㄷ층 강하다. 하지만 호양목과 낙타풀은 초록을 잃지 않고 있다. 바람과 햇살에 몸을 내어주어도 초록만큼은 단호하게 간직하고 있다. 다 주고 비운 그곳에 초록이 있기 때문이리라. 욕심을 버리지 못한 것은 정금산 부자만이 아니다. 강희제 또한 천하의 제왕이 되고픈 욕망을 버리지 못한 것이다. 백성들이 스스로 존경하는 통치자는 태평성세를 열어가는 자다. 영토를 확장하는 것이 태평성세인가. 아니다. 이는 통치자 개인의 욕심일 뿐이다. 백성은 통치자 개인의 욕심을 채워주는 도구가 아니다. 그러므로 백성은 전쟁을 원하지 않는다. 백성은 소박함 속에서의 평안함이면 족하다. 국가와 통치자는 백성의 이러한 소박한 행복을 누리게만 관리해 주면 된다. 하지만 실상은 그렇지 못하다. 왜인가. 통치자의 욕심이 백성의 생각을 벗어난 까닭이다. 기야할 길이 아닌 막다른 길로 질주하려고 하기 때문이다. 통치자는 백성의 뜻이 곧 '천명天命'이니 그 뜻을 따르겠다고 하지만 언제나 달콤한 말뿐

소록하의 물을 막아서 만든 쌍탑수고

이다. 오히려 자신만의 천명을 만들어 그것이 백성의 천명이라고 우겨댄다. 개인의 존엄성이 최고인 시대, 백성百姓의 명령은 존엄하지 않은 것인가. 진정 무엄한 시대가 아닐 수 없다.

옛 과주인 안서安西까지는 아직도 85킬로미터가 남았다. 어느덧 햇살은 오후의 강렬함을 잃었다. 서둘러 감숙공로에 오르니 모래바람이 더욱 거세다. 자갈밭의 무덤들도 저마다 모래를 뒤집어썼다. 그 너머에서 회오리바람이 일더니 필자가 탄 자동차를 비켜지나간다. 삶과 죽음이 지척이고 하나인 길, 그 길을 나아간다.

굽이져 흐르던 소륵하가 엄청난 호수로 변한다. 소륵하를 막아서 만든 쌍탑수고雙塔水庫다. 인공저수지인 쌍탑수고는 그 크기가 사방 수 킬로미터는 됨직하다. 황량한 자갈밭이 대부분인 이곳에 저수지를 만든 까닭은 무엇일까? 영토가 확장되었다고 하더라도 거주하는 주민이 있어야만 영토가 보존된다. 이를 위하여 통치자는 타 지역의 주민들을 이주시킨다. 이때 이주자는 대부분이 가난하거나 힘없는 자들이다. 쌍탑수고는 1960년에 건설되었는데 이는 가난한 이주민들이 천년만년 황막한 땅을 개간하여 옥토를 일구고 살기를 바라고 만든 것이다. 그리하여 쌍탑수고는 중국 서부지역 최대의 농업관계용수 제공지가 되었다. 관개면적만 해도 65만 무畝에 이른다고 한다. 6척尺 사방이 1보步이고 100보步가 1무이니, 65만 무라면 엄청난 면적이 아닐 수 없다. 하지만 이곳의 관개농업은 엄청난 저수량을 지닌 쌍탑수고가 있음에도 그다지 발전한 것 같지 않다. 답은 간단하다. 가난하고 힘없는 자들이 어찌 거친 자연을 상대할 수 있겠는가. 그들의 노력보다도 더 빠르게 진행되는 자연의 사막화 과정을 저수지가 대신 막고 있는 것뿐이다.

이곳은 이미 당나라 때부디 실크로드의 중요한 길목이었나. 억참이 설치뇌어 수시로 서역에 대한 정보가 수집되었다. 청나라 때에는 쌍탑보双塔堡가 설치

사막화가 심한 쇄양성

되어 이민족의 침입에 대비하기도 하였다. 중요한 길목은 언제나 서로 차지하려고 다툰다. 그것은 길목이 주는 이득이 다른 것에 비해 크기 때문이다. 상인들은 돈이 되는 곳이면 어느 곳이든 달려간다. 무력도 마찬가지다. 사람들이 몰려드는 곳을 장악하면 상인들보다 더욱 손쉽게 이득을 챙길 수 있다. 그래서 힘 있는 자들은 무리를 지어 상인들이 지나는 길목을 장악하려고 하는 것이다. 고대로부터 인간은 자본주의적이다. 사실상 자본 축적을 갈구하는 욕망 덩어리인 인간은, 욕망을 더욱 빠르게 충족시키려고 약탈을 선택하였다. 그 결과, 집단과 무기로 빼앗고 짓밟고 피괴히였다. 전쟁은 필연인 것이다. 생산물을 지키려는 자와 빼앗으려는 자의 쟁투. 이것이 곧 인류생활의 출발이니 인류의 역사는 곧 전쟁의 역사인 것이다. 그리고 이 모든 것의 근원은 결국 욕심에서 비롯된 것이다.

쌍탑수고에서 남쪽으로 향한다. 쇄양성鎖陽城을 보기 위해서다. 쇄양성은 고대 실크로드의 길목에 위치한 중요한 성이다. 길은 분명 쇄양성으로 향하고 있건만 필자는 여지껏 온 길을 되짚어 가는 것만 같다. 그 길이 곧 그 길 같은 사막길이기 때문이다. 하지만 길은 분명 필자를 '쇄양'으로 인도하고 있다. 길이 바르게 안내하여도 길 위에 선 자가 길을 잃으면 길 또한 다른 방도가 없다. 길은 자신의 언어를 길 위에 선 자가 읽어주길 바랄 뿐이다. 그리고 바르게 나아가 주기를 바랄 뿐이다. 인간이 길을 만들었으되 인간보다 선한 것이 길이다. 인간은 자신만의 욕심을 충족시키기 위해 길을 만들었지만, 길은 누구에게나 그들이 가고자 하는 목적지를 향해 선선히 자신을 열어주기 때문이다. 길이 인간보다 먼저 자연의 섭리를 터득한 때문이리라.

쇄양성 입구에 도착하니 성은 보이지 않고 황량한 모래밭에 사막식물인 홍류紅柳만 무성하다. 홍류를 헤치며 좁은 길을 따라 들어가니 폐허가 되어 주저앉은 쇄양성이 따가운 햇볕을 받으며 고적하게 앉아 있다. 쇄양성은 일찍이 한

▲ 사막의 산삼으로 불리는 쇄양

나라 때 건축되었다. 수나라 때에는 이곳에 옥문관을 설치했는데, 이곳 또한 서역을 오가는 길목이기 때문이다. 쇄양성은 당나라 때 전성기를 누린다. 지리적 이점뿐만 아니라 시기적으로도 실크로드 전성기의 수혜를 받았기 때문이다. 당시 쇄양성 지역은 소륵하 주변의 풍부한 수초와 끝없는 녹지가 이어진 아름다운 곳이었다. 번영을 구가하던 쇄양성도 명나라 말기부터 쇠퇴한다. 사막화현상도 한몫하였을 터, 자연의 위대한 힘을 인간이 어찌 막을 수 있겠는가.

쇄양성의 원래 이름은 '고욕성苦峪城'이었다. 그런데 왜 쇄양성이 되었을까? 이는 성 주변에 많이 자생하고 있는 '쇄양'이란 식물에서 유래한 것이다. 그렇다면 원래 이름을 두고 바꾼 이유는 무엇일까? 유적지마다 한두 개의 전설이 있는 법인데, 이곳도 마찬가지다. 당나라 초기의 장군인 설인귀가 서역을 정벌하기 위해 이곳에 왔는데, 합밀哈密국의 원수인 소보동蘇寶同의 매복군에 밀려 쇄양성에 고립된다. 엄동설한에 성에 갇힌 설인귀 병사들은 원군이 도착하기까지 식량 부족에 시달린다. 병사들은 배고픔을 이겨내기 위해 눈 속을 뚫고 나온 쇄양을 먹었는데, 이를 통해 원기를 회복해 끝까지 성을 사수할 수 있었다. 이에 태종은 그 성을 쇄양성이라고 고친다. 쇄양은 고비사막의 특산품이다. 사막 산삼으로도 불리는 약용식물인데 의학적으로 약효가 뛰어나다고 알려져 있다. 쇄양은 영하 20도 전후에서 자란다. 그래서 쇄양이 자라는 곳에는 눈이 쌓이지 않는다.

남녀를 막론하고 《삼국지연의》를 모르는 사람은 거의 없다. 모두가 신기에 가까운 관우와 장비의 무공, 제갈량의 신출귀몰한 전략에 밤잠을 설치며 읽었으리라. 그중에서 제갈량이 펼치는 여러 가지 책략 중에 공성계가 나온다. 사마의가 20만의 병력을 이끌고 쳐들어오자 싸울 여력이 없던 제갈량은 오히려 성문을 활짝 열고 성루에서 거문고를 탄다. 이를 본 사마의는 제갈량이 군사를 매복시켜 놓고 들어오길 기다리는 것으로 알고 함정에 빠지지 않기 위해 후퇴한다. 공성계는 적군에게 대항할 수 없을 정도로 급박할 때, 이를 감추고 더욱 강하게 나옴으로써 적을 물리치는 전술이다. 그런데 쇄양성 장수가 이 공성계로 토번을 물리친다.

당시 세력을 확장하고 있던 토번이 이곳을 자주 침략하자, 당 황제는 장수 장수규張守珪 장군으로 하여금 이곳을 지키기 하였는데, 적은 병력으로 성을 수리하고 방비를 하던 차에 토번이 공격해 오자 침착하게 전략을 짰다. 성문을 열고 성루에서 몇몇 병사들과 음주가무를 하며 여유로운 모습을 보인 것이다. 이에 토번군은 매복이 있을 것이라 믿고 퇴각하였다고 한다. 그야말로 소설 속의 이야기와 똑같다. 하지만 제갈량의 공성계는 사실이 아닌 허구다. 나관중이 그때까지 벌어진 많은 전투에서 있었던 공성계 전략을 제갈량의 것인 양 꾸며낸 것이다. 제갈량이 공성계를 벌인 곳은 사천성 한중의 양평관인데, 당시 사마의는 형주도독이 되어 지금의 하남성 남양인 완성에 있었기 때문이다.

쇄양성은 현장과도 인연이 깊은 곳이다. 현장이 천축으로 구법여행을 가기 위해 몰래 장안을 떠나 이곳 과주에 이르렀다. 과주는 광활한 사막을 건너기 전에 식량을 구할 수 있는 마지막 도시였다. 현장은 과주에서 한 달간 머물렀다. 쇄양성에서 1킬로미터 떨어진 곳에 있는 탑이사塔爾寺에서 강설도 하였다. 독실한 불교신자인 과주자사 독고달獨孤達은 양주자사로부터 현장이 현지에 오면 체포하라는 공문서도 찢어가며 현장의 구법 길을 보호한다.

독고달의 보살핌 속에 현장은 서둘러 길을 나섰는데, 그 와중에 서역 길을 잘 아는 호인胡人 석반타石槃陀가 현장에게 오계五戒를 받기를 청한다. 그는 옥문관과 다섯 봉화대를 무사히 지나는 데 꼭 필요한 인물이었는데, 현장에게 갈아탈 말까지 주선하였다. 석반타가 소개한 노인의 말은 서른 번도 넘게 사막을 횡단한 야위고 기운 없는 말이었는데, 현장은 두말없이 자신의 튼튼한 말과 바꿨다. 그는 야윈 말을 믿은 것이다. 자신이 타고 온 말이 튼튼하긴 했지만 사막을 겪어본 적이 없었기 때문이다. 차라리 사막 길을 잘 아는 노쇠한 말이 훨씬 나을 것이라고 판단한 것이다. 현장의 판단은 적중한다. 고비사막에서 길을 잃고 식수마저 동이나 사경을 헤맬 때, 야윈 말이 물 냄새를 맡고 오아시스를 찾아냈기 때문이다.

4~5미터의 높이로 주저앉은 성벽을 지나 비교적 잘 보존된 외성의 돈대를 둘러본다. 당시 넓은 벌판을 20여 미터로 우뚝 선 이곳에서 사방을 살피면 움직이는 물체는 금방 알 수 있었으리라. 내성을 살펴보기 위해 홍류 사이를 걷는데, 쇄양성하고만 지내기가 무료한 햇살이 나그네의 어깨를 친다. 나그네 역시 대꾸 없이 내성으로 들어선다. 햇살도 바람을 데리고 뒤쫓아 온다. 동서 700미터, 남북 200미터의 성안에는 홍류와 모래만이 어지럽다. 당대 최고의 군사방어기지이자 농업관개기지로서의 명성은 이제 사람들의 기억에서도 사라진 지 오래다. 쇄양성은 바람에 부서지고 모래에 덮여 신음조차 없다. 켜켜이 쌓인 모래톱을 뚫고 홍류만이 가득하다. 그 뒤로 상처뿐인 쇄양성이 눈 감은 채 가부좌를 하고 있다. 수백 년의 가부좌에 피멍도 말랐고, 윤기도 없다. 과거의 영광

▲ 쇄양성의 성벽과 돈대

● 쇄양성 북문. 현장은 이 문을 통해 서역으로 갔다.

도 보이지 않고, 미련도 없는 듯 보인다. 바람과 햇살이 궁금한 듯 둘 사이를 맴돈다.

"교만성이 당신에게 안부를 전해달라고 했소."

흠칫! 눈가가 파르르 떨릴 뿐, 쇄양성은 말이 없다. 순간, 모래바람에 성벽의 흙가루가 날린다. 그리고 그뿐. 고요하다. 어느덧 바람도 사라지고 햇살도 기운이 없다. 나그네도 쇄양성과 이별하며 발길을 돌린다.

역사는 무상하다. 인간은 업적을 쌓아 후세로부터 위대한 자로 추앙받고 싶어 하지만, 후세인들은 추앙하기는커녕 왜소한 인간의 자화상을 발견한다. 사람들이 자신의 이름을 남기려고 쌓아올린 쇄양성은 지금 무슨 생각을 하고 있을까? 어쩌면 이토록 황폐하여 아무도 알아주지 않는 것을 오히려 고맙게 여길지도 모른다. 달이 뜨면 주변 사물들을 비롯해 자연이 낳은 온갖 생명체들과 함께 호흡하며 스스로를 정화하는 쇄양성. 아마도 이 성은 조용히 자연으로 돌아가고 싶었으리라.

그런 쇄양성의 뒷모습을 다시 돌아다본다. 아무에게도 자신의 내면을 읽히고 싶지 않은 듯 가부좌 그대로다. 성을 돌아 나오는데 길 한가운데에 쇄양이 솟아 있다. 겨울에 자란다는 쇄양이 봄에도 있나 싶어 자세히 살펴보니 쇄양이 분명하다. 그 앞에 쪼그리고 앉아 한참을 바라본다. '말없던 성이 사막산삼을 보내왔구나.' 그 마음을 받아가고 싶어 입구 가게에서 쇄양을 한 상자 샀다. 주인이 비싸게 부르는 것을 알면서도 깎고 싶지 않았다. 가부좌 중인 쇄양의 마음을 어찌 깎아내릴 수 있으랴.

1킬로미터 떨어진 탑이시로 향한다. 입구에는 폐허인 채 세상을 관조하는 탑이사를 등지고 현장의 발자취만을 알리려는 안내판이 요란하다. 부서진 탑이

● 자연의 일부가 되어버린 탑이사(좌 · 상)

● 탑이사 불탑

사를 돌아보는데 정좌한 불상의 흔적이 부서진 아픔 사이로 보인다. 저 불상은 그렇게 아픔을 참고 따가운 모래바람을 이기며 나그네를 기다린 것인가.

어느덧 기세등등하던 햇살이 왠지 기운이 없어 보인다. 사막을 달구는 햇살이라도 늦은 오후가 되면 마지막을 예감한 하루살이처럼 힘을 잃는가 보다. 세상을 다 태울 것 같던 기세도 석양이 질 무렵이면 꼬리를 감추고 감기에 걸린 아이마냥 식은땀을 흘린다. 해가 지면 오한惡寒 끼를 발산하고 별들이 돋아나면 추위에 떤다. 하루 수십 도의 기온차를 보이는 사막 여행에서는 건강관리가 최우선이다. 그래서 해가 지기 전에 휴식처에 도착해야 한다. 하지만 여기까지 와서 근방에 있는 유림굴楡林窟을 그냥 지나칠 수는 없다. 태양이 아직 지평선에 남아 있으니 말이다.

반시간 정도 달렸을까? 유림하楡林河 저수지가 보이니 유림굴에 가까이 온 것이다. 유림굴은 쇄양성과 함께 중국의 국가급 문화재이다. 유림굴은 유림하 양쪽 강변의 절벽에 위치하여 붙여진 이름인데 돈황의 막고굴과 같은 불교 석굴이다. 만불협萬佛峽이라고도 불린다. 계곡이 보이는 자갈밭에 주차하고 계단을 통해 유림굴로 내려간다. 멀리서 보면 평지에 '유림굴'이란 표지석만 보일 뿐이니, 아무것도 모르고 온 사람들은 의아하게 생각할 수밖에 없다. 아니나 다를까. 일본인 관광객을 실은 관광버스 한 대가 정차하자 한 무리의 아주머니들이 내린다. 그중 몇몇 아주머니들이 사방을 살펴보며 고개를 갸우뚱거린다. 유림굴을 찾고 있는 눈치다. 표지석 뒤에 있는 계단으로 내려가야 하는 것을 안 뒤에야 표지석과 함께 기념촬영을 한다. 허허벌판에 덜렁 표지석만 하나 있으니 그럴 수밖에 없다. 표지석이 유림굴로 통하는 입구인 것이다.

발아래로는 유림하가 수천 년을 헤치고 긴 길이 협곡으로 변해 있다. 대자연이 만든 길옆으로 인간이 석굴이란 집을 지은 것이다. 자갈과 흙이 뒤섞인 계단

유림굴 전경

벽을 보니, 오래전에 대홍수가 있었던 것 같다. 유림굴은 당나라 때부터 건설되어 오대, 송, 서하, 원을 거쳐 청나라에 이르기까지 시대별로 꾸준히 부처상을 모신 감실이 석굴 속에 만들어졌다. 유림굴에는 모두 42개의 석굴이 있는데, 동쪽 절벽에 32개, 서쪽 절벽에 10개다. 그러므로 유림굴 관광은 동쪽에 집중된다. 유림굴의 감실은 형식과 내용면에서 돈황의 막고굴과 상당히 유사하다. 특히 벽화는 역사적·사회적 연구 가치가 있어 더욱 중요시되고 있다. 안내인을 따라 콘크리트로 계단과 난간을 만든 석굴의 입구로 향한다.

중요문화재가 모두 그렇지만 이곳도 촬영이 금지되어 있다. 입구에 카메라를 보관하고 들어가야 한다. 그러나 이는 아쉬워할 것이 못된다. 인류의 문화유산을 살펴보는 것만으로도 즐거운 일인데 촬영으로 훼손시켜서야 되겠는가. 그 또한 욕심이다. 필자 뒤로 이곳에 올 무수한 사람들도 봐야 할 문화재임을 생각하면 당연한 것이다.

석굴은 입구마다 문이 굳게 잠겨 있다. 문화재 보호 차원이라고 하지만 관람객이 임의대로 볼 수 없게 만든 것이다. 안내원이 관람 가능한 석굴을 정해 안내할 때만 열고 닫는다. 안내원을 따라가는 길. 그는 제11호 굴부터 안내하기 시작한다. 서하시대의 것으로 추정되는 18나한상이 살아있는 듯하다. 제12호 굴은 청나라 때 중수한 것인데 벽화는 오대의 것이라고 한다. 나한도에 그려진 인물들의 모습이 인도인이나 서역인이 아니라 영락없는 중국인이다. 당시 중국 불교가 오랜 교류를 통해 서역불교 수준에 이르렀음을 알 수 있다.

부처의 모습을 그린 벽화에 문수文殊와 보현普賢이 빠질 수 없다. 문수는 '지혜'를, 보현은 '실천'을 주관하는 보살이다. 지혜는 깨달음에서 비롯된다. 깨달음은 자각이다. 그러나 자각은 쉽게 얻어지지 않는다. 심적·정신적 아픔을 수반한다. 살아가면서 아프지 않은 적이 어디 있으랴마는 그렇다고 모두 지혜가 될 수는 없다. 지혜는 수없는 아픔 중에서 걸러낸 수정괴도 같은 정수 그 자체이기 때문이다. 깨달음이 어려운 것은 이 때문이다. 그러므로 깨달음이 없는 것은 지

▲ 유림굴 안내판

혜가 아니다. 그냥 지식일 뿐이다.

그렇다면 지식은 얼마나 필요할까? 전문가는 자기 분야의 전문 지식이 필요하지만 일반인은 그렇지 않다. 사회생활을 할 때는 일반적이고 상식적인 수준의 지식이면 충분하기 때문이다. 정작 개인에게 중요한 것은 지식보다는 지혜다. 살아가는 동안 지혜로운 삶이 얼마나 중요한지는 굳이 언급할 필요가 없다. 지식은 지혜로운 삶을 위한 도구에 불과한 것이다.

지혜 역시 실천이 따르지 않으면 지식과 다를 바 없다. 우리 선조들이 실천궁행實踐躬行을 중시한 것도 지식을 통해 지혜를 쌓고 이를 몸소 실천하는 덕인德人이 되려 했기 때문이리라.

제16호 굴의 벽화는 좀 특이하다. 9세기 중반부터 서하에 멸망하기까지 약 200년간 이 지역을 통치한 귀의군 정권의 제2대 절도사인 조의금曹議金과 부인

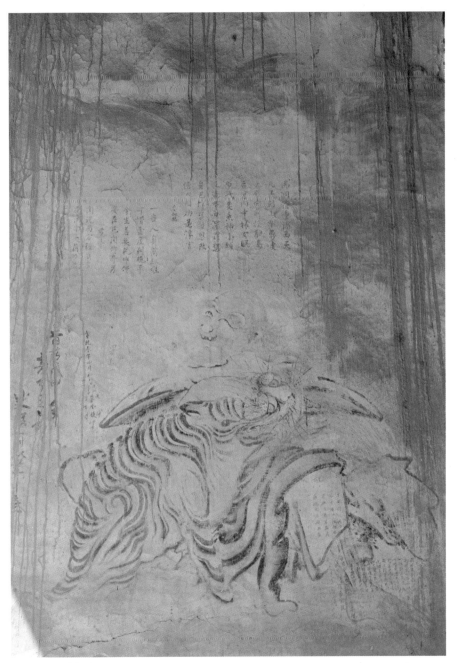

▲ 도교사상을 표현한 벽화

이 주인공이기 때문이다. 귀의군 정권도 당시에 성행한 불교를 숭상하고 불사 건립을 적극적으로 지원했다. 또한 이 공양 벽화는 귀의군 정권의 사회와 문화, 복식 등을 알 수 있는 연구 자료라는 점에서 그 가치가 높다.

제6호 굴은 유림굴에서 가장 큰 대불상을 모신 곳이다. 당나라가 가장 융성 하던 때에 만든 것으로 높이가 약 25미터에 이른다. 대불의 발과 얼굴 쪽에 각 각 입구를 내었는데, 이곳에서 예불이 진행되었다고 한다.

유림굴을 대표하는 제25호 굴 역시 당나라 융성기에 만들어진 것이다. 이곳 에 있는 〈서방정토도〉와 〈미륵도〉는 당대 회화예술의 극치를 보여 주는데, 이는 막고굴의 작품과 비교해도 뒤떨어지지 않는다. 유림굴에서 또 하나 빼놓을 수 없는 곳이 서하시대의 벽화가 그려진 제2호 굴이다. 이곳의 〈수월관음도水月觀音 圖〉는 서하 벽화 가운데 최고의 작품으로 간주된다. 그래서인지 이 작품은 당 나라 때 서화론가인 장언원張彦遠이 쓴 《역대명화기歷代名畵記》에도 소개될 만큼 유명하다. 이 책은 중국의 저명화가들에 대한 전기와 회화기법을 정리한 것인 데, 중국의 회화사 연구에 없어서는 안 될 필독서이다.

〈수월관음도〉의 오른쪽 아래에는 인도로 경전을 구하러 가는 현장이 손을 합장하고 관음에게 예불을 올리는 〈현장취경도玄奘取經圖〉가 함께 그려져 있다. 당대의 시인인 백거이는 〈수월관음도〉를 보고 경탄하며 시를 지었다.

청정하고 맑은 물 위　　　　　　　　　　　淨淥水上
빛 속에 없는 무량광으로　　　　　　　　　虛白光中
오로지 그 바탕만을 볼 뿐이니　　　　　　一睹其相
수많은 인연도 다 부질없도다　　　　　　萬緣皆空

현장의 모험담을 그린 〈현장취경도〉에는 현장과 그의 제자인 원숭이, 그리고 백마가 담겨 있다. 오승은의 《서유기》에 나오는 손오공과 사오정, 저팔계의 모습 은 보이지 않는다. 이렇게 볼 때 이 〈현장취경도〉는 《서유기》를 이룬 주요 소재가 되었다고 볼 수 있다. 이 그림은 제3호 굴에 있는 〈보현보살도〉의 하단 부분에도 그려져 있다. 현장을 따르는 행자의 모습은 원숭이와 흡사하다. 입은 튀어나와 있고, 머리와 팔은 온통 털북숭이다. 하지만 이게 과연 원숭이를 표현한 것일까? 아닐 것이다. 현장을 따르며 길 안내를 한 자는 서역인이었던 것이다. 그의 모습이 털북숭이였기에 그렇게 표현한 게 나중에 《서유기》에서 원숭이 모양의 손오공이 된 것은 아닐까?

중국의 저명한 돈황학자인 단문걸段文杰은 안서 유림굴과 동천불동에 있는 〈현장취경도〉의 발견은 세세적으로 신귀한 것이며, 불교사상의 변화와 숭국-인도 간 문화교류의 역사적 연구에 중요한 자료라고 했다. 뿐만 아니라 《서유기》가 완성되어 간행되기 300여 년 전에 이미 주요 인물의 예술적 형상이 창조되었음을 보여 주는 자료라고 했는데, 필자가 보기에는 예술적 형상이 아니라 원래의 생김새를 사실적으로 표현한 것이라는 생각이 든다.

유림굴에서 《서유기》의 원류를 생각할 줄이야. 인류의 교류가 새로운 문명을 창조하고 발전시킨다는 사실을 〈현장취경도〉를 보며 다시 한 번 깨닫는다. 길은 언제나 정직하고 성실하다. 그 위를 오가는 사람들이 상상력을 불러일으켜 새로운 형상을 남기니, 새로운 사람들은 이를 바탕으로 또 다른 문화를 만들어 가는 것이다. 정직과 신의에 바탕을 둔 창의적인 상상력. 실크로드는 21세기를 살아가는 우리에게 꼭 필요한 가르침을 길 위에 남기고 있는 것이다.

석굴을 돌아 나오는데 안내인이 발걸음을 재촉한다. 퇴근시간이 다 되었으니 어서 나가라는 것이다. 시계를 보니 5시 30분. 석굴 관리인의 퇴근시간이다.

"계곡을 둘러싼 풍경을 볼 건데 좀 있다 나가도 상관없지 않나요?"
"안 됩니다. 출입문을 잠가야 하니 나가야 합니다."

사회주의 국가에서는 언제나 '칼 퇴근'하는가 보다. 하는 수 없이 입구로 나와 카메라를 찾는다. 그리고 아쉬운 마음을 달랠 겸 뒷걸음치며 빠르게 몇 번의 셔터를 누른다. 그렇게 유림굴과 작별인사를 한다.

해가 지기 전에 안서 시내로 가기 위해 길을 다잡는다. 어느덧 황량한 사막이 사라지고 초원과 가로수가 보인다. 이정표가 없어도 '오아시스의 도시' 안서에 왔음을 알 수 있다. 길옆의 천막가게에는 수박과 멜론을 팔고 있다. 과일도 먹고 쉬어갈 겸 잠시 멈춘다. 차에서 내리자 서로 자기네 것을 맛보라고 난리다. 마음씨 좋게 생긴 아주머니가 깎아주는 과일을 한입 물었다. 달다. 아니 달다 못해 꿀맛이다. 그야말로 혀끝에서 살살 녹는다. 한 조각을 더 받아 게 눈 감추듯 먹어치우자 아주머니 얼굴이 환하다. 큰 것으로 집었더니 그것보다는 좀 작은 것이 더 맛있다고 골라준다. 아주머니가 골라준 것도 3명이 먹기에 충분하다. 갈증도 풀고 요기도 되니 간식으로 이만한 게 없다.

안서의 옛 이름은 과주瓜州다.《한서》〈지리지〉에 "과주 땅에서는 맛있는 오이가 난다."라고 했는데, 맛있는 오이란 지금 필자가 먹고 있는 럭비공같이 생긴 과일을 말한다. 수박과 오이는 채소다. 나무에서 나거나 여러 해살이 식물이 아니기에 채소라고 부른다. 그런데 수박은 달고 맛있어서 과일처럼 먹기에 좋다. 그래서 일명 '채소과일'이라고 부른다. 이곳의 오이도 마찬가지다. 크기도 수박보다 클 뿐만 아니라 맛도 좋다. 풍부한 과즙과 향이 수박보다 더하고 맛도 꿀처럼 달다. 그래서 이곳 사람들은 '밀과蜜瓜'라고 부른다. 밀과는 이곳의 특산물인데 30여 종이 있다고 한다. 어느 것을 먹어도 당도가 15퍼센트가 넘는다고 한다. 더운 지역에서 갈증을 없애 주는 최고의 음식이니 가히 '미과美瓜'라고 자랑할만하다. 밀과를 한 개 나눠먹었더니 갈증뿐 아니라 피로도 풀리는 것 같다. 아주머니 인정에 맛있는 밀과를 두 개 더 샀다. 사막 길을 달리다가 갈증이 날 때 먹으면 제격일 것이다.

안서 시내로 접어들자 민가가 촘촘하다. 대문 위에는 큼지막하게 '가화만사
흥家和萬事興'이라고 쓴 집들이 보인다. 우리는 '성공'하는 것을 좋아해 '가화만사
성家和萬事成'이라고 하는데, 중국인들은 만사가 불타오르는 것처럼 크게 일어나
는 것을 좋아해 '흥'이라고 하는 것 같다. 시내의 숙소에 도착하여 무거운 짐을
푼다. 책상 위에는 오늘 하루의 일정이 초롱초롱한 눈빛으로 필자의 손길을 기
다리고 있다. 장성제일돈, 좌공류, 소륵하, 쌍탑수고, 교만성, 쇄양성, 탑이사. 유
림굴도 손을 흔든다. 풀, 바람, 모래 사이로 비움과 깨달음, 배려와 사랑도 줄지
어 앉아있다. 여행은 언제나 정겨운 배부름인가. 새벽이 되어도 피곤함을 잊으
니 말이다.

제18장 돈황에서 피어난 실크로드의 꽃

실크로드의 아침은 언제나 분주하다. 저마다 갈 곳을 찾아 동서남북으로 길을 떠난다. 그것은 실크로드가 머무는 곳이 아니라 오가는 곳이기 때문이다. 이렇다 보니 조금이라도 빨리 길을 나서려는 나그네는 늘 시간에 쫓긴다. 하지만 호텔의 아침식사 시간은 비교적 늦게 열린다. 이런 식사는 한껏 여유를 부리는 낭만주의자들에게나 어울릴 터. 필자처럼 과거의 흔적을 추적하는 사람에게 실크로드에서의 여유로운 아침은 사치일지도 모른다. 그래서 언젠가부터 아침을 먹지 않고 숙소를 나서게 되었다. 오늘도 새로운 목적지를 제시간에 돌아보려면 일찍 서둘러야 한다.

이른 아침이라 그런지 안서 시내는 고적하다. 밤새 내달리던 바람도 늦잠이 들었는지 잠잠하다. 4차선 도로는 텅 비어 있고, 안개만이 새벽공기를 마시며 도로를 산책한다. 시원한 아침공기를 가르며 길을 달리니 벌써 목적지에 다 온 것만 같다. 무더위도 없고 먼지도 없고 사람들도 없어서 무척이나 편안하다. 목적지를 향해 달리는 길. 바로 그곳에서 '길은 목적지이자 목적지를 향해 가는

▲ 안서시내의 도로. 초서의 대가 장지의 고향임을 자랑하고 있다.

또 다른 길'이라는 사실을 깨닫는다. 길은 출발지이자 목적지인 셈이다.

하지만 길은 길로 끝나지 않는다. 길은 문자이고 언어다. 전후좌우, 동서남북, 곧바르고, 꺾어지고, 휘어지고 굽어진 길은 자세히 살펴보면 목적지를 알려주는 언어다. 인류가 찾고자 하는 답은 길에서 시작되고, 인류는 그것을 길에서 얻었다. 모든 궁금증과 비밀을 해결하는 열쇠가 곧 길인 것이다. 인류 문명이 실크로드를 통해 전파되고 발전한 것도 길에서 새로운 방법과 해답을 찾았기 때문이다. 길은 물류物流만으로는 존재할 수 없다. 인류人流가 붓처럼 흘러 각기 아름다운 색조를 칠할 때 길은 '공존공생'이라는 아름다운 꽃을 피우는 것이리라.

곧게 뻗은 대로변에 깃발이 셀 없이 연이이 걸려있다. 처음엔 무심코 지나치다가 계속 보이길래 차창 밖으로 스치는 문구를 자세히 살펴본다. "초성고리草

聖故里"라 쓰여 있다.

"아, 초서의 대가 장지張芝의 고향이 이곳이었구나."

장지는 초서草書의 대가다. 그는 한나라 말기인 헌제獻帝 때의 사람으로 지금부터 2,200여 년 전의 인물이다. 그의 부친은 장환張奐으로 흉노를 무찌른 공을 인정받아 흉노중랑장匈奴中郎將을 지냈다. 부친이 탁월한 무인이었지만, 아들인 장지는 서법 학습에 관심이 많았다. 그래서 당대 저명한 학자이자 서법가인 최원崔瑗과 두조杜操의 필법을 익혔다. 우리는 살아가면서 저마다의 좌우명座右銘을 말한다. 삶에 있어서 귀감이 되는 문구를 항상 옆에 두고 그 뜻을 되새기며 살아가겠다는 의미다. 이런 좌우명은 최원으로부터 시작되었다. 그는 지켜야 할 내용을 칼로 새겨 자신의 책상 오른쪽에 놓고 평생 잊지 않았는데, 이로 인해 '좌우명'이란 말이 생긴 것이다. 그렇다면 최원의 좌우명은 무엇이었을까?

남의 허물을 말하지 말고	無道人之短
나의 자랑도 떠들지 마라.	無說己之長
남에게 베푼 것은 잊어버리고	施人愼勿念
세상의 명예를 좇지 마라.	世譽不足慕
오직 어짐으로 기강을 삼고	唯仁爲紀綱
마음을 다잡은 후 행동하라.	隱心而後動
비방하면 어찌 상처가 없겠는가	謗議庸何傷
명분을 세우고 잘못을 하지 말며	無使名過失
어리석음을 알고 성인의 도를 배우라.	守愚聖所藏
진흙 속에 있어도 물들지 말고	在涅貴不淄
어둠 속에서도 빛을 품어라.	曖曖內含光
부드럽고 약한 것이 삶이니	柔弱生之徒
노자는 굳세고 강한 것을 경계했다.	老氏誡剛强

어리석게 행함에 뜻이 있고	行行鄙夫志
유연함에 오히려 헤아릴 수 없다.	悠悠故難量
말을 삼가고 음식을 절제하라	愼言節飮食
족함을 알아 상서롭지 못함을 이겨내고	知足勝不祥
행동함에 있어 항상 떳떳하게 하면	行之苟有恒
오래도록 저절로 향기가 나는 법이다.	久久自芬芳

어떻게 사는 것이 올바른 삶인가? 이 물음은 2,000년 전이나 오늘이나 쉽게 답할 수 없는 문제다. 스스로를 반성하고 시류에 욕심내지 않으며, 옛 성현들이 몸소 체득해 남긴 명구를 자기 것으로 만들기 위해 절차탁마하는 것. 이것이 진정 모든 이에게 귀감이 되는 삶이리라. 하지만 세상은 이런 삶만을 추구하지는 않는다. 모두에게 귀감이 될지언정 정작 스스로는 만족하지 못하는 삶이 비일비재하다. 삶의 지향점이 다른 까닭이다. 요즘 대부분의 사람들은 최원의 좌우명에 대해 전혀 현실적이지 않다며 무시한다. 몸과 영혼이 모두 자본의 향기와 맛에 길들여져 있기 때문이다.

최원은 서예도 뛰어나 초서에서 일가를 이루었다. 그의 필법은 이런 좌우명에서 비롯된 것인데, 초서를 쓸 때도 나름대로 법칙을 새겨놓았다.

"획을 꺾을 때는 붓을 옮기지 않는다. 내려 보고 올려보아도 예의에 맞아야 한다. 생동감이 넘치며 기묘한 글씨를 쓰려면 한 획일지라도 옮기지 않고 써야 한다."[終而不離, 俯仰有儀, 放逸生奇, 一割不可移.]

그의 좌우명을 보면, 그가 삶의 최고 경지에서 초서의 필법을 터득했다는 사실을 알 수 있다. 우리는 시예를 서도書道라고 부른다. 이 말은 무슨 의미일까? 서도는 단지 글씨만을 모사하는 것이 아니라 성품과 인격을 수양하는 과정이며, 서도를 닦아나가는 동안 도道에 이를 수 있음을 의미한다. 최원의 운필運筆법만 보아도 이를 알 수 있지 않은가.

▲ 장지 서체

장지는 누 대가의 필법을 익혀 자신만의 비법인 '일필서—筆書'를 완성한다. 그리하여 서법가들은 장지를 일러 '초서의 성인草聖'이라고 부른다. 서성書聖 왕희지조차도 일생 동안 장지를 존경했으며, 장지의 필법을 배우려고 애썼다. 장지는 후한 말기 전란의 시대를 살았기에 세속의 명예를 추구하지 않고 마음을 다스리며 서법에 매진했는데, 그의 이런 정신과 품격은 오늘날까지 많은 사람들에게 귀감이 되고 있다.

안서 시내를 벗어나니 곧바로 잿빛 황량한 벌판이다. 기련산맥은 여지없이 왼쪽에 자리를 잡고 오늘도 필자가 향하는 목적지를 말없이 굽어보고 있다. 이따금 초록이 보이면 그곳에는 마을이 들어서 있다. 그리고 또다시 이어지는 사막 길. 이곳은 바람이 쉼 없이 넘나들던 곳이다. 그런데 그런 바람 앞에 갑자기 장애물이 생겼다. 송전선과 가스관, 고속철도가 그것이다. 끝없는 사막을 가로질러 송전선이 늘어서 있다. 가스관과 고속철도 건설을 위한 굴착공사도 한창이다. 중국의 서부대개발 사업이 속도를 내고 있는 것이다.

중국은 지난 30여 년간 개혁개방정책으로 고도성장을 이룩했다. 그 결과, 세계 2위의 경제대국이 되었다. 하지만, 이 과정에서 많은 부작용도 생겼다. 지역

격차, 도농격차, 빈부격차가 말해주듯이 불균형 성장이 계속되어 왔다. 중국정부는 이를 해소하기 위해 2000년부터 본격적인 서부대개발을 추진하고 있다. 이를 통해 서부지역의 자원을 개발해 서부 및 중동부의 경제발전을 촉진하고, 서부지역의 소득격차를 줄여 주민들의 불만 해소 및 정치사회적으로 안정을 꾀한다는 전략이다.

중국의 경제개발은 덩샤오핑의 선부론先富論에서 시작된다. 선부론은 여건이 좋은 곳을 먼저 발전시켜 부유하게 한 후, 이 지역을 기반으로 낙후된 지역을 발전시킨다는 정책이다. 이에 의해 중국의 경제개발은 동부 연해지역부터 시작된다. 그 후 동부에서 중부, 중부에서 서부로 개발범위가 확대되었다. 서부대개발은 이런 경제발전전략에 따른 것이다.

서부대개발은 크게 5가지 사업에 집중된다. 전기, 천연가스, 석유, 물, 교통이 그것이다. 이것들은 모두 이른바 국가 동맥을 건설하는 기간산업이다. 이중 3가지(전기, 천연가스, 석유)는 서부지역에서 동부지역으로 가져가는 것이다. 고속철도로 대표되는 교통은 "팔종팔횡八從八橫"이란 말처럼 전국적 교통그물망을 구축하는 사업이다. 오직 수자원만 장강지역에서 서부지역으로 가져오는 것이다. 서부대개발 사업은 한마디로 자원의 이동과 교통의 확장이라 할 수 있다. 즉 이 사업으로 서부지역민들이 직접적인 수혜를 받는 것은 별로 없다. 그러다 보니 이곳 주민들의 불만은 식을 줄 모른다.

"좋은 것은 동쪽으로 다 가져가고, 나쁜 것은 서쪽으로 다 보낸다."

나쁜 것은 무엇일까? 환경오염, 공해, 간섭 등이다. 서부지역 주민들은 실질적인 혜택을 받지 못하는 상황에서, 중앙정부가 도로와 철도를 개설한 뒤 그 길을 통해 자원만 가져가는 것으로 받아들이고 있다. 마치 눈뜨고 도둑맞는 심정으로. 이들이 이런 생각을 하게 된 것은 왜일까? 경제적 격차가 점점 더 벌어지고 있기 때문일까? 단지 그것만은 아닐 것이다. 서부대개발이 집중적으로 이루어지고 있는 지역은 신강新疆과 서장西藏지역이다. 이 두 지역은 각각 위구르족과 티베트족의 자치구로서, 중국으로부터 분리·독립하려는 의지가 매우 강한 지역이다. 지금도 수시로 독립투쟁이 벌어져 중국정부가 골머리를 앓는 곳이기도 하다. 이처럼 서부대개발 사업에는 정치적 독립을 원하는 두 민족과, 소수부족들을 통합하려는 한족 정부 간의 치열한 다툼이 숨어있다. 그래서 한쪽은 일방적인 약탈을 증오하고, 한쪽은 체제 안정을 위해 개발에 심혈을 기울이고 있는 것이다.

"저렇게 큰 송전선을 그것도 쌍으로 건설하려면 엄청난 비용이 들겠네. 수백 미터 간격으로 끝도 없이 이어졌으니 말이야."

"그럼요. 천문학적인 비용이 들어가죠. 서부대개발 사업 가운데 뭐든 하나만 따내면 그 회사는 돈방석에 앉아 대대로 먹고 살 수 있을 거예요."

사실이 그렇다. 어마어마한 송전선과 1,000킬로미터에 이르는 파이프라인 매립 작업은 인부들의 손으로만 할 수 있는 것이 아니기 때문이다. 게다가 우리나라의 KTX보다 더 빠른 고속철도공사도 사막을 가로질러 나아가고 있다. 이렇게 대규모 사업이 진행되고 있지만, 하나둘 씩 개발되는 모습을 바라보는 서부지역 주민들은 중앙정부가 자원침탈을 통해 한족 지배를 공고화하려는 것으로 받아들이고 있다.

중국의 서부대개발은 낙후지역을 위한 경제개발이라고 하지만, 사업의 실질적인 뿌리는 "통일적 다민족국가론"에서 비롯된다. 이는 곧 현대 중국의 정체성과도 연결되는 중차대한 것이다. 즉 "너희 가운데 우리가 있고, 우리 가운데 너희가 있다你中有我, 我中有你"라고 하며, 한족과 소수민족은 서로 분리될 수 없는 단결체임을 강조한다. 이는 국가, 영토, 민족, 역사 등이 맞물려 "중화민족 대가족"이라는 중화제국 건설로 향하는 것이다. 특히 소수민족의 한족화漢族化를 통

▲ 돈황 가는 길. 고압 송전선이 끝없이 어어져 있다.

한 민족적·문화적 통합은 21세기 중화민족의 위대한 부흥을 위한 최우선적 해결과제다. 겉으로 보기에 서부대개발은 동서의 빈부격차를 줄이고 지역 간의 균형성장을 위한 경제개발사업이다. 하지만 그 이면에는 중화제국 건설이라는 더 큰 목표가 숨어 있기 때문에, 중국정부는 막대한 비용을 쏟아 부으며 맹진猛進하고 있는 것이다.

　서부대개발은 중국의 향후 국가 비전과도 연결되어 있다. 중앙아시아와 유럽 및 인도로 진출함에 있어서도 중요한 교두보가 되기 때문이다. 더 나아가 서부는 태평양과 대서양, 인도양을 연결하는 전략적 요충지로서 중화제국의 번영을 이끄는 지역이 될 것이기에, 중국정부는 철저한 계획 아래 절대적인 노력을 경주하고 있는 것이다.

　돈황敦煌에 거의 다 이르렀지만 사막 길은 끝날 줄 모른다. 나그네가 혹시라도 길을 잃지 않을까 걱정스레 지켜보던 기련산맥이 길목을 제대로 찾은 것을 확인하고는 멀찍이서 전송한다. 그러자 어디선가 건장하고 까무잡잡한 산이 다시 왼쪽에서 나를 굽어본다. 삼위산三危山이 길안내 임무를 넘겨받은 것이다. 삼위산은 말이 산이지 산맥이나 다름없다. 시커멓고 우락부락한 산봉우리가 서로 힘자랑을 하듯 불쑥불쑥 연이어 솟아 있는데 그 모습이 장대하다. 잿빛뿐인 사막과 시커먼 삼위산이 절대 만나서는 안 될 것처럼 내달리는 사이로, 호기심에 가득 찬 나그네가 종종걸음으로 달려간다.

사막과 삼위산은 인간과 자연의 공존에 대해 가르쳐 주지 않고 지켜볼 뿐이다. 대신 바람이 때로는 시원하게, 때로는 따끔하게, 때로는 땀을 뻘뻘 흘리게, 때로는 눈도 못 뜨게 나그네를 쓰다듬으며 뭔가를 속삭인다. 하지만 인간은 전령사인 바람의 언어를 이해하지 못한다. 자연이 알려주는 지구의 메시지를 무심히 흘려보낼 뿐이다.

문명과 자연의 쟁투. 인간은 '문명'이라는 장성의 띠를 두르고 위 아래로 자연을 몰아붙이고 있다. 하지만 이 싸움은 인간이 절대 이길 수 없다. 자연이 승복한 것처럼 보이지만 사실은 한 발 물러서서 지켜보고 있을 뿐이다. 자연은 언제든 가공할 위력으로 인간을 덮칠 수 있다. 그 순간, 인류의 운명은 끝이다. 사막 속 폐허뿐인 도시들은 자연이 인간에게 보내는 경고의 메시지이자 경각심을 일깨우는 본보기인 것이다.

저만치 장엄한 삼위산이 끝나는 곳에 은색의 모래산이 마주보고 있다. 명사산鳴沙山이다. 이제 실크로드의 꽃이자 사막 속의 오아시스인 돈황에 이른 것이다. 시내로 들어서니 한여름의 열기가 도시 전체를 휘감아 돈다. 하지만 실크로드의 요충지답게 각국에서 온 관광객들이 지도를 보며 서로의 목적지를 찾는다. 오매불망 그리던 연인을 만나면 설렘 가득한 마음에 말문이 막힌다고 했던가. 그토록 보고팠던 돈황에 도착했건만 쉽사리 발을 내딛지 못한다. 말문을 열기 위해 돈황 시내를 한 바퀴 돌아본다. 도시의 상징인 비천상이 '걱정하지 마세요'라고 하며 반갑게 맞이한다.

▲ 돈황시내(위).
▼ 돈황의 상징과도 같은 비파를 타는 비천상(아래)

돈황은 한 무제가 흉노를 몰아내고 무위, 장액, 주천과 함께 하서4군河西四郡을 설치하며 붙여진 이름이다. 《한서》〈지리지〉에 보면, '돈敦은 대大요, 황煌은 성盛'이라 했으니, 곧 "크게 번성한다"라는 뜻이다. 무제는 하서4군을 서역정벌의 전진기지로 삼기 위해 한족을 많이 이주시켰다. 그때부터 돈황은 이민족의 침략에 맞서고 서쪽으로 영토를 확장시키는 거점도시가 된다. 또한 서역에서 사막을 통해 중국으로 들어오는 모든 길은 돈황에서 만난다. 돈황은 중국으로 들어가는 첫 관문인 것이다. 이처럼 돈황은 그 이름답게 동서교통의 중요한 요충지로서 시대마다 관심의 대상이 되었고 하서4군 중 가장 빠르게 발전한다.

한나라 때 개척된 돈황은 한족의 이주와 경작생활로 영토를 굳건히 다진다. 위진魏晉시기에는 발달된 농업기술을 바탕으로 서역상인들과 상품을 교역하는 도시로 발전한다. 이와 함께 각종 문화도 흡수되는데, 이때 불교가 전파되어 화려한 돈황문화를 일으킨다.

그 후 돈황은 당나라 때 전성기를 맞는다. 중앙아시아 및 서역 각국과의 교류가 더욱 확대되고, 각종 종교와 풍속들도 함께 들어온다. 바야흐로 돈황은 동서문화의 교류지로서 백화난만百花爛漫한 사상을 꽃피운다. 특히 불교문화의 응집과 번성은 돈황을 "실크로드의 꽃"이라 부르게 하는 데 결정적 역할을 했다.

755년. 안사의 난으로 당나라의 국운이 흔들리자, 돈황도 토번의 통치를 받는다. 70년간 이어진 토번통치시기에도 돈황의 불교문화는 움츠러들지 않았다. 848년. 토번을 몰아낸 장의조張議潮가 당 황실로부터 귀의군절도사歸義軍節度使 직위를 제수 받아 약 70년간 다스렸고, 뒤를 이은 조의금曹議金이 송나라 초기까지 120여 년간 돈황을 다스린다. 이때 돈황의 불교문화는 더욱 발전한다.

1036년. 돈황은 당항족 원호가 세운 서하西夏의 차지가 된다. 불교국가인 서하는 200여 년간 돈황을 통치하며 불교문화 발전에 많은 기여를 한다. 서하문자를 만들어 각종 불경을 번역하고, 막고굴에도 불상과 벽화를 남겼다. 하지만 이후 돈황은 전성기의 번영을 되찾지는 못한다. 송宋의 위축과 칭기즈칸의 점령으로 바닷길을 통한 실크로드가 개척되기 때문이다. 실크로드 중심지의 위치를 상실한 돈황은 1280년 원나라에 예속된다. 명나라 때도 돈황은 변방의 황무지로 버려진다. 만리장성의 서쪽 끝인 가욕관까지만 관할했기 때문이다 돈황이 다시 중국의 영토에 편입된 것은 청나라 건륭제 때인 1760년이다. 이후 돈황은 한족의 재이주와 황무지 개간 등을 통해 빠르게 회복된다. 그리고 오늘날, 전 세계를 '돈황학'으로 묶으며 실크로드의 꽃으로 부활했다.

시내의 남쪽으로 들어서자 도로 한가운데 불쑥 솟은 명사산이 나타난다. 입구에 들어서니 황금빛 모래산이 웅장하게 펼쳐지고 사구沙丘마다 낙타행렬이 거창하다. 하지만 이는 물건을 파는 상인의 행렬이 아니라 관광객을 대상으로 명사산을 둘러보는 관광상품이다.

명사산에 오른다. 동서로 40킬로미터, 남북으로 20킬로미터에 이르는 거대한 모래산이 따가운 모래를 흩뿌린다. 모래가 얼마나 고운지 신발을 단단히 묶었는데도 발바닥에 모래가 가득하다. 바람도 거세다. 그야말로 화염풍이다. 발목까지 빠지며 사구를 오른다. 햇살은 강렬하고 생수는 어느덧 빈 병이 된다.

드디어 정상에 섰다. 그야말로 풍사해風沙海. 바람과 모래가 만든 바다가 하늘까지 이어진 듯 아득하다. 온통 모래뿐인 세상. 바람만이 다정한 친구인양 모래와 손잡고 이동한다. 한참 넋을 잃고 바라보고 있노라니 햇살에 반짝이는 망망사해茫茫沙海가 서럽도록 찬연하다. 그 사이로 1,000년 동안 죽을 고비를 넘기며 사막을 넘어온 한 무리의 낙타 떼가 스친다. 그들을 이곳까지 오게 한 힘은 무엇이었을까? 경제적 이득, 종교적 열정과 구원, 미지에의 동경과 사랑 때문에? 아니면 영토를 넓혀 제국을 건설하기 위해?

모래바람이 회오리를 만들며 지나간다. 하늘로 솟아오른 모래알들이 비가 되어 귀를 스치며 쏟아진다. 우우우嗚嗚嗚. 1,000년을 넘어지고 스러진 자들의 울음소리가 들린다. 신기루처럼 사라지는 꿈을 부여잡고 영원한 꿈속으로 스며

▼ ▲ 돈황 명사산의 월아천

든 자들. 그들이 남긴 맑디맑은 정수精髓가 금빛 모래가 되어 탄식한다. 그리고 간절한 어조로 말한다.

"어서 가라. 타는 목마름이 다하기 전에 가라. 가서 침잠하라. 낮게 더 낮게 영롱하라."

딸랑! 방울소리에 정신을 차린다. 발아래로 반달 모양의 월아천月牙泉이 보인다. 월아천은 천연의 샘물이 만든 오아시스다. 이곳은 1,000년이 지나도 샘물이 마르지 않고 거대한 명사산의 모래에도 매몰되지 않은 채, 그 모양을 유지하고 있으니 참으로 신기한 일이 아닐 수 없다. 샘물이 마르지 않는 것은 돈황 시내를 가로지르는 당하黨河의 지하수맥이 이곳과 연결되어 있기 때문이고, 모래에 매몰되지 않는 것은 높은 사구로 둘러싸여 있어 바람이 여러 방향으로 흩어지기 때문이다. 최근 당하 댐이 건설된 후 월아천의 수위가 매년 2~30센티미터씩 낮아지자 중국정부가 월아천에 물을 공급하기 위해 입구 쪽에 커다란 인공 연못을 만들었다.

명사산에서 월아천을 향해 내려온다. 미끄러지듯 걷는 발걸음이 마치 축지법을 쓰는 것 같다. 관광객들은 나무판으로 만든 썰매를 타고 탄성을 지르며 내려오고, 그 옆으로는 나무썰매를 잔뜩 짊어진 채 모래산을 끙끙 오르는 풍경이 대비된다. 명사산에서의 나무썰매타기는 이곳 마을사람들이 단오날에 액막이를 하고 장수를 빌던 풍습이다. 오랜 세월 동안 풍습을 지켜온 결과, 재복財福까지 누리게 되었으니 좋은 풍습은 대대로 물려줄 일이다.

명사산에 잠시 있었음에도 월아천의 샘물이 그리운데, 수많은 신기루를 물리치고 사막을 건너온 이들에게 월아천은 어떻게 다가왔을까? '실있구나'를 넘어 종교적인 희열을 느꼈으리라. 눈물의 성수聖水를 마시며 감사함에 향불을 피

명사산에서 바라본 월아천. 반달 모양의 샘이 보석처럼 빛난다.

▲ 월아천에 물을 공급하기 위해 만든 인공호수

웠으리라. 그리고 깨달았으리라. 욕심을 내려놓고 만족하며 살아가는 법을.

월아천 옆에 지어진 도교사원인 월천각은 세트장처럼 비어있다. 관광용으로 지어진 것이다. 사방에 걸린 현판만이 주인행세를 하고 있다. 그중 한두 개의 문구가 눈에 들어온다.

"명사산 울음소리는 그저 전해 내려오는 말이 아니다鳴沙山 鳴不虛傳"
"명사산과 월아천이 휘영청 달빛에 빛나도다山泉輝映"

그 뜻만 새겨도 한 폭의 그림이 떠오른다. 청나라 때의 소이길蘇履吉도 돈황팔경의 하나인 '월아천의 새벽 물빛月泉曉澈'에 매료되어 시 한 수를 남겼다.

물 맑고 신령스런 명승지 월아천은	勝地靈泉澈曉淸
그 옛날엔 악와지로 불리었다네.	渥洼猶是昔知名
상현달 같이 흰 물굽이에	一灣如月弦初上
반원형 맑은 물결이 거울처럼 밝구나.	半壁澄波鏡比明
바람에 나는 모래는 샘물에 이르지 않고	風卷飛沙終不到
샘물도 모래를 넘지 않아 서로를 위하네.	瀦含止水正相生
모래와 물이 정자에서 만나 즐겁게 노니나니	揭來亭畔頻遊玩
향기로운 차 한 잔에 스스로 취해 무르익노라.	吸得茶香自取烹

40도가 넘는 한여름. 명사산을 오르내리느라 온몸이 화로마냥 뜨겁다. 점심 때가 훨씬 지났지만, 열기도 식히고 허기도 채우기 위해 시장으로 향한다.

"한국냉면 파는 식당이 있는데 냉면 드실래요?"
"정말? 한국식 냉면집이 있어? 그럼 곧장 그리로 가자."

부부가 운영하는 조그마한 식당에서 한국식 냉면을 주문하고 그 사이에 냉수 한 병을 비운다. 그래도 불씨는 남아있는 듯하다. 잠시 후, 보기에 그럴듯한 냉면이 나왔는데 국물이 뜨뜻하다. 중국인의 식습관에 얼음물은 없을 터이고,

이열치열을 생각하며 먹는데 아무래도 냉면 맛이 안 난다.

"시원한 육수는 없을 테지만 얼음은 있겠지?"

"육수를 다 비우면 시원하게 다시 말아 준데요."

반가운 마음에 육수를 들이킨다. 그리고 시원한 국물로 말아낸 냉면을 게 눈 감추듯 먹어치운다.

"그래, 이 맛이야."

실크로드의 꽃, 돈황 시내에서 한국식 냉면을 먹으니 더위와 갈증이 단박에 싹 가신다.

"자, 이제 막고굴로 떠나볼까?"

돈황 불교문화의 핵심인 막고굴莫高窟로 향한다. 막고굴은 40킬로미터 길이의 명사산이 끝나는 동쪽 계곡에 있다. 돈황 시내에서 남동쪽으로 25킬로미터 떨어진 곳이다. 시내를 벗어나니 길옆에서 햇빛이 눈부시게 반사된다. 태양열 집전기 때문이다. 강하게 내리쬐는 태양열을 모아 전기를 만들기 위해 집전기를 설치했는데, 그야말로 드넓은 벌판을 가득 메웠다. 어마어마하다는 말은 이런 때 하는 것일까. 여기에 아직도 집전기를 더 짓고 있다니 입이 쩍 벌어질 따름이다.

"엄청난 태양열 집전기네. 전기 생산량도 엄청나겠는걸?"

"근데 문제점도 있어요. 집전판에 먼지가 쌓이면 전기생산이 수월치 않은데, 이곳은 모래먼지가 엄청나거든요. 저 많은 걸 언제 닦겠어요."

자연의 집에 세 들어 사는 인간 주제에 이것저것 벌리는 것은 밉상스러운 짓일까? 아니면 생각이 짧은 인간들을 다독여가며 살아야 하는 것이 자연의 운명인가.

도로 앞쪽으로 당하저수지가 보인다. 당하는 돈황 사람들의 식수원이다. 안정적인 공급을 위해 댐을 건설하고 물을 저장해 놓았다. 당하저수지 옆으로 기묘한 형상이 보인다. 연이은 산들의 모습이 그야말로 영락없이 누워있는 부처상이다.

"여기서 보이는 저 산을 와불산臥佛山이라고 합니다. 똑같죠?"
"그러네, 신기해. 누운 채로 당하저수지에 머리를 감고 있는 것 같아."

막고굴은 영험한 고승으로부터 시작되었는데, 이제 보니 막고굴뿐만 아니라 돈황 곳곳에 영험함이 스며있는 것 같다. 돈황이 실크로드 불교문화의 정수로 불리는 것도 옛날부터 영험한 기운을 느낀 고승들이 이곳에서 수행한 결과이니, 어떤 것도 부단한 노력 없이는 얻을 수 없는 것이다. 우리는 결과만 중시하기 때문에, 쉽게 생각하고 대충 노력하며 금방 포기한다. 그러고 나서 '내 적성에는 맞지 않아'라고 하며 합리화한다. 하지만 삶은 쉽거나 대충 대충하거나 금방 포기해서는 안 되는 것이다. 만물의 영장으로서 책임과 의무를 다해야 하는 것이니, 공존공생의 마음가짐과 홍익인간의 정신을 한시도 잊어서는 안 된다. 그리고 스스로 아파해야 한다. 아프지 않으면 세상의 소중함을 알 수 없고, 아픔을 이겨낸 자만이 진정으로 세상을 사랑할 수 있는 것이다. 비록 사막을 건너는 고행이나 석굴 속 좌선의 수행은 아니더라도 말이다.

막고굴은 1,650여 년 전인 366년, 낙준樂僔이란 수행승修行僧으로부터 시작되었다. 당시 삼위산으로 가다가 이곳에서 삼위산에 비친 석양을 본 그는, 산봉우리가 휘황찬란한 금빛으로 빛나는 가운데 '수많은 부처님의 광명'과 '하늘을 날며 춤추는 향음신香音神의 형상'을 보았다고 한다. 이에 낙준은 이곳에 석굴을 파고 수행에 들어간다. 당시 불교의 흐름은 굴을 파고 정좌로 참선하는 것이었다. 이를 위해서는 속세에서 떨어진 조용한 곳이 필요했는데, 명사산 절벽 아래 물이 흐르는 오아시스가 제격이었던 것이다. 이렇게 시작된 막고굴은 승려와 화가, 석공과 도공 등에 의해 하나씩 정성스레 석굴이 생겨나기 시작해 원나라 때인 13세기까지 1,000여 년이 지나는 동안 수많은 석굴이 만들어졌다. 당나라 무측천武則天 시기에 이미 1,000개가 넘었다고 하니 그 규모를 짐작할 만하다.

하지만 오랜 세월이 지나는 동안 인간과 자연에 의해 파괴된 석굴도 많아 지금은 492개의 석굴만 남아 있다. 이렇게 석굴이 많이 파괴되었음에도 불구하고 막고굴이 1987년 유네스코 인류문화유산에 지정된 까닭은, 현존하는 세계 최고의 불교예술지로 평가받았기 때문이다. 막고굴은 당나라 때 번성했는데, 이는 실크로드의 전성기를 맞이해 엄청난 경제력을 확보한 결과였다.

또한 중국의 4대 석굴 중에서도 막고굴이 가장 뛰어난 석굴이 될 수 있었던 것도, 당나라 때 이곳에 엄청나게 많은 석굴이 만들어졌기 때문이다. 전성기를 구가한 당 제국 당시의 막고굴은 어땠을까?

눈 덮인 삼위산은 하늘 높이 솟고	雪嶺干青漢
명사산 절벽에는 공중누각이 걸렸네.	雲樓架碧空
수많은 석굴이 겹겹이 늘어서고	重開千佛利
사천왕상도 사방 곳곳에 나와 있네.	旁出四天宮
상서로운 난조鸞鳥가 구슬을 문 듯하고	瑞鳥含珠影
신령한 꽃들이 향기를 풍기는 곳.	靈花吐蕙蕤
번뇌를 씻으면 유유자적의 경지에 이르나니	洗心游勝境
이참에 오염된 속세로부터 벗어나고 싶구나.	從此去塵蒙

당나라 말기 막고굴을 찾은 어느 신도의 노래에서도 알 수 있듯이 극락세계처럼 번창한 막고굴의 모습을 엿볼 수 있다.

막고굴의 석굴은 시대에 따라 색채나 양식 등이 각각 특색 있게 조성되었다. 초기인 16국 시기에는 서역풍이나 인도풍의 고유한 형식이 많고, 벽화의 내용도 석가모니의 전기나 일화, 전설을 다룬 것이 많다. 수당시대에 이르면 거대하고 위엄 있는 불상의 모습은 사라지고, 한결 부드럽고 중국적인 모습의 불상이

● 돈황 막고굴

◀ ▲ 돈황 막고굴

나타난다. 특히 당나라 때는 예술적 완성미가 최고조에 이른다. 불상은 풍만한 모습에 미소가 넘치고, 음악에 맞춰 춤추는 무희도 요염하게 표현된다. 석굴의 형식도 변하고 벽화의 내용도 중국인들이 관심 많은 현세적인 것이다. 송나라 때의 불상은 판님석인데, 이 시기에는 공양상이나 여성보살상이 등장한다. 벽화도 산수山水와 왕실의 공양상이 많이 보인다. 청나라 때에는 주로 벽화를 많이 보수했는데, 푸른색을 강하게 덧칠해 고상함도 없고 아름다움도 사라져 버렸다. 1,000여 년 넘게 건설된 막고굴은 시대에 따라 각기 다른 특색을 조화롭게 수용하고 새롭게 발전시켰다. 이렇게 발전한 막고굴의 불교예술은 동서 문명의 부단한 융합과정을 보여 주는 보고寶庫인 것이다.

막고굴에 도착하니 입구부터 전 세계에서 모여든 관람객들로 붐빈다. 이곳이 진정 실크로드 불교문화의 중심지라는 게 실감난다. 좌우로 회랑처럼 늘어선 석굴들이 각자의 방 번호를 달고 옹기종기 모여 있다. 석굴마다 문을 만들어 불상과 벽화의 훼손을 방지하고 있다. 자물쇠가 굳게 잠겨있는 문들을 바라보자니 마치 석굴마다 스님들이 무더운 날씨를 이겨내며 좌선하고 있는 듯하다. 입구 물품보관소에 카메라를 맡긴다. 세계적인 보물인 까닭에 훼손을 방지하기 위해 사진촬영이 불가능하다. 1,000여 년을 간직해 온 보물을 만나는 흥분된 시간. 설렘과 긴장이 교차한다.

안내인을 따라 석굴로 향한다. 이곳은 방문객의 국적에 따라 개방하는 석굴이 다르다. 1,000년 동안 만들어진 벽화와 불상들이 약탈의 상처를 딛고 찬란한 빛을 발한다. 그중에는 한반도에서 온 우리 선조의 벽화도 보인다. 서역악기인 비파, 서역의 춤인 호선무 사이로 우리 민족의 대표악기인 장고의 초기모습도 보인다. 혜초 스님의 《왕오천축국전》이 발견된 17호굴에서는 한동안 발길을 떼지 못한다. 왕과 귀족은 물론 일반 백성에 이르기까지 저마다의 염원을 위해 이곳을 찾았으리라.

석굴의 사방으로 지상과 천상의 세계가 화려하게 펼쳐진다. 어느 것 하나 혼신을 다하지 않은 것이 없다. 그들은 불상과 벽화를 만들고 흡족했으리라. 평안과 극락이 바로 여기에 있다고 여겼으리라.

빈한한 어느 청년이 연심만 가득 채운 채 홀연히 석굴을 찾았다. 그는 너무나 화려하고 장대한 석굴을 보며 가슴이 저려왔다. 끝없이 추락하는 자신의 마음을 추슬러 남들이 거들떠보지 않는 벽에 아주 작은 굴을 뚫고 자신만의 극락을 만들었다. 그리고 소망했다.

내 푸른 청춘.
붉은 가슴 모두 스러져
거울 삼위산 희나리로 있다가

봄날,
연두기운 진진히 구비치는
당신 속에서
활활 타오르면 좋겠습니다.

설운 날, 설운 사연 보듬은 채
당신 품에서
연두향기 맡으며 눈감으면
행복하겠습니다.

그러나 오늘의 막고굴은 이마저도 황폐하다. 청년의 갸륵한 정성과 소망은 어디로 갔을까? 비천상飛天像이 되어 날아올랐을까?

청나라 말기인 1900년. 이곳의 주지이던 왕원록王圓錄 도사가 16호 동굴을 보수하려다가 숨겨진 석실을 발견한다. 17호굴, 일명 '장경동藏經洞'이라는 별칭

▲ 왕원록 도사탑

이 붙은 이곳에는 약 5만여 점의 고문서가 빼곡하게 쌓여 있었다. 이 고문서들은 3세기부터 11세기에 걸쳐 만든 것인데, 불교, 유교, 도교, 경교, 마니교 등의 경전뿐 아니라, 정치, 경제, 사회, 문화, 역사, 지리, 군사, 천문, 문학, 인쇄술, 의학 등에 이르기까지 다방면에 걸친 자료들이었다. 또한 쓰인 문자도 한자만이 아닌 티베트문자, 위구르문자, 소그드문자, 투르크문자, 산스크리트문자 등 매우 다양했는데, 이것은 20세기 문화사에 있어서 실로 중대한 발견이었다.

하지만 왕원록은 글을 읽을 줄 몰랐다. 장경동 문서의 가치를 알기 위해 동분서주했지만, 쇠락한 정부는 관심이 없었다. 동굴 보수에만 정신이 팔려있던 왕도사는 서양인들의 금전공세와 화려한 화술에 속아 장경동의 자료를 팔아넘 긴다. 1907년, 영국인 스타인에게 1만 5,000권, 1908년에는 프랑스인 폴 펠리오 에게 6,000권의 보불급 자료를 사실상 달취낭한다. 우리나라의 예초 스님이 쓴 《왕오천축국전》도 이때 펠리오에 의해 프랑스로 반출된다. 장경동의 보물이야 기는 바람처럼 퍼지고, 일본도 오타니 탐험대가 필사본 500권을 챙긴다. 소련, 미국 등도 달려와 남아있는 문서는 물론 벽화까지 뜯어갔다. 900년간 잠자던 세계적인 불교유산은 발굴과 동시에 전 세계로 흩어져 고아가 되었고, 현재는 몇 천 점의 문서와 불완전한 벽화만 남았다.

그 옛날 번성했던 실크로드의 요충지에는 제국주의의 문화재 약탈과 파괴의 흔적이 거세게 남아 있다. 그들은 흡족해 했다. 자국의 텅 빈 창고에 타국의 보 물들을 빼앗아 채워놓음으로써 부끄러운 역사를 감추고 문화대국임을 자랑했 다. 하지만 이런다고 문화대국이 될 수 있을까?

부처는 이미 알고 있었다. 부서지고 빼앗기고 산산이 흩어지는 것이 곧 새로운 극락을 건설하는 것임을. 비우고 내려놓고 다 내어줌으로써 보다 새롭게 꽃피울 수 있다는 것을. 그리하여 전 세계가 '돈황학'을 공부하고 돈황에 모여 그 가치를 더욱 찬란하게 승화시킬 것이라는 사실을 이미 알고 있었는지도 모른다.

감동의 막고굴을 돌아 나오는데 더 많은 세계인들이 입구에 길게 늘어선 채 자신의 차례를 기다리고 있다. 순수한 영혼들이 만들어낸 '찬란한 극락' 막고굴 은 비움으로써 이처럼 다시 차오르고 있는 것이다. 어찌 제국의 창고가 이에 견 줄 수 있겠는가. 고요한 모습의 불상이 되돌아보는 필자의 시선을 붙잡는다. 그 사이, 불현듯 다가오는 부처의 미소가 시대를 넘어 너무도 곱다.

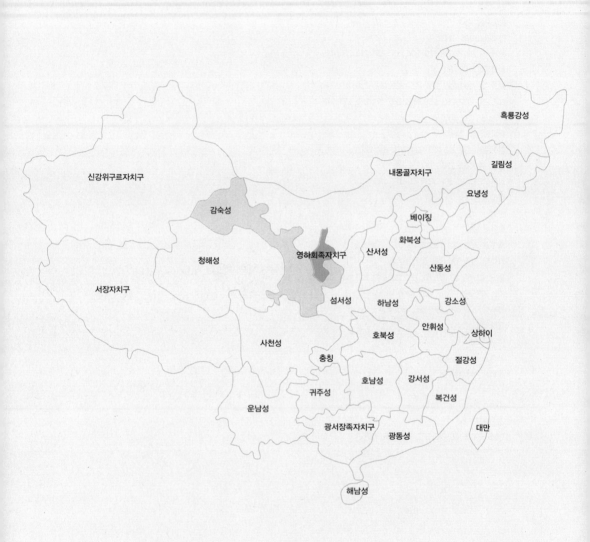

[중국 실크로드 하서주랑 지역]

신강위구르자치구

감숙성

청해성

서장자치구

내몽골자치구

영하회족자치구

섬서성

산서성

베이징

화북성

산동성

하남성

강소성

안휘성

상하이

호북성

절강성

사천성

충칭

호남성

강서성

복건성

귀주성

운남성

광서장족자치구

광동성

대만

해남성

흑룡강성

길림성

요녕성